牟宗三著

歷史哲學

臺灣學生書局印行

「歷史哲學」三版自序

歷史哲學所依以可能的關鍵觀念有三：
1. 事理與物理之別：事理如何可能？
2. 具體的解悟與抽象的解悟之別：具體的解悟如何可能？
3. 歷史判斷與道德判斷之別：歷史判斷如何可能？

我們先解釋事理。

「事理」是中國特有的一個觀念，而且來源甚古。劉劭人物志首先言事理及事理之家。彼云：

夫理有四部，明有四家。……

若夫天地氣化，盈虛損益，道之理也。法制正事，事之理也。禮敎宜適，義之理也。人情樞機，情之理也。

四理不同，其于才也，須明而章。明待質而行。是故質與理合，合而有明。明足見理，理足成家。是故質性平淡，思心玄微，能通自然，道理之家也。質性警徹，權略機捷，能理煩速，事理之家也。質性和平，能論禮敎，辨其得失，義理之家也。質性機解，推情原意，能適其變，情理之家也。（人物志林理篇）。

劉劭所謂四部之理即道理、事理、義理、情理。道理即天道變化盈虛消長之理，此當屬於形上學。事理就是法制政事之理，此當屬於政治哲學及歷史哲學。義理即禮樂教化之理，此當屬於道德學。情理即「人情樞機」之理，此當屬於心理分析或社會心理一類的學問。人之質性之明若適宜於把握道理，便是道理之家。道家即是此類人物，作易經易傳者亦是此類人物。其明若適宜於法制政事，能理煩速，便是政治家。若適宜於禮樂教化，便是道德學家。若適宜於人情樞機，便是通情理之人。劉劭只論及此四理。若隨後來學問之擴大，當然不只此四理。玆且不論。我們現在只就歷史哲學而說事理與情理。歷史哲學就是以事理與情理爲對象而予以哲學的解釋。事理是客觀地或外部地說者，情理是主觀地或內部地說者。事理之家即實際地能把握事理而且以行動去表現事理的行動人物——政治家。但政治家亦沒有一個不通人情的。他能通旁人之情，而其自己亦正能通情理地表現其自己，即其自己亦在情理中。是以主觀地或內部地說之，就是情理，而客觀地或外部地說之，就是事理。事理之事是由內部深微曲折的情理之情而發出者。內部的深微曲折之情亦是在活動中呈現，故亦是事，此可曰內事。故吾人可把情理統攝於事理之中，通內事外事合而爲一，統名曰事理。以這種事理爲對象而予以哲學的解釋，便是歷史哲學。

我們現在欲想清楚地規定事理，須先將事理之事與物理之物作一分別。物理之物是科學所研究的對象。此物亦可曰物理事件（physical events），或物理現象（physical phenomena）。但縱使名曰「事件」，此事件之事亦非我們所謂事理之事。物理事件，雖然有其變化，但對事理之事而言，它仍然是一個靜態字。它的變化是機械的變化，它沒有歷史性。機械變化底理就是從物理事件間的關係抽象出來的法則，所謂自然法則，此即是物理。

中國人所謂事理之事不是物理事件那個事，故不能用"event"一字去翻譯。似乎當該用"human affairs"（人事）一詞去翻譯。事理之事是動態的，是有歷史性的，而且是獨一無二的(不能重復)。這種事理之事不能用科學方法來處理。科學方法所能處理於歷史的，嚴格言之，不是歷史，而是歷史上的文獻材料。歷史哲學是直接面對歷史上有歷史性的事理之事作一哲學的解釋，即如其爲一有歷史性的事理之事而哲學地解釋之。如果我們以科學方法處理之，它們便馬上靜態化變質而爲物理事件之物，如是，我們注意此物之關係、質與量。但是，一有歷史性的事理之事，其關係不是物理的機械關係；我們之注意它亦不是當作一個物而注意其物理關係、性質、與量度。在歷史活動中當然隨時並處處有物理的物（器物）。但是這個物是套在事理之事中而觀其在歷史中的作用，而不是當作物理的器物而觀之。譬如在昆陽之戰中，王莽的軍隊中有獅子虎豹以壯聲勢。我們此時不是把獅子虎豹當作動物學去研究，而是看它在此一歷史事勢中的歷史性的意義與作用——正面的或反面的。所以歷史哲學單只以事理之事爲對象，而不以物理之物爲對象。

復次，有歷史性的事理之事都是獨一無二的，不是可以機械地重複的。故文獻材料可用科學方法來歸納整理，而事理之事則不能用歸納法得其通則。昆陽之戰，光武勝利了，但旁人不必能學得來。當然你可以說凡是哀兵，賭生死、拚命，大體都可衝出來，有勝利的希望，這亦可說是由歸納而得的敎訓。但是這個歸納甚爲表面，並不能眞切于有歷史性的事理之事。而且哀兵之「哀」，賭生死之

「賭」，拚命之「拚」，這種內力之有無以及其結果之成敗並不是可歸納的。然而這種內力卻正是決定這歷史性的事理之事之本質的動力。所以事理之事，如眞如其爲事理之事，而不使之變質，必須哲學地解釋之。反過來，這個事理之事，若眞作事觀，不作物觀，則正是歷史哲學所由以建立的關鍵觀念。

然則事理之「理」是何意義的理？物理之理是就物之關係、性質、與量度而說。有歷史性的事理之理是就什麼而說？事理之事的「意義」就是它的理。這個意義如何來了解？也就是說「事之理」是如何可能的？有理，始有歷史哲學。若無理，則歷史哲學亦不可能了。今之治歷史者，大都是把歷史性的事理之事予以物化，因而不能了解其意義，因而亦不知其有理，甚至斷言其無理，所以他們反對並輕視歷史哲學。然實則這正是他們的自我否定，自我毀滅。

物理事件底理是當作物理看的那因果律，但有歷史性的事理之事底理則不是當作物理看的那因果律。事理之事不能以其「物化而有物理」而有理的。若一旦物化而爲物理之事，則它們便喪失其事理之事之身分，而事理亦不可言。此時，歷史或只是一大堆文獻材料，或只是歸於物理事件，如是，則歷史之義泯矣。是之謂自我毀滅。故今之治史者大都無歷史意識，因其是橫斷散列的頭腦故。故只記得一大堆材料，而不知歷史之意義。

歷史是集團生命底活動行程。集團生命底活動，不論其自覺與否，均有一理念在後面支配。理念就是他們活動底方向。因此，了解歷史是要通過「理念」之實現來了解的。而歷史性的事理之事是在表現理念底活動之行程中出現的，因此，它們的意義是在其表現理念底作用上而被看出。其表現理念底作用有時是直接的、正面的，有時是間接的（曲折的）、負面的；有時是自覺的，有時是不自覺的；有時是當時顯明地相干的，有時是當時看起來似是不相干的；有時雖得而亦失，有時雖失而亦得。然而無論如何變換多端，通過其表現理念之作用，一是皆收於歷史而爲歷史性的事理之事。是以其理不能通過物理事件底因果法則而觀之也。因爲因果法則是機械的，是就物理之事之關係、性質、與量度而言的。然而我們看事理之事是通過其表現理念之作用而觀之的，不是空頭地把它們看成是一物理事件，一自然之器物，而觀之的；是如其爲事理之事而觀其歷史的意義，（如王莽軍隊中之獅子虎豹），而不是把它們物化而了解其物理的關係、性質、與量度。

如其爲事理之事而觀其歷史的意義，這個意義便是它的理。因此，歷史性的事理之事之意義就等於一事理之事在表現理念上的作用。這個意義是來自超越面的，那就是說，是理念之體現，而理念是超越的。（歷史活動中的理念是有層級的，其最低淺者，其超越性只以一般性與公共性而規定，然而其最後總歸於最高深而圓滿者，此則是眞正的超越者）。超越的理念之貫注於集團生命之活動中，即事理之事中，而被表現，方使事理之事有意義，有理。這個理（意義）是辯證的，不是機械的物理之理（因果律）。事理底可能是通過事理之事之辯證地體現理念而可能。我們如果把理念拉掉了，又把「辯證地體現理念」之體現拉掉了，則無事理可言，因而亦無歷史可言。

其次，我們再說抽象的解悟與具體的解悟。

「抽象的解悟」適宜於物理事件之分析與綜和。抽象者使用概念以類族辨物之謂也。概念或是經驗的概念或是先驗的概念，但總須使用概念以徵表物性。普通所謂科學方法卽是抽象的解悟之所遵循者，遵循之以成科學知識也。科學方法卽分類、定義、分析、綜和、演繹、歸納等手續是也。凡經過如此等之手續以知解物性者卽曰「抽象的解悟」，亦曰「辨解的解悟」。辨解者以如此等之手續辨別剖解曲曲折折以達其知解活動之謂也。是故凡是抽象而辨解的解悟皆是有限定的，化質歸量的，靜態以處物的，遵守邏輯數學之法則的。此卽哲學家所謂「知解的知性」。

此種知性不適宜於有歷史性的事理之事之了悟，因爲事理之事並非物理的事件，而吾人了解事理之事亦不是把此事當作一物理對象而辨別其物性，而是如其爲一事理之事而了解其對於理念底表現之作用或意義。此種對於事理之事之了解，了解其在理念底表現上之作用或意義，顯非上述之「抽象的解悟」，因此，可名曰「具體的解悟」。具體者如其爲一有歷史性的獨一無二的事理之事而卽獨一無二地了解其意義或作用，而不是依分類而歸納地了解其物性之謂也。依上文，事理之事底意義或作用卽是它的理，此理是辯證的理，卽由此事之辯證地體現理念，因而此事遂有它的意義，此卽是其辯證的理。吾人之了解此事理之事之意義或作用一方是具體的，一方亦是通貫的，但此通貫卻不是類概念之概括，而是如此事理之事之辯證地體現理念而亦辯證地通之。唯辯證地通之，始能通曉其辯證的理（意義）。此種通曉亦可名曰直覺，但此直覺既不是「感觸的直覺」（給吾人以對象者），亦不是「形式的直覺」（構造一數目或一幾何圖形者），復亦不是「智的直覺」（創生萬物之圓覺）。吾人只好名之曰「辯證的直覺」，單只適宜於了解事理情理以及品題人物者。抽象的解悟是知解，成科學知識；而此種屬於「辯證的直覺」的具體解悟則是智慧，通情達理的具體智慧，它不能使吾人有科學的知識，此卽中國人所謂明白，通達，亦儘有蒼涼之悲感與幽默感。孔子有此智慧，老莊亦有此智慧

（稍偏而嫌乾冷），張良亦有此智慧。儒者中，王船山亦有此智慧，故彼能通歷史。惟具有此種智慧，始能使「究天人之際，通古今之變」不爲虛語。是故事理是歷史哲學可能之客觀根據，而辯證直覺之具體解悟則是其可能之主觀根據。具體的解悟如何可能？即依事理之事之辯證地體現理念而可能也。

最後，吾人再說道德判斷與歷史判斷。

道德判斷是對一個人的行爲問它是否依「當然之理」而行，即對行爲之動機作探究，看其是否依一「無條件的命令」而發動，而無條件的命令是發自自由意志（或良知）的。歷史是由集團生命底行動而演成，故集團生命底行動（歷史性的事理之事）亦應接受道德判斷。但是歷史上的集團生命之行動是很少合乎嚴格的道德法則的，即有少分合者亦多夾雜不純。所以若只依道德判斷而論，則大部歷史便須抹去，那就是說，歷史引不進來。是以若想引進歷史，便須在道德判斷以外，復有歷史判斷。

但是，何謂歷史判斷？歷史判斷者依辯證直覺之具體解悟對於辯證之理中的事，就其辯證地體現理念之作用或意義而辯證地鑒別之也。故歷史判斷即是辯證地通曉事理之辯證的判斷。故唯辯證的判斷始能如歷史性的事理之事而鑒別之而不喪失其辯證之理中的作用或意義，此即是把歷史引進來而不泯滅。即依此故，名辯證的鑒別曰歷史判斷。歷史判斷並非只是現象主義地了解一歷史事象也。若只是如此了解而承認之，如所謂承認既成事實者，則只成經驗主義的知識判斷，而非所謂歷史判斷。是故吾所謂歷史判斷唯是指辯證地鑒別事理之事而足以引進歷史，即，如歷史之動態而足以恢復之而不令喪失者，而言。歷史判斷既非道德判斷，亦非科學方法下之知識判斷。道德判斷足以抹殺歷史，知識判斷則是把事理之事物理化使之成爲非歷史（此若用之於處理文獻材料是恰當的）。但光只道德判斷固足以抹殺歷史，然就歷史而言，無道德判斷亦不行（道德在此不能是中立的）。蓋若無道德判斷，便無是非。所以在此，吾人只就道德判斷與歷史判斷兩者之對比而融和之而皆與以承認。

昔者朱子輕視漢唐即純依道德判斷而言。陳同甫謂漢唐英雄之主亦有合道處，能擔當得起世運，不能完全抹殺。朱子純依道德判斷而言，固不能引進歷史，陳同甫爲漢唐爭一席地，好像能把漢唐之歷史引進來。然而須知陳同甫之力爭漢唐是以英雄主義爲根據。英雄的生命能運轉得動，故有價值，然而非英雄者其歷史仍然引不進來。是故依英雄主義而推尊漢唐，仍不足以表示歷史判斷。是則朱子與陳同甫針鋒相對，皆不足以言歷史判斷也。蓋朱子之理性主義是「知性型態之理性主義」，是分解的，尙未進至圓境也。即是說，他未進至了知主動理性（active reason）之辯證地實現其自己，故亦不能辯證地通曉事理也。他只是依知性而分解地建立了一個標準。合此標準者爲是，否則爲非。同時陳同甫是英雄主義下的直覺主義，這直覺主義是從自然生命才智之健旺上立言，是屬於「生命型態的直覺主義」，亦可以說是「感性型態的直覺主義」，是以天才型爲尙，因而終於是定命論的。「感性型態的直覺主義」與「知性型態的理性主義」固是直接地相對反也，然而皆不足以成就歷史判斷以引進歷史。吾人言辯證直覺之具體的解悟既非「感性型態的直覺主義」，亦非「知性型態的理性主義」，而是依主動理性之辯證地實現其自己以爲歷史，而即辯證地通曉此中事理之事而還之也。此是在知性與感性以上，相應主動理性之辯證的融和而立言，故既非知性之但分解一道德原則以爲標準，亦非生命感性之立場依生命强度以斷有無（非全即無，上智下愚不移），故足以成就歷史判斷以引進歷史（卽恢復歷史）也。道德原則不是停在為知性所了解中，而是在主動理性中為存在的集團實踐所實現（上文所說的「理念」就是主動理性中之道德原則，此有各種形態各級程度之不同）。而此實現過程是曲曲折折的，因而有歷史。在此曲折實現中，英雄非英雄，智愚賢不肖，皆在事理中有其意義與作用，得其應得之報償。卽使是荒淫悖謬愚蠢乖戾之極者亦在辯證的事理中一幕一幕呈現其自己，消融其自己，轉化其自己，皆得其所應得之報償。而荒淫總是荒淫，悖謬總是悖謬，愚蠢乖戾亦總是愚蠢乖戾，此卽是價值判斷也。然而皆在歷史性的事理之事中辯證地通曉之，則亦是活生生的歷史事實，此卽歷史判斷也。有了歷史判斷，始見歷史之可歌可泣，而亦令人起蒼涼之悲感者。然而千廻百轉，總期向上，則亦無疑。（關於朱子與陳同甫之爭漢唐，吾詳言之於「政道與治道」一書，請參看。）

以上三點，卽事理、具體的解悟、與歷史判斷，是歷史哲學所以可能之關鍵。本書初出版時，未能標而明之。今乘三版之便，略陳於此以作引論。

中華民國六十三年八月牟宗三序于香港

歷史哲學總目

（細目見各部）

第三部 楚漢相爭：綜論天才時代

第四部 西漢二百年：理性之超越表現時期

第五部 東漢二百年：理性之內在表現時期

附錄：

增訂版自序

此書于民國四十四年由强生出版社印行。數年前强生出版社停業，此書已無存者。今稍加增訂，改由香港人生出版社印行。

此書初版時，友人唐君毅先生曾爲文推介，題曰「中國歷史之哲學的省察」。文中對于歷史哲學之重要以及其基本概念，皆有所申說。當時吾有一文酬答，題曰「關于歷史哲學」。今得唐先生之同意，將此兩文附錄于書後，以作引論，以利讀者。讀者先觀此兩文，或可對于歷史哲學之大義先有一鳥瞰。

又，本書第四部第一章第一節復增補論賈誼一段。此爲初版所無者。外此一切照舊。不妥之字句，稍有改正。但不多。

吾本想有一較長而完整之引論置于篇首。但當寫此書時，復隨機撰寫他文以暢其志。所有關于歷史文化之議論，皆見他文。此諸文字，先已分別輯爲兩書：一曰「道德的理想主義」，二曰「政道與治道」。凡引論中所欲說者，實皆具備于此兩書。故亦不必再事重複。故凡讀此書者，希能取該兩書合觀，庶可得其全部底蘊。此三書實爲一組。其中心觀念，扼要言之，實欲本中國內聖之學解決外王問題者。

吾學思大體可分三階段。四十以前，致力于西方哲學，乃有

一、邏輯典範

二、理則學

三、認識心之批判

三書之寫成。「邏輯典範」原由商務印書館出版。此書較蕪雜，乃改寫爲「理則學」，由正中書局出版。五十以前，自民三十八年起，遭逢鉅變，乃發憤寫成

一、道德的理想主義

二、政道與治道

三、歷史哲學

三書。夫此三書既欲本中國內聖之學解決外王問題，則所本之內聖之學實不可不予以全部展露。佛家語所謂「徹法源底」，此內聖之學正是一切法之源底也。須有以徹之，乃可見究極與歸宿。故五十而後，數年來，吾卽着手預備以下四書：

一、「原始典型」：此主要講先秦儒道兩家。

二、「才性與玄理」：此主要講魏晉一階段。（此書已大體寫成，在籌印中。）

三、「佛性與般若」：此主要講南北朝隋唐之佛教。

四、「心體與性體」：此主要講宋明一階段。

此四書合而爲一，綜名曰「心性之學」。以前本儒道兩家以與佛教相觀摩。此後則將本儒釋道三教以與西方宗教相觀摩。

時代演變至今日，人類之命運，中華民族之國運，中西文化之命運，實已屆嚴重考驗之時，誠已面臨黑格爾所謂「上帝法庭」之前矣。其將自此沈淪以終乎？抑將躍然以起乎？此不可不徹底省悟也。吾以疏通中國文化爲主，會而觀之，則了然矣。是爲序。

中華民國五十一年元旦牟宗三序于香港

自序

自問記聞不廣，不當涉足歷史。然心中所蓄，似與史實之特瑣碎者，不甚相干。就普通所周知之大事件，通觀時代精神之發展，進而表白精神本身表現之途程，乃本書之所重。自五四以來，治史專家，多詳于細事之考證，而不必能通觀大體，得歷史文化之眞相。吾華族歷史，演變至今，非無因者。若終茫昧不覺，交引日下，則民族生命，文化生命，勢必斷絕，而盲爽發狂，靡有底止。是故貫通民族生命，文化生命，以指導華族更生所必由之途徑，乃為當今之急務。故不揣固陋，述大事而窺大體。

即此大事之敘述，多本于錢穆先生之國史大綱。此應聲明者一。復次，國史出于史官，而指導吾華族發展之觀念形態與文化意識，俱可由古史官在政治運用中之地位得其滋生之線索。此義本于柳詒徵先生之國史要義。此應聲明者二。王船山讀通鑑論及宋論，乃往賢講歷史者之絕響。彼于讀通鑑論末卷敘論四有云：「其曰通者，何也？君道在焉，國是在焉，民情在焉，邊防在焉，臣誼在焉，臣節在焉，士之行己以無辱者在焉，學之守正而不陂者在焉。雖扼窮獨處，而可以自淑，可以誨人，可以知道而樂。故曰通也。引而伸之，是以有論。浚而求之，是以有論。博而證之，是以有論。協而一之，是以有論。心得而可以資人之通，是以有論。道無方，以位物于有方。道無體，以成事之有體。鑑之者明，通之也廣，資之也深。人自取之，而治身治世，肆應而不窮。抑豈曰：此所論者立一成之例而終古不易也哉？」由船山之通論，打開史實之糾結，洋溢「精神之實體」。以其悲憫之仁心通徹于整個歷史而蕩滌腥穢。若欲于史實之僵局中通透歷史，窺出貫徹歷史之「精神實體」，則船山之書乃史家所必讀者。吾以此爲底據，而不悖于往賢。此應聲明者三。（關于船山論史之態度，吾言之于本書第三部第三章第七節末段。）吾不悖于往賢，而有進于往賢者，則在明「精神實體」之表現爲各種形態。吾于此欲明中國文化生命何以不出現科學、民主與宗敎，其所具備者爲何事，將如何順吾之文化生命而轉出科學與民主，完成宗敎之綜和形態。此進于往賢者之義理乃本于黑格爾歷史哲學而立言。此應聲明者四。

一哲學系統之完成，須將人性全部領域內各種「先驗原理」予以系統的陳述。自純哲學言，人性中，心之活動，首先表現爲「理解形態」。依此，乃有理解之先驗原理之顯露。在此，邏輯、數學，俱依先驗主義，而有超越之安立。而科學知識亦得以說明。其次，則表現爲「實踐形態」。依此，乃有實踐之先驗原理之顯露。在此，「內在道德性」之骨幹一立，則道德形上學，美的欣趣，乃至綜合形態之宗敎意識，俱得其眞實無妄，圓滿無缺之證成。在理解形態中，吾人建立「知性主體」，（即思想主體）。在實踐形態中，吾人建立「道德主體」。此兩主體乃一心之二形，而由道德形上的心如何轉而爲「認識的心」（知性主體），則是心自身內在貫通之樞紐。凡此，俱見于「認識心之批判」。在純哲學是如此，轉而觀歷史，則心之全部活動轉而爲「精神」表現之全部歷程。在純哲學，吾可純邏輯地建立其系統。觀歷史，則必須就史實之發展觀其縱貫之表現，在發展途程中完成此系統。依是，精神表現之各種形態，各種原理，其出現也，在各民族間，必有先後之異，亦有偏向之差，而其出現之方式亦有綜和與分解之不同。是以人類各民族史之精神表現，必在其發展奮鬥中，刮垢磨光，而趨于系統之完成，歸于精神之大通。故歷史之精神表現即是一部在發展途程中企求完成之哲學系統。

中國之文化生命，首先表現出「道德主體」與「藝術性主體」，而表現此兩主體之背後精神，一曰「綜和的盡理之精神」，一曰「綜和的盡氣之精神」。由前者，有「道德的主體自由」；由後者，有「美的主體自由」（即黑格爾所謂「美的自由」。）然而「知性主體」則未出現，因而精神表現之「理解形態」，終未彰著。是以，就純哲學言，儒家學術發展至宋明理學，只完成「道德形上學」，而理解之先驗原理則未觸及。就歷史發展言，邏輯、數學、與科學，未出現，而國家、政治、法律，亦未達其完成之形態。在學術方面，邏輯、數學、科學，在集團生命之組織方面，國家、政治、法律，此兩系為同一層次者，而其背後之精神俱為「分解的盡理之精神」。而此精神之表現必依于「知性主體」之彰著，精神之「理解形態」之成立。此恰為中國之所缺，西方文化生命之所具。故在中國歷史發展中，其精神之表現，國家政治法律一面之「主體自由」，（此可簡稱曰「政治的主體自由」，）亦終隱而不彰。黑格爾謂中國只有「合理的自由」，而無「主體的自由」，正謂此也。（詳解見第一部第三章。）然彼論及「主體自由」，不知有各種形態，（如道德的主體，藝術性的主體，政治的主體，）是其蔽，亦是其不盡解中國處。「政治的主體自由」與「知性主體」恰相應。普通自不于「知性主體」處說「自由」，然知性主體之彰著，理解形態之成立，亦正是心之光明之顯露，精神表現之一步解放也。

西方文化生命一往是「分解的盡理之精神」。（在此有科學，民主，與偏至的宗教。）中國文化生命一往是「綜和的盡理之精神」與「綜和的盡氣之精神」。然此所謂「一往」是有時間性。從精神之所以爲精神之「內在的有機發展」言，必在各民族之發展途程中一一逐步實現而無遺漏。唯如此，方可說人類之前途，精神之大通。亦唯如此，方可說：歷史之精神表現即是一部在發展途程中企求完成之哲學系統。

吾書如其有貢獻，即在完成此「歷史之精神發展觀」，恢復人類之光明，指出人類之常道。任何事業不能背棄此光明與常道而可以有價值。是以足以毀滅人類而歸于漆黑一團之唯物史觀在所必闢。仁心之不容已是一切光明之源泉。一切歷史在此中演進。孰謂邪妄者一時之歪曲而可以抵禦光明之洪爐乎？衆生可悲，自身可悲。知自身與衆生之可悲，則己與衆生即得救矣。玩人喪德，玩物喪志，玩世不恭。知喪德喪志不恭之爲大惡，則幡然歸來，人物可救，世亦可安。

吾書自夏商周至東漢止。此後一時不能再寫。一因資具不備，二因學力有限。然規模綱領已具于此。非必盡論四千年也。

中華民國四十四年五月牟宗三序于台北

第一部　夏商周

第一章　國史發展中觀念之具形與氏族社會

第二章　周文之函義

第三章　平等與主體自由之三態

第一章　國史發展中觀念之具形與氏族社會

第一節　觀念之具形

吾人看歷史，須將自己放在歷史裡面，把自己個人的生命與歷史生命通于一起，是在一條流裡面承續着。又須從實踐的觀點看歷史，把歷史看成是一個民族的實踐過程史。把自己放在歷史裡面，是表示：不可把歷史推出去，作爲與自己不相干的一個自然對象看。從實踐看歷史，是表示：歷史根本是人的實踐過程所形成的，不是擺在外面的一個既成物，而爲我們的「知性」所要去理解的一個外在體。歸于實踐，所以區別「理解」。置身歷史，所以區別置身度外。這兩義是相連而生的。

我們只有放在歷史裏面，歸于實踐的觀點，始能見出歷史的「光明面」。這個光明面是理解歷史判斷歷史的一個標準。歷史不是漆黑一團，亦不是自然對象。

「光明」以何而確定？以一個民族的實踐活動中之「理想」而確定。只有從實踐中才能抒發理想。若把歷史推出去作一個「外在體」看，而不知其爲一實踐過程所形成，則必看不出有理想，只是一大串平鋪的事實。此已幾近于自然對象，而終必歸于漆黑一團。

在實踐活動中，人類的那顆道德的向上的心，始終在活躍着，貫徹着他的實踐。此就是實踐不同于「自然」。「理想」就從那顆道德的向上的心發。理想的「內容」是觀念。

是以，就個人言，在實踐中，個人的生命就是一個精神的生命，精神的生命函着一個「精神的實體」。此實體就是個人生命的一個「本」。就民族言，在實踐中，一個民族的生命就是一個普遍的精神生命，此中函着一個普遍的精神實體。此普遍的精神實體，在民族生命的集團實踐中，抒發出有觀念內容的理想，以指導它的實踐，引生它的實踐。觀念就是它實踐的方向與態度。

這個觀念形態就是這個民族的「文化形態」之根。由文化形態引生這個民族的「文化意識」。是以在實踐中，同時有理想有觀念，亦同時就是文化的。這個文化意識，在歷史的曲折發展中，有時向上，有時向下，有時是正，有時是反是邪。這種曲折的表現就形成一個民族的「歷史精神」。此亦叫做「時代精神」，或「時代風氣」。若是向上或是正的，我們固然說它是精神，若是向下，或是反或邪，我們爲何亦說它是精神？這只有從實踐中，把歷史精神溯其根于文化意識之在現實的曲折發展中而得解。我們只有從文化意識之在現實的曲折發展中，始能見出向下或反或邪的「意義」與「所以然」以及其負面的價值。只要我們見出它有負面的價值，我們也就把它綂攝于「歷史精神」一詞下。觀念形態中的眞理不是直線實現的。這就是「歷史精神」一詞之所以成。觀念形態是一個民族的靈魂，文化意識是正面之詞，歷史精神是個綜和的概念，有類于中國以前所謂運會。觀念形態中的眞理，在潛移默化之中，在曲折宛轉之中，總要向它自身的固有目的而趨。這就是歷史精神。

原夫歷史精神之所以爲一個綜和詞，一方固因現實的發展是曲折的，而根本原因則在人類之有動物性。現實的發展之所以爲曲折宛轉亦正因人類之有動物性。若在上帝，則無所謂歷史，亦無所謂歷史精神。所以人類雖有一顆向上的道德的心之抒發理想（這是他的神性），但你也必須知他尚有動物性。觀念形態，歷史，歷史精神，文化意識，都是人間的，既不屬于上帝，亦不屬于自然。

但是，人雖有動物性，而他的本願總是向上。人總是以好善惡惡，爲善去惡，爲本願，這是人人所首肯的。沒有人甘心爲惡，以向惡爲本願。動物性本身無所謂善惡。以向上向善爲本願，則動物性的發作，夾雜，駁雜，甚至于乖謬邪僻，那都是本願的提不住，扭不過。歷史是人的實踐形成的，動物性的發作，夾雜，駁雜，與夫本願的提不住扭不過，那必然是有的。但人總有一個向上向善的本願，這是一個正面的標準。本願與「動物性的發作及本願之提不住」這兩方面合起來就形成現實發展中的歷史精神。

人以向上向善爲本願，沒有人以動物性的發作乖謬爲對，這就表示人的實踐史總是向光明而趨，人類歷史中是有光明的。我們就于人的本願中認取光明。若如馬克司所說：歷史只是各爲其階級私利的鬥爭史，則無光明可言，根本是漆黑一團，所以終於毀歷史，毀人類。既不能歸于上帝，則只有歸于動物。問題不在鬥爭，而在不肯定向上向善的本願，不肯定那個抒發理想的「道德的心」。

在民族生命的集團實踐中，從抒發理想的道德的心而來的觀念形態，各民族是不會一樣的，就現在講，東方與西方的文化系統就不同。其原因是在：那抒發理想的道德的心，其內容與方面非常豐富，而其本身又帶創造性，而人又受動物性的限制，（廣言之，即物質性或古人所謂氣質的限制），所以它不能一時全體表現。既不能一時全體表現，則自有各種方向。其首先出現那個方向，具備何種形態，這是沒有邏輯的必然理由的，只有集團實踐中歷史的理由。然，雖無邏輯理由，而總必有一表現。這個總必有一表現，也不是邏輯分析所能証明，而是直本於人性的向上向善之必然性。（這是道德的必然性。）

復次，在總必有一表現中，無論那一方向，那一面，既經表現，便都是道德實踐上的必然眞理。惟是這個必然的眞理既不同於邏輯上的推理式，亦不同於數學上的數目式，故並不是一定永定，一現全現，而是須要在現實發展中表現的，受現實歷史階段的限制的。譬如在母系社會必不同於父系社會。在家庭未充分完成時與充分完成時亦不同。在只限於家庭與擴大於國家，尤不同。現實層層發展，觀念形態即層層豐富。而亦唯有從實踐中肯定觀念形態之光明性，才能說明現實是發展的，而亦惟因現實是發展的，所以觀念形態才是步步豐富的。

這個發展的過程，豐富的過程，不是外部的，物量的，而須是收攝於精神表現的過程中以了解之。抒發理想以實踐，就是精神的表現。觀念形態在現實發展中豐富其自己也是精神的表現。而精神的表現是有理路的，在理路中表現，就是逐步客觀化它自己。而觀念形態也就在精神之逐步客觀化中逐步豐富它自己，完整它自己。因此，在現實的發展中，觀念形態的豐富過程中，「道德的心」的內容可以全部誘發出來，而在開始各民族之不同，可以逐步期於會通，在精神表現的理路中會通。這就是人類的前途與夫各民族之所以有未來之故。

以上是對於歷史的一般觀念之簡述。以下說明中華民族的集團實踐中觀念之具形。

人文歷史的開始斷自觀念形態的開始，而現實的發展斷自氏族社會。中華民族的集團實踐，司馬遷作史記起自黃帝，尙書述古，始於堯典。從堯舜歷夏商而至周，則所謂二帝三王皆聖王也。古史記載，以此線索爲主脈，而史家之稱述，首要觀念在修德愛民。「修德愛民」是泛說，進一步而舉其義，則有「仲尼祖述堯舜，憲章文武。」有「孟子，道性善，言必稱堯舜。」

論語堯曰篇：「堯曰：咨爾舜，天之曆數在爾躬，允執其中，四海困窮，天祿永終。舜亦以命禹。（此辭見於虞書大禹謨，比此加詳。）「湯」曰：予小子履，敢用玄牡，敢昭告於皇皇后帝。有罪不敢赦。帝臣不蔽，簡在帝心。朕躬有罪，無以萬方。萬方有罪，罪在朕躬。（此引商書湯誥之辭。）周有大賚，善人是富。（武王克商，大賚於四海。見周書武成篇。）雖有周親，不如仁人。百姓有過，在予一人。（此周書泰誓之辭。）謹權量，審法度，修廢官，四方之政行焉。興滅國，繼絕世，舉逸民，天下之民歸心焉。所重民，食喪祭。（武成云：重民五敎，惟食喪祭。）」

案此爲歷述堯舜禹湯文武之敬心施政。二帝三王之道亦於此歷述中而逐漸躍現。朱子中庸章句序云：「蓋自上古聖神繼天立極，而道統之傳有自來矣。其見於經，則允執厥中者，堯之所以授舜也。人心惟危，道心惟微，惟精惟一，允執厥中者，舜之所以授禹也。」此是理學家特拈一「中」字爲道統之傳。此固爲宋儒之所彰著，然其由隱變顯，自孔孟而已然。其所以能彰著而顯之者，必由其有隱伏之線索。此中關鍵，全在孔子。孔子將此自然趨勢所成之綫索轉爲彰著之道統，顯明之「意義」，以爲貫穿吾華族歷史之觀念形態。

論語衛靈公篇云：「子曰：無爲而治者，其舜也與？夫何爲哉？恭己正南面而已矣。」泰伯篇云：「子曰：大哉堯之爲君也，巍巍乎，惟天爲大，唯堯則之，蕩蕩乎，民無能名焉。巍巍乎，其有成功也。煥乎其有文章。」又：「子曰：巍巍乎，舜禹之有天下也，而不與焉。」又：「子曰：禹，吾無間然矣。菲飲食，而致孝乎鬼神。惡衣服，而致美乎黻冕。卑宮室，而盡力乎溝洫。禹，吾無間然矣。」

案此爲孔子之稱贊堯舜禹。稱堯舜蓋爲原始儒家最古之歷史意識。若衡之史實，其如此稱述，有根據否？法家以逆詐之心，不稱美堯舜。可見當時即有相反之意見，不自近人始也。蓋對古史傳說，在春秋戰國時，即有不同之三系。一爲楚系，二爲三晉系，三爲齊魯系。楚系多怪誕，富幻想。三晉系尚功利，多權詐。齊魯系得其正宗，非偶然也。堯舜縱不如孔孟所稱之美，而三晉系之逆詐亦未必有史實之根據。若從社會進化方面說，則堯舜時是否已脫離母系社會，尚不得知。其簡陋質朴，可斷言也。人在原始之時，意識生活不如後來之廣而密，故不必如後人所稱之善，亦不必如後人所說之惡。不自覺者，雖不必盡善，然亦決難說其爲惡。然不自覺者，如赤子，近自然，其簡朴，總較可取也。人之稱之也，亦根於人性之正也。而根於人性之正所呈現之觀念以自然地粘附於史實，即爲此民族之文化意識及歷史精神之象徵與反映。雖在堯舜之時可無據，而貫於史實之承續中，代代累積而觀之，則非可云純屬虛構也。故吾人可不必以民族自尊之觀點肯定此統系貫穿上之稱述，而可自歷史精神文化意識之實爲如是之觀點肯定此稱述。此觀點之爲客觀，不亞于橫斷史實之考據之爲客觀。歷史精神，文化意識，乃一民族之生活承續所必然呈現者。一無意識之自然現象之相承尚可以言規律，而謂人類之意識生活之承續可無其精神之脈絡與意識之統緒乎？堯舜時無事實可証，至夏商則已有之矣。此豈是無源之水，憑空而來耶？每一時代可有新觀念之創造，此儼若爲突現，然套於意識系統中，向此趨，不向彼趨，則非偶然。此即爲歷史精神與文化意識兩概念之所由建立也。

以上是就孔孟稱堯舜，說明「修德愛民」一觀念形態之意義。理學家就「中」言道統，則又進一步。孔孟稱堯舜是稱其德。吾人今日尚可就史官之職責以追溯此觀念之源流與形成。

世本：「沮誦蒼頡作書。」宋衷曰：「黃帝之世，始立史官。蒼頡沮誦居其職。」（初學記）。

世本：「黃帝使羲和占日，常儀占月，臾區占星氣，伶倫造律呂，大撓作甲子，隸首作算數。容成綜此六術，著調曆。」（史記曆書索隱。）宋衷曰：「皆黃帝史官也。」（左傳序疏）。

黃帝之世，未必眞有如此之史官。然經後來之有此而如此追置之，要必有歷史之線索。此線索，拉長可，不拉長亦可。凡對古史，文獻不足徵者，俱當作如是觀。又當注意者，此所述之黃帝史官，大體皆屬天文律曆書數一面者。此一面，吾名之曰對於自然現象之窺測，屬於「智」之事。詳述見後。

大戴記誥志篇：「丘聞周太史曰：政不率天，下不由人，則凡事易壞而難成。虞史伯夷曰：明、孟也，幽、幼也。雌雄迭興，而順至正之統也。」（孔廣森曰：「引之，言率天之事。）

孫星衍尚書今古文注疏，皋陶謨疏云：「史公云：禹、伯夷、皋陶，相與語帝前。經文無伯夷者。大戴記誥志篇，子引虞史伯夷曰：明孟也，幽幼也，以解幽明庶績咸熙。是伯夷爲虞史官。」

夏商之史，相傳有終古及向摯，皆掌圖法。呂氏春秋先識篇云：「夏桀迷惑，太史令終古出其圖法，執而泣之。殷紂迷惑，內史向摯載其圖法，出亡之周。」酒誥稱太史友，內史友，足証商代有太史內史之職。第其職務，不可詳考。

柳詒徵先生曰：「古史孔多，唐虞時已有五典。史克述虞書愼徽五典。（左傳文公十八年。）皋陶謨稱五典五惇。是唐虞之前已有若干典也。五惇之義，自來未析。稽之內則，蓋古有惇史，記載長老言行。皋陶謨所謂五典五惇，殆即惇史所記善言善行，可謂世範者。故歷世尊藏，謂之五典五惇。」（國史要義，頁二。）

案禮記內則云：「凡養老，五帝憲，三王有乞言。五帝憲，養氣體而不乞言。有善則記之，爲惇史。三王亦憲，既養老而後乞言。亦微其禮。皆有惇史。」又案臯陶謨云：「天叙有典，勑我五典五惇哉。天秩有禮，自我五禮有庸哉。天命有德，五服五章哉。天討有罪，五刑五用哉。天聰明，自我民聰明。天明威，自我民明威。」蓋史官者，經驗之府，觀念之所從出也。由五典五惇，至五禮五服五刑，即明由史官所見之觀念形態，自始即爲一道德政治的形態，緊繫於集團實踐而生出者。而如此所引生之觀念又必切於人而通於天，故於典曰天叙，於禮曰天秩，於服曰天命，於刑曰天討。凡範圍實際活動的規矩典則，皆直接由道德政治的集團實踐中而予以理性的根據，故皆曰天，即宋儒所謂天理也。亦即可於此而直接透示一道德的理性實體。而此實體又不遠乎人。故於聰明雖曰天，而又曰自我民聰明，於明威雖曰天，而亦曰自我民明威。於道德政治的集團實踐中，不能不修德而愛民。一是皆以敬畏一念而貫之。由此推之，大禹謨云：「禹曰：於，帝念哉！德惟善政，政在養民。水火金木土穀，惟修。正德利用厚生，惟和。九功爲叙，九叙惟歌。帝曰：俞！地平天成，六府三事允治。萬世永賴，時乃功。」水火金木土穀爲六府，正德利用厚生爲三事。六府三事正是修德愛民之進一步規定，此爲吾華族實踐史中之基本觀念形態。

周之史官，若史佚、辛甲之倫，皆開國元老。史官地位特尊，故設官分職，視唐虞夏商爲多，而其職掌又詳載於周官。

周官春官宗伯：「太史掌建邦之六典，以逆邦國之治，掌法以逆官府之治，掌則以逆都鄙之治。凡辨法者考焉。不信者刑之。凡邦國都鄙及萬民之有約劑者藏焉，以貳六官。六官之所登，若約劑亂，則辟法，不信者刑之。正歲年以序事，頒之於官府及都鄙，頒告朔於邦國　閏月，詔王居門終月。大祭祀，與執事卜日。戒及宿之日，與羣執事讀禮書而協事。祭之日，執書以次位常。辨事者考焉。不信者誅之。大會同，朝覲，以書協禮事。及將幣之日，執書以詔王。大師，抱天時，與太師同車。大遷國，抱法以前。大喪　執法以涖勸防，遣之日，讀誄。凡喪事考焉。小喪，賜謚。凡射事，飾中舍算，執其禮事。

「小史掌邦國之志，奠繫世，辨昭穆。若有事，則詔王之忌諱。大祭祀，讀禮法，史以書叙昭穆之俎簋。大喪，大賓客，大會同，大軍旅，佐太史。凡國事之用禮法者，掌其小事。卿大夫之喪，賜謚讀誄。

「內史掌王之八枋之法，以詔王治：一曰爵，二曰祿，三曰廢，四曰置，五曰殺，六曰生，七曰予，八曰奪。執國法及國令之貳，以考政事，以逆會計。掌叙事之法，受納訪，以詔王聽治。凡命諸侯及公卿大夫，則策命之。凡四方之事書，內史讀之。王制祿，則贊爲之，以方出之。賞賜亦如之。內史掌書王命，遂貳之。

「外史掌書外令，掌四方之志，掌三皇五帝之書，掌達書名於四方。若以書使於四方，則書其令。」

「御史掌邦國都鄙及萬民之治令，以贊冢宰。凡治者受法令焉。掌贊書。凡數從政者。」

柳詒徵先生解之曰：「總五史之職，詳析其性質，蓋有八類。執禮一也，掌法二也，授時三也，典藏四也，策命五也，正名六也，書事七也，考察八也。歸納於一，則曰禮。五史皆屬春官宗伯，春官爲典禮之官，卽堯典之秩宗。伯夷以史官典三禮。（馬融謂天神地祇人鬼之禮。鄭玄謂天事地事人事之禮。）其職猶簡。故宗伯與史不分二職。歷夏商至周，而政務益繁，典冊益富，禮法益多，命令益夥，其職不得不分。然禮由史掌，而史出於禮，則命官之意，初無所殊。上溯唐虞，下及秦漢，官制源流，歷歷可循。漢書百官公卿表，奉常，秦官。掌宗廟禮儀，屬官有太史令丞。景帝更奉常爲太常。後漢因之，太史仍屬太常。此非本於周官五史之隸春官宗伯乎？」（國史要義，頁五）。

又曰：「古之宰（指曲禮所述）爲天官也，與史聯事。周之冢宰爲天官也，仍與史聯事。蓋部落酋豪之興，必倚一人副之以綰百務，又必倚一人隨之以記所爲。於是，總務長與秘書長之兩員，爲構成機關必不可少之職務。相沿既久，而史與相乃並尊。相綰百務，史司案牘，互助相稽，以輔首領。故雖由司天者演變而治人事，其聯繫不可變也。周之六官，惟宰握典、法、則、柄、全權，其他百僚，不能相抗。惟史所掌，與宰均衡。雖宰之所屬，如小宰，司會，司書，亦掌典法則之貳，但小宰等僅以助長官之本職，非相考察也。五史之職，則全部官書咸在，據之以逆以考以辨以贊，非司會司書之比。宰及百官，不能紊法違章，實由於此。行政妙用，基於累世之經驗，非一時一人憑理想而制訂也。」（同上，頁六）。

案以上乃古制之規模，有以見史官之職責。此實推動政事之靈魂。人文化成之義胥由此顯。故得由之以見集團實踐之觀念形態。本禮以行政，史官復據禮以考得失。一切納於禮而簡其非禮，則在現實中實現理想，復以理想指導現實，其大義莫顯於此。史官所掌實一推動現實措施之「綱維網」也。

史官所具之觀念，於政事教化一面外，尚有天文律曆一面。周禮，史屬春官。曲禮，則在天官。

史亦司天也。故上述黃帝史官，皆司天事。

柳詒徵先生曰：「天人之際，所包者廣。本天敘以定倫常，亦法天時以行政事。故古者太史之職，在順時覛土，以卽陽官，守典奉法，以行月令。（周語：「古者太史順時覛土。先時九日，太史告稷曰：自今至於初吉，陽氣俱蒸，土膏其動。稷以告。王曰：史帥陽官，以命我司事。太史贊王，王敬從之。后稷省功，太史監之。」又月令：「先立春三日，太史謁之天子曰：某日立春（夏秋冬同）。乃命太史守典奉法，司天日月星辰之行，宿離不貸，毋失經紀，以初爲常。季冬之月，天子乃與公卿大夫共飭國典，論時令，以待來歲之宜。乃命太史次諸侯之列，賦之犧牲，以共皇天上帝社稷之饗。」）周官太史之職，賅之曰：正歲年以敘事。此敘事二字，固廣指行政，而史書之以日繫月，以月繫時，以時繫年，所以紀遠近別同異者，亦賅括於其內矣。」（國史要義，頁十一）。

案周官釋史，旣曰：「史掌官書以贊治」，又曰：「正歲年以敘事。」此天人兩語實賅括史官所備之觀念之全。前語屬人，後語屬天。前者屬道德政治之一面，後者屬窺測自然之一面。

堯典曰：「乃命羲、和，欽若昊天，曆象日月星辰，敬授民時。日中星鳥以殷仲春，日永星火以正仲夏，宵中星虛以殷仲秋，日短星昴以正仲冬。帝曰：咨汝羲曁和，期三百六旬有六日，以閏月，定四時，成歲。」史官所司，自古相傳，卽有此一面。中國天文律曆算數之知識皆由此出。故曰屬於窺測自然一面也。

道德政治一面與窺測自然一面，兩者所具之觀念，其第一次結集，則見之於尙書洪範之九疇。本書非哲學史，關此，可不必再行追述。讀者可參看馬浮先生「洪範約義」。

以上就史官之職掌所確定之「觀念形態」，可以「掌官書以贊治，正歲年以敘事」兩語括之，而此兩語之大義即爲「本天敍以定倫常，法天時以行政事。」茲就此兩語，綜論其義如下。

案：「本天敍以定倫常」是從組織的行動中顯示出道德的普遍原理來，此是蓋天蓋地的道德實在。所謂天敘天秩也。由此以定倫常，則爲天倫。故禮皆天理也。此爲天理之構造性：客觀的構造，社會的組織，政事的進行，皆本於此；而天理亦在此等構造，組織，進行中實現。此道德的實在，在第一期中，自黃帝至周，由史官的職責來把握來運用。至孔子則由士來把握來運用，由直接的政治形態轉而爲學術敎化的型態，而道德的實在亦由性善之指出而內在於道德的心，由道德的心以証實之，以透露之。此一面即爲仁義之一面或心理合一之一面，簡名之曰仁。同時，「法天時以行政事」則是從組織的行動中顯示出理智的活動，此爲貞定自然而見其條理。洪範所謂「協用五紀」也，堯典所謂「欽若昊天」也。天文律曆數，賅而存焉。此一面即爲智之事。然此亦由史官之職掌而把握而運用。把握之，運用之，乃在法天時以行政事，則此「理智之所照」亦具有道德之意義，而爲蓋天蓋地的「道德實在」所涵蓋。以上仁智兩面，在吾先民，實爲一綜和之型範，由一虔敬的實踐之心而籠罩地湧現之。故成爲一超越而普遍的統一體。同時亦即由此而顯示一「普遍的精神實體」。仁智兩面，合而爲仁智之全。此由史官之職能而透露。史官在一組織中居於「核心而爲觀念領導」之地位。組織爲一提挈社會，領導人羣之政事組織。中國歷史自始即以此爲中心線索。一切事變皆繫於此，一切觀念皆出於此。政事組織表示客觀的集團實踐。在此客觀實踐中，（即政事措施中），首先所注意者，不能不爲修德安民。是以中華民族之靈魂乃爲首先握住「生命」者。因爲首先注意到「生命」，故必注意到如何調護生命，安頓生命。故一切心思，理念，及講說道理，其基本義皆在「內用」。而一切外向之措施，則在修德安民。故「正德，利用，厚生，」三詞實概括一切。用心於生命之調護與安頓，故首先所湧現之「原理」為一「仁智之全」，為一普遍的道德實在，普遍的精神實體。至周，禮樂明備，孔子承之，講說道理，皆自此發。而上溯往古，由隱變顯，一若為歷聖相承之「心法」。此可見支配華族歷史之中心觀念為何是矣。西方哲學起自用心於「自然」。此其對象在外不在內。故「對象」之意顯明，而生命之為對象，則甚隱微而難明。用心於自然，故一方彰「理智」之用，一方貞「自然」之理（理型，秩序）。而於生命之內潤，則甚欠缺。故西方以智為領導原則，而中國則以仁為領導原則。見道德實在，透精神實體，必以「仁」為首出。智隸屬於仁而為其用。攝智歸仁，仁以養智，則智之表現，及其全幅意義，必向「直覺型態」而趨，（即向「神智之用」的型態而趨），乃為理之最順而必至者。至其轉為「理解」（知性），則必經一曲折而甚難。此所以自孔子後，仁一面特別彰顯凸出，而智一面，則終隱伏於仁而未能獨立發展也。智，只潤於仁中，調適而上遂。並未暫離乎仁，下降凝聚，轉而為理解。故名數之學及科學，皆不能成立也。

史官隨客觀實踐而透露「仁智之全」之道德實在，只是不自覺的湧現。故普遍的精神實體亦是與「自然」渾一，而未釐清。它只是一個初昇的太陽之光—人在睡眼朦朧中，驀然一見，眼花撩亂，混而不分的燦爛之光。光內在於其自己，而為一純粹的普遍性。尚未通過主體，個性，而彰著。故普遍的精神實體尚只在潛蓄狀態中。歷史的發展即是步步彰著此精神實體。「仁智之全」所透露的道德實在，精神實體，即是領導華族歷史發展之「光」。此若吾人不將歷史推出去作一自然物看，而攝進於客觀實踐中，而吾人亦處於此客觀實踐中而觀歷史，則此義之爲眞理乃必然者。此光，縱在開始，與雲霧混處，如朝暾之初上，然光總在朝暾，而不在雲霧。理解歷史，總須在光處理解，不能在雲霧處說歷史。在雲霧處說歷史，一切皆黑暗，此唯物史觀之所以造孽也。自朝暾處說歷史，一切皆光明，雲霧亦成爲可解者，此精神史觀之所以獨得歷史之眞而必不可移也。

華族在客觀實踐中觀念之具形，卽是華族之歷史精神之具形。此書非普通歷史，故于古代史跡可不縷述，而以此觀念之具形爲首出也。後此之偉大史事皆此普遍的精神實體之彰著史與表現史。

第二節 氏族社會

人類進于歷史階段，從實踐方面說，斷自觀念之開始，從現實組織方面說，斷自氏族社會之形成。呂氏春秋恃君覽：「太古無君，其民聚生羣處，知母而不知有父。無親戚，兄弟，夫婦，男女之別；無上下，長幼之道；無進退揖讓之禮；無衣服，履帶，宮室蓄積之便；無器械，舟車，城郭，險阻之備。」

禮記禮運篇亦說：「昔先王尙無宮室，冬則營窟而居，夏則居橧巢。尙無衣食之法，食草木之食，鳥獸之肉，飲其血，茹其毛。尙無絲麻，衣羽皮。」

舊石器時代是氏族制以前的社會。新石器時代則相當于氏族制社會。在前者，打制石器是主要特徵，狩獵採集經濟是此時代之支配形態。人類過着放浪的生活。此爲蒙昧期，或野蠻期。新石器時代，則已有陶器。磨製石器亦因採伐木材而產生。農業和牧畜漸次出現，進入定處的生活。

氏族社會的前一階段，爲母系社會。知母而不知父。史記叙述傳說的人物，大都不提父，而關于其母則說得很神秘。因而有所謂「聖人皆無父，感天而生」之神聖感。例如：

「太皞庖犧氏風姓，代燧人氏繼天爲王。母曰華胥。于雷澤履大人之迹而于成紀生庖犧，蛇身人首，有聖德。」（史記三皇本紀。）

「炎帝神農氏，姜姓。母曰女登，有媧氏女，少典之妃。感神龍而生炎帝。人身牛首，長於姜水，因以爲姓。」（同上）。

「黃帝母附寶，見雷繞北斗，樞星光照野，感而孕。」（今本竹書紀年）。

「帝顓頊高陽，母見搖光之星，如虹貫日，感己於幽房之宮，生顓頊于若水。」（同上）。

「堯母慶都與赤龍合昏，生伊嘗，堯也。」（同上）。

「舜母見大虹，感而生舜。」（同上）。

「禹母見流星貫昴，夢接意感，既吞神珠而生禹。」（同上）。

「殷契母曰簡狄，有嚳氏之女，爲帝嚳之次妃。三人行浴，見玄鳥墮其卵，簡狄取食之，因孕生契。」（史記殷本紀。）

「周后稷名棄，其母有邰氏女，曰姜原。姜原爲帝嚳元妃。姜原出野，見巨人蹟，心忻然悅，欲踐之。踐之而身動，如孕者，居期而生子。」（史記周本紀）。

在母系氏族下，子女皆屬于母之氏族。今本竹書紀年云：「堯初生，其母在三阿之南，從母所居而姓。」

男子出嫁于其他氏族。今本竹書紀年又云：「舜象兄弟，舜屬有虞氏，象屬有庳氏。」堯是陶唐氏，而其子丹朱是有扈氏。舜是有虞氏，而其子均是商氏。鯀是崇氏，而禹是塗山氏。同時，丹朱不能繼堯，商均不能繼舜。但啓可以繼禹，似乎到禹，漸由母系轉至父系。

母系氏族在羣婚期，有多父多母狀態。殷墟卜辭有多母多父之文。但殷商之同稱爲父爲母，不必卽爲雜婚。但往時總有過。

母系氏族下，父的財產不能由兒子繼。

假若至禹，漸由母系轉至父系，則堯舜之禪讓與禹之傳子亦可于此得一解。堯舜禪讓並不是通過理性的自覺而成立的一個政治制度。此後來儒者託古立象耳。但必不可昧于現實之發展。若不知託古立象之意，則以爲堯舜一過，便入黑暗時期，是則全昧人類現實之奮鬥，與在現實中實現理想之發展。此不足以與之語歷史。如此觀史，是流入不負責任之烏託邦。亦卽根本上缺乏歷史意識與文化意識也。若知此只是託古立象，則由母系進至父系乃是一大進步。而禪讓之通過理性的自覺而成爲一客觀的政治制度，必是發展中之最高級者。

由母系進至父系，何以爲一大進步？蓋親情之流露必期貫注于其所親之全部。父之于子女，其親之直接性固不若母。因此，在親情之不能開擴而只封于其最直接之親時，則父自必不爲其親情之意識所貫注，因而自必見外而爲不相干。父之流浪與男子之出嫁卽父之見外之表示。父之見外，卽表示不能爲親情所貫注而內在化之。進至父系，則父母俱爲親情所貫注而一起內在化，此卽爲親情貫注于其所親之全部。父母內在化，則子女亦自內在化而爲一整體。此當然爲一大進步。進步之標誌卽在親情意識之擴大，自其最直接性中而解放。進步之動因卽在親情意識之自覺，心靈之開悟。此步自覺與擴大，自有外部條件來促成，如生活之定處，由流浪而相聚等，然進步之所以爲進步，其本質必在親情意識之自覺。每階段的發展皆作如是觀。卽進步不能從外部的物質事物之繁富來解析。

夏商都已進入父系社會無疑。茲捨夏不論。商民族固亦經過一段母系制。但到商湯滅桀，代夏而有天下，成爲民族集團實踐之領袖，而且世系相傳至于五六百年，則必早已進入父系制。吾已明進到父系制社會，是表示親情之流露貫注于其所親之全部。但這只是就骨肉之親而言。尙未言及集團實踐之政治的組織與政治的意義。一個氏族社會，無論在母系制或父系制，很可以只是一個氏族羣之簡單的現實生活，卽只是聚族而居，而不能進到組織上之政治的意義，卽只有在一氏族之現實生活內之主觀意義，而沒有國家政治式的客觀意義。但當一個氏族能成一代而有世系，則必在親情之表現外，還有組織上的政治意義。茲就此義畧言商代所發展至之形態。

漢儒公羊家以質文論商周，名曰殷質周文。曰：質家親親，篤母弟。又曰：殷法質，尙鬼。親親，篤母弟，卽是組織上的一個政治意義，卽王位繼承問題。殷代王位繼承，父傳于子者不多，大都是兄終弟及。周文尊尊，篤世子，此是一大進步。篤母弟，卽是王位繼承未能按照一客觀制度而客觀化，尙限于親親之情，而未能進至于義道。（尊尊是義道。）兄弟都是直接親于父母者。未能越過舐犢之私而從義道上及于世子之尊。此卽表示商民族之集團實踐尙未達到一種客觀的意義，其政治運用之雛形尙未能達到一種制度之客觀性，尙是停在一個氏族之親情的主觀狀態中。此卽公羊家所謂「質」，所謂親親。從氏族之親情的主觀狀態，（經驗狀態，混然散漫狀態，）躍至一個組織上的法度之客觀狀態（理性狀態，嚴整狀態，）是精神表現上一大進步。商代未能進于此。它在政治意義上未能進至客觀狀態，亦正由于它雖進至父系社會，親情之流露雖已貫注于其所親之全部，然亦只是親情之貫注而已，而家庭內之倫常關係，宗法族系，尚未能至釐然劃清，充分建立之境地。故有多父多母之現象。同姓不婚亦未能成立。此卽所謂混然散漫之狀態。母系社會之遺習尚多留存。故周文是華族史上一大進步。故以前有云：「人統之正，託始文王。」詳論見下章。

※　※　※　※

茲再一論戰爭與奴隸。

各氏族間之爭鬥，乃具有動物性之人類所不能免。好勇鬥狠亦不全由於理想之衝突，尚氣衝動，無理取鬧者，亦在所多有。商民族的根據大體是在河南省境的黃河流域。其周圍有土方、呂方、羌方、井方、洗方、人方、馬方、羊方、鄘奄、邶、雷、等族。其中對於土方、呂方的戰爭特別多。因爲有戰爭，就不免有俘虜。此是奴隸之來源。卜辭中有臣、奴、俘、奚等字。都代表奴隸，由戰爭的俘虜而來。女奴隸字有奚、妾、婐、姘等。殷族中所得奴隸，鄘最多，其次是土方、呂方、邶。邶和鄘離殷稍遠。盤庚以前征服鄘族，以之爲「奄（卽鄘）奴」。更侵邶，以邶人爲「北奴」。侵土方，「俘馘土方」。侵呂方，以呂方爲臣。

奴隸的用處：一、祈神或祭祖先時作犧牲。二、作僕役。三、衞戍邊疆。四、從事牧畜。五、從事農耕。六從事工藝。（殷人使用琲製的貝，製貝者大都是奴隸。）

殷代末期，奴隸尚不是父家長或家族員的私有品，周代彝器的銘文中，賜贈臣僕的記錄很多。而殷代的彝器銘文，則無此種記載。俘虜是集團的奴隸，是氏族的共有物。這亦表示土地私有尚未成立，土地是氏族共同體的共有物。馬克司派以爲殷代有家族役使奴隸，而在生產關係上不佔重要地位。所以尚不是奴隸制。孟子說殷人七十而助。又說惟助爲有公田。殷代是否有井田制，尚不能定。奴隸爲氏族共有，任雜役；土地亦爲氏族共同體的共有物。（至西周始成立井田制。）土地方面一直維持至春秋戰國間，遂漸轉爲私有。然私有奴隸在周及秦漢後仍任雜役，故中國始終未出現希臘式的奴隸制。馬克司于此說爲亞細亞的生產方式。

亞細亞生產方式，其特徵如下：一、缺乏土地私有現象，土地大都是公有，因而租稅與地租合一。二、人工灌溉在農業上有很大的重要性。三、灌漑與其他公共事業由國家大規模的施行。四、共同體強固地存在着。五、受着專制君主的支配。實則，此五點中只是一與四爲主徵。

馬克司派說：亞細亞生產方式既不是原始共產主義，亦不是封建主義。在封建制，個人的生產最發達。封建制實際上是建立在小農與獨立的小手工業者之生產上的。在亞細亞的生產方式下，誰是榨取者？這是直接被組織于支配機構內的，團體地占有生產手段並且團體地榨取原始農村共同體的會長、武士以及祭司等土地佔有者。這種榨取形態和封建形態之本質上的差異是：在封建制下，所有物被分割，而在此則不被分割；封建制的佔有是個人的，而在此是團體的；在封建制下，階級被分割成階級的個人的代表者，各個代表者榨取各個個別生產者，可是在亞細亞制，是由特權的「土地佔有者集團」對原始共同體的團體榨取。

他們又說：亞細亞的生產方式亦可說爲「貢納制」。它和奴隸制大體相異，與共同體的存在有密切關係。地租作爲貢物而爲國家所有。他們說商周的氏族共同體，在亞細亞的生產方式之基礎上，成爲奴隸制（卽希臘的古典的奴隸制）的變形。他們明知任雜役的私有或公有奴隸，不足以形成奴隸制，遂把組織于共同體中的全部耕種者視爲奴隸。這是井田制的生產方式，不是奴隸制問題。說這是奴隸，只是情感判斷，不是科學命題。

案左傳定公四年云：「昔武王克商，成王定之，選建明德，以藩屏周。故周公相王室以尹天下，于周爲睦。分魯公以大路，大旂，夏后氏之璜，封父之繁弱（大弓），殷民六族：徐氏，蕭氏，索氏，長勺氏，尾勺氏，使帥其宗氏，輯其分族，將其醜類，以法則周公，用卽命于周，是使之職事于魯，以昭周公之明德。分之土田陪敦，宗祝卜史，備物典策，官司彝器，因商奄（國名）之民，命以伯禽，而封于少皡之虛。分康叔（成王之弟）以大路，少帛，綪茷，旃旌，大呂，殷民七族：陶氏，施氏，繁氏，錡氏，樊氏，饑氏，終葵氏。封畛土，畧自武父（衞北界）以南，及圃田（鄭藪名）之北竟。取于有閻之土，以共王職。取于相土之東都，以會王之東蒐。聃季（周公弟司空）授土，陶叔（司徒）授民，命以康誥，而封于殷墟，皆啓以商政，疆以周索。（疆理土地以周法。索，法也。）分唐叔以大路，密須（國名）之鼓，闕鞏（甲名），沽洗（鐘名），懷姓九宗（唐之餘民），職官五正（五官之長），命以唐誥，而封于夏虛。啓以夏政，疆以戎索。」

案此本爲周之封建。封建者，封侯建國，開墾殖民也。周既克商，自以戰勝者姿態出現。每封一侯，土地人民皆爲其所統治，故曰封侯建國，諸侯與天子俱南面分土而治，有不純臣之義。諸侯公室亦有其私田，如「取于有閻之土，以共王職，取于相土之東都，以會王之東蒐。」此固說衞，想他國公室皆然。卽周天子亦有其私田。餘者，封疆之內，或封大夫，或歸庶民。而無論公室，大夫，或庶民所有者，一律皆行之以井田制。諸侯大夫可爲地主，（同時亦兼政治軍事領袖，）而耕種必賴農民。孟子曰：「方里而井，井九百畝，其中爲公田，八家皆私百畝，同養公田。」（滕文公章）。又曰：「死徙無出鄉，鄉田同井，出入相友，守望相助，疾病相扶持，則百姓親睦。」（同上）。此爲一般農民之情形。「同養公田」卽爲一種助法。故孟子又曰：「詩云：雨我公田，遂及我私。惟助爲有公田。由此觀之，雖周亦助也。」同結縛于井田而行助法，亦可謂一種共同體。皆私百畝，則雖處于共同體，而亦有獨立性。惟不得自由買賣，則其獨立性乃固定的，非活轉的，亦不得直謂土地私有。然私有觀念必漸漸由此而出。春秋戰國卽向此而趨。爲公室，大夫所有者，如「以共王職」，「以會王之東蒐」，以及所謂湯沐邑，采邑，等，亦必交付農民同行井田耕種法。假定爲公室大夫所有者，亦以井九百畝中之公田出之，（如指定某處爲某之采邑，則此處之農民卽爲之耕種九百畝中之百畝以代表之。）則較爲一律。如爲公室大夫所有者，純係私有土地，私有觀念甚强，則爲之耕種者卽 戶，担負此部工作者，開始或卽爲剛被征服之殷民族。然在當時，恐不如此。一般農民私有觀念不强，亦由于諸侯大夫私有觀念不强。封之以土地人民，若說是他的，統是他的；若說不是他的，統不是他的。此與後來之地主究不同也。大體仍是一律爲井田制。而對於公室大夫之供養，則採取或貢或助或徹之法。孟子說：「夏后氏五十而貢，殷人七十而助，周人百畝而徹，其實皆什一也。」將貢助徹分配于三代，恐不必然，然此三法必皆有事實之根據，卽同行于周代，亦無不可。故曰：「雖周亦助也。」此時，大體周民族與剛被征服之殷民族以及其他古代留傳之各氏族，處于一種共同體之生活。而以井田制爲其具體之表示。剛被征服之殷民族，開始時，或爲私家奴隸，或施以較大之壓力（所謂頑民），然不能盡爲私家奴隸，其被壓抑者，久之亦漸同于其他庶民矣。分魯以殷民六族，分衞以殷民七族，不能盡爲私家奴隸也。而復封舜後于陳，封夏後于杞，封微子啓于宋，所謂存三恪，亦自有相處之道，豈可純以奴隸制論之耶？

馬克司派論周之封建，謂此時已不是貢納制，而是征服共同體佔有被征服共同體。並謂：在殷代，已有家庭隸奴，周代當然更有。但家庭奴隸對于生產只是間接關係。說到奴隸制，必須以生產領域內之奴隸爲中心。依此，家庭奴隸是附隨的第二義的，不能成爲奴隸佔有者之組織的决定因素。所以周代奴隸不能發展成希臘雅典那樣的奴隸手工業工場。氏族種族共同體遲緩其崩壞，阻止了奴隸制的發展。此確是亞細亞方式之特徵。但他們却謂：這不過是奴隸佔有者的生產方式，即古典的生產方式之變形。中國奴隸制是從種族奴隸制發展到父家長制的奴隸制。向父家長制發展即是向私有制發展。因此，周代未曾完成古典的奴隸制，而即向封建農奴制而趨。

他們以西方歷史爲標準，以希臘羅馬的生產方式，爲古典的奴隸制，以中世紀的生產方式，爲封建的農奴制。彼言封建單指農奴制而言。不同周之封侯建國之封建，故論周亦以奴隸制爲標準。春秋戰國以後，則向農奴制而趨，亦即向封建制而趨。但彼等亦知，私家奴隸不足以表示奴隸制。因此，便把生產領域內，即井田領域內之耕種者俱視爲奴隸。因此，雖不同于希臘古典的奴隸制，但却也是其變形。（馬克司特標名曰亞細亞的生產方式。）彼等之言奴隸，實是一情感的價值判斷，不是一科學的事實判斷。將共同體內從事生產者俱視爲奴隸，天下無此理。彼必如此說，亦只讓其說之而已，不足以論歷史。他們把歷史視爲漆黑一團，把古今中外講成清一色的黑，只是剝削者與被剝削者之展轉變化，除此一無所有。他們雖立下種種型態，然若將綱與差重疊累起，歷史只是一個剝削關係演變成。無不可說奴隸，豈止井田制而已乎？因爲他們心中漆黑，過去一切俱作奴隸觀，故蘇俄共黨遂視一切爲芻狗而不爲怪，他們拚命向新的奴隸制，新的農奴制，新的資本制而趨，將古今中外一切剝削壓迫，重疊于一起，成爲一大成，而自視爲進步。進步誠進步矣，但所進者乃是奴隸農奴剝削壓迫之加甚，黑暗之加甚，而未向異質的方向進。他們順黑暗同質地向前進，想進到那個無階級無剝削之社會，絕對的漆黑一團之社會，一切皆毀滅之社會，馴至亦無社會可言矣。然吾不知此如何能達到？他們集古今中外一切壓迫之大成的黑暗，如何能停止？

周之社會爲宗法社會，政治爲貴族政治，經濟爲井田制。總括之，觀其現實社會生活之全體，爲氏族共同佔有被征服氏族共同體。提綱挈領，觀其動進之形成，則爲封侯建國，武裝開墾殖民。故征服的氏族共同體，既爲政治領袖，同時亦爲軍事領袖。而經濟既爲井田制，則其佔有土地分配土地而亦同時爲地主，其爲地主不是經濟意義之地主，亦不是私有意義之地主，而是握有政治運用權而爲公有，（以共同體故），相當後來所謂國有。依此，其爲貴族亦純是政治意義的，而不是以其有土地，有經濟特權而爲貴族。其始也，爲征服，爲佔有，而既征服佔有以後，不向經濟特權之階級社會而趨，而急亟于制禮作樂，形成宗法之家庭制，等級之政治制，（所謂周文），則其自始即以理想貫通政治，以政治運用穩定社會，封侯建國，而統一天下，無疑。以理想之貫通于政治運用爲綱領，此一事實之凸出，誠爲中國歷史發展形態之特徵。詳解見下章。

周之井田制之公同體，到春秋戰國時，便逐步破裂。此破裂後之社會形態，錢穆先生扼要述之如下：

但這一制度，在春秋末，戰國初，一段時期內，便逐步變動了。主要是稅收制度的變動。起先是八家共耕公田百畝，再各耕私田百畝。（此所謂助法。）其次，是廢除公田，在各家私田百畝內征收什分一的田租。（此所謂貢法及徹法。貢法是照百畝收益折成中數，作爲按年納租的定額。徹法是照每年豐歉實際收益而按什一繳納。）再其次，則貴族祇按畝收租，認田不認人，不再認眞執行授田還田的麻煩。（此所謂履畝而稅。）更其次，則容許農民劃去舊制井田的疆界封岸，讓他們在百畝之外自由增加耕地。（此所謂開阡陌封疆。）而貴族則仍只按其實際所耕收取什分一的田租。此在貴族似乎只有增添收入，並不吃虧。然而這裏面却有一個絕大的轉變，即是土地所有權由此而轉移。在春秋時代，照法理講，農民絕無私有土地者。耕地由貴族平均分配。照現在觀念說，土地是國有的 農民是在政府制定的一種均產制度之下生活的。現在稅收制度改了 貴族容許農民量力增闢耕地。又不執行授田還田手續。貴族只按畝收租。循而久之，那土地所有權却無形中轉落到農民手裏去了。這一轉變，並未經過農民意識的要求或任何劇烈的改制革命，也非由貴族階級在法理上有一正式的轉讓令。只是一種稅收制度變了，逐漸社會上的觀念也變了，遂成爲耕者有其地的形態。此即封建制度下井田之破壞。（中國社會演變）。

案：此步轉變所以不經過劇烈的革命與農民的意識的要求，只因在共同體時並無階級的對立：階級的固定性與其內在的集團性之互相對抗，並未形成，故亦無自覺的革命或爭取權利而訂定契約之鬥爭。

（中國後來的革命與暴動只是打天下一觀念作主。與西方的階級抗爭不同。）錢先生接上文又說：

再次要講到耕地以外的非耕田，包括草原，牧場，澤地，獵區，魚池，山地，森林，礦場，海濱鹽場等，這些在古代稱為禁地，指對井田之為開放地而言。照法理言，禁地亦屬封君貴族所有，他們特設專員管理，不容許農民自由侵入。貴族們憑藉這些禁地，占有一切小規模的工商業。工人商人全是由貴族御用，指定世襲的，只受貴族額給的生活酬報費，並無自由生產，更談不到資本主義。但到春秋末，戰國初，這一情形，也連帶變動了。農民們不斷侵入禁地捕魚伐木，燒炭，煮鹽，作種種違法的生利事業。貴族禁不勝禁，到後來讓步了，容讓他們自由入禁地去。只在要路設立關卡，抽收他們額定的賦稅。但在土地所有權的觀念上，却並未像耕地般順隨轉變。因此自戰國時代一直下至秦漢，仍都認為山海地澤的所有權還是國有的。（在那時則認為是王室私有的。）因此，秦漢兩代的稅收制度，把田稅還入國庫，（大司農所管。）把山海地澤之稅歸入王室之私庫。（少府所管。）這一分別，除非明瞭了春秋封建時代井田與禁地的所有權之法理觀念及其逐漸轉變的歷史過程，將無法說明。連帶而來，正因為在春秋時代，最先侵入山澤禁地，是被指目為盜賊的，因此，直到秦漢時人尚認自由工商業是不法的營業，而稱之為奸利。漢初鼂錯等人重農抑商的理論，以及漢武帝時代之鹽鐵國營官賣政策，皆該從此等歷史演變之具體事實說明。漢武的鹽鐵政策，在近代看來，極近似于西方新起之國家社會主義，然在漢時人的理論，則山海地澤之所有權既歸屬于王室，（即公家），則遇王室有需用時，自可收歸自己經營。而且漢武帝是把這一筆稅收來津貼國防對付匈奴的，那更見名正言順，無可疵議了。但自由經濟的思想，乃在漢宣帝時由民間代表所竭力主張而再度得勢。當時政府財政當局與民間代表對此政策之詳細討論與往復辨難，曾記載在有名的鹽鐵論裏面，直保留到現在。但下到王莽時代，政府派制約經濟的理論，又重新抬頭。連一切田畝，完全要收歸國有，由中央來從新平均分配，鹽鐵官賣的政策，又復嚴厲推行。這只是沿續漢武帝時代的理論，進一步來恢復春秋封建時代的經濟政策，即一種制約的平均分配的政策。這些全都是淵源于春秋時代之井田禁地及一切土地所有權觀念而演變產生。（同上）。

案：由此可知盜賊一名之起源，工商業之起源，以及工人商人之社會地位。工人商人原屬貴族之私人，專謀奇技淫巧，經營生活享受之利。所謂家人，家臣，食客中亦可有營此者。其社會地位原屬很低，而其享受可很高。彼只是隸屬品，原無合法的地位，亦不自成一階級。自井田制破壞，彼亦可以取富貴。如呂不韋即由商賈起家，范蠡棄官從商，亦致巨富。其所以得財貨，致巨富，亦是致力于山海地澤。漢之工商，生財之源亦在此。此在當時，皆所謂游民也。不安分之活動分子也。抑商，賤商，亦源于此。後來雖成正當之職業，然社會地位仍低。而中國政治運用，亦始終能維持其賤視商人之傳統。故有士農工商之排列。士農工商，皆由井田共同體破裂後解放而成。在共同體時，非奴隸制。解放後，亦非封建農奴制。

以上之事實，即春秋戰國之轉變，馬克思主義者視為從奴隸制到封建農奴制之過渡期。然則，秦漢及其後皆封建農奴制矣。彼等以為春秋經宣公十五年「初稅畝」，是表示奴隸勞動的榨取關係漸漸衰廢，封建制的農奴制的榨取關係漸漸展開。對土地開始課稅，即說明當時已經施行封建的課稅法。

但由井田之助法轉爲貢、徹法，何以卽爲封建制？（西方中世紀意義的封建，而且是專就經濟形態說。）井田制的農民，一經課稅，何以卽爲農奴？此皆無理可說者。左傳襄公二十五年：「楚蔿掩爲司馬，子木使庀賦，（稽查年貢的徵收法。）數甲兵。甲午，蔿掩書土田，度山林，鳩藪澤，辨京陵，表淳鹵，（區別水地與鹵地），數疆潦，規偃豬，町原防，牧隰皋，井衍沃。（劃衍沃之田爲井田。）量入修賦。賦車，籍馬，賦車兵，徒兵，甲楯之數。旣成，以授子木。禮也。」左傳哀公十一年：「初，轅頗爲司徒，賦封田，以嫁公女，有餘，以爲己大器。國人逐之。」左傳哀公十二年：「春王正月，用田賦。」凡此記載，皆示春秋戰國之轉變。而彼等皆以爲表示封建課稅法，卽向農奴制而趨。至漢，自爲封建農奴制矣。在井田制下，說全體農民爲奴隸，天下無此理。（蓋如此，勢必無人耕田才好。）在土地私有後，說全體農民爲農奴，天下亦無此理。（蓋如此，勢必無課稅。）然此種安排中國史，尙是嚴格依馬克思經濟史觀所列的經濟形態表而安排。尙有不能通乎此者，則索性認漢代爲奴隸制。此尤無理亂道，毫無矩矱。錢穆先生云：「……漢代所謂奴隸，只是他們的法律身分與一般公民不同。其社會地位以及生活境況，往往轉有在普通自由民之上的。此因漢代商業與後世不同。生產製造運輸推銷，尙多混而不分，由同一個私家企業來執行。一個平民出賣爲奴，有的只是藉此參加了一個大的企業組織，譬如近代一農民走進了大公司當一職員，他的生活境況自然提高。政府只加倍增收他的人口稅，或限制他的政治出路，却並不能壓低他的生活享受。當知漢代奴隸，並不專是農奴或苦役。奴隸市場上，許多是投進奢侈圈中，不是走近勞役陣線的。漢代的大地主，只在田租上剝削，並沒有使用大量田奴。凡此所說，只須細看當時歷史記載，便可知道。那可說漢代還是一個奴隸社會呢？」（同上）。據此，漢代之奴隸　都是所謂家人，替大地主或工商富家營奢侈財貨者。家庭奴隸大都不直接參加生產。此在上文講殷商時已提到。馬克思主義者已知之。凡不直接參加生產者，不能構成生產關係之主要特徵。故嚴格馬克思主義者不認漢代爲奴隸制，而認爲封建農奴制。然此亦無一可通。論如前。馬克司尚不敢以其所構之社會形態表說中國，而特標以「亞細亞的生產方式」以明之。不圖中國之馬克思主義者偏欲以其圖表列序中國史，可謂背棄其祖矣。

馬克思所列之社會形態表，是就西方歷史言。西方歷史有固定之階級，因而有階級間之自覺與抗爭。（即如此，亦不可以經濟史觀把歷史看成漆黑一團，故彼因抗爭自覺而有種種成就與精神之表現，此黑格爾歷史哲學之所以有功于人類也。）而中國歷史則全不如此。其不可以其形態表妄肆安排明矣。中國自始，即無階級觀念之神話。井田共同體，不形成階級。共同體破裂後，成爲士農工商，亦未形成階級。唯因如此，今日共產黨之清算鬥爭，階級觀念無可應用，始氾濫而用之于父子兄弟，長官部屬，先生學生。邪說誤人，一至如此。除人民遭刼外，無理可說也。稍有生人之氣者，其忍出此乎？

價值觀念（道德的，人格的）是中國歷史的一個首出觀念，領導觀念，吾人必須由此悟入中國歷史之發展而了解其形態。此本書之所以以「觀念之具形」開其端，而下章即繼之以「周文」也。中國民族所首先握住者爲「人」爲「生命」。超越乎人與生命以上之虛幻不經固定呆板反而足以膠結成階級集團者，自始即未形成。其超越乎人與生命以上之「普遍者」（如天，帝，天道等），則由調護生命安頓生命之「理性」而透悟。此「普遍者」自始即爲一較純淨之概念。（此與西方之有夾雜者異。）然而生命本身即爲有夾雜者（氣質）。現實發展中之種種不合理，俱由此生命中之夾雜而流出。然而此夾雜則只在向下之方向表現，而不在向上透悟一方面表現。故由之而流出之不合理，無一有堅强之根據，或契約之保障，故隨時可動轉也。（如魏晉南北朝之私家門第。）理想貫通于政治，政治運用刮磨不合理者，此所以秉周禮而行制約經濟，乃成爲中國之傳統的政治措施也。此如裁抑商人，鹽鐵官賣，均輸，市易，限民名田，裁抑兼並，等皆是。但自周之共同體破裂後，一方行自由經濟；（不流于資本主義），一方皇帝以下一律平等；而其社會表現，則散漫而無組織，（各個體皆以個人姿態表現），既平等而又參差不齊，既自由而又無所謂自由。向上之透悟方面，有一合理之普遍者，故現實社會方面，黑格爾謂其有一「合理之自由」（Rational freedom）而無「主體之自由」（Subjective freedom）。平等，若無「主體自由」作根據，則價值觀念亦不能保，流入今日共黨之下齊于物而嚮往漆黑一團之渾同。凡此皆須自中國歷史精神之所備與所缺而予以解析。

第二章　周文之函義

第一節　周文之形成與宗法社會

論語衛靈公篇云：「顏淵問爲邦。子曰：行夏之時，乘殷之輅，服周之冕。」（朱注：夏時謂以斗柄初昏建寅之月爲歲首也。天開于子，地闢于丑，人生于寅。故斗柄建此三辰之月，皆可以爲歲首。而三代迭用之。夏以寅，爲人正。商以丑，爲地正。周以子，爲天正也。然時以作事，則歲月自當以人爲紀。故孔子嘗曰：吾得夏時焉。）

八佾篇又云：「夏禮吾能言之，杞不足徵也。殷禮吾能言之，宋不足徵也。文獻不足故也。足則吾能徵之矣。」又：「子曰：周監于二代，郁郁乎文哉，吾從周。」案此卽荀子法後王之所本。荀子云：「道過三代謂之蕩，法二後王謂之不雅。」又云：「欲觀聖王之跡，則于其粲然者矣。後王是也。」

爲政篇：「子曰：殷因于夏禮，所損益可知也。周因于殷禮，所損益可知也。其或繼周者，雖百世可知也。」（馬融曰：所因謂三綱五常。所損益爲文質三統。）

以上爲孔子論三代，其言甚謹，其識甚達。非有文化意識歷史意識者不能具此通慧。馬融解所損益爲文質三統，此固也。然文質三統爲漢人對于三代歷史之看法。其義發之于公羊家。文質者，簡言之，殷質周文也。細言之，夏尚忠，殷尚鬼，周尚文。所謂三教也。春秋繁露三代改制篇云：「主天法質而王，其道佚陽，親親而多質愛。故立嗣予子，篤母弟。主地法文而王，其道進陰，尊尊而多禮文。故立嗣予孫，篤世子。」此言質文，天地陰陽是其所法；親親尊尊是其實；篤母弟，篤世子，是其例。又云：「商質者主天，夏文者主地，春秋者主人。主人法商而王，其道佚陽，親親而多仁朴。故立嗣予子，篤母弟。主地法夏而王，其道進陰，尊尊而多義節。故立嗣予孫，篤世子。」此言質文，與前引同。惟以夏爲文，以商爲質。又云：「王者以制，一商一夏，一質一文。」推之一商一周，亦一質一文也。惟如此言，則發展之義泯焉。商質周文，是也。若言夏文商質，則文質成格套，其義不實矣。須知由親親而至尊尊，由篤母弟而至篤世子，是歷史一大進步。此一進步，至周始完成。故周文，實當其分也。漢人雖多迂滯，而其立義實有所中。吾前畧言三代社會背景，已提及商代傳弟不傳子。故知漢人文質之說非妄言也。陳立公羊義疏云：「按兩漢諸儒，說殷周異制，多主質文立說，必周秦相傳舊義。魏晉以後，無有知之者矣。」（四十六卷宣八年，壬午經傳疏。）陳立只能推斷其爲相傳舊義，尙未知其確有合乎社會實情者也。

何以言周文？傳子不傳弟，尊尊多禮文。兩句盡之矣。周公損益前代，制禮作樂。孔子稱之曰「文哉」，荀子稱之曰「粲然」。而其密義則由尊尊傳子而可窺。後人多由敎法風尙之循環而言之，未能得其實義也。夫夏商之所以爲質，正因羣體之格局不顯，不脫氏族之簡陋。其生活爲直接。體力尙於節文。多仁樸是也，多質愛亦是也。其所以仁樸質愛，亦正在其生活之直接，天眞而混噩。非必夏商之人多仁也。質則親親篤母弟，亦爲應有之聯想。蓋亦生活多直接，未能循乎法度而爲謀，故就其親者而立焉。及乎周代，封侯建國，一統之局形成。越直接而爲間接。調度運用之義顯，心思之總持作用遂不期而湧發。總持之作用湧發，超越當下限制之「形式」，亦不得不隨之而呈現。形式者心之所創發。就現實而運用之，因而創發形式以成就而貞定之。是以形式者運用現實之型範也。現實之局，非形式不定，非形式不久。劉勰文心雕龍論儀禮云：「禮以立體，據事制範。」此言甚善。故形式者成事之體，定局之本也。周之文只是周公之政治運用以及政治形式(禮)之湧現。敎化風俗是其餘事。文必與尊尊連。尊尊只表示政治形式之公性。惟公乃可尊。何者能公？曰理曰道，曰政治形式，曰法度。政治形式之湧現，必然有尊尊。此文之所以為文之切義也。尊尊之義，用之於宗法社會，帝王世襲，必有大宗小宗之別。因而必篤世子。蓋大宗世子所以全公法也。質家篤母弟，大宗小宗不別，未能跨越所親之直接性，只就其近於己者而與之。此則只依舐犢之私而措施，未能就法度之公而措施。故質必與親親連，而其所顯示者要在政治形式之未湧發。法度之公，跨越時空之限制。不問親不親，故文家必尊尊。以尊尊為主幹，親親只所以補尊尊之不足。世子缺，乃就近支而補之。然近支之繼統，非依親親義而繼統，乃依尊尊之義而繼統。一落尊尊形式下，必為繼大宗。此所以小宗可斷，大宗不可斷之故也。（大宗代表國體） 政治及法度之公性胥由此見。公性是政治之本質。而政治本質之為公，實由於政治形式之所以成客體之為公。篤世子是帝王世襲下政治公性之一表現，亦即尊尊之一表現。故由親親而至尊尊，是現實歷史一大進步。尊尊之義出，公德私德之辨顯。而公德重於私德。求忠臣於孝子之門，是忠臣必為孝子，而孝子不必為忠臣。由孝子進於忠臣，乃其德之大飛躍。由私轉公，乃人格之開擴，生命之客觀化。孝子，親親也，忠臣，尊尊也。公而忘私，國而忘家，人所尚也。何者？為其超越一己之小限而獻身於大公也。公德私德之辨顯，亦是現實歷史一大進步。而人類精神之表現，必在尊尊形式下始可能。復次尊尊之義出，分位（等級）之念重。分位之差等，以形成人格之德才能而套於政治形式中而成者也。分位之差等，是人格之層級。人格以德才能定，是人格猶其質者也。必套於政治形式中，始見出分位之差等。是以分位之差等，由人格之質與法度之式而成者也。社會上以分位之差等爲骨幹，則人格之價值層級，始能保得住。而以德統才能，而才能不下流而趨利，則人格價值之層級，始能轉移財富所成之階級而代之，而使其不至於凝結而流於罪惡也。故孔門觀歷史，自始卽以親親尊尊爲法眼，（由此轉進而至仁義），而以歷史精神文化意識爲歷史之骨幹也。凡顚倒輕重，惑亂賓主，而違背此義者，在所必闢，故孟子斥楊墨，而荀子亦以「尙功用，大儉約，而僈差等」斥墨翟宋銒也。茲綜結言之，尊尊之義，卽義道之表現。亦卽客觀精神之出現。凡公私之辨，分位之等，皆義道也，亦皆客觀精神也。此周文之所以稱爲吾華族歷史發展之一大進步處也。

此根本義既明，再進而觀其與現實社會形態之絜和，此卽周文之現實社會組織之一面，亦卽周文所顯之根本義在該階段現實歷史中表現之形態。此形態，吾人名曰宗法社會，於政治則曰貴族政治。形成此形態之禮儀繁多，所謂禮儀三百，威儀三千，然扼其要者，其基本制定大體如下：

1. 王位世襲傳子不傳弟，諸侯亦如之。其義已論於上。茲再就其社會意義而言之。此制之成，其義遍於整個社會。因此，社會組織之單位（卽家庭），亦因而被釐定。家庭有定制，則社會的縱　組織亦有定序。此一系一系之社會單位與政治上之篤世子，蓋同時成立，而皆有以進於殷商者。此有定制與定序之社會組織彌漫於下而爲政治上篤世子一制之背景。蓋王室亦爲一家庭，同時彼復爲政治之中心。故篤世子一制，雖可普遍於全社會，而唯在王室則獨顯一政治上客觀而定常之意義。故其義用不同於庶民之家。於此，有二義可說：一，政治與家庭社會，有其不隔之粘合性，政治制度以及整個周文，直接生根于社會及家庭。此爲中國社會文化之最殊特者，爲西方所無，亦與後來進一步之政治形態（如近代政治）不同。此種粘合性，親和性，及生根性，特別强，故一方使民族生命特富彈性，延續於無窮，使中國文化形成一獨特之諧一系統，自行其發展，與西方之來自多源者不同；而一方復又阻滯中國之轉進，延遲其近代化，而又極不易引生近代化。二、修身齊家治國平天下爲一內在之統一，此一系統言之于王室尤爲顯然。用之于秦漢而後，雖不及周之顯明，而大體仍可用。此與前義爲同一問題。滿清而後以至今日，國運欲求轉進，以往粘合性特强之一套不適于今日。如全否決之則不可，如化解其粘合性而本之有新轉進，則尙未成一普遍之意識。此中國之悲劇，亦有識者之所當用心也。

2.同姓不婚，氏族釐清。此在當時實爲人類生活一大進步。吾人于此等處最易見出人之智慧之運用。同姓不婚，則維持一系生命之純潔，養成對於祖與宗之尊親意識，使生物生命轉爲一純粹之道德生命，天理天倫之流布。婚于異姓，則溝通橫的關係，使整個民族趨于凝合。禮以別異，樂以合同。各系相承，系系交光。使整個社會爲一「禮樂網」所綱維。後來遵守而不渝，近人無忌憚而橫溢，益見其生命之墮落，猥縮于動物之衝動而不自知其惡也。【禮記大傳云：「同姓從宗，合族屬。異姓主名，治際會。名著而男女有別。其夫屬乎父道者，妻皆母道也。其夫屬乎子道者，妻皆婦道也。謂弟之妻婦者，是嫂亦可謂之母乎？（言不可也。）名者，人治之大者也。可無愼乎？四世而緦，服之窮也。五世袒免，殺同姓也。六世親屬竭矣。其庶姓別于上，而戚（親）單（盡）於下，婚姻可以通乎？繫之以姓而弗別，綴之以食而弗殊，雖百世而婚姻不通者，周道然也。」】

3.小宗可遷，大宗不可遷。大宗不遷者，于天子則代表天下之一統，于諸侯則代表其國。皆象徵政治上客觀而定常之意義。于大夫及庶民，則維持其一家一族之永存。不許任何一系隨便使其滅絕也。不遷亦函有不斷義，可遷亦函有可斷義。故取小宗之後以補大宗，所以全公也。大宗有客觀價值。全公之念，亦實現客觀價值之念也。與滅國，繼絕世，存三恪，大復仇，亦皆由此而推出。此本乎尊尊之義而來也。【齊襄公九世復仇，公羊傳善之。且謂雖百世亦可。又謂國可，家不可。諸侯國，大夫家。是則大夫及庶民，復仇不過五世，據服而斷。此依親親之殺立。國之復仇，雖百世亦可，則依尊尊之等立。蓋國君一體也。國君以國爲體。諸侯世，故國君一體也。】吾人于此等處，立見仁心之不容已，生命之不可絕。理以導事，義以存公。古人于人生實有其高遠之理想，故能透視一深厚之根基爲本統也。【禮記大傳云：「別子爲祖，繼別爲宗。繼禰者爲小宗。有百世不遷之宗，有五世則遷之宗。百世不遷者，別子之後也。宗其繼別子「之所自出」（衍文）者，百世不遷者也。宗其繼高祖者，五世則遷者也。尊祖故敬宗，敬宗尊祖之義也。」此所云「別子」，有三：一是諸侯適子之弟，別于正適。二是異姓公子來自他國，別于本國不來者。三是庶姓之起于是邦爲卿大夫，而別于不仕者。皆稱別子也。爲祖者，別與復世爲始祖也。「繼別爲宗」者，別子之後，世世以適長子繼別子，與族人爲百世不遷之大宗也。「繼禰者爲小宗」，謂別子之庶子，以其長子繼己爲小宗，而其同父之兄弟宗之也。「五世」者，高祖至玄孫之子，此子于父之高祖無服，不可統其父同高祖之兄弟，故遷易而各從其近者爲宗矣。喪服小記篇亦有此文。並云：「庶子不祭祖者，明其宗也。庶子不爲長子斬，不繼祖與禰故也。庶子不祭殤與無後者，殤與無後者從祖祔食。庶子不祭禰者，明其宗也。親親尊尊長

長，男女之有別，人道之大者也。」祖遷于上，宗易于下，系系派出，而共尊一祖，以合族屬。此義通于天子以至庶人。」】

4.封侯建國，必立宗廟社稷。禮記王制云：『天子七廟：三昭三穆，與太祖之廟而七。諸侯五廟，二昭二穆，與大祖之廟而五。大夫三廟，一昭一穆，與太祖之廟而三。士一廟，庶人祭于寢。天子諸侯宗廟之祭，春曰礿，夏曰禘，秋曰嘗，冬曰烝。天子祭天地，諸侯祭社稷，大夫祭五祀。天子祭天下名山大川，五嶽視三公，四瀆視諸侯。諸侯祭名山大川之在其地者。天子諸侯祭因國之在其地而無主後者。」社稷，社爲土神，稷爲穀神。社，地主也。從示土。周禮：二十五家爲社，各樹其土所宜之木。土穀最要，大禹謨以水火金木土穀爲六府。立社稷，卽所以尊土穀。立宗廟，卽所以尊歷史。是則宗廟表時間，社稷表空間。時間，通而上之；空間，通而廣之。合而爲一，則示生命之結聚與持續。由此而透悟超越之普遍者以上達天德。故禮記大傳云：「自仁，率親。等而上之，至于祖，名曰輕。自義，率祖。順而下之，至于禰，名曰重。一輕一重，其義然也。」親親，則祖輕而禰(父)重。尊尊，則祖重而禰輕。又曰：「自仁，率親。等而上之，至于祖。自義，率祖。順而下之，至于禰。是故人道親親也。親親故尊祖。尊祖，故敬宗。敬宗，故收族。收族，故宗廟嚴。宗廟嚴，故重社稷。重社稷，故愛百姓。愛百姓，故刑罰中。刑罰中，故庶民安。庶民安，故財用足。財用足，故百志成。百志成，故禮俗刑。禮俗刑，然後樂。」宗廟嚴，故重社稷。兩者必須綰紐于一起。社稷不保，則宗廟必廢而絕，獲罪于祖大矣。要者，生命斷，則仁義斷。而仁與義，卽所以廣生而大生者也。不仁不義，不保宗廟社稷。而仁者存滅國，繼絕世，祭因國之在其地而無主後，不但自仁，亦仁他也。仁之至也。必如此，而後成其仁也。宗廟社稷，象徵客觀的集團生命，故臣死君，國君死社稷，義也。義即代表客觀精神也。而此客觀精神，則由宗法所紐結之家族關係所成之集團生命而表現，個人是在宗法關係中而獻身于公，而立義。非如西方人以個人爲基點，在階級對立中，以法律契約之意義，而表現客觀精神。自此而言，在宗法關係表現義道，其客觀精神是倫常地道德的，而非近代或西方意義的國家政治法律之道德的。而國家政治法律，在中國，亦一起紐結於宗法關係成之集團生命中而直接顯示。此中國至今所以終不易轉出近代化的國家政治法律一義之故也。然自另一方面說，在中國，此作爲社會之基層的宗法關係所成之集團生命，甚表示親和性與粘合性，其綱維之道是親親與尊尊，由之而立出仁與義，直透悟超越普遍者，而植根于「超越的親和性」。此爲西方所不及。西方自始即是支解的，破裂的。在現實社會上，有階級對立，以個人爲基點，集團是階級集團，故親親尊尊一套之親和性不顯，而顯法律契約一套之制約性。其客觀精神之表現，（社會上理性之表現），一往是法律的，智的，概念的。雖見整齊劃一，亦顯枯燥爆烈，由之，其所透視之超越普遍者，亦爲智的，概念的。其始也，有夾雜而不純淨。（如爲僧侶階級所獨佔，以及希臘多神教中之上帝，皆示支解破裂，有夾雜而不純淨。）其後雖純淨，而又超越而不能內在，不能植根于人性。（上帝經過耶穌之表現而純淨化。耶穌之表現上帝，不同于希臘哲人之爲智的，思想的。然而耶穌之上十字架，一心歸向天國天父；因而將上帝純潔化而爲純精神，純粹無限的愛自身，即表示必須捨棄現實一切，即倫常道德國家政治皆不能被肯定。此雖其個人之宗教精神，必如此而後宗教始成立，後來之信基督教者並未否定現實生活，然而其如此表現之上帝，却仍是支解破裂的。即超越而不內在。徒爲一普遍性，懸掛于外在之空中，而不能植根於人性。）誠如黑格爾所言，此一文化形態，主觀精神（相應主體自由而言），客觀精神，及絕對精神，皆有表現而無遺漏，然而其表現也，皆在支解破裂對抗中而表現，其籠罩精神爲智的，概念的，分解地盡理的。而親和性則不顯。此則一往爲外在的，智的系統，而其生命之中心則不切實而無着落。（卽不落實。）此其所以雖整齊劃一，而枯燥爆烈也。而中國之文化系統，則自始卽握住生命之中心，歸本落實而顯親和性。此則一往爲內在的，仁的系統。攝智歸仁，仁以統智。以仁爲體爲中心，故曰仁的系統也。而智之表現爲「分解地盡理的」，則不顯。宗廟社稷，親親尊尊，仁與義，此爲一基層之系統，生命之根以及親和性俱由此出。而國家政治法律亦均直接紐結于其上而爲直接之顯示。（禮記大傳云：君有合族之道，族人不得以其戚，戚君位也。）此是以宗法關係爲底子之綜和形態。其所透悟之超越普遍者，較合理而純淨，旣超越而又內在。故講仁，講性善，而不講上帝與愛也。旣未分裂成固定之階級，又未形成偏至之宗敎。（偏至卽分解，隔離義。）順此形態，永不能成偏至之宗敎，而若宗敎有其不朽處，則必歸于此綜和之形態而後始能達其極而爲圓滿之形態。此將爲中國文化所担負。此一文化系統，唯一不足處，卽在國家政治法律之一面。在古代，社會簡單，國家政治法律由宗法關係所成之生命集團直接顯示，尙無不足處。演變至近代，則必須有一曲折，而爲間接之表現。如是近代化的國家政治法律始能正式成立。而近代化的國家政治法律，亦正是在道德精神（絕對的本心）之一曲折處成立。精神，不但上升表現而爲道德的主體，亦須下降表現而爲「思想主體」（理解形態）。卽此「思想主體」，便是精神表現之一曲折。邏輯，數學，科學，以及近代化的國家，政治，法律，俱在此一曲折層上安立。旣是一曲折，則必匯歸于此整個系統中而不能孤立。既是一曲折而爲間接之表現，（就國家政治法律言），則只衝破其與宗法關係之直接關係，而不能反而否決宗法關係，宗法關係此時可退處于家族自身而爲社會之基層，不再放大而投入于國家政治。此決爲可行者。故大傳云：「聖人南面而治天下，必自人道始矣。立權度量，考文章，改正朔，易服色，殊徽號，異器械，別衣服，此其所得與民變革者也，其不可得變革者，則有矣。親親也，尊尊也，長長也，男女有別，此其不可得與民變革者也。」宗法之家庭制不可得與民變革。縱可變革，乃變其與其他事物（如國家政治等）之關係形態，而其本身不可廢也。自清末以來，國人欲求近代化的國家政治法律之成立，乃不知其所以然之曲折處，故步步混亂，演至今日，徒成爲人道人倫人性之破滅，此不可謂非華族子孫之不智不仁也。（本段所論，下文逐步明之。）

第二節　政治等級與治權民主

5. 天子爵稱，與公侯伯子男同爲爵位之等。春秋經成八年秋七月：「天子使召伯來錫公命」。何休注云：「天子者爵稱也。聖人受命，皆天所生，故謂之天子。」白虎通義爵篇云：「天子者爵稱也。爵所以稱天子者，王者父天母地，爲天之子也。」此公羊家義。而孟子序班爵之制亦云：「天子一位，公一位，侯一位，伯一位，子男同一位。」是孟子亦主天子爲爵稱也。顧亭林日知錄云：「爲民而立之君，故班爵之意，天子與公侯伯子男一也，而非絕世之貴。代耕而賦之祿，故班祿之意，君卿大夫士與庶人在官一也，而非無事之食。是故知天子一位之意，則不敢肆于民上以自尊。知祿以代耕之意，則不敢厚取于民以自奉。不明乎此，而侮奪人之君，常多于三代以下矣。」顧氏之言亦本乎孟子也。同認天子爲爵稱。則天子（王）固爵位中之一級也。古周禮說：天子無爵。同號于天，何爵之有？春秋左氏云：施于夷狄稱天子，施于諸夏稱天王，施于京師稱王。知天子非爵稱，從古周禮說。其義不及公羊。大抵左傳重文史，就事實之所趨，順人情之抑揚，而以爲禮。殊不知事實人情，多非禮也。公羊重義，雖多迂闊之論，而較嚴整，猶能極乎禮以爲準則。此固不必爲周公之所制定，吾人今日亦不知孔子曾明言否。然晚周諸儒相傳如是，亦可見在周文系統之貴族政治之下言禮制者之所向也。而衡之以尊尊之義，則其理固應如是也。若三王誠有德，衡之以古人多敬畏天命之超越感，則王者亦不必拒此義而自肆也。「同號于天，何爵之有」，則慢肆矣。【以天子爲爵稱，公羊家又主天子不應僭天。春秋昭二十五年齊侯唁公于野井。公羊傳曰：「唁公者何？昭公將弒季氏，告子家駒曰：季氏爲無道，僭于公室久矣。吾欲弒之何如？子家駒曰：諸侯僭于天子，大夫僭于諸侯久矣。」陳立疏云：「考工記：畫繢之事，其象方天時變。注引子家駒曰：天子僭天。今何本無此句。」又云：「續漢志引春秋考異郵云：天子僭天，大夫僭人主，諸侯僭上。漢書貢禹傳：大夫僭諸侯，諸侯僭天子，天子過天道。周禮考工記云：土以黃，其象方天時變。注：古人之象，無天地也。爲此記者，見時有之耳。子家駒曰：天子僭天。意亦是也。彼疏云：子家駒曰：天子僭天，諸侯僭天子，大夫僭諸侯。彼云天子僭天，未知所僭何事。要在古人衣服之外別加此天地之意，故亦是僭天。故云：意亦是也。則傳文當有天子僭天語。公羊禮說云：天子僭天，今本無此句。兩漢諸儒多引之。蓋嚴氏春秋也。漢武帝冊仲舒曰：蓋儉者不造元黃旌旗之色。貢禹傳：天子過天道。然未知過天道爲何事，而造元黃旌旗之色爲何證也。及觀考工記注：古人之象無天地也，引子家駒此天子僭天語；鄭司農云：天時變，謂畫天隨四時色：知古人無一字無來歷也。」由是觀之，子家駒當有「天子僭天」一語。天子僭天，即天子過天道。非禮也。而所僭者何事？古人之象，無天地也。如在衣裳，繪以日月，別加天地之意，便是僭也。取法天地可，直以天地自居，則過其分。陳立疏又引說苑云：「孔子與景公坐。左右曰：國史來言周廟熘。孔子曰：是釐王廟也。景公曰：何以知之？孔子曰：皇皇上帝，其命不忒。天之與人，必報有德。禍亦如之。夫釐王變文武之制，而作元黃宮室，輿馬奢侈，不可振也。故知天殃其廟。」作元黃宮室，亦僭天也。是天子僭天，子家駒首言之，公羊傳首載之。如說苑載孔子之言而信，則孔子亦認僭天爲非禮。孔子有此教，公羊傳之耳。非禮，非周公之禮也。春秋認諸侯僭天子爲大惡，則天子僭天亦大惡也。夫天子既爲爵位之一級，即爲分位中之有限者。自人之爲人而言之，任何人不能僭天。與天地合德可也。而僭天則不可。天子又不只爲一人而已也，且爲一法人。既串于政治爵位之等級中，自必有其等級上之限制。凡屬等級 義必如此。故善言禮者（如荀子）必言分。此亦爲尊尊之義所必函。尊尊爲義道。一言義必有分。分即位也。義有限界，以方正之義勝。（義以方外）。位有等差，隨界限義而立也。荀子曰：「禮者法之大分，類之綱紀也。」又曰：「禮者治辨之極也。」其斥墨子「僈差等」，故云「曾不足以容辨異，縣君臣。」即示墨子無分位觀念也。不知禮也。】

6.天子爵稱，與公侯伯子男形成一爵位之等級。此可曰政治上之政權等級。若套于治權等級上言，則天子與[illegible]侯各有其卿大夫士，而與卿大夫士同爲政治運用上之分位等級。故顧亭林云：「代耕而賦之祿，君卿大夫士與庶人在官一也，而非無事之食。」是則君卿大夫士皆以其分位而以祿代耕也，皆爲食祿者也。「爲民而立之君」，是此一客觀機構，乃爲成民務而設也。在此機構中，居位任事者，豈有無限者乎？「代耕而賦之祿」，以耕爲本也，人人皆當耕也。爲實現客觀價值故，不能不有一客觀而公共之機構，故居其位而以祿代耕，豈有先天之當然不耕者乎？

7.「天子祭天地，諸侯祭社稷。」（禮運文）。爵位等級與官位等級皆有禮以限制之，復由禮以顯設之：不可亂，不可僭。論語八佾篇云：「孔子謂季氏，八佾舞于庭。是可忍也，孰不可忍也。」朱子注云：「季氏魯大夫，季孫氏也。佾、舞列也。天子八，諸侯六，大夫四，士二。每佾人數，如其佾數。季氏以大夫而僭用天子之禮樂，孔子言其此事尚忍爲之，則何事不可忍爲。或曰：忍，容忍也，蓋深疾之之辭。」又云：「三家者，以雍徹。子曰：相維辟公、天子穆穆。奚取于三家之堂。」朱子注云：「雍，周頌篇名。徹，祭畢而收其俎也。天子宗廟祭，則歌雍以徹。是時三家僭而用之。」以上爲大夫僭天子之禮。又：「子曰：禘、自既灌而往者，吾不欲觀之矣。」朱子注云：「趙伯循曰：禘、王者之大祭也。王者既立始祖之廟，又推始祖所自出之帝，祀之于始祖之廟，而以始祖配之也。成王以周公有大勳勞，賜魯重祭，故得禘于周公之廟，以文王爲所出之帝，而周公配之。然非禮矣。灌者，方祭之始，用鬱鬯之酒，灌地以降神也。魯之君臣，當此之時，誠意未散，猶有可觀。自此以後，則浸以懈怠，而無足觀矣。蓋魯祭非禮，孔子本不欲觀，至此而失禮之中又失禮焉，故發此歎也。」禮記禮運篇，孔子又曰：「我觀周道，幽厲傷之，吾舍魯何適矣。魯之郊禘非禮也。周公其衰矣。」是謂諸侯僭天子。郊祭（祭天），禘祭，皆王者之大祭，而諸侯行之，則僭也。是以子家駒云：大夫僭諸侯，諸侯僭天子，天子僭天。僭則亂矣。是皆居其位而不安其分者也。依孔子之言，此幽厲以後之事也。至春秋，則僭者多矣。然周公定制，固有深意存焉。而周之盛時，固不亂也。亂則慢肆，而循至無禮無分矣。浸以勢必徹底否决而歸于純物化，則人格之價值層級亦不保矣。人道自此息。秦政出而一刀平，其背後之精神純爲物量者，其生命已乾枯矣。至今日馬克思出，則連根拔，于是乎人類不可救矣。凡否决分位之等者，必破滅價值之層級，其背後之精神，則皆出之以陰險狠愎之心理而爲純物量純否定者也。夫分位之等者，所以實現客觀價值也。層層而上之，則人有向上之仰望而不肯物化，而超越之理想則亦由是而肯定。最高一級之天子祭天，則正所以表示人羣中分位等級之最高者代表整個級系以致其虔誠于上天而肯定超越理想也。（自政治機構言，則分各有當務，其禮不可僭。自教育教化言，自人之覺悟言，人人皆可與神通，致其虔誠敬畏之心于超越之天理。此兩層不可混。所以有自社會言，有自個人人格發展言，有自政治典禮言。所謂僭者自政治典禮言也。）分位等級保，則價值層級保。自人格而言之，則人之道德智慧，亦層層向上而擴大。人必須超越其「形限」以上升，由較低之價值層，升至較高之價值層，最後升至與神接與天通。高低以何判？以物化之深淺判，以精神之隱顯程度判。物化深者，其精神隱陷之程度亦甚，此則完全不離其軀殼，所謂小人也。由此逐步超轉，直至精神全體透露，則與神接與天通，所謂大人聖人也。故天也，神也，乃純粹天理也，絕對精神也。人之步步透露其精神，卽步步實現其價值，同時亦卽步步肯定實在之眞理，而至于超越理想絕對眞理之肯定。若欲實現客觀價值，則必投身于分位等級中而表現客觀精神也。此國家政治之所以被肯定也。

8. 天子與諸侯各分土而治，諸侯對于天子有不純臣之義，而各有其禮以節之。春秋隱元年公羊傳

注：「王者據土，與諸侯分職，俱南面而治，有不純臣之義。故異姓謂之伯舅叔舅，同姓謂之叔父伯父。」白虎通義王者不臣篇云：「王者不純臣諸侯何？尊重之。以其列土傳子孫，世世稱君、南面而治。凡不臣者，異于衆臣也。朝則迎之于著（即宁），覲則待之于阼階，升降自西階，爲庭燎，設九賓，享禮，而後歸。是異于衆臣也。」是天子待諸侯以賓客禮。雖曰利建侯，侯者王所親建，然以其俱南面而治，故尊重之也。是天子待諸侯如此，而諸侯待天子，固自同于衆臣也。是互相尊重，自示謙抑之道。王者復有三不臣，五暫不臣。白虎通義曰：「王者所不臣者三，何也？謂二王之後，妻之父母，夷狄也。不臣二王之後者，尊先王，通天下之二統。詩云：有客有客，亦白其馬。謂微子朝周也。尚書曰：虞賓在位，謂丹朱也。不臣妻父母何？妻者與己一體，恭承宗廟，欲得其歡心，上承先祖，下繼萬世，傳于無窮，故不臣也。春秋曰：紀季姜歸于京師。父母之于子雖爲王后，尊不加于父母。知王者不臣也。又譏宋三世內娶于國中，謂無臣也。（參看春秋公羊傳桓九年文及僖二十五年文。）夷狄者，與中國絕域異俗，非中和氣所生，非禮義所能化，故不臣也。春秋傳曰：夷狄相誘，君子不疾。（昭十六年公羊傳文。）尚書大傳曰：正朔所不加，即君子所不臣也。」前二不臣，尊之也。後一不臣，畧之也。又曰：「王者有暫不臣者五：謂祭尸，授受之師，將帥用兵，三老，五更。不臣祭尸者，方與尊者配也。不臣授受之師者，尊師重道，欲使極陳天人之意也。故禮學記曰：當其爲師，則弗臣也。當其爲尸，則不臣也。不臣將帥用兵者。重士衆，爲敵國。國不可從外治，兵不可從內御。欲成其威，一其令。春秋之義，兵不稱使。明不可臣也。不臣三老五更者，欲率天下爲人子弟。禮曰：父事三老，兄事五更。」由不臣，暫不臣，不純臣，三者觀之，則周之創制定禮，其意深遠矣。

政治系統之權力豈無足以限之者，而一任其擴張函蓋一切乎？必有足以超越之者。蓋政治機構爲實現客觀價值而設，意在措民務成事功長養人民也。其本身由分位等級而成，故爲有限者也。在此有限機構中之每一位皆爲有限者也。以此其每位之權限亦爲有限者。處於此位中之人之權力欲，決無可以任意澎漲隨意揮灑也。此則爲有限，則必肯定一超越此有限者。超越此有限者，理也，超越理想也。此敎化之原也，道德之本也。必肯定超越理想，而後有客觀而獨立之敎育德化學術文化之可言。而有限與超越有限者一是皆由「禮」之定限以成就之。禮內在地成就分位之等（政治之機構），外在地成就超越理想。故荀子曰：「禮者治辨之極也。」又曰：「禮者法之大分，類之綱紀也。」（治辨不徒爲內在的，卽不徒爲一個系統之內的。且由之以顯示出外在的，卽一系統之外者。故曰治辨之極。不極，則禮不能得其客觀之意義。禮不能客觀化，則分位之等不能得到客觀之證成，超越理想亦不能得到其客觀之證成。法之大分，類之綱紀，亦如是。）是以唯能成就分位之等，保持價值層級者，始能排除獨裁。獨裁者，一方必剷平分位之等，價值層級，而下齊於物；一方必否認超越理想而將自己首出庶物，超越一切。一切皆爲其所齊，而隸屬於其自己以爲工具。其自身已非精神，其心已死，其生命已枯，乃爲一純物化之大魔，渾同之漆黑深潭，故彼不見有光明，遂視一切爲芻狗也。

9. 譏世卿。春秋隱三年公羊傳云：「其稱尹氏何？貶。曷爲貶？譏世卿。世卿非禮也。」（宣十年傳同。）何休注云：「禮，公卿大夫士，皆選賢而用之。卿大夫任重職大，不當世也。」世祿可，世位不可。此義，三傳皆同。公卿大夫士，白虎通義稱之爲內爵之稱。卽吾所謂政治運用上之分位等級也，亦得曰治權之等。內爵者，內臣之爵也。然則公侯伯子男爲外爵之稱，是政權之等。政權世，治權不世。白虎通義封公侯篇云：「何以言諸侯繼世？以立諸侯象賢也。大夫不世位何？股肱之臣，任事者也。爲其專權擅勢，傾覆國家。……妨塞賢路，故不世位。」諸侯世位，蓋國君一體，示政權也。政權定常而不變，客觀而公共。有常即有變，治權其變者也。無變不能開社會之流通，無常不能立社會之安定。此深得乎政治之本質。惟「常」之形態則隨歷史之發展而有變易。治權之選賢與能，有廣狹之異，而無形態之別。周之定常者在乎植根于宗法社會之家庭，又有封建諸侯之多常。自秦漢後，多常變爲一常，而植根于宗法社會之家，則不變也。是定常者與具體之個體不分者也。（依一法度以延續一家之具體個體之世襲。）至近代，則定常者由具體之個體轉而爲抽象之憲法，是與一家個體世系分離者也。此爲一形態上之大變異。然則，人類政治史，定常者之形態亦唯此二而已。周之治權之變，（選賢與能），範圍尚狹。蓋自武王克商，封建諸侯後，王室及諸侯之子孫，除世天子位及諸侯之位者外，其餘諸王子王孫公子公孫皆爲公卿大夫士。大抵，其直接于王及諸侯而爲近支者爲公卿爲大夫，其演變久而間接者，則下淪爲士，再久則亦可淪爲庶民。然諸公子公孫皆必進而有位，退而有祿。雖不世其位，而可世其祿。故禮記禮運篇云：「故天子有田，以處其子孫；諸侯有國，以處其子孫；大夫有采，以處其子孫。是謂制度。」所謂貴族政治者即依公子公孫（王子王孫亦然）之世祿而又必參與治權也。非是因先有位而得祿而爲貴族政治也，乃是因其爲貴族必世祿而又必有位而爲貴族政治也。其爲貴族，即因其祖得天下而爲正統，握有政權，此與後來之宗室同其意義。惟自秦漢後，因宗室逼近天子，故首先被斥遠，此乃與周之不同處。亦足見較古者，政治味尚不甚濃，猶保存家族忠厚之情。自春秋戰國，即漸漸被疏遠而處之以客觀之法。此可見其爲貴族，一方同質于後來之宗室，一方亦無西方之貴族階級之意，而其保存家族忠厚之情，此示其尙隸屬于家族（王室）之主觀狀態中，因此而保持其握有政權（以其祖故），故必參與治權（以其自身故）。以故選賢與能，乃大體限于貴族範圍內。此可曰貴族中之民主。至若庶民，則很難參與治權。大體可升至士。士有上中下三級，其容納性亦廣。而士之爲爵級最低，接事細繁，亦須多士。案周制王者立三公，九卿，二十七大夫，八十一元士。諸侯除公外，亦有卿大夫士。士之數目必不能甚確定也。士爲貴族與庶民之啣接處。貴族，年代久遠者，既可淪爲士爲庶民，則庶民自亦可以升爲士也。再上則很少可能矣。西周盛時，無詳史。至春秋時，各國集團生命生長既久，社會較繁富，又多事。依春秋三傳所記，其露精采者，大體皆士。然其爵級仍不能高。以管仲之大勳勞，在朝天子時，只受得下卿之位。此一方足見周文之貴族政治尙足以維繫人心，名分尙有其尊嚴。故唯名與器不可以假人。一方亦足見選賢之狹也。即以是故，名曰貴族政治。然庶民可通過士而參與治權，則即階級限制不嚴。其門開而不閉，其不參與者，亦如後來之農民，只因其業農，並無他故。自春秋後，經過戰國，士級露頭角，佔社會之大勢力，周之貴族政治遂必趨于崩潰，而轉爲秦漢後之君主專制。自此以後，治權上之民主遂得大開放，其形態直維持至今日而不變。故云範圍有廣狹，而形態不異也。（中間亦有曲折的發展。如在西漢，自武帝更化後，士人出路由選舉徵辟。魏晉南北朝門第形成，遂成爲治權之獨佔，文官家庭之變相世襲。隋唐起，科舉制成立，門第貴族逐漸打破。此後經過宋明清，此制不變。治權遂大開放。惟元以胡人入主中國，分人爲九等。遂有種種特殊階級。）若還以爲不足，則非治權上之問題，因治權上必須有道德知識才能也。乃爲表恒常之政權上之問題。是故民主有從治權而言，有自政權而言。從治權言，則中國已甚民主矣。自政權言，則不足也。吾人所謂中國無近代化之民主，無西方式之民主，卽指無政權上之民主而言也。而民主之本質，及其重要關鍵所繫，惟在自政權上言。此步轉進甚難。自辛亥革命後，以至今日，惟在此爲不淸耳。故有今日之慘局。此已牽涉到吾人歷史文化之基本精神問題。此吾人所以亟亟于貫通吾人之歷史生命文化生命而釐淸此問題之本質也。

附論：茲復有義，願繫于此而畧論之。卽：王者受命于天，「人統之正，託始文王」。中國何以不能由此成爲萬世一系？此形態之定常，何以必須轉進而爲另一形態？王者受命于天，子孫繼體世位。諸侯世位，國君一體。則王者世位，天子天下一體。前言貴族政治，其諸子諸孫之所以能貴，必因其祖之受命之正而爲貴。人統之正，託始文王。何以必託始文王？且自外部言之，夏商文制不備，不脫氏族部落之陋。宗法不定，政制不成形，卽人道不卓立。就此客觀大義而言，吾人卽可說：「人統之正，託始文王。」（前人只言積德，稍嫌寬泛。）前乎周者，皆首闢洪濛之前迹，開物成務之累積，而不具備定形者也。然徒如此以觀，猶不足以極成人統之始。茲復內在地言其義蘊。公羊家就此建立人統之始之理據，甚可取也。春秋重元。春秋繁露玉英篇云：「謂一元者，大始也。知元年志者，大人之所重，小人之所輕。」又王道篇云：「春秋何貴乎元而言之？元者始也。言本正也。道，王道也。王者，人之始也。」本之正，以何而正？以道正也。而道，則王道也。王者，受命于天，卽受命于道。受命于道，卽以道爲元爲始。王者，人之始也。王者之爲人始，以道之始而爲始。此言元與始，繫屬于王道而言之，非純哲學地空論宇宙萬物之元與始也。而道又必曰王道，亦非純哲學地空論宇宙萬物之道也。而王道之正之爲始，乃由文制之極而証成，卽能制禮作樂，確立宗法，人道不亂，制定制度，而政治形式凝成，確立分位之等，而又以超越之理為本統：此王道之大端也。亦即王道之始也。能盡乎此王道者，即為「王者」。人之始即由此立。言人之所以為人，肇始乎是也。是則人統之始，即依王道之元而同時建立。莊存與春秋正詞云：「聞之曰，受命之王曰祖，嗣王繼體者，繼太祖也。不敢曰受之天，曰受之祖也。文王受命之祖也。（案以其能盡王道，故曰受命。）成康以降，繼文王之體者也。（案繼文王之王道之體。）武王有明德，受命必歸文王，是謂天道。武王且不敢專，子孫其或敢干焉。命曰文王之命，法曰文王之法。（案雖為周公所作，必推予文王。）所以尊祖，所以尊天也。」此純以王道而言之。此之謂大始。除道以外，無可為始者。而言人統之始，則必繫于王道而言之。誰能當下以王道為始，（即能盡王道），誰即其現實之統之祖，亦即是人統之始。此與明心見性之當下覺悟之盡道立人極不同。蓋此為個人的，道德的，而非民族的，歷史的，政治的。言人統之始，則必由盡王道而言之，此則為民族的，歷史的，政治的，民族之開物成務史，演變至此，而可以言人統之始也。此則並非偶然者，亦不可以隨意安排，隨便取與也。孔廣森公羊通義云：「尊則統人，親則率祖。尊尊而親親，人道之始也。」而尊尊親親之義亦即由盡王道之王者而彰著。吾人復依尊尊之義反而尊王者為人統之始，而其子孫則依親親之義而繼其體。是即「人統之正託始文王」之內在的極成。其子孫所繼之體既客觀化而為「人統」，則何不可以萬世一系，而為吾華族之永恆定常耶？曰：隨時變通，本無不可。日本至今，其天皇仍為萬世一系，而英國仍有其王而不斷。然在中國，此文王之體竟斷而不繼。其故何耶？曰難言也。吾不敢謂能有滿意之解答。西周三百年，王室鼎盛，傳世既久，無可以斷。即下逮春秋，王室漸微，而五霸代興，猶尊王攘夷。大一統之說出，則周之王統之持續性又得一進一步之理據。當時人心共戴王室之統一性與象徵性，未有或疑也。周之世繼，至此已六百餘年矣。（孔子之春秋經終于魯哀公十四年，左傳則終于哀公二十七年。以左傳言，共三百〇三年。是則六百餘年矣。）戰國近二百年，王室益微不足道，各國復稱王，則「諸侯」之名已不存。當時人心無復以王室爲念，諸子百家亦無復有新名號以振王室者。孟子只勸人行王道，然非春秋時之尊王也。其他更不必論。周之世繼，處于此時，實在漏隙中延續也。然猶近二百年。漏隙偸生，本無足怪。永永世繼，本無常盛。然要者，惟在隨時變易，常有新生命之出現：或王室自身，集體不散，有足以振人耳目者，或時代中常有新理念新人才以擁戴王室。如是方能世繼不替。若王室自身，漫漫長夜中，永無所表現，以繫人心，則人必淡忘之。若時代中亦無新理念新人才以擁戴王室，則人心亦無緣向此而縈迴其繫念。生命消散，露精采，出頭角者，全在他處，則其能世也難矣。周之不世，卽在此式微與淡忘中而終被秦所亡。若問何以至此，則似有理由，似無理由，亦緐難說。約畧言之，亦有二面可說。一、就周之封建所成之現實歷史之勢言：周與諸侯各分土而治，有不純臣之義，敵體較顯，則周之所以籠罩天下者，全在其合法之王統，與文化上之文統。此超越者，形上者，不能與其現實勢力相對應。現實勢力，則周與諸侯各爲一集團。而其所封之各集團，終必在滋長壯大中，表現其生命。現實生命，爲强度者，亦爲有封域而生根者。（封域言其空間性，生根言其歷史性。依此而成爲集團。）王室生命，其表現已過，終必爲其他集團所代替。各集團生命，齊頭並列，生長龐大，終必爭戰。而一敵體爭戰，則必各爲其集團。若王室尙有生命，則可擕名號以行征討，勢必統一，而統一不必在秦。但强度之生命，在敵體中，很難長春。此蓋爲自然物理之法則。（强度爲物理的）。若在時代中有新理念之號召，有新人才以參與王室，則亦可「以理生氣」，重振其生命，使生命不純服從「强度原則」，而服從「精神原則」。（以理生氣，爲精神原則）。然此終未出現，遂使王室終於服從强度原則而消散。二、就新理念之號召不能出現言，此蓋爲此問題之重要關鍵。文王雖受命，春秋時雖有五霸之尊王與孔子之從周，然湯武革命之事實，則彰彰在人耳目。武王伐紂，伯夷叔齊叩馬而諫，即不以武王革命爲然。然商湯伐桀，亦革命也。雖云湯武革命應乎天而順乎人，而繼體之不永，自古已然。如認湯武革命爲是，則世位之不繼亦所允許。是以有受命，即有廢命。以天命而來，亦以天命而去。則天命一觀念即不能保其必世。而人統之正，雖可託始文王，亦不函其繼體之必永。「天聽自我民聽，天視自我民視,」「水能載舟，亦能覆舟」，此種觀念，由來已久。此雖爲警戒之詞，然其所函者爲「修德」之觀念。德衰，則天透過民，仍可廢之也。至孟子，則直謂「聞誅一夫紂矣，未聞弒君也。」論堯舜授受，則直謂「天與之」。天可與，亦可不與。歷史相傳之觀念與時代思想家之理論，皆直接把住「天命」而言。而「天命」之觀念以及其所函之「警戒」一觀念，一方既函有「天命之不常」一觀念，一方亦足見直接如此想（即以「天命」爲言）並不能極成「世位不替」之定常。中國之思想家始終不能正視此「定常」一問題，而思有以解決之。依此，繼體之永不永，遂置諸不論，而措心于革命更替以延續「文統」于不墜。「定常」置于文化，而政治上之「定常」則付諸不決。秦漢而後，此情形益形確定。世位之不永視爲當然。此文王之統之不能萬世一系之故也。依此，天命一觀念以及宗法社會下一家具體個體世位一觀念並不能成就政治上之「定常」。欲成就此定常，則必須新觀念以補之。假若宗法天命所表示之政治上之定常爲第一形態，則須新觀念以成就之定常，即爲第二形態。

此第二形態之形成，或由于就第一形態而加以限制，或由于根本廢除一家之世襲。此爲精神發展上所必須轉進者。否則，政治上之定常既不得决，而自政權言之民主亦不得立。如此兩者不得成，則吾人之歷史精神仍停在主觀狀態中。此第二形態之所以不出現，必至秦漢後始能完全了解。蓋吾華族之精神表現，必經過春秋戰國以至秦漢，始至一確定之形態。吾人可由之以了解吾華族之基本精神所發展而具形者爲何，其所缺者爲何，所必轉至者爲何。

第三章　平等與主體自由之三態

第一節　分位之等之價值觀念爲中國文化生命之特徵

禮記郊特牲篇云：「天下無生而貴者。」又云：「古者生無爵，死無謚」。「貴」，由分位觀念起。爵表位，謚表名。中國自古即無先天固定之階級。此所謂「古」，斷自何時，不得確知。（鄭玄注云：古、謂殷以前也。）大體爵謚之成定制，可斷自周文。（商質周文，故云周文。）爵與謚皆由尊尊之義道而建立。有爵位之等，即有謚法之異。周書謚法云：「謚者，行之迹也。號者，功之表也。車服者，位之章也。是以大行受大名，細行受細名。行出于己，名生于人。」禮記曾子問篇云：「賤不誄貴，幼不誄長，禮也。惟天子，稱天以誄之。」白虎通義，謚篇云：「天子崩，大臣至南郊謚之者何？以爲人臣之義，莫不欲褒稱其君。掩惡揚善者也。故之南郊。明不得欺天也。故曾子問，孔子曰：天子崩，臣下之南郊告謚之。」又云：「諸侯薨，世子赴告天子，天子遣大夫會其葬而謚之何？幼不誄長，賤不誄貴。諸侯相誄，非禮也。臣當受謚于君也。」是以謚者，名德狀行之總稱。謚有美惡，宋後始止美謚。故孟子曰：「名之曰幽厲，雖孝子慈孫，百世不能改。」楚共王之歿，自請爲「靈」若「厲」。（見左傳襄公十三年。）「躬之不淑，受譴人天。元首之尊，莫逃公議。此所以爲名教。」（柳詒徵先生國史要義頁十四。）

若非「分位之等」立，爵諡亦不能見重于天下。人無生而貴者。自其生物之言，皆平等平等。此爲生之原質。必套于文化系統中，而後見其貴賤。是以中國貴賤觀念，自始卽爲一價値觀念，非先天固定階級之物質觀念也。由文制而定貴賤。卽由生之原質而至人道也。人之所以爲人，由文化系統而見，亦復由內在道德性之自覺而見。由乎前者，始于周文，孟子名之曰「人爵」。此爲政治的，社會的，客觀的。由乎後者，始于孔孟，孟子名之曰「天爵」。此爲貴于己，爲道德的，形上的，亦爲精神之絕對主體性之彰顯。其于社會文化意義，見于春秋後，儒家及士人之興起。吾前藉「譏世卿」以明中國政治上治權之民主與政權之定常一問題。今再藉爵與諡（位與名）以明中國由「分位之等」轉移階級對立于無形，形成中國一律平等之觀念。茲引姚漢源先生一段文以明之：

> 流品在中國社會中極爲明顯。論中國社會，應以此爲眉目。階級問題並不重要。……
>
> 商以前，史料不全。周人東來，分建列國，實是一種武裝農民的屯墾。設封疆，建城廓。春秋耕作，農隙講武。平時，則國君卿士，工商野人。戰則將帥兵卒。各階層世襲。形成君卿大夫士庶人幾個階級。可注意的是貴族階級之政治任務及其所受之限制約束。理論上，周天王受命于天，諸侯及上卿受命于周天王，大夫士受命于諸侯。推源溯始，也可以說同受于天。受命于天，並非是獲得統治他人的權利。這不是權利。這是天命令他負某種職責，因而授之以位。這裡分判了兩個意思：一是因在社會上有勢有力而奪得統治權。嚴格說，這並無所謂政治。一是因在政治上有位而有權，而決定其在社會上有勢。周代貴族，在理論上，勿甯是有位斯有權。前文曾提到「位」卽是社會組織中條理節湊之實現。條理節湊普顯爲社會之「禮」。禮卽附着於所實現之位，

以判別位，約束位，建立位。當時謂「禮不下庶人，刑不上大夫。」庶人受法的約束，貴族受禮的約束。法在當時也含有禮的意味。庶人的精神生活不充實，不能意識到人生行爲之條理性，自行建立其規範，須加諸自外，受强力的制裁。故謂之法。禮不只是雍容揖讓的儀文，實有行賞用罰，約束限制的作用。禮所以次序政治上的位分。位，爲之實現者，應是品德高尙的人。故位分之高低，即表示品德之上下。現代之法，如爲人之權利義務之規定，則禮即爲當時「位權」「位義」之規定。某位應有若何之形式，若何之軌則，因而形成儀文。

禮之重要表現工具是名與器。名器爲進退賞罰之具。名所以定分，器所以明分。位分旣定，禮即有所規定。周襄王寧肯賜晉文公土地，不肯賜隧葬。失位者，固失實權。當時人却把名器看得更重。禮之進退，重於生死之賞罰。當時固可「一字之褒榮於華袞，一字之貶嚴於斧鉞」也。人類品格之上下，不在於權益之佔有，在位分之上下。人間之貴，即是天秩之顯現。天爵合於人爵，品德顯於位分。原以品德判別社會流品，卽逕以政治位分判之。（案自歷史言，以品德判別社會流品，當是春秋以後事。）政治上有位無位，卽是社會上流品之上下。有位無位，在名器之等差別異。名是抽象品德的標誌，，器是抽象品德的性質之具體化。二者皆能直接干涉人類之精神生活，亦即能判其品德。後世儒家以禮代法之說，意欲把對肉體之物質賞罰轉爲對精神之道德褒貶。實以人爲善惡，肉體不負責任，負責任者爲精神。後儒盛贊周文王畫地爲牢，赭衣示戮，等等，實爲名器之變化應用。……（見「士流與政治」一文。）

姚先生此兩段話，以周朝爲主。此後各代，俱有縷述。我在此先論「位分名器」一觀念所函之問題之意義。中國自古卽無固定階級世世相傳於人間。士農工商，非階級之意。卽自周以前言，伊尹耕於有莘，則農也。傅說起於版築，則工也。而士皆出其中。至周之貴族政治，則貴以位爵定，卽以文制定，而其背後之根據爲品德才能。此是一價值觀念，非物類之階級觀念也。至秦漢統一後，治權之民主成立，皇帝以下，一律平等。固定階級之消除，尤爲世人所周知。以價值觀念領導政治，消除階級，此爲中國歷史自始已然之基本意識。後來士人握治權，其於階級之消除，貢獻尤大。分崩離析之混亂時代，常有特殊勢力乘機形成。然非由社會內部自己形成，亦非中國社會本質如此。故一到政治上軌道，旋卽打散。

第二節　黑格爾論東方：印度之階級與中國之統一

黑格爾於其「歷史哲學」東方世界部論到印度與中國時，有以下之比論：

論到印度之政治生活，必須首先考慮它所表現者不同於中國。在中國，組成大帝國的一切個體，一律平等；結果，各級政府皆吸攝於其中心，卽皇帝，依此，各個分子皆不能得到其獨立性及「主體之自由」(Subjective freedom亦可譯主觀自由)。在這個「統一」底演進中，第二步當是差異，就是保持獨立性，以反對無所不臣的那個統一底力量。一個有機的生命，第一需要有個整一的靈魂，第二需要有成爲差異的分歧。「差異」轉成有機的分子，而在它們的若干職務，把它們自己發展成一個完整的體系。如此，它們的活動復重建起那個整一的靈魂。但是，這種分離底自由，却正是中國之所缺。存此方面，這種本質的演進却見之於印度。卽獨立的分子從專制力量之統一中分裂出。但是，這些分子所函的差別却只是由於「自然」。它們並沒有把作爲統一底中心之靈魂底活動刺激起，並且再自發地重新實現那個靈魂，(如在有機生命中者)，而却僵化了，變成硬固的死體，而因它們的刻板性，遂使印度民族成爲最貶損的精神卑微者。印度的這種差別，就是所謂階級。(或云種姓 Castes)。在每一理性的國家中，必須有差別表現他們自己。「個體」必須達到主體的自由，而至乎此，遂可以給這些差異體以「客觀的形式」。但是，印度文化却未能達到認識「自由」及「內在道德性」之境地。他們的差異却只是那些地位，作業，以及繁文細節。復次，在一個自由國家，這樣的差異可以發生出特殊的階級，但是這樣結合起來（而成階級），其分子仍能保持他們的「個體性」。可是，在印度，我們只有一種物量的區分，這區分影響了整個政治生活及宗教意識。它的階級的區分，就好像中國的那個「硬固的統一」(呆滯的統一)。它的那些階級都是結果停滯在「實體性」底原始階段中。卽是說，它們不是個體底「自由主體性」之結果。(頁一四四。)

階級不能從外部成立；它們是從內部發展出。它們是從民族生命底內部深處生長出來。但是，在印度，這些差別是歸於自然，這是東方人所具形的「理念」之一必然的結果。因爲當個體應當適當地具有力量去選擇他的作業時，而在東方却正相反。內在的主體性並未被認識爲是獨立的；而如果差別侵入到他們身上來，則他們的認識是如此：卽他們相信各個體不能爲他自己選擇他的特殊地位，而是從「自然」受得來。在中國，沒有階級底差別，人們皆依靠於法律及皇帝底道德判決：結果，是依於一人的意志。柏拉圖在其「理想國」中，是以種種職業的觀點，選擇統治者的觀點，來安排不同階級的排列。因此，在這裡，一種道德的，精神的力量是仲裁者。在印度，「自然」就是這統馭的力量。但是這種自然的命運並不必引到我們在此所觀察的那種貶損底程度，如果那些差別只限于俗世的作業，只限于客觀精神底形態時。在我們中世紀底封建社會，個體也是被限于生活中一定的狀態上；但是，對一切個體，却有一個較高的存在，它超越乎最高的人間尊嚴之上，而「參與聖城」，也是任何人皆有分的。這卽是一個大的不同。卽在此，宗敎對於一切是在同一地位；雖然工人之子常爲工，農人之子常爲農，而自由選擇亦常爲環境所限制，可是宗敎成分對於一切人的關係却是相同的，而一切人亦皆因宗敎而予以絕對的價值。在印度，情形正相反。存在於基督世界的社會階級與存在於印度者，還有另一個不同點，卽，在我們間，道德的尊嚴存在於每一階級，構成那人們必須在其自身而且經其自身以有之者。在這方面，較高階級平等於較底者；而當宗敎是一較高領域，一切人在其中光明其自己時，法律前之平等（人格底權利及財產底權利）每一階級皆可獲得。但是，依印度之事實，如所已觀察者，「差異」不但是擴及於精神之客體性，（卽作業，儀節，文制等），且亦擴及它的「絕對主體性」，如此，遂窮盡了精神的一切關係——道德，正義，宗敎，皆不能被發見。

每一階級有它自己特殊的權利及義務。義務與權利並不被認爲涉於人類全體，而只被認爲涉於一特殊階級。當我們說：「勇敢是一美德」，而印度人則說：「勇敢是刹帝利之美德」。一般說來的人性，以及人類的義務，人類的情感，並未彰著出來。我們只見被派於若干階級上的義務。每一東西皆僵化於這些差別中，而在這種僵化之上，有一個無常的命運在支配着。道德性及人類的尊嚴是未曾被知的；罪惡的縱情充分發揮，精神則漫蕩於「夢境」（Dream-world），而最高的狀態是寂滅虛無。（頁一四七至一四八。）

案：印度四種階級，一、婆羅門，古譯曰淨行，即僧侶階級，掌教者，從梵天之口而來。二、刹帝利，古譯王種，此即戰士，政權階級，從梵天之臂而來。三、毗舍，農工商各行技藝生活俱在內，此從梵天之腰而來。四、首陀，此為賤民階級，服役於人者，從梵天之足而來。此四階級是先天定好的。個體屬於何類，生下來即注定，終生不得踰越。本為物質的生活習慣之結集，而印度人却因種種神話，迷離徜恍之虛影，使其先天化，成為命運之注定。其背後之根據為「自然」。所以，其差異分離俱依自然而定，全不能表現精神。其形下之物質界限已依自然而安排好，故其限制無任何精神上之作用。精神不能在限制與破除限制中脫穎而出，故必遠離漂蕩，成為夢境。以虛無寂滅之夢境表現其精神。即佛教興起，說法無類，則又對於現實之差別全部否定。此為對於僵化之界限之浪漫的反動。一刀兩面，其精神亦必為寂滅（涅槃）之夢境。中國自始即無固定之階級。治權民主後，皇帝以下，一律平等。而平等是一抽象概念，其底子是各個體（萬民）散立並處（除家庭生活外）。黑格爾謂其「統一」之「一」已硬固而僵化，停滯于實體性之原始階段中（與印度之階級差別同），其中之個體無獨立性，無「主體之自由」。凡此所云，其義為何？不可不詳加自反。其所云非全無謂也。茲引黑氏之言以明之。黑氏先論精神表現之大略如下：

太陽，光，從東方昇起。光，簡單地說，只是一「自身函攝之存在」。但是，雖然在其自身具有如此之「普遍性」，可是同時在太陽中，它亦作為一「個體性」（或獨體性）而存在。我們可用想像，藉盲者忽然有視覺時之情感來描寫。盲者忽然眼亮，注視於黎明時光之微耀，上升的太陽之逐漸光明以至大放光輝。在此種純粹的光耀中，他的個性之無限制的忘却就是他的第一階段之情感——完全是驚訝。但是，當太陽已經昇起，這種驚異卽減消。周圍的對象已被覺知，而個體卽從那些對象處轉而進到對於他自己內部存在之默想，因此，復進到此兩者間的關係之覺知。於是，靜的默想代替了活動；在白晝之終了，人們已竪起一個建築，從其自己內部的太陽而構造起的一個建築；而當在夜間，他卽默想這個建築，他估計它比原來那個外在的太陽更高。因爲現在他對於他自己的精神處於一種自覺的關係中，因而亦就是一種自由的關係中。如果我們牢記此想像於心中，我們將見它能象徵歷史之進程，象徵精神之偉大時代之工作。

世界底歷史從東方轉到西方，因爲歐洲絕對是歷史之終點，亞洲是起點。世界底歷史有一個東方；東方這個名詞，其自身完全是相對的，因爲雖然地球形成一圓體，而歷史却沒有形成環繞它的一個圓圈。但是，反之，却有一個決定的東方，那就是亞洲。在此，升起了那外部的物理太陽，而在西方，它落下了；在西方升起了「自我意識」之太陽，散發出高貴的光輝。世界底歷史是無控制的「自然意志」之訓練，它使這個「自然意志」服從一個普遍的原則，並且使它得有「主體的自由」。東方從過去一直到現在，只知道「一人」是自由的；希臘與羅馬則知道「一部分」（某些）是自由的；日耳曼世界知道「一切」（全體）是自由的。依是，在歷史中，我們所觀察的第一步的政治形式是專制主義，第二步是民主制與貴族制，第三步是君主共和制（Monarchy）。

要了解這種區分，我們必須注意：因國家是一普遍的精神生命，（個體生下來對於它有一種信託及習慣之關係，並且在其中有他們的生存及實在，）所以第一個問題就是：其中各個體的現實生活是一無反省的活着及習慣的活着，由之以結合之於這個統一體中呢，抑還是它的構成的各個體皆是反省的而且是人格的存在，皆有一恰當地「主體的及獨立的生存」（存在）呢？論及此，實體的（客觀的）自由必須與「主體的自由」區別開。「實體的自由」，是含藏在意志中那抽象的未曾發展出的自由，它進而要在國家中去發展它自己。但是，在「理性」底這一種面相裡，仍然缺乏個人的洞見及意志，即是說，仍然缺乏主體的自由；主體的自由只有在個體中被實現．而且它構成個體在其自己之良心中之反省。當只有「實體的自由」，則命令及法律皆被認爲是某種固定的東西，抽象的東西，萬民（個體）對之皆在絕對服從的境地中。這些法律不需要契合於個體底願望，而萬民結果也恰如赤子，沒有他們自己的意志及洞見而順從他們的父母。但是，當主體的自由升起，人們從對於「外在的實在」之默想沉入他自己的靈魂中時，則因反省而啓示出的「對照」亦即升起，且含有對於外在實在之否定。「從現實世界轉回來」，這一事實自身就形成一個「對反」，在這個對反中，一邊是「絕對的有」（神性），另一邊便是作爲個體的人類主體。在直接的，未曾反省的意識中（這是東方的特徵）．這兩邊是尙未區別出的。實體世界是與個體區別開的，但是這種對反尙沒有在絕對精神與主體精神間創造出一個「分裂」（Schism）。

第一形態，我們所由之以開始的，便是東方。未曾反省的意識，（即實體的，客觀的精神存在，）是我們的基礎。主體意志對於這個未曾反省的意識開始維持一種信仰，確信，服從式的關係。在東方的政治生活裡，我們見出有一個實現了的「合理的自由」，它沒有進展到「主體的自由」而發展它自己。這是歷史底兒童期。「實體性的諸形式」構成東方帝國這個華嚴的大廈，在其中，我們見出一切合理的政制與安排，但是這樣，個體却只成爲「偶然」。個體環繞一個中心，環繞一個君主，君主如一個家長高高在上。（其意不同於羅馬帝國憲法之爲專制。）因爲他要盡力施行那些道德的及實體性的東西，他要去維持那些早已建設起來的基本政制；所以凡在我們這裡完全屬於「主體自由」的，在此，則完全從國家這一面而進行。東方概念底光榮就是那「唯一的個人」（The one individual），一切皆隸屬之的那個「實體的存在」（Substantial being），所以沒有其他個體能有分離的存在，或反映其自身於其「主體自由」中。一切想像及天然所有的財富皆歸屬於那個「主宰的存在」，主體的自由根本上是被吞沒於此主宰中。主體的自由並不是在其自身中尋求它的尊嚴。而是在那個「絕對實體」中尋求它的尊嚴。一個完整國家所有的一切成分，甚至「主體性」，容或可以在這裏被發現，但是却沒有與那個「大實體」（Grand substantial being）相諧和起來。因爲在那「唯一力量」（大實體）之外，只有叛亂的反覆，它越出此中心力量底範圍，隨意漫蕩，無目的，無成果。依此，我們見出有許多野蠻部族從上原處（即西北）衝出來，落在這個大實體內的城邦內，蹂躪了它們，或爲它們所吞沒，因而捨棄其野蠻的生活；但無論如何，一切皆無結果地消失於這個中心實體內。這種實體，因爲它沒有在其自身內造出「對反」而克服之，所以它直接地把它自身分爲兩成分。一方面，我們見出延續，穩定；一帝國好似只屬於空間，與時間不相干，非歷史的歷史，此如在中國，國家是基於家族關係上；一個家長式的政府，它用它的審愼監護，它的誥誡（聖諭）；它的報應式的或即訓戒的科罰，來維持住自己，又是一個「散文式」的帝國，因爲「無限性」與「理想性」（觀念性）這兩形式間的對反，並沒有極成其自己。另一方面，時間底形式與此空間的穩定正相反。這些國家，其自身或其生存之原則，並無任何變化，只是互相間經常他變移其位置。它們是不停止的衝突，造成急劇的破壞。反面的那個「個體性原則」進入了這些衝突關係中；但是這個原則仍然只是不自覺的，只是一個「自然的普遍性」，卽「光」，可是這光尙仍不是人格靈魂之光。這一部連續衝突史，大部分，實在是非歷史的，因爲它只是那同一破壞之重複。新的成分，在勇夫悍將的恢廓大度之姿態下，重新佔據了以前專制王朝底地位，又重複那衰頹消沉底同一圈子。而此所謂消沉實亦無所謂消沉，因爲經過一切這種不止的變化，並無進步可言。（歷史哲學，歷史故實之分類。英譯本頁一〇三至一〇六。）

第三節　東西兩民族之生活原理之基本不同

案：黑氏所言東方，雖概括印度波斯等俱在內，實以中國爲典型。彼言世界歷史有一決定之東方，卽亞洲，實亦卽中國。彼復以爲此是世界歷史之起點，而歐洲絕對是終點。吾將証明終點將卽是此起點，而不是歐洲。彼卽言世界歷史，亦當承認各民族卽各文化源泉之各自的發展以及其未來之前途，由此期得一精神之大匯通，不當以空間上之從東到西之空間次序代替時間次序。因爲，顯然西方並不是繼承東方文化形態而發展的，彼自有一精神表現的方式；而從東方過渡到西方，並不是時間上之過去，縱然波斯埃及等完了，而印度與中國並未完；中國縱在過去二千年間只是重複無進步，然終是存在到現在，既有存在，卽有其未來，此決不能忽而不睹而予以抹殺者。若如黑氏所言，中國只是個起點，歐洲是終點，則中國之存在及未來俱被抹殺去矣。各民族之精神表現，在開始時，卽齊頭並列，各自發展。縱有因緣使之或遲或速，方式不同，然決不能謂誰只盡起點之責任，過此以往，便無其自身之意義與前途。黑氏講世界歷史，以空間上之各形態之前後安排組爲一系，代替各民族之時間發展，代替整個世界歷史之時間發展，此決爲不可通者。各民族各自有其發展，此其一。世界歷史，假若可能，則縱在開始齊頭並列，亦必在精神表現之方式上，生活之原理上，有一共同綱領，（此如黑氏所說之精神表現中之「對反」等，）是以在其發展途程與未來中，亦必有一息息相通之大諧和。此其二。在發展途程中，某民族只進到何種程度，只表現何種原則，決不能視爲終局與定局。（假若它尚未被淘汰，消逝於歷史。）此其三。哲學上，吾人可將精神表現之方式，共同綱領，全幅予以呈露，而在實際表現上，則有民族之氣質，決不能一時透露，而亦唯因有氣質之限，縱各原則皆有表現，而未必能得全體之諧和。譬如，中國在以前只有一「合理的自由」，而無反省自覺之主體的自由，歐洲有其主體之自由，而未必能得其全體之諧和。此其四。吾人只能說，在何時代，某原則取得領導之地位，（譬如今日歐美取得領導之地位。馬克思主義亦取得一領導之地位。）但雖領導，而未必合理，未必是福。亦不能是終局與定局。由此以引導歷史再向前，誘發被動之民族表現其再進一步之原則。如此起伏隱顯，激蕩會合，方能有精神諧和之未來。各存在之民族皆有對於世界歷史之責任與使命。此其五。

依以上五義，吾人將說：世界歷史有一決定之東方，有一決定之起點，而此亦卽是決定之終點。

黑氏之圓圈，西方之發展，終必因東方之自覺與發展而回到此起點：此是人類在精神上，在生活原理上之故土也。中國之歷史，自表現出合理的自由後，一直是孕育之歷史，是一部大器晚成之歷史。此將如何解？

西方民族之生活原理，籠罩地說，其智之運用與思量問題是在「概念的方式」下進行。其基本情調，吾人亦可說是「概念的」。從現實的社會政治生活方面說，其精神之表現是在「對立」中，重重障碍中。此種對立或障碍，容或因外部物質條件而形成，即其因緣爲外部的，譬如階級之對立。其採取如此之方式是歷史社會逼成的。然外部因緣，不管如何，精神表現之本質却必在限制而又克服限制中，始有積極之意義，有客觀之樹立而成正果。此是一普遍之原則。依此而言，西方的歷史文化却正恰合此本質。他們是在障碍中而向前衝，此爲「向外」；亦在障碍中而易有自覺，此爲「向內」。他們是在限制與自覺中而向上透，此爲「向上」。其內心之運用，表現而爲智慮，則是概念的。概念亦是分離破裂而有界限，又是植根於經驗（限制），而又時常遠離乎經驗。黑氏所說的那個「絕對的有」（神性），在西方的思考方式（概念的）以及現實之歷史表現中，實是一個「概念的置定」，「抽象的虛懸」，而未必眞能透體呈露也。以黑氏思想之通透作用，雖於「在限制中反省自覺而成之主體自由」裏，見出必肯定一個客觀而普遍的「絕對的有」，而其歷史文化與思考方式却未必能親切乎此。國家之底子是一「普遍的精神生命」，然西方民族却從未由此而翻出一個大帝國，而表現出一個系統整然的「合理的自由」，而中國却能握住此中之關鍵而早已直接建立之，雖云直接而未臻於圓滿，要必有本也。此其故可深思矣。西方自走一途徑，並未繼承中國之「合理的自由」而前進也。

中國自堯舜禹湯以來，以至周文之形成，所謂歷聖相承，繼天立極，自始即握住「生命」一原理。內而調護自己之生命，外而安頓萬民之生命。是以其用心立言，而抒發眞理，措之於政事，一是皆自一根而發。哲學從這裡講，歷史文化從這裡表現。這些中心人物皆是政治領袖，而並非如希臘之自然哲學家。是以其生活之基本原理，以握住生命，故自「仁」發，不自「智」發。（智亦攝於仁而透露其光照。）其民族生命特別實際而親和。以其實際，故能有現實生活上情理之相通，而無虛幻神話之膠固，而無抽象概念之此疆彼界，故自始即從混噩質朴之現實生活而由以「人」為本之領導人物斬荆闢棘以前進。衝突戰爭，自所不免。然首先握住生命者，重現實生活而較實際者，自必較抽象，隔離，孤獨，界畫者，易有親和感。（其流弊亦所難免，不待言。）故其生命柔和而具體，不抽象而暴烈。其握住生命，在實際而親和之形式下，眞理由仁發，不自智發，故領導民族生命者首先以其生活之智慧滲透上天好生之德，親切地証實了那個超越的絕對實體是一「普遍的道德實體」。此實體，由民族生命之領導者調護生命安頓生命而接契，故其與人間之關係亦自較自「個人」及「智」而妥契者為契合為親切，而且在現實上易有客觀而普遍之意義，易有為人間社會之「實體」之意義。領導吾民族生命之聖王確有此實體之通透智慧。故自始此實體即脫離神話虛怪之纏繞而為一「實理」。簡潔精微，來源甚早。此由洪範，即可知之。此實體之為精神的，雖未至十分彰著之地步，然其為「道德實體」則無疑。商質，多仁愛，又尚鬼，重卜筮，（後來亦繼之），此雖為現實上之纏繞，然在此「具體之幾」上，亦流露生命之感應，此亦是具體之實理。惟此道德實體上下周流而感通，故易為人間社會之實體。王者體乎此，修乎此，直接承之而為建立政治社會文制之「大本」，首先實現一「合理之自由」，自爲甚顯者。

第四節　黑格爾所了解者並非全無理

此「合理之自由」，自周帝國之建立，文制之形成，卽已實現。其親和之根爲宗法社會，由親親之殺，尊尊之等，之最富于人情味合理性而形成大帝國之文制，（大帝國內一切禮制與安排。）此卽爲一合理之系統。此系統後面之超越根據，卽爲該普遍之道德實體，此亦可說爲「普遍之精神生命」。此是一「絕對之有」，卽神性。此神性，由王者之盡王道直接表現而爲一「合理之系統」。在此合理系統內，一切命令及法律，皆富有道德味，而且皆是自上而下者。命令及法律皆繫屬於盡王道之王者，卽繫屬於黑氏所謂「大實體」，「唯一之力量」。此大實體是通透而生根者，故一切法律亦因繫屬於此而生根，而有其繫屬於「一」之客觀意義。此法律之制定雖不須契合於個體之願望，而因其生根於親親尊尊之人情味合理性，（卽合於人倫），個體對之亦無甚不願望。個體之接受也，並非由於經過反省自覺之奮鬥，（而若有自覺而肯定之，必爲道德的自覺。）聖王（大實體）之制定也，亦非經過個體之限制鬥爭而制定。卽在此義下，說爲如父母之於赤子。禮儀三百，威儀三千，莫非性情中出，卽表示並非不合理之敎條，其基本處亦非彼有時間性空間性之制法，（卽不同於近代或西方之法律，）故說爲皆人倫之常道。聖人盡倫，王者盡制。卽盡此通於倫之制。普遍之精神，絕對之有，卽通過王者之盡王道而轉爲「合理之自由」，由王者「一人」之自由，（盡王道卽自由，他有了精神的表現，）現爲文制，而爲合理之自由。此種自由卽是普遍的精神生命之直接顯示，並未進展到「主體的自由」而發展其自己。此種發展是直接從國家一面而發展。此種發展，自大實體一人方面說，是實的；自整個社會及個體（萬民）方面說，是虛的。因於此方面爲虛的，故此「合理的自由」實只是「實體的」「客觀的」自由，卽含藏在意志中那抽象而未發展出的自由。（此云意志可指那普遍的精神自己言。）法律，自大實體一人方面說，有客觀的意義，因在其「盡王道的自由」中而得客觀化。但自整個社會及個體方面說，則無客觀的意義。個體對於這些法律絕對服從，確信。其服從亦非由於强迫。簡言：雖不須契合於個體之願望，而個體對之亦並無不願望。個體只是一個不自覺的赤子。是以個體雖無主體的自由，亦無不自由。個體只成爲「偶然」，卽不相干。凡個體不經過反省自覺而表現其主體的自由，他不能有眞實的存在，在「統一體」中不能有其眞實之責任與義務。卽依此義，說爲偶然。精神在此落了空。

這個基本問題卽是：中國只有普遍性原則，而無個體性原則。普遍精神，若沒有通過個體之自覺而現爲主體自由，則主體精神與絕對精神間之「對反」不能彰著。此而不能，則「大實體」所代表之「統一」亦不能有機地諧和起來，卽通過各個體之獨立性而重新組織起來。此而不能，則國家，法律，所代表之客觀精神亦不能眞實地表現出。在周文之「分位之等」上，尊尊之義道上，吾人已說有客觀精神之表現。但須知此客觀精神是在宗法形態下表現，此卽黑氏所說：「主體的自由不是在其自身尋求它的尊嚴，而是在那個絕對實體中尋求它的尊嚴。」後來的忠君愛國，亦是此意。依此，大實體所代表的「統一」弄成硬固而僵化，虛浮而掛空，法律亦成爲某種固定可抽象的東西。此卽黑氏所說「散文式的帝國」，一種「平庸的理解之形式」的帝國。呆板而平庸的「理解」（卽知性）呑沒了想像與理性之創造。一個自上而下的廣被，一經穩定下來，必是「散文的理解」形態。可是，此種理解並不是「自下而上」由經驗之限制與主客對立而磨練出的理解。此後者是創造的，有成果的，（成科學），有通過自覺而成之「主體自由」的，（故在社會政治上能有客觀之立法。）而自上而下之廣被所凝結之理解却只是一個「無爲的理解」，非創造的，無成果的，非通過主體自由的。它只是那大實體所表現之文制之散開。凡是由上透而下來的理解都是穩定的，非創造的。故聖人之智不能成科學。創造原理之成物，及其凝結而至成物處，是理解的，而此理解無創造。創造是在創造原理處：生命意志。王者之盡王道（盡制）所表現之文制系統不能有「主體的自由」。萬民是在潛存狀態中。所以大實體雖允許有治權之民主，而政權之民主（此是民主之本義）則始終不出現。這其間含有中西文化之最基本不同而相對反處。

單自此統一體之硬固而僵化處看，不管此統一體之來源之全幅意義，或不能參透此來源之全幅意義，（黑氏實不能參透之），而一味順此硬固向下看，向外看，則必有黑氏所說之空間上之穩定，非歷史的歷史，以及時間上之連續的衝突，重複而無進步。此亦實爲吾歷史之不可諱的相貌。吾人亦有一治一亂老是如此之感。且不特此也，吾人若順此硬固而向下看，向外看，說其爲一散文的理解形式，則可知此硬固處所反映之精神亦實爲一數量之精神。有數量之齊同性與普遍性。大帝國，大統一，而無個體之自覺所重新組織起之全體，就是這種數量精神。此大帝國固然一方由於盡王道，一方亦必由於「盡氣之武力」。從此「盡氣之武力」方面說，你可以看出其物量之精神卽氣魄之偉大。英人陶孫（Dawson）論及蘇俄的極權政治時，說：「新的集體主義絕不是沿着西方的路綫發展而成的。它和東方的專制國家，同波斯，亞述，埃及，以及激勵建築金字塔和萬里長城的那種精神，倒比較更爲相同。……它甚至可能和德國的與中歐的一部分傳統相調和。但是，就整個西方文明而言，這種精神的勝利，就等於西方文明死亡。因爲它否定並毀　了西方人所賴以生活的靈性原則。」（見「中國文摘」第十期，「自由主義總檢討」一文。此是陶孫「國家之評判」中之一章。）此種精神就是一種數量物量之精神。此就是西方人所說的東方。此說法與認識是西方人對東方（包括中國）的一個傳統的觀點。黑氏如此，今日之陶孫亦如此也。這其中不完全假。吾人不應護短以自蔽。若順硬固而向下向外看，確有此一相。而且不特此也。此種硬固之統一所反映之數量物量精神，一旦持不住，便一起倒塌，倒塌後，若無正面的盡王道之王者興起，則只有暴亂。內部不充實，硬固的統一，久了，即腐爛。由之而起的反動，即是屠殺。黃巢，張獻忠，即是一例。今日的共黨也是在此種同一反動上而起。以往之反動，其本身是無有原理的，只是一個物氣之激。現在除物氣之激外，共黨要自覺地使用一原理，來成就此物氣之激，而且與此物氣之激恰合無間。其所用之原理即是唯物論。徹底否定人性，個性，總之，否定屬於精神的一切。它要自覺地以此原理來肯定此物氣之激爲合理。使其原爲負面的，轉爲正面的。（因排除屬於精神之一切，只有此。）使其原爲散亂無章法而易冲淡的，變爲凝固有章法而成爲機械系統。此就是徹裡徹外窮盡一切的數量物量之精神。它的革命過程就是把此數量物量提煉純淨，人性個性純然排除淨盡的純淨，而期達到一個純物量的漆黑渾同。但若說這是東方（尤其是中國）的正面精神，則不然。它是硬固統一下的一種反動之激變。馬克思及共黨之首創究竟不出生於東方。西方之有此，亦不是西方之正面精神。亦是反動之激變：科學與工業化之趨於「量化」的反動激變。凡純物量的，必由物量而激起。此是東西兩文化系統之毒素所激起的一個「普遍的反動」，典型的純物量，它代表了一個異于兩正流的「普遍異端」，此就是「純否定」之異端。但是它自覺地所用以提煉「物氣之激」的邪原理卻決不出自中國的文化精神，而實出自西方概念思考的精神。這點，西方人亦應當反省自察，不應當存偏見以諱短。

第五節　中國所缺者爲國家政治法律一面的主體自由

吾以上順黑氏之了解而予以說明，明其並非全無理。茲再順中國文化精神作一正面的說明，明黑氏之了解並非全對，並非盡中國精神之本與全。

黑氏對於中國所說之一切，就是：「國家爲一普遍的精神生命，個體生下來對於它有一種信託及習慣之關係，並且在其中有他們的生存及實在。」但是，不幸，在中國，各個體的現實生活，在此普遍的精神生命內，只是一種無反省的習慣，由之以將各個體結合於此統一體中。各個體並不是自覺的，亦不是一人格的存在，亦無一恰當地主體的存在及獨立的存在。直接的，未曾反省的意識，即實體的，客觀的精神存在，是基礎。（此即是普遍的精神生命，作爲各個體的生存之底子的。）「主體意志」對於此未曾反省的意識，在中國，只維持一種信仰，確信，服從的關係，而並未通過反省自覺表現出「主體的自由」以與「邪實體的，客觀的精神存在」形成一分離之「對反」。

這是黑氏對於中國的根本了解。其如此了解，是從國家、政治、法律，一面而說的。中國以前有一大帝國之建築，當然亦可說有一「普遍的精神生命」爲其底子。但須知，這個大帝國，在以往，是並未以「國家」的姿態而出現；而繫屬於「大實體」的一切命令及法律實亦不是西方或近代所謂法律。所以人們常說，中國不是一個國家單位　而是一個文化單位。其大帝國之組織實不是一個「國家」，而是一個「天下」。此意亦可爲黑氏之了解之所函。這問題是在：精神之表現，主體的自由，是否只在國家政治法律之一面。如只在此一面，則不是國家單位之中國，其中之個體自然只是在混沌中過活，毫無精神生活之表現。如不只此面，則不是國家單位之中國只在國家政治法律一面無表現，而在其他方面有表現。如是，問題只在如何轉出國家政治法律來，（再加上，如何轉出邏輯、數學、科學來。此兩系基於同一精神而發。）吾年來用心立言，常就此義有所鄭重。今就黑氏之了解，仍覺當是如此之看法。

吾前已言，中國民族自始卽無固定階級之對立，自始卽特別實際而具有親和感。發展至周，由盡王道之王者建立文制，而成爲一各國統於一中心之大帝國，在一文教系統下維繫此統一。瀰漫於整個社會之基層組織是宗法社會，其一切文制（禮）皆生根於此。由此而直接呈現的，是一普遍的文教系統。再向前說一層，方是那具有國家政治法律意味的大帝國。然而此大帝國却不是自近代意義的國家政治法律之立場而看的，卽不是自社會上由各集團各分子之「政治意義」的自覺與約定而重新組織起的。此重新組織起的國家形態當該與社會自身之內在的組織不是同一層。以此，由宗法族系之社會組織至此國家形態，當該有一轉折。但是此步轉折，中國却始終未轉化出。卽照周帝國言，此具有國家政治法律意味的大帝國實是由宗法社會與文教系統而直接虛映出。秦漢以後，大體仍是如此。黑氏所說的一切都是從其爲虛映而未經一轉進處來了解。然而吾人今日確知它實不具有近代國家政治法律之意義。因此，吾人不能從此虛映而認以爲實，向下向外看其一切，以爲卽盡中國文化生命之本質。當該從其所由虛映處（宗法族系與文教系統）向裡向上，看其文化生命及精神之表現。從國家政治法律一面看，個體既成爲偶然，那大實體之「一」也是偶然；個體無主體之自由，那大實體之「一」亦同樣不可說有主體之自由。如果那大實體之「一」有自由而不是偶然，則必自另一立場說。如果自另一立場說，他有自由，不是偶然，則個體亦有自由，不是偶然。此另一立場卽是宗法族系與文教系統。惟此處所表現的「主體自由」與其不是偶然是另一意義，另一方面之精神表現，而不是國家政治法律一面之意義。

精神表現之普遍理路必須經過一「對反」而表現出主體精神與絕對精神間之分裂，主體自由與實體自由間之對照。同時，亦必須區別開此普遍理路之表現于國家政治法律一面之意義與其表現於社會及個人一面之意義之不同。在國家政治法律之一面，其表現之普遍形式，是在對立限制中，以客觀的意義，以集團的方式，要求權利義務之約定，而表現。（其特殊狀況或外部因緣歷史條件可各有不同。如在西方，有固定階級對立。卽階級打消了，各行業各集團仍然有。）在此種對立限制中，因反省自覺，固已有主體之自由，人類主體當作一個體而有其獨立的存在，同時，以其以客觀的意義，集團方式，要求約定，而表現，故「客觀精神」亦在此對反表現出，而其所約定的便是近代意義之「法律」，故法律代表客觀精神也。因法律是在對立限制中，集團地客觀地爭來的，故一旦成立，便有其客觀的實效，而爲各集團各分子所尊守所愛護。亦且有其客觀的証實，而不是停在偏枯的主觀狀態中。依此，主體精神，客觀精神，絕對精神，都在此種對立限制中而表現出，而國家政治與法律亦早在西方歷史中，順其固有之歷史因緣而出現。（在中國歷史上，嚴格講，就無這種法律。黑氏所說大實體所力行而維持的那些命令法律誥誡賞罰等，實不是法律，而是維持道德倫常的教化作用。黑氏以法律觀點觀之，而又自國家政治之立場上說，固易見其爲主觀的，成爲某種固定而抽象的東西。然若知其爲維持道德倫常之教化，自宗法族系與文教系統之立場上說，則不是如此。）

第六節　中國所具備者爲道德的主體自由與藝術性的主體自由

然而在中國，則不是如此表現。它是在社會及個人方面表現。精神，在這裏，不是以客觀意義，集團方式，而表現，故其對立限制亦不是集團地階級地自外對立，自外限制，而是以個人方式，盡其在我的意義，在個人自身內之對立限制中，而表現。這點，須要鄭重予以說明。

周文及宗法族系成自周公，而予以反省的肯定，充分透露其形上意義，而予以超越的安立，以大開天人之門者，則始自孔子。（黑氏講中國，完全不提到孔子，便是其不了解中國文化生命之本與全。）普遍的宗法制的家庭族系以及普遍的文教系統瀰漫於全社會，穩定了全社會。各個體在其中過着具體的生活。宗法的家庭族系，依着親親之殺，尊尊之等，實彙融情與理而爲一，含着豐富無盡藏的情與理之發揚與容納。它的理不像西方那樣的理智，它的情亦不像西方那樣的赤裸。在此種情理合一的族系裡，你可以盡量地盡情，你也可以盡量地盡理。而且無論你有多豐富的情，多深遠的理，它都能容納，決不能使你有無隙處之感：它是無底的深淵，無邊的天。五倫攝盡一切，一切攝于五倫。「自天子以至庶人，一是皆以修身爲本。」此卽表示：無論爲天子，爲庶人，只要在任何一點上盡情盡理，敦品勵行，你卽可以無不具足，垂法後世，而人亦同樣尊重你。曾子的才情並不恢廓，守着一部孝經，誠朴而篤禮，卽可傳道而成大賢。在此種穩定而富彈性的社會裏，實具有一種生命的親和感。在此種親和感裡，實蕩漾着一種「超越的親和性」，此就是此整個社會後面的「道德實體」，普遍的精神生命。若是此種宗法社會及文教系統全是一種習慣的凝結，毫無道理，若是個體在此種社會內，亦全是一種習慣的混沌，毫無道理，則中華民族早被淘汰，而且亦不能有任何文化可言。可是，要緊的是，各個體在此社會裏有所「盡」。

就在此「盡」字上，遂得延續民族，發揚文化，表現精神。你可以在此盡情盡理，盡才盡性；而且容納任何人的盡，容許任何人盡量地盡。（荀子云：王者盡制者也，聖人盡倫者也。孟子云：盡心知性知天）。在此「盡」上，各個體取得了反省的自覺，表現了「主體的自由」，而成就其爲「獨體」。主體的自由表現了一個「對反」。此對反不是因緣于集團之對立，而是卽在各個體之自身。此方式之出現實淵源于堯舜禹湯以來首先握住「生命」一原理：自調護生命，安頓生命上，形成此對反。在此對反中，一方作爲「主體」的精神，澄清而上露，一方作爲「客體」的自然卽被刺出而下濁。這個「自然」不必是外在的自然界，卽自身內「物質的成分」亦是自然。自然被刺出，則「精神主體」卽遙契那道德實體，那普遍的精神生命，卽絕對精神，而與之對照，予以證實。主體精神與絕對精神之遙契對照，（卽黑氏所謂分裂，由對反而成的分裂，）是由于從自覺中與「自然」對反連帶而成的。原來只是一渾淪之整體，如赤子之心。通過個人自身內所起之對反，自然成立，主體精神成立，絕對精神亦成立。在此三種成立中，方能說「盡」。此是中國文化生命之一普遍的原理。若應用于各種「盡」上，則盡心、盡性、盡理、盡倫、盡制、一串，爲最恰當此原理。（盡才，盡情、盡氣，則爲另一串。容稍後，即此論之。）在此普遍而籠罩之原理上，各個體皆有了安頓，皆有被肯定之價值，不是偶然，亦不是浮萍。

蓋此對反之成實根于調護生命，而調護生命即是不安于墮落（物化）之「不容已之眞幾」之透露。此「不容已之眞幾」即是一切理想與價值之根源。墮落物化，即是罔生。不安之不容已即是眞生。尊生，則不得不定肯任何個體。要尊生，不能不盡性盡倫。精神在這裡表現，價值在這裡表現。聖賢，豪傑，志士，在此成己成物。其成己成物，或忘我犧牲，或順適通達。此精神表現之本質，一般地說，是道德的，其主體自由是「道德的主體自由」。依此，使人成爲一「道德的存在」。

吾適說，在對反中，成立主體精神，絕對精神，及自然。（在中國，自然是含在道德意義下與道德主體相對照的那自然，不是與「思想主體」相對照的自然。）未提到客觀精神。茲就忘我犧牲而言客觀精神。吾已明，在中國，國家政治實是宗法社會與文敎系統之虛映，法律實是維持道德倫常之敎化作用，不可視爲近代意義之法律。是以國家政治法律意義之客觀精神，在中國，一同不具備。亦猶在國家政治法律一面之主體自由不具備。但既有在個人自身內所顯之對反，主體自由，由之而盡性盡倫，則不能不有客觀精神。以前所謂忠君愛國，捨孝全忠，以及尊尊之等，都是客觀精神。惟此客觀精神，亦是以個人方式，盡其在我之意義，在道德的主體自由下，而捨己。此種捨己，一面亦可如黑氏所說：「主體的自由並不是在其自身中尋求它的尊嚴，而是在那個絕對實體（大實體的一）中尋求它的尊嚴。」但是，另一方面，依盡其在我之意義，在絕對實體中尋求，即是在自身中尋求。因爲這裡，實有一主體的自由。惟不是國家政治的，而是道德的。所以並不是如黑氏所說，一切皆隸屬于那個大實體之一而無分離的獨立性，而無個性，而爲偶然。黑氏所說在絕對實體中尋求尊嚴是以無主體自由爲前題的，主體自由被吞沒于那大實體中，故如此說。若吾人已知這裡實有一道德的主體自由，則在那大實體中尋求尊嚴即是在其自身中尋求尊嚴；此即是他個人的道德完成。說穿了，這種主體自由亦實不是在那「大實體之一」中尋求尊嚴，而是在那道德實體中，在普遍的精神生命中，尋求尊嚴。所以這種捨己，忠君，殉國，即是殉道。其透過君（大實體之一）而爲之，則是限制出一個客觀的意義，即道德的主體自由下的客觀精神。實則此客觀的姿態實直接透露着絕對精神。「臣死君，國君死社稷」，皆是在此種主體自由下「殉道」。國君是個象徵。他亦當有所盡。此時之盡性殉道，是直接以絕對精神爲標準，不以國家政治爲標準。因爲國家政治一層是虛映，並未由宗法社會文教系統之基層而轉出，即並未間接地重新構造起。所以無依照此標準而來的客觀精神，而只有依照道德實體（絕對）之標準而來的主體精神與絕對精神。其透過君而顯示的客觀姿態亦是一虛映。可以說，在此一「盡」中，精神之主體的意義，客觀的意義，絕對的意義，合而爲一，一起呈現，而其爲「客觀」之眞實而落實的根據則在「道」（絕對），不在國家政治。（國家政治是虛的根據。）有官守，有言責者，必須透過君，故易顯客觀姿態。至於無官守無言責者，或曾有而退處者，以及凡夫走卒，一旦遭逢大變，亦可盡其在我而捨己。（此如宋明亡國最顯。）此則直接以「道」爲準，連那個虛映的客觀姿態亦可不要。此純是主體精神與絕對精神之直接披露。顧亭林所謂有亡國，有亡天下。亡國，士大夫有責，（此語卽表示所謂國不同於近代國家政治之意，）亡天下，則匹夫匹婦皆有責。中國的文化生命，精神表現，最後的標準實在亡天下時匹夫匹婦皆有責所担負者。實不是吞沒於那大實體之一，而是吞沒於此，而吞沒於此，則必須有「道德的主體自由」。所以主體精神，絕對精神，客觀精神，一起皆是道德的，而又一顯全顯，實只是一。惟因其如此，所以國家政治法律獨成一層面的客觀精神始不顯，而被吸納於「道德的主體」中。【由此，你可知後來理學家講學，為甚麼那樣直接，那樣鞭辟入裡，那樣通透，而只收攝于一點。發展到王陽明，徹底點出，此一點便是良知。而王龍溪講良知又是直接從先天入手，從混沌立根基，以為良知是「無中生有」，如空谷足音，轉瞬便逝。而鄧定宇以為此一念靈明，「天也不做他，地也不做他，聖人也不做他。」一切灑脫淨盡，直接以此為憑依。從此，你又可知，此學講到家，為什麼純是一種藝術境界，而泰州學派唱出「樂學歌」，以樂為學之極致。中國聖學之如此發展，實與其社會文化恰相契合。蓋社會無階級集團之對立。宗法族系與文教系統足以打散階級，反而即以之來維繫此散漫之社會個體。而社會個體于此文制外，欲由自覺而求其生活原理，其用心必不向「他」而向「自」，蓋他處無可向也。其易表現「道德的主體自由」，易向裡收攝于一點，乃為至順適而上遂者。西方學問亦與其社會文化相契合。彼雖講自覺，而必藉階級集團之對立，撲着一對象，或至少必在此方式下，而言之。故向他而不向自。雖向自，終不能走上中國之一路。故于「自己」處不如中國之通透，而却易表現邏輯數學科學與國家政治法律也。然而中國演至近世，宗法族系，文教系統，不足以應世變，學人復不順固有學脈而前進，而對於西方一套又非易得者，則「天地不做他」之一念靈明，本為無中生有、轉瞬即逝者，今則眞逝而歸于無。是則宗法、文制、靈明，一起倒塌，而全成為僵化之死物質，其生出共黨之反動豈無故哉？豈無故哉？】

上說之「盡」是相應盡心、盡性、盡理、盡倫、盡制、一串而言。此爲中國文化生命之籠罩的形態。「人統之正，託始文王」。自文王周公言，可以說盡倫盡制合而爲一。此即所謂聖王，盡王道之王者。先儒則將此拉長，謂二帝三王皆然。此爲儒家理想之王。實則自孔子出，秦漢新局以後，此種合一，即不能有。而所謂「作之君，作之師，」君師合一，亦當限于周之貴族政治而言。自王官失守，孔子有敎無類，秦漢以後，君師殊途，亦不能合一，盡倫盡制純寄于士人。爲君者能承而受之，施而行之，已可謂盡倫盡制矣。至于盡心盡性盡理，則尤是孔孟立敎以後，宋明儒者之所發揚。

除此籠罩形態外，尙有一串，即：盡情，盡才，盡氣。此亦是以個人姿態而表現。在前一串中，樹立「道德的主體」，表現「道德的主體自由」。在此一串中，則可用黑格爾說希臘之精神，表現「美的自由」（beautiful freedom），創造「藝術性的主體」（Artisic subject）。吾人前言，在親親尊尊，情理合一的宗法社會內，情理皆可盡量發揚，亦能盡量容納情理。才情氣，若是在盡性盡倫中表現，則爲古典的人格型。忠臣孝子，節夫烈婦，乃至杜甫之爲詩聖，皆是此型。（至若日常生活，性情厚而篤于人倫者，不必言。）才情氣之表現，若是較爲超逸飄忽，不甚顧及藩籬者，則爲浪漫的人格型。風流隱逸，英雄豪邁，義俠節概之士，乃至李白之爲詩仙，皆是此型。中國社會確能容納此種表現之自由。而且可以普遍於各階層，眞可謂平流競進矣。春秋時，尙不顯。一至戰國，則大顯。秦漢後，社會已定型，更不待言。惟此種表現，與道德的自由不同。道德的自由，于個人自身內，必起一種對反，一方顯露內在的精神主體，一方亦顯露形上的絕對實體。精神，經由此種對反的自覺，從感觸中，自然中，提煉出。故內在主體及絕對實體，皆成爲純粹的，而且可說爲純粹的精神。而美的自由，則常不經過此種自覺所成的對反。其背後之靈魂，則常是才情之飛躍，氣機之鼓蕩。它只是一個表現之「整個」。故其內在主體與其所嚮往之形上理境，皆渾融於感觸狀態中；絕對尙未自「自然」中提煉出，內在主體亦必須撲着於具體中而爲渾一之表現，不能至照體獨立之境地。才情氣皆爲精神之氣質者。故盡才者必露才，盡情者必過情，盡氣者必使氣。擕其才以傲世，深於情以悲笑，揮其氣以排庸俗。要皆生命凸出，而推蕩物化之墮性者也。惟盡才者，必賴生命之充沛足以盡之。盡情盡氣者亦然。生命之發皇，乃爲强度者。可一而不可再。生命枯，則露才者必物化於才而爲不才，過情者必物化於情而爲不情，使氣者必物化於氣而爲無氣。是故盡才盡情盡氣，皆有限度。其英華發露，莫知其所自而來，莫知其所由而去。其一時之精英，皆足以垂光萬世。然萬世者其型範也，而其當身，則只是一時。故盡才盡情盡氣者，皆不能過乎此一時。過而不捨，則物化而爲不才不情亦無氣。故當其盡而發也，實爲神足漏盡之無限。然此無限實爲感觸的，氣質的，不眞爲無限也。其爲無限，只是其「才情氣之個體」之充其極。與道德的自由所示之無限不同也。此後者，依理而爲無限，前者則依氣而爲無限。吾將於後，名道德的自由爲「綜和的盡理之精神」，名美的自由爲「綜和的盡氣之精神」。吾將藉劉邦時代之爲天才時代，詳論此兩者。

第七節　結語：人格世界之普遍性與個體性

以上所言之兩種主體自由，即足示中國社會爲一人格世界，爲個體人格之徹底透露之獨體世界。道德的自由爲「道德的主體」之徹底透露，美的自由爲「藝術性的主體」之徹底透露。此所謂徹底透露，非謂個體中精神之各方面皆具備。乃只謂此種人格乃是徹上徹下徹裡徹外而爲一通透之整個者。呈露道德主體者，一悟必透至天而貫通于人，此爲「理的神足漏盡」。呈露藝術性的主體者，一發必充其極而爲無界限之整全，此爲「氣的神足漏盡」。一透百透，一了百了。一盡一切盡，一成一切成。故一方爲「獨體」之徹底透露，一方亦爲典型（普遍者）之終始如一。而生命不已，盡者不已，則永恆即常新。獨體爲一全體是「理」之獨體，爲一全體是才情氣之獨體，故由其盡而透露之「普遍者」亦必爲「具體的普遍者」。西人單知中國只有普遍性，而無個體性。正不知此普遍者非抽象之普遍也。正不知此個體性非知性中之個體性也。（此指非集團地自外限制而來之個體自由，亦即非近代國家政治中之自由。此後者之自由皆可概之于知性中　惟此知性是自下而上的，是構造的，有成果的。此西方之所長。西人立于此而觀中國，自謂其無個體性也。）此透頂之個體性必爲道德的與藝術的，故其落下來而爲文制人倫，而爲藝術成品，即其結于物（現于外）而爲文理，必是創造之結集。一言結集，即穩定凝結而散立，亦即屬于知性範圍內。惟此知性，是自上而下的，到此已無事。其爲知性，自是非構造的，無成果的。自其爲凝結而散立言，自必爲平庸的，散文的。乃是下鋪之知性，非上衡之知性。此中國之所以無科學之故。知性，在中國文化生命中，尙未至獨成一域而有所盡之境地。即「思想主體」始終未磨練出。知性不能獨成一域而有所盡，科學固不能出，（邏輯數學亦在內），而思想亦平庸而乏味。

思想雖乏味，而智慧，則獨高。中國之人格世界，其生活是智慧之全幅表現。智慧之表現總是圓而全的。思想則是破裂的，系統的。此義，德人凱斯林（Kesserling）於其「哲學家之旅行日記」中，論中國一部，卽已透徹說出。彼謂思想有深奧，而上帝無深奧。蓋上帝卽深奧自己也。彼謂此義，于觀中國人之文化生活而得其眞切之了解。彼由此卽言中國人有智慧，而思想則乏味。蓋智慧是表現的，是神足漏盡之圓而全。透體是智慧之人格，如孔子，耶穌，必無哲學系統，亦必不能成科學家。凱斯林對于中國之了解，較深于黑格爾。西人鮮有及此者。然結語仍謂中國有普遍性，而無個體性，則是于此中之奧蘊，仍有未盡也。黑氏能道出吾人之短，凱氏能觸及吾人文化生命之內蘊。言有法度，皆不妄語。吾人如不能徹底反省，疏導而通之，有愧于西哲者多矣。

蓋中國所無之「個體性」，（西人所特彰著者），只是國家政治法律與邏輯數學科學兩系所表現之個體性。前一系由「政治的主體自由」表現個體性，後一系由「思想主體」（精神之知性形態）表現「個體性」。此兩系之個體性皆不同於道德的與藝術的。（中國所具者）。其所透露之普遍者皆是抽象的，有界限的，與個體性分離爲二的。其背後之精神，吾將名之曰「分解的盡理之精神」。此種個體性，（政治的主體自由與思想的主體自由所表現者），皆由集團地對外而顯。自「政治的主體自由」方面言，其「集團地對外」爲「階級對立」，爲各行業集團。自「思想的主體自由」方面言，其「集團地對外」爲抽象地概念地思考對象，推置對象，而與主體對立，反顯思想主體。（思想主體提煉出，而成爲純粹的知性，亦是一種自由。）

吾人如此疏導，可知：道德的主體自由使人成爲「道德的存在」（以及宗敎的存在），藝術性的主體自由使人成爲「藝術的存在」，思想的主體自由使人成爲「理智的存在」，政治的主體自由使人成爲「政治的存在」。中國所充分發展者是前兩者。西方所充分發展者是後兩者。吾人由此可知中國之所短，將如何發展其自己。亦可知中西之差異，將如何會通而構成世界文化之契合與宗趣。

第二部　春秋戰國秦

第一章　五霸與孔子

第一節　桓公與管仲之尊王攘夷

論語季氏篇：「孔子曰：天下有道，則禮樂征伐自天子出。天下無道，則禮樂征伐自諸侯出。自諸侯出，蓋十世希不失矣。自大夫出，五世希不失矣。陪臣執國命，三世希不失矣。」周自平王東遷，進入春秋，則禮樂征伐已不自天子出。力量中心，已不在天子，而在諸侯。依孔子此言，則春秋已可謂無道之世矣。再下變而自大夫出，以至陪臣執國命，則已進入戰國。不唯天子不能自保。卽各諸侯亦不能自保。孔子蓋已預卜世變之勢矣。公羊家言春秋有七缺。「七缺者，惠公妃匹不正，隱桓之禍生。是爲夫之道缺也。文姜淫而害夫，爲婦之道缺也。大夫無罪而致戮，爲君之道缺也。臣而害上，爲臣之道缺也。僖五年晉侯殺其世子申生，襄二十六年宋公殺其世子痤，殘虐枉殺其子，是爲父之道缺也。文元年楚世子商臣弑其君髡，襄三十年蔡世子般弑其君固，是爲子之道缺也。桓八年正月己卯烝，桓十四年八月乙亥嘗，僖三十一年夏四月四卜郊不從，乃免牲，猶三望。郊祀不修，周公之禮缺。是爲七缺也矣。」（春秋公羊注疏，隱公第一。）史記太史公自序云：「春秋之中，弑君三十六，亡國五十二，諸侯奔走不得保其社稷者，不可勝數。察其所以，皆失其本也。」準此而言，則春秋爲衰世無疑。然周之封建諸侯，已滋長醞釀近三百年。各集團生命不能不有其各自之表現。生命者，非理性者也。在其滋長、衝動中，失禮之事乃不可免。（此與經濟形態無關。）周衰而各國起。雖曰假仁假義，有尊王之名，無尊王之實，然猶共尊周文而不替，則春秋三百年亦可謂周文之多頭表現期。此爲戰國所不能有者。于是，吾人畧言五霸之事業。

白虎通義號篇云：「五霸者，何謂也？昆吾氏，大彭氏，豕韋氏，齊桓公，晉文公，是也。昔三王之道衰，而五霸存其政。帥諸侯朝天子，正天下之化，興復中國，攘除夷狄，故謂之霸也。昔昆吾氏，霸于夏者也。大彭，豕韋，霸于殷者也。齊桓，晉文，霸于周者也。或曰：五霸謂齊桓公，晉文公，秦穆公，楚莊王，吳王闔廬也。……或曰：五霸謂齊桓公，晉文公，秦穆公，宋襄公，楚莊王也。」後二說爲春秋五霸，而末一說則爲近世所通行者。又曰：「霸者伯也，行方伯之職，會諸侯，朝天子，不失人臣之義。故聖人與之。非明王之法不張。霸猶迫也，把也。廹脅諸侯，把持王政。」案此爲霸之兩義。陳立疏云：「案五霸之字當作伯，霸其假借也。說文月部：霸，月始生魄然也。與廹把諸侯義皆不合。」應劭風俗通皇霸篇：「伯者，長也，白也。言其咸建五長，功實明白。」霸之本義爲伯，而其實則常廹脅諸侯，把持王政也。風俗通皇霸篇又云：「穆公受鄭甘言，置戍而去。違黃髮之計而遇殽之役，殺賢臣百里奚，以子車氏爲殉，詩黃鳥之所爲作，故謚曰穆。襄公不度德量力，慕名而不綜實。六鷁五石，先著其異；覆車殘身，終爲僇笑。莊王僭號，自下摩上；觀兵京師，問鼎輕重；恃强肆忿，幾亡宋國；易子析骸，厥禍亦巨。皆無興微繼絕，尊事王家之功。世之紀事者，不詳察其本末，至書于竹帛，同之霸功。惑誤後生，豈不暗乎？」陳立疏白虎通義引此而加案語云：「五伯定論應如劭說，故此亦以昆吾、大彭、豕韋、桓、文爲主。」依伯之本義，當如此也。惟夏、商、史畧不詳，茲不論。周之霸惟齊桓、晉文耳。

齊桓公于魯莊公九年卽位，任用管仲，霸業遂興。此爲中國歷史上，依編年史記載，首次出現之一對精采人物。管仲穎上人，原輔公子糾，其位不過士。富機智而識大體，用法度而順民情。桓公亦頗寬厚弘爽，有與人爲善之度。兩人相得而成一典型之霸者。桓公多欲而好內，管仲亦奢侈而不羞小節。揆其生命之內蘊，皆于生活貪舒服，而智足以運其欲。亦富教養之貴族情調也。不虛僞，不矯飾，不陷溺，不把持。故能順民情而與人共樂。安天下，尊王室，而與人爲善。孔子曰：「老者安之，少者懷之，朋友信之。」此義之實現固有層次。有王者之作法，有聖人之作法，而霸者亦畧得其體段。（孟子說：霸者之民，驩虞如也。王者之民，皞皞如也。）亦可謂能盡其才情者矣，而不以盡氣顯。秦始皇盡「物氣」之極，衰世之反動也。劉邦原始生命充沛，亦盡氣者也。此盛世之再造。大帝國之建立，其始也必須以「氣」顯。此則自漢始。後起者無論及不及，皆順此路走。然此路皆險絕而有蝎嘶之慼。費盡拔山氣力，捨性命耗心計以求一逞。旣得之患失之，把持天下，無所不用其極。秦政最壞。宋祖猜忌武臣，遺禍無窮，王船山痛斥其愚與陋。明太祖亦私心把持，作法于涼。漢唐較好。朱子謂三代而後，皆把持天下，非無故也。西人所謂東方精神亦自秦漢以後所顯之意態說。（主要者爲盡氣。眞能盡其氣者惟漢唐。稍不能至，則生命墮落，僵化而爲物氣，因此，自私，剛愎，乖戾殘暴。）此路實非文化生命健康之表現。依此言之，管仲桓公不可及也。春秋三百年亦不可盡謂之爲衰世。蓋實在周文之教養中而盡才情者也。文化程度極高，富人情味，生命寬裕而暢達。故不把持而能相安。有限度，有分寸，而與人爲善。存亡繼絕，「帥諸侯朝天子，正天下之化，興復中國，攘除夷狄。」此犖犖數語，非文化程度高，生命寬裕者，不能也。故吾人于春秋之時，實見有文化生命之蕩漾，與文化理想之提揭。

史記管晏列傳：「管仲曰，吾始困時，嘗與鮑叔賈，分財利，多自與。鮑叔不以我爲貪，知我貧也。吾嘗爲鮑叔謀事，而更窮困。鮑叔不以我爲愚，知時有利不利也。吾嘗三仕三見逐于君。鮑叔不以我爲不肖，知我不遭時也。吾嘗三戰三走。鮑叔不以我爲怯，知我有老母也。公子糾敗，召忽死之，吾幽囚受辱。鮑叔不以我爲無恥，知我不羞小節，而恥功名不顯于天下也。生我者父母，知我者鮑子也。……管仲既任政相齊，以區區之齊在海濱，通貨積財，富國强兵，與俗同好惡。故其稱曰：倉廩實而知禮節，衣食足而知榮辱。上服度，則六親固。四維不張，國乃滅亡。下令如流水之源，令順民心。故論卑而易行。俗之所欲，因而予之。俗之所否，因而去之。其爲政也，善因禍而爲福，轉敗而爲功。貴輕重，任權衡。桓公實怒少姬，南襲蔡，管仲因而伐楚，責包茅不入貢于周室。桓公實北征山戎，而管仲因而令燕修召公之政。于柯之會，桓公欲背曹沫之約，管仲因而信之。諸侯由是歸齊。故曰：知與之爲取，政之寶也。管仲富擬于公室，有三歸反坫，齊人不以爲侈。……」讀者細玩此文，知吾對于桓公管仲之品鑒之不謬也。然司馬遷尚未能及於其文化生命之蕩漾與文化理想之提揭。

左傳閔公元年：「狄人伐邢。管敬仲言于齊侯曰：戎狄豺狼，不可厭也。諸夏親暱，不可棄也。宴安酖毒，不可懷也。」尊王攘夷之文化理想，首由管仲提出。

公羊傳莊公十三年冬：「公會齊侯，盟于柯。何以不日？易也。其易奈何？桓之盟不日，其會不致，信之也。其不日，何以始乎此？莊公將會乎桓 曹子進曰：君之意何如？莊公曰：寡人之生，則不若死矣。曹子曰：然則君請當其君，臣請當其臣。莊公曰諾。於是會乎桓。莊公升壇，曹子手劍而從之。管子進曰：君何求乎？曹子曰：城壞壓竟，君不圖與？管子曰：然則君將何求？曹子曰：願請汶陽之田。管子顧曰：君許諾。桓公曰：諾。曹子請盟。桓公下與之盟。已盟，曹子摽劍而去之。要盟可犯，而桓公不欺。曹子可讎，而桓公不怨。桓公之信著乎天下，自柯之盟始焉。」此足見管仲之機智與桓公之寬爽。「因禍而得福，轉敗而爲功。」—「知與之爲取，政之寶也。」

公羊傳僖公元年：「齊師，宋師，曹師，次于聶北，救邢。救邢，救不言次，此其言次何？不及事也。不及事者何？邢已亡矣。孰亡之？蓋狄滅之？曷爲不言狄滅之？爲桓公諱也。曷爲爲桓公諱？上無天子，下無方伯，天下諸侯有相滅亡者，桓公不能救，則桓公恥之。曷爲先言次，而後言救？君也。君則其稱師何？不與諸侯專封也。曷爲不與？實與，而文不與。文曷爲不與？諸侯之義，不得專封也。諸侯之義不得專封，則其曰實與之何？上無天子，下無方伯，天下諸侯有相滅亡者，力能救之，則救之可也。」此公羊傳抒義筆法。于以見春秋之大義。二年城楚丘（城衛）。文與此同。桓公救邢存衛，于以見存亡繼絕之功。

又僖公三年：「秋，齊侯，宋公，江人，黃人，會于陽穀。……桓公曰：無障谷，無貯粟，無易樹子（嫡子），無以妾爲妻。」此確有重視社會幸福文化理想之意味。

又僖公四年春：「公會齊侯，宋公，陳侯，衛侯，鄭伯，許男，曹伯，侵蔡。蔡潰。……遂伐楚。次于陘。……楚屈完來盟于師。盟于召陵。屈完者何？楚大夫也。何以不稱使？尊屈完也。曷爲尊屈完？以當桓公也。其言盟于師，盟于召陵何？師在召陵也。師在召陵，則曷爲再言盟？喜服楚也。何言乎喜服楚？楚有王者，則後服。無王者，則先叛。夷狄也。而亟病中國。南夷與北狄交，中國不絕若線。桓公救中國，而攘夷狄，卒怗荆。以此爲王者之事也。」此爲桓公興復中國，攘除夷狄，霸業之高峯。

左傳僖公九年：「夏，會於葵丘，尋盟。且修好，禮也。王使宰孔賜齊侯胙。曰：天子有事於文武，使孔賜伯舅胙。齊侯將下拜，孔曰：且有後命。天子使孔曰：以伯舅耋老，加勞，賜一級，無下拜。對曰：天威不違顏咫尺，小白余敢貪天子之命，無下拜？恐隕越于下，以遺天子羞。敢不下拜？下拜，登受。」其辭甚恭，其意甚矜。其下拜，蓋管仲之提撕也。功高而又耋老，其慢可知。生命已衰矣。公羊傳則曰：「葵丘之會，桓公震而矜之，叛者九國。」至晉文公尤僭妄，竟請隧葬。其不如小白遠矣。

左傳僖公十二年：「冬，齊侯使管夷吾平戎于王，使隰朋平戎於晉。王以上卿之禮饗管仲，管仲辭曰：臣，賤有司也。有天子之二守國、高在。若節春秋，來承王命，何以禮焉？陪臣敢辭。王曰：舅氏，余嘉乃勳，應乃懿德，謂督不忘，往踐乃職，無逆朕命。管仲受下卿之禮而還 君子曰：管氏之世祀也宜哉！讓不忘其上。詩曰：愷悌君子，神所勞矣。」

其後，孔子論之曰：「晉文公譎而不正，齊桓公正而不譎。」（論語憲問）。論語又記曰：「子路曰：桓公殺公子糾，召忽死之。管仲不死。曰：未仁乎？子曰：桓公九合諸侯，不以兵車，管仲之力也。如其仁，如其仁。子貢曰：管仲非仁者與？桓公殺公子糾，不能死，又相之。子曰：管仲相桓公，霸諸侯，一匡天下，民到於今受其賜。微管仲，吾其被髮左衽矣。豈若匹夫匹婦之爲諒也？自經於溝瀆，而莫之知也！」此孔子亦依文化理想而大其功，稱其仁。但論語八佾又云：「子曰：管仲之器小哉。或曰：管仲儉乎？曰：管氏有三歸，官事不攝，焉得儉？然則管仲知禮乎？曰：邦君樹塞門，管氏亦樹塞門。邦君爲兩君之好，有反坫，管氏亦有反坫。管氏而知禮，孰不知禮？」受其賜，不能泯其功。小其器，則德業無止境。於此，吾人由政治家之管子進至聖人之孔子。

第二節　通體是仁心德慧之孔子

孔子通體是一文化生命，滿腔是文化理想。故曰：「文王既沒，文不在茲乎？」（論語子罕）。又曰：「鳥獸不可與同羣。吾非斯人之徒與而誰與？天下有道，丘不與易也。」（論語微子）。「子擊磬於衞，有荷蕢而過孔氏之門者，曰：有心哉！擊磬乎！既而曰：鄙哉！硜硜乎，莫己知也。斯已而已矣。深則厲，淺則揭。子曰：果哉！末之難矣。」（憲問）。「深則厲，淺則揭」，忍人也。孔子嘆之曰：「果哉，末之難矣」。即示其「不忍」。「道二：仁與不仁而已。」其幾之深淺，隨處可見也。「微生畝謂孔子曰：丘何爲是栖栖者與？無乃爲佞乎？孔子曰：非敢爲佞也。疾固也。」（憲問）。「固」亦忍而冷者。至若荷蓧丈人，楚狂接輿，以及長沮桀溺，皆冷處以心死，而遊離其精神於清涼之境也。精神與現實隔離，則精神只有進入夢境：文化，價值，理想，個性皆非其所有。此爲孔子所首先不能忍者。此爲觀取人性人品之第一義。「子路宿於石門。晨門曰：奚自？子路曰：自孔氏。曰：是知其不可而爲之者與？」（憲問）。「儀封人請見。曰：君子之至於斯也，吾未嘗不得見也。從者見之。出曰：二三子何患於喪乎？天下之無道也久矣，天將以夫子爲木鐸。」（八佾）。蓋人統之正，託始文王。五百餘年來，必當有一命世者，盡人道之極致，立人倫之型範。孟子曰：「規矩，方圓之至也。聖人，人倫之至也。」人倫之至，即人格世界中之型範也。孔子通體是文化生命，滿腔是文化理想，表現而爲通體是德慧。其表現也，必根於仁而貫通着禮。此與耶穌，釋迦，絕然不同。

其所貫通之禮即周文也。親親之殺，尊尊之等，普遍於全社會，即爲周文。論語八佾：「子曰：周監於二代，郁郁乎文哉！吾從周」。中庸：「子曰：吾說夏禮，杞不足徵也。吾學殷禮，有宋存焉。吾學周禮，今用之。吾從周。」其從周，非必臨時權法也。而周文亦非一時之權制也。故中庸又引子曰：「仁者人也，親親爲大。義者宜也，尊賢爲大。親親之殺，尊賢之等，禮所生也。」親親尊尊之文，蓋無一時可以廢。盡有其本於人性人情之合理性。由此合理性，再反顯透視一步，即爲仁義之點出。周文，周公之所制也。仁義，則孔子之所首言也。孔子握住仁義之本，遂予周文以超越之安立：仁義與周文得其粘合性，而周文遂得以被肯定。此爲孔子德敎所決不能捨離者。文不可捨離，遂不爲釋迦之悲，耶穌之愛，而爲孔子之仁。中庸：「子曰：武王周公其達孝矣乎？夫孝者，善繼人之志，善述人之事者也。春秋，修其祖廟，陳其宗器，設其裳衣，薦其時食。宗廟之禮，所以序昭穆也。序爵，所以辨貴賤也。序事，所以辨賢也。（事謂宗祝有司之職事）。旅酬，下爲上，所以逮賤也。燕毛，所以序齒也。踐其位，行其禮，奏其樂，敬其所尊，愛其所親，事死如事生，事亡如事存，孝之至也。郊社之禮，所以事上帝也。宗廟之禮，所以祀乎其先也。明乎郊社之禮，禘嘗之義，治國其如示諸掌乎？」此整段，即爲周文之綜括。而由之以言「達孝」，「孝之至」，即謂此周文有一幅超越精神以貫注。通本末，徹費隱，貫內外，而爲一諧和之整體。惟因其通體是文化生命，故於一一禮儀皆能通其豐富之意義，而無一可廢。惟因其滿腔是文化理想，故於一一威儀皆能洞曉其象徵精神之指點，而無一可離。是故中庸贊之曰：「大哉聖人之道，洋洋乎發育萬物，峻極於天。優優大哉，禮儀三百，威儀三千，待其人而後行。故曰苟不至德，至道不凝焉。故君子尊德性而道問學，致廣大而盡精微，極高明而道中庸。溫故而知新，敦厚以崇禮。」又曰：「故君子之道，本諸身，徵諸庶民，考諸三王而不謬，建諸天地而不悖，質諸鬼神而無疑，百世以俟聖人而不惑。」又曰：「仲尼祖述堯舜，憲章文武，上律天時，下襲水土。辟如天地之無不持載，無不覆幬。辟如四時之錯行，如日月之代明。萬物並育而不相害，道並行而不相悖。小德川流，大德敦化。此天地之所以為大也。」案：此即為人倫之至。其所代表而印証者是一「精神之全體」。就其本人言，通體是精神即通體是德慧。擴而大之，由其文化生命文化理想而觀其文化意義，則郊社之禮，所以通天也，由此而印証絕對精神，禘嘗之禮，所以祀先也，由此而貫通民族生命：尊個人祖先，民族祖先，則民族生命即是一精神生命，由此而印證客觀精神。精神，在周文之肯定中，全體得其彰著，見其通透，絕對精神不是隔離地懸掛在天上，而是與地上一切相契接，與個人生命民族生命相契接。其根於仁而貫通着禮所印証之絕對精神是一充實飽滿之絕對，故吾曾謂孔子之教是盈教，而釋迦耶穌皆離教也。

其於親親尊尊而言仁義，則見於春秋。何休公羊傳注序曰：「昔者孔子有云，吾志在春秋，行在孝經。此二學者，聖人之極致，治世之要務也。」徐彥疏云：「春秋者，賞善罰惡之書。見善能賞，見惡能罰，乃是王侯之事，非孔子所能行，故但言志在而已。孝經者，尊祖孝親。勸子事父，勸臣事君，理關貴賤，臣子所宜行。故曰行在孝經也。」賞善罰惡即春秋之褒貶進退。孟子曰：「世衰道微，邪說暴行有作。臣弒其君者有之，子弒其父者有之。孔子懼，作春秋。春秋，天子之事也。是故孔子曰：知我者其惟春秋乎？罪我者其惟春秋乎？」（滕文公）。柳詒徵先生解「罪我」之意曰：「古之史官，本以導相天子爲職。其所詔告及所記錄爵祿廢置生殺予奪，何一非天子之事？孔子修春秋，特遵史官之職而爲之。非欲以私人僭行天子之事。其恐人之罪之者，以爲雖遵史法，而身非史官耳。」（國史要義，頁三十。）孟子復曰：「王者之迹熄而詩亡，詩亡然後春秋作。晉之乘，楚之檮杌，魯之春秋，一也。其事，則齊桓晉文，其文則史（史官）。孔子曰：其義則丘竊取之矣。」（離婁）。蓋當時各國俱有史官，記載本國及天下之事。史官或由天子置，或自置。史官記事，雖不必如孔子修春秋之嚴整，然大體必本周文以爲條例。故春秋，有魯史記事之春秋，有孔子修後之春秋。所謂「其義則丘竊取之矣」是也。柳詒徵先生曰：

> 史官掌全國乃至累世相傳之政書，故後世之史，皆述一代全國之政事。而尤有一中心主幹，爲史法史例所出，卽禮是也。傳稱韓宣子適魯，觀書于太史氏，見易象與魯春秋，曰：周禮盡在魯矣。吾乃今知周公之德與周之所以王也。（左傳昭公二年。）此春秋者魯史官相傳之書，尙非孔子所修者，然已非汎汎記事之書。其所書與不書，皆有以示禮之得失。故韓起從而歎之。使爲普通書記所掌檔案，他國皆有，韓起何必贊美？……古史浩繁，人難盡閱。掌檔案者，旣有全文，必爲提要。苟無提要，何以詔人？故史官提要之書，必有定法，是曰禮經。左傳隱公七年春：「滕侯卒。不書名，未同盟也。凡諸侯同盟於是稱名。故薨則赴以名，告終稱嗣也，以繼好息民。謂之禮經。」杜預謂此言凡例，乃周公所制禮經也。周公所制，雖無明文，要以五史屬於禮官推之，史官所書，早有禮經以爲載筆之標準，可斷言也。（國史要義頁七）。

惟魯史雖一稟禮經，而猶有未盡諦者。如晉侯召王，雖爲事實，不明君臣之分，故必改書曰：天王狩于河陽。（左傳僖公二十八年：晉侯召王，以諸侯見，且使王狩。仲尼曰：以臣召君，不可以訓。故書曰：天王狩于河陽。言非其地也，且明德也。）又有屬辭未簡、有所改訂。如雨星，不及地尺而復。修之曰：星霣如雨，則著作之演進而益精者也。（公羊傳莊公七年：不修春秋曰：雨星，不及地尺而復。君子修之曰：星霣如雨。）三傳之釋春秋也，各有家法，不必盡同。而其注重禮與非禮則一也。（同上，頁八）。

此「改書曰」與「修之曰」，卽孔子之春秋也。孔子謂知我罪我，皆在春秋，則吾人卽可由春秋以見孔子之志也。

公羊家說春秋之作有三科九旨之說。三科九旨者，新周，故宋，以春秋當新王，此一科三旨也。所見異辭，所聞異辭，所傳聞異辭，此二科六旨也。內其國而外諸夏，內諸夏而外夷狄，此三科九旨也。前三旨乃漢儒迂怪之說，非孔子本意，不可信。以春秋當新王，卽王魯也。王魯，新（親）周，故宋，亦猶王周，親殷，故夏也。然春秋之時，周並未亡，諸侯且共尊周室，而孔子亦從周，大一統。何得云王魯？王魯與內魯不同。孔子就魯史而修之，以魯爲本位，內魯可也。若晉人修晉之乘，亦必內晉也。是以內魯卽「內其國而外諸夏」之意也。以春秋當新王，則怪矣。史記孔子世家亦云：「乃因史記作春秋，上自隱公，下訖哀公十四年，十二公。據魯，親周，故殷。運之三代。約其文辭而指博。」此言據魯卽王魯也。此爲西漢諸儒流行之說。縱云王魯非眞王魯，乃託王于魯也。此亦無謂。史記太史公自序載壺遂云：「孔子之時，上無明君，下不得任用，故作春秋，垂空文，以斷禮義，當一王之法。」此即言王魯，託王于魯之義也。（董仲舒春秋繁露亦如此說。）劉逢祿春秋釋例云：「王魯者，即所謂以春秋當新王也。夫子受命制作，以爲託諸空言，不如行事之博深切明，故引史記而加乎王心焉。孟子曰：春秋天子之事也。夫制新王之法，以俟後聖，何以必乎魯？曰：因魯史之文，避制作之僭，祖之所逮聞，唯魯爲近，故據以爲京師，張治本也。聖人在位，如日之麗乎天。萬國幽隱，莫不畢照，庶物蠢蠢，咸得繫命。堯舜禹湯文武是也。聖人不得位，如火之麗乎地。非假薪蒸之屬，不能舒其光，究其用。天不生仲尼，萬古如長夜，春秋是也。故日歸明于西，而以火繼之。堯舜禹湯文武之沒，而以春秋治之。雖百世可知也。且春秋之託王至廣。稱號名義，仍繫于周。挫强扶弱，常繫于二伯。且魯無可覬也。郊禘之事，春秋可以垂法，而魯之僭則大惡也。就十二公論之：桓宣之弒君，宜誅。昭之出奔，定之盜國，宜絕。隱之獲歸，宜絕。莊之通仇外淫，宜絕。閔之見弒，宜絕。僖之僭王禮，縱季姬，禍鄫子；文之逆祀，喪娶，不奉朔；成襄之盜天牲；哀之獲諸侯，虛中國以事强吳：雖非誅絕，而免于春秋之貶黜者鮮矣。吾故曰：春秋者火也。魯與天王，皆薪蒸之屬，可以宣火之明，而無與于火之德也。」劉氏此文甚美。以魯與天王爲薪蒸，藉以宣火之明，此義亦只假魯史之春秋以明王道，何得迂轉而言王魯，親周，故宋？且所明之王道，即周文也，非憑空別制新法也。所云「制新王之法」，「當一王之法」，皆空事鋪張，無實義。西漢諸儒，以爲孔子作春秋，爲漢制法。王魯親周故宋即在此怪誕觀念中而撰成。此一時之謬悠，（喜劇性之荒唐無端崖），不可視爲春秋之眞常。是以引史記而加王心，即是藉修魯史以明周文。復以其通體是文化生命，滿腔是文化理想，進而由周文而點出仁義，湧現一形上之原理，超越之理想，此則爲長夜之光，人倫之至，所謂「

德配天地，道貫古今」者是也。若謂爲新王制法，則一方雖誇誕，一方亦實狹陋乎孔子也。

夏商周三代歷史之演進，可視爲現實文質之累積。累積至周，則燦然明備，遂成周文。周文一成，以其植根于人性及其合理性，遂得爲現實的傳統標準。周文演變至孔子，已屆反省之時。反省即是一種自覺的解析。所謂引史記而加王心焉是也。加王心者，即由親親尊尊之現實的周文進而予以形上之原理。此形上之原理，亦由親親尊尊而悟入。在此轉進中，親親仁也，尊尊義也。此形上原理予周文之親親尊尊以形上之解析與超越之安頓。此步轉進悟入，是孔子創造智慧之所開發。王充論衡超奇篇云：「孔子得史記以作春秋，及其立義創意，褒貶賞誅，不復因史記者，眇思自出于胸中。」此即是智慧之創造。立義創意，褒貶賞誅，文成數萬，其指數千。此散言也。固已見眇思之中出。而總持言之，數千之指，固皆匯歸于一形上之原理。即周文之提升而爲道德形上的仁義原理也。周公之制禮是隨軍事之擴張，政治之運用，而創發形下之形式。此種創造是廣度之外被，是現實之組織。而孔子之創造，則是就現實之組織而爲深度之上升。此不是周公之「據事制範」，而是「攝事歸心」。是以非廣被之現實之文，而是反身而上提之形上的仁義之理。此是反身的深入之解析，而不是外指之現實的構造。反身的解析，乃予現實的周文以意義，乃是一條長龍之點睛。一經點破，統體是龍。現實的周文以及前此聖王之用心及累積，一經孔子戳破，乃統體是道。是以孔子之點醒乃是形式之湧現，典型之成立。孔子以前，此典型隱而不彰。孔子以後，只是此典型之繼體。此謂大聖人之創造。

此種創造惟賴孔子文化生命及文化理想之蕩漾而不容已。是以所謂「深入之解析」乃是自吾言之而如此，彼其個人並未用概念以詮表也。彼之通體是文化生命，滿腔是文化理想，之「人倫之至」之人格之表現，即是歷史之深一層的解析。是以由春秋以見孔子之志，則知春秋不惟「文成數萬，其指數千，」爲「禮義之大宗」（司馬遷語），亦仁體之充其量。（按公羊家謂春秋變周之文從殷之質，實則只是于尊尊之義外，復提出親親之仁也。）春秋者嚴于義而深于情者也。于此，可見孔子之悲懷。此皆其文化生命文化理想所不容已者也。「仁」者、生命之眞幾也。當天地閉塞，人將禽獸，任何法度俱不能受之時，（春秋之時固尙不至此，然已露其勢。至戰國則全物化，故孟荀之表現亦與孔子不同。見下。）必以復其生命之眞幾爲首務。義，超越之理。仁則充實此理，使義爲具體而實現之者。「人而不仁如禮何？人而不仁如樂何？」不仁，則禮樂俱是空文。「仁者」與天地萬物爲一體。然而實現仁道，則必自親者始。其實現之之歷程，亦非頓而乃漸也。漸者擴充義，層次義。蓋仁，具體者也。妙萬物而爲一。天地萬物統體是此生機。個個殊物亦皆以之爲其所以實現之理。其具于人也，爲人之性，最爲殊特。玆就人而言之，其爲生命之眞幾，極靈敏，極活潑，其感通本無限制，本可與天地同其廣大。然而物不能不有形骸。形骸亦具體者也。仁之具體在通，而形骸之具體在隔。人有此隔，物亦有此隔。間隔重重，仁之通之實際表現遂不能不從屯蒙中而破除此間隔。仁之靈敏，其眞誠惻怛、感應最切者，莫近于孝弟。故曰：「孝弟也者，其爲仁之本與？」後來程明道云：孝弟爲行仁之本，非卽仁之本。此義亦是。蓋行仁卽仁之實際表現也。行仁有本，仁無所謂本也。故曰：親親而仁民，仁民而愛物。此皆就仁之通之實際表現而言也。春秋內魯，亦親親之義也。由內魯推而至于三世，亦由親親義而立也。公羊傳隱元年公子益師卒。傳曰：「所見異辭，所聞異辭，所傳聞異辭。」所見所聞所傳聞，三世也。「異辭者，見恩有厚薄，義有淺深。」（何休注語）。所謂隆殺也。三世異辭，具體內容，何休注如下：「……故于所見之世，恩己與父之臣尤深。大夫卒，有罪無罪，皆日錄之。丙申、季孫隱如卒，是也。于所聞之世，王父之臣，恩少殺。大夫卒，無罪者，日錄，有罪者不日，畧之。叔孫得臣卒，是也。于所傳聞之世，高祖曾祖之臣恩淺。大夫卒，有罪無罪皆不日，畧之也。公子益師、無駭卒，是也。于所傳聞之世，見治起于衰亂之中，用心尙麤觕，故內其國而外諸夏，先詳內而後治外，錄大畧小，內小惡書，外小惡不書，大國有大夫，小國畧稱人，內離會書，外離會不書，是也。于所聞之世，見治升平，內諸夏而外夷狄，書外離會，小國有大夫，宣十一年秋晉侯會狄于攢函，襄二十三年邾婁鼻我來奔，是也。于所見之世，著治太平，夷狄進至于爵，天下遠近小大若一，用心尤深而詳，故崇仁義，譏二名，晉魏曼多，仲孫何忌，是也。」此言三世，本就時之遠近而有隆殺，因而有詳畧。何休于此復益之以衰亂（據亂世），升平（小康世），太平（大同世）之義，則亦可與禮運大同小康之說相呼應。孔門本有此相傳之義。前儒多不能就之善有思維。近人康有爲尤怪誕。此爲儒家政治思想問題。詳論見吾「政道與治道」一書。何休此處言據亂、升平、太平三世，雖著有歷史發展之理想義，然只繫于詳畧之旨，而籠統言之，未能切于公天下家天下之政治制度而言之也。

心之創造卽仁體之創造。而孔子之仁體卽宇宙之仁體。其能轉進悟入，仁義並建，必其仁心統體是仁義而無一毫間隔也。客觀而超越之義理必由仁心之無間隔而湧現。義理一現，當下卽普遍。蓋義理之本性具有普遍性也。而充實之，實現之，則賴仁。「仁者」能發此超越而普遍之理，故其眞誠惻怛之仁，亦俱時隨理之超越而超越，隨理之普遍而普遍。仁心湧現理，理亦擴大仁心也。故仁者之心，頓時卽跨越形骸之間隔，而與天地萬物爲一體，通家國天下而爲一。故其惻怛之仁，非個人之私愛，乃宇宙之悲懷。孔子之仁體，乃仁體之充其量。全部春秋，到處是嚴整之義，到處亦是悱惻之仁。此非具有宇宙之悲懷者不能也。故孔子之表現卽是其文化生命文化理想之表現，而爲一人格世界中之人倫之至。（人倫之型範。）卽其通體是文化生命，滿腔是文化理想，化而爲通體是德慧之人格。（此於論語中見之，不必詳說。）其在歷史中之意義以及其所留於後人者，卽在此型範之形成。彼於春秋之逐漸就衰而趨於戰國之勢，早已了然洞見之而感慨無已矣。然彼不能轉也。若謂彼有如此之德慧，其於現實政治究有何補益，其於當時之政治問題乃至後來之政治問題，究有何指示，以此責問，則不足以盡孔子。政治家優爲之，而亦只是一時也。孔子之人格，不爲此所限也。後來之法家用於秦而解決戰國之亂局矣，而開闢一新局面矣，然而孔子，卽當其時，亦不忍出此也。孔子少賤，故多能鄙事。然「君子多乎哉？不多也。」遇有機緣，彼亦可以成功業，然功業不功業，與彼之德慧人格無增損也。聖人之得位行道，其表現成就之方式與境界，亦與政治家不同。「子路曰：願聞子之志。子曰：老者安之，朋友信之，少者懷之。」（論語，公冶長）。彼只是如是如是，各得其所。子貢曰：「夫子之不可及也，猶天之不可階而升也。夫子之得邦家者，所謂立之斯立，道之斯行，綏之斯來，動之斯和，其生也榮，其死也哀，如之何其可及也？」（論語，子張）。此爲聖人外王之境界。孟子所謂「所存者神，所過者化，上下與天地同流，豈曰小補之哉？」亦與此同。而一切政治家之方式，則皆爲小補。（爲經驗的，一時的。）然孔子之得位不得位，亦無損益于其通體是德慧之人格。後來歷史上，大體皆能了解此義。孔廟之匾額必曰「德配天地」，「道冠古今」。一切精采皆消融于此。吾友唐君毅先生曰：「耶穌、釋迦、謨罕默德、超越了世間一切學問家、事業家、天才、英雄、豪傑之境界。于是，此一切人生之文化事業，在他們心目中而到他們之前，皆是浮雲過太虛，如大江東去，浪淘盡千古風流人物，誰能留得下一點精彩，在銷盡世間之精彩，以歸向無限精神之聖者之前？然而這些聖者之銷盡世間精彩，把這些聖者之超越神聖烘託出來，此超越神聖本身，對人們又是在顯精彩。孔子則連這些精彩，都加以銷掉，而一切歸于順適平常。」（「孔子與人格世界」一文）。順適平常，即是通于天而回到地。所謂天地氣象也。故曰「德配天地」。唐先生又云：「如果我們說一切聖賢都是上帝之化身，則上帝之化身爲耶穌，謨罕默德，只顯一天德。而其化身爲孔子，則由天德中開出地德。天德只成始，地德乃成終。終始條理，金聲玉振，而後大成。」如此之人格只是一個「純德慧」。吾人崇拜之，敬仰之。但既不能如佛寺之收香火，亦不能如基督教之祈禱。此後兩者皆足以禍福人，而孔子則不能。吾人亦不以禍福觀念加之于孔子。彼爲一純德慧，吾人亦以純心靈相敬仰。此爲後來歷史所自覺地加以提醒者。故于孔廟，不塑像，不許演聖人之戲劇。此爲吾華族對于孔子之普遍意識，而亦爲恰相應之尊崇也。惟自民國以來，五四運動起，始毀謗孔子。林語堂首編「子見南子」戲劇而演于山東曹州第六中學。抗戰時期，有聞一多其人者，詆毀墨子爲强盜，老子爲騙子，孔子爲小偷。凡此肆無忌憚，言之齒冷，本不足道。然于觀世變，則歷史家所應大書特書者也。于孔子無增損，而殃及自身，禍延生民。今日之慘，豈無故哉？豈無故哉？

第二章　戰國與孟荀

第一節　井田制破壞後之政治形態與戰國之純物量的精神

春秋時，以有齊桓晉文之覇業，尙可說禮樂征伐自諸侯出。下屆戰國前期，則自大夫出，乃至陪臣執國命矣。自大夫出，實只有征伐，而無禮樂。其趨勢是象徵周文下之宗法封建國家之衰滅而進至軍國時期，此卽爲戰國之後期，而以秦爲終結。周所封之各集團，其生命必然要滋長而龐大。從現實生活及經濟方面言，各集團共同體之直接親密性，不能不因滋長龐大而轉形。所謂井田卽是一種共同體之生活。貴族旣是政治軍事敎化之領袖，同時亦是經濟共同體之地主。惟在井田制下，方里而井，井九百畝，地主取得百畝爲公田，餘則由農民各自耕耘。而亦助耕公田。此爲井田制之助法。此種共同體生活之親密性，相依爲命，甚爲直接。非奴隸制也，故云共同體。然春秋宣十五年，「初稅畝」，卽是象徵共同體之逐漸破裂。履畝而稅，井田必廢。從土地公有（共同體）轉爲私有。集團生命之滋長龐大必向此而趨也。從政治上言，共同體破裂，政治必漸轉形：庶民漸由共同體脫穎而出，逐漸客觀化其自己，則貴族階級之生命必起動蕩，不復再具有穩定之堅持性。其初大夫專政，陪臣執國命，公室如周室。繼之，大夫亦不能維持其世襲。政治之由共同體之親密性轉形而爲客觀化之格局，乃歷史精神之必然者。從此轉形言，大抵受周文影響深者，轉形最難，而國力亦弱，如魯衞便是。其次爲齊，其次爲晉。秦楚自始卽被視爲夷狄而見外于諸夏。

此步轉形之特點，錢穆先生列爲六端：

第一、是郡縣制之推行，政府直轄下的郡縣代替了貴族世襲的采地。（晉楚在春秋時已行郡縣。）

第二、是井田制之廢棄。

第三、則爲農民軍隊之興起。

第四、是工商業大都市之發展。

第五、是山澤禁地之解放。

第六、是貨幣之使用。（參看國史大綱第五章）。

此皆爲戰國二百餘年間所逐步實現者。不突然發自于秦也。此步轉形乃政治向客觀化的格局而趨，本不可說衰世。然畢竟爲衰世者，則以戰國之精神純爲「物量」之精神也。軍國主義，若有一理性之根據爲背景，則亦爲積極者。無奈戰國之精神乃一透出之物量精神，並無理性之根據爲背景，乃全爲負面者。其勢是隨共同體之破裂而一直向下降。周文所凝結之政治格局一不能維持，則並周文之文化意義與理想亦一起掉頭不肯顧。貴族不能隨時代而調整其政治格局，卽示其生命之枯朽。其自身固必然被擯棄。然彼之枯朽而物化卽引生向下之趨勢必至極而後反。枯朽者脫去，其所引生之向下之勢卽爲物量之精神。其原初生息于周文之中而不自覺，今隨共同體之破裂而無以自持。如魚脫水，自必腐臭。理想已忘，理性已泯。若非有大天才大生命，一時自難恢復。物量之精神卽爲此一時之腐臭之暫時的反動，必至其極而後止。孰知此反動竟延長至二百餘年耶？「物交物則引之而已矣」。孟子此語正足以指謂戰國時期之衰相。

在此轉形期，井田制之共同體漸趨于破裂，卽，宗法社會所直接呈現之公卿大夫士庶民直接地親密地糾結於一起之共同體式的貴族政治漸趨于破裂，在破裂中，首先庶民得其形式的客觀化而自成一單位，度其獨立的生活：土地私有，履畝而稅，由助而貢，卽其象徵。助者藉也。藉其力以助耕公田也。井田制爲助法。農民束縛于井田共同體中而不得轉動。社會得以安定。西周三百年以及春秋盛時（初期）大體以此種形態爲主。今由助而貢，井田制漸趨破裂，則農民各着落于其自己之土地，得有動轉之自由，土地可賣買，亦可經商通有無。此則庶民生活，自向生動活潑一路走。同時，庶民既得其形式客觀化，則君亦必得其形式的超然性，而亦自共同體之直接的親密的束縛中得解放，自宗法家族所直接透示之政治形式，漸轉而爲一間接的自成一層之政治形式：郡縣制之逐漸推行，卽是象徵。郡縣爲政府所統轄。貴族之分割性的采地轉而爲政治單位。郡縣政令發自于中央，守令自亦不世襲。軍民亦可漸趨于分治。因而由食采轉而爲食祿。如是，君，以其形式的超然性，而得有綜攬之大權。此卽向君主專制一路走。從前，天子爲爵稱，君卿大夫，相去僅一間，此固不必卽謂君無綜持權，然一因其束縛于井田共同體，一因其束縛于宗法親屬關係中，其自成一層之政治的超然性固不甚顯也。君與民兩端，一方既得其形式的客觀化，一方又得其形式的超然性（亦是一種形式的客觀化），則公卿大夫之政治上的貴族性卽必然被剝奪。亦必漸下落而爲士爲民，與士與民同屬可變者。譏世卿，卿大夫不得世，固早已行之。（所謂治權之民主，更替性。）此爲政治之通義。然共同體破裂，采地不得其必然，則其參與政治之機會，其本質上卽爲可變者。大夫專政，孔子亦反對之。故主墮季孫、叔孫、孟孫、三家之都城。晉自獻公時卽不畜羣公子，故晉無公族。故其趨郡縣較易，而井田共同體之破壞亦必較早。（左傳昭公二十八年：「秋，晉韓宣子卒，魏獻子爲政，分祁氏之田以爲七縣，分羊舌氏之田以爲三縣。」共十縣，各置大夫。詳參原文。）李克、吳起、商鞅，諸人無論在梁在楚在秦，俱以廢公族爲首務。此蓋爲戰國之總趨勢。通常對此所注意者只認爲政治上之運用。實則井田共同體破裂後，彼輩之專「治權」固不能久行也。君與民得解放，貴族得動轉，成爲可變者，則士階級即與起而爲一普遍之勢力。君與民外，凡參與治權者皆融納之于士流。廢公族，則必用士。公族親而逼，士則疏而以義合，爲客觀者。自此而後，士遂成爲中國政治社會上最生動活潑之一流。君、民、士，在此轉形期，各自共同體中得其形式客觀化。（士之形式客觀化是自其在政治中之地位言。）如是，遂成爲黑格爾所說之「合理的自由」及「平等」。此並非說：在井田共同體時爲有固定之階級者。馬克思主義者亦不認周之共同體爲奴隸制。可見階級，即不能言也。在井田共同體中，在宗法社會所直接透示之共同體式的，親屬的貴族政治中，天子公侯伯子男，公卿大夫士，皆爵稱，此即爲周文，而實際生活則皆套入此共同體中，親密地相依爲命。故分爵級，不爲階級也。今共同體破裂，即向「合理的自由」及「平等」一路走。

在走上此路中，其直接所顯示者爲一客觀的政治格局之形成，而宗法家族系則退處于社會，瀰漫于全社會而爲基層之組織，不復再直接糾結于政治。客觀的政治格局之形成繫於君、民、士之形式的客觀化。所謂形式者，即尙未得其「眞實的客觀化」(Real objectificaton)之謂。眞實的客觀化，繫于國家政治一面的「主體自由」之出現。此方面之主體自由必以通過自覺而有理想之嚮往爲根據始可能。在此自覺中，對於君之超然性與對於民之客觀性，皆有一種合法的限制與保障。如是，法律始有其客觀意義，而國家政治之形態得以形成，社會獲得一種內在的穩定，不徒事以膨脹物力用武侵略爲事，夫而復始可以發展學術文化而有各種之表現。此則爲積極者。然而此種自覺與理想之嚮往，在戰國時期却成爲落空者。在春秋時期，尙有尊王攘夷，維持周文之理想，此是春秋時多頭表現周文而不爲衰世之故。然在戰國，則不能有任何共同理想之提出。外在地維持周天子之統一性，以周文爲象徵之文化的統一性，既不能自覺地以之爲理想，而內在地順此變形期如何自覺地穩定自己，建立新格局，作爲周文之重新表現，亦未自覺地以此爲理想。在西方，因階級之對立，而以集團之方式相爭取相限制，故易有國家政治意義之主體自由之表現。然而在中國之春秋戰國時期，此方式亦不具備。表面言之，共同體一經破裂，庶民得其動轉之自由，本可以集團之方式向貴族階級相爭取相限制，而貴族政治本可初次一見儼若爲階級之對立。然而其實不然。庶民並未集團地相爭取相限制，此卽足示在共同體中，階級之分野與固定並未形成，因而公卿大夫亦未集團地形成一固定之階級。在共同體中，一方極親密，一方亦甚散立。農民束縛於土地，死徙不出鄉，老死不相往來，而公卿大夫士之變動性及遷流性本甚大，而與農民亦極富滲透性與融洽性；雙方並非不可入與不可觸者。農民亦並非不自由者。君不見老子甚歌頌此種生活乎？「日出而作，日入而息，帝力何有於我哉？」此歌辭所代表之意識必來源甚古也。若爲奴隸，何可歌頌之有？是以在共同體中，既並非不自由，則在共同體破裂時，彼等亦非以階級對立爲背景，以集團方式相爭取相限制。自共同體中解放出，並非自階級對立之壓迫中解放出。共同體之破裂，只由於集團生命之滋長與龐大，人口繁盛，社會活動較廣較密，並非由於階級之對立。故本非不自由，今脫離共同體，其自由亦無質的轉變也。其散立性仍保存。惟原來之親密性，直接性，則變爲間接性與不相干性。此卽吾所謂「形式的客觀化。」在此種情形下國家政治一面之「主體自由」不易出現。當時社會的歷史背景既如此，而時代精神之下趨，理想嚮往之不出現，又如彼，則乘轉形期本當應有之「客觀的政治格局」之形成竟未得其眞實的客觀義，而君與民亦未得其眞實的客觀化。君民如此，則士在政治上之地位亦不能得其眞實客觀化。此則戰國時期，二百餘年，所應担負之責任，而究未能盡其責任者。是以竟成爲衰世，純爲負面的，而軍國主義亦成爲毫無正面之積極意義者。

因不能有正面之理想，政治格局不能得其眞實客觀化，故戰國時期之精神純爲一物量之精神，其軍國主義毫無正面之意義，乃純爲盡其物力以從事爭戰者。此所謂「物力」非必限于外在的物質工具之物力。從共同體中解脫出，丟掉周文之文化理想，因而丟掉周文所培養之文化生命，所剩下原始物質生命之粗暴，統謂爲「物力」。依是，從共同體中解脫出而見之社會上之生動活躍，亦皆成爲「物力」。首先「第一期是梁惠王稱霸時期。（魏之全盛期）。亦可說是梁齊爭强時期。此期自梁惠王元年至齊魏徐州相王，凡三十七年。梁承文侯武侯長時期之國內建設，任用李克吳起諸人，成爲入戰國以後第一個簇新的新軍國。地處中原，又爲四戰衝要之區。自謂承襲晉國，開始第一個起來爭霸。遷都大梁以爭形勢。次謀統一三晉，恢復春秋時代晉國之全盛地位。不幸伐趙伐韓，皆爲齊乘其後。梁既再敗于齊，乃與齊會徐州相王，平分霸業。第二期是齊威、宣、湣三世繼梁稱霸期。（齊之全盛期）。亦可說是齊秦爭強時期。此期自齊魏相王下迄齊滅宋，凡四十八年。齊自田和篡位稱侯，傳兩世，至威王，兩敗梁國，（桂陵與馬陵。）遂繼梁惠而稱王。其子宣王繼之，國勢大盛。而其時秦亦漸强。（秦孝公用商鞅變法，至於惠王亦稱王，後齊梁相王九年。）用張儀，專務離間梁楚以孤齊。于是漸漸造成秦齊勢力均衡之局面。（秦昭王約齊湣王稱東西帝，其事未果。正猶梁約齊稱王。皆畏齊，不敢一國獨稱也。）而齊則志在北進侵燕，南[illegible]侵宋以自廣。至齊湣王滅宋，國際均勢破裂。此下遂起大變局。第三期爲秦昭王繼齊稱强期。（秦國全盛期。）亦可說是秦趙爭强時期。此期自齊滅宋，下至趙邯鄲圍解，凡二十九年。齊宣王滅燕，國際均勢動搖。各國環顧不安，宣王終於不敢吞燕，而止。及齊湣王滅宋，國際均勢再度破壞。燕人崛起，乘機復仇。樂毅聯合秦魏韓趙，五國之師入齊。湣王走死。自是齊遂不振，而秦勢獨强。其時趙國經武靈王胡服騎射滅中山，國勢亦驟盛。其時東方有力抗秦者遂推趙。於是，有長平之戰。（此爲戰國二百年最大最烈之戰爭。）趙爲秦敗，於是秦幷天下之形勢遂成。第四期爲秦滅六國期。此期自秦解邯鄲圍後迄秦始皇二十六年，凡三十六年。」（錢穆先生國史大綱第五章。頁五一至五三。案錢先生之分期及述當時國際形勢頗有糾正史記之錯謬處。茲所引者屬正文，小注頗多，從畧。讀者可看原書也。）案此所述戰國之大勢，即可知當時軍國主義純爲一物量之精神，盡其所有之物力以從事爭戰。孟子見梁惠王，即被問：何以利吾國，趙武靈王且變胡服學騎射以赴之。觀其與公子成之辨論，純爲一功利思想，終於說服公子成。實則公子成不敢違也。（見史記趙世家。）商鞅見秦孝公說帝王之道，昏昏欲睡。說霸道，則不覺席之前也。可見當時人之文化生命及文化理想已全死滅。孟子見齊宣王，就其以羊易牛之不忍之心，指點其足以王。但至勸其「發政施仁」，則曰：「吾惛，不能進於是矣。」可見其聰明才智只能清爽於利欲之中，一至高于此者，則[illegible]矣。

盡物量之精神是一任其原始的物質生命之粗狂與發揚。故戰國風氣一方又極爽朗與脆快。說利就是說利，不願聽就是不願聽。胡服就決定胡服。好勇好貨好色，衝口而出，毫無掩飾。孟嘗、信陵、平原、三公子門下士，亦大都具此情調。信陵君竊符救趙，侯生以死謝信陵，生死肝胆，後世決難有此。平原君門下之毛遂，亦極盡鋒芒之人物。觀其與楚歃血定盟，一席話直說得楚王閉口無言。眞可謂靈牙利齒者矣。至于平原君爲美人笑一跛子，卽斬美人頭以謝士，亦是物質生命之爽快。後世所不能有者。孟嘗君門下雞鳴狗盜之士皆足以盡其物質生命之爽快。孟嘗君渺小丈夫也。過某地，爲人所笑。其門下客盡殺某地人。睚眦肝胆，不爽毫釐。一切皆直接照面。其物質生命之粗狂，全體披露而無遺。故極富戲劇性。孟嘗君之廢也，食客皆散。及其再起，則又重來。可謂無廉恥之甚矣。孟嘗君亦極不悅，而必欲辱之。馮諼譬之以市，本爲利來，利盡而去，無足怪也。此一席話亦明快之至。孟嘗君亦無所用其怨矣。魯仲連如天外游龍，乃當時之意境較高者。然亦盡物力精神下之爽快盡致也。至於刺客游俠之士，戰國爲極盛，皆足成典型。要離刺慶忌，聶政刺韓相俠累，皆以性命酬知己，以生命露精采。至乎荆軻刺秦王，白虹貫日。渡易水，高漸離擊筑，「風蕭蕭兮易水寒，壯士一去兮不復還。」慷慨悲歌，已成爽快表現之尾聲，而流于急促忙廹，蓋早有失敗之感矣。所謂尾聲者，指時代精神言。非言一人之成敗，及劍術之精不精。太子丹一急促，全體皆急促。蓋六國已將盡滅矣。時不我與，故太子丹廹不急待也。由急促忙廹而凝結(僵化乾枯)，則爲秦政李斯之精神。韓非陰險黑暗之思想，爲秦始皇所喜。秦王見孤憤五蠹之書，曰：「嗟乎，寡人得見此人與游，死不恨矣。」以秦政之陰私狠愎正與此思想恰相投。故秦政韓非李斯之僵化乃結束戰國之「盡物力之精神」者也。物力之爽快精采，必至此而後止。蓋盡物力之披露揮灑，生事無已，若無理想以穩定而調節之，則必引起陰險狠愎而剷平之。韓非謂「儒以文亂法，俠以武犯禁。」一皆在必誅。故秦即行「以法爲教，以吏爲師。」一韓非說此話時，其生命已死。秦政與李斯行此道時，其生命已僵枯。可以說爲爽快之反動，亦可說爲爽快之收縮與凝結。因此反動與凝結而成一變態之心理。由此而顯一純數量之精神。故由戰國演變至秦，乃是由純物量轉化而爲純數量。

在純物量，盡物力之精神下，人人皆有物質的主體之自由，(此完全是主觀的)，人人皆可由此以表現其原始的物質生命之精采。同時，人人亦皆散立而披靡：士立不起，(孟子斥之爲妾婦，荀子斥之爲賤儒。)民立不起，君亦立不起。如是，自不能有眞正的客觀政治格局之可言，亦不能有眞正的學術文化之表現。通常皆稱羨晚周諸子，思想放奇采，百家爭鳴。實則其所爭以鳴者，除孔子弟子所謹守而傳者及孟荀大儒外，皆趨炎附勢，馳騁浮辭，憤世嫉俗，遊離夢想者也。大抵皆爲負面的，不得稱爲積極的學術也。故荀子非十二子篇云：「假今之世，飾邪說，文姦言，以梟亂天下，矞宇嵬瑣，使天下混然不知是非治亂之所存者，有人矣。縱情性，安恣睢，禽獸行，不足以合文通治，然而其持之有故，其言之成理，足以欺惑愚衆，是它囂魏牟也。忍情性，綦谿利跂，苟以分異人爲高，不足以合大衆，明大分，然而其持之有故，其言之成理，足以欺惑愚衆，是陳仲史鰌也。不知壹天下，建國家之權稱，上功用，大儉約，而優差等，曾不足以容辨異，縣君臣，然而其持之有故，其言之成理，足以欺惑愚衆，是墨翟宋鈃也。上則取聽於上，下則取從於俗，終日言成文典，反紃察之，則倜然無所歸宿，不可以經國定分，然而其持之有故，其言之成理、足以欺惑愚衆，是愼到田駢也。不法先生，不是禮義，而好治怪說，玩琦辭，甚察而不惠，(王念孫曰：惠當爲急。)辯而無用，多事而寡功，不可以爲治綱紀，然而其持之有故，其言之成理，足以欺惑愚衆，是惠施鄧析也。」荀子非之之標準，在是否能經國定分。此固狹而不備。然由此五派觀之，亦可見當時之風氣，（時代精神），而所相爭以鳴者，亦未必能合乎其他標準也。故孟子亦闢楊墨，復痛斥陳仲許行也。孟荀皆自經國定分，人倫治道上斥之，亦足反見相爭鳴者，其大體意向，亦在爭鳴於人生政治之意見。其中容或有帶出某種不關治道之物事，然其總目的固不在此某物事，而在國是也。玆先就名家言之。荀子不苟篇云：「山淵平，天地比，齊秦襲，入乎耳，出乎口，鉤有須，卵有毛。是說之難持者也。而惠施鄧析能之。」莊子天下篇載惠施與辯者之辭三十餘條，其中固有可通者，然大體皆詭辯亂想也。邏輯不如此也。公孫龍較好，其白馬堅白之辯，近人固可藉若干概念以通之，然彼之出此，並非按照一定之理路，而達名理之不可移。其背景仍是遊戲詭辯，而偶有所中。共相殊相，亞里士多德眞知之，然彼不曰：「白馬非馬」也。此可見，亞氏眞爲邏輯之精神，（荀子正名篇近之。）而惠施公孫龍殊不類也。故彼不能担當「知性」之提練，予名數之學以基礎。惠施同異之辯，以及飛矢不動之義，固亦甚有理據。然其背後之精神，亦不是希臘伊里亞派之精神。聰明所中，玄談出之。縱云名理，亦類乎魏晉人清談中之名理，非以治學之態度出之也。故不能由此諸人開發出「精神之知性表現」。陳仲許行只是憤世，非重農學派也。故亦不代表積極精神。故亦無所成。稷下先生（齊所養者），多攘臂虛談，利祿之遊士。騶衍出其中，爲陰陽家之祖。然多遐想，閎大不經。亦非根於「知性」。與陰陽五行相糾結，由之而成術數之士，不足以成科學。漢人承之，用於政治，而言天人感應，成爲理性之超越表現，此爲其轉形。而純粹知性終未提練出也。戰國時代背後之總精神不足以成乎此。老子道德經乃一世故哲學，對於人生有體驗，而亦爲退處之消極。不足以表現「精神」也。價值觀念不能肯定，其所謂「道」只是一遊離之夢境，或只是一冷酷之死寂。莊子則以「齊物」之義剷平一切，其所顯之絕對亦成一隔離之夢境，其逍遙乘化，則落於任運而轉，玩世不恭。其背後亦有一蒼涼之感，此則由於「其否定一切而終於不能泯滅其內心一隙之明之間或漏出而又不能徹底翻轉」所透露之無可奈何之僘嘆。凡價值觀念不能肯定者，背後總有一蒼涼之感在蕩漾。（魏晉人之情調亦有此感。）是以其所露出之華彩玄談，皆虛矜之氣之所映也。故云非「精神」之表現也。只是一種憤世嫉俗，避人避世之陰淡。是以此種精神亦可與魏晉人合，亦可與法家合。與魏晉人合，則以其陰淡之幽涼，如月光然。與法家合，則因其不能肯定價值，而喜渾同齊一，其本質上亦是有量而無質，本含有純量之精神也。惟此純量，亦難說物量，亦難說數量。而與法家合，則落下來，便是內而數量 外而物量也。此本爲衰世之精神，何足以言奇彩？墨子亦無價值觀念，故荀子斥其「上功用，大儉約，而僈差等。」亦是一個渾同之量的精精。故尙同，兼愛，爲孟子所力闢。其非禮非樂節葬，固對沒落貴族之浮華言，然其對於周文之根於人性之內在價值，固不能有了悟也。其言天志亦是理論的，非信仰的。（錢穆先生如此說，甚諦。見國史大綱頁七十。）其對於價值不能有了悟，對於人性之內在精神性不能有透徹，而只以「功用」觀點言天志，故彼不能表現宗敎精神也。然其爲人甚質朴而有熱情。彼雖僈差等，而實欲身儕于平民。其爲量，與道家法家又不同也。彼實爲一氣質的，物質的苦行家，而非一精神的宗敎家。「精神」，在墨子身上，始終未有反省的透露，爲其質朴之氣質所淹沒。表現於國家政治之客觀精神，價值層級，通過內在道德性所樹立之宗敎精神，天地境界，由於純粹知性之提練而成之「自然」與「思想主體」

之對立，彼皆不能有表現。所以他亦只是戰國盡物力精神籠罩下之一消極的表現，直接的反應。彼欲走一路而未成，故無所樹立也。其後學轉而爲「俠」，正是其無所樹立之直接反應下之直接歸結，因此正恰好落於盡物力之精神內。其學不能傳，良有以也。正因其不能成一路。然在當時，則亦豪傑之士。故莊子天下篇稱之曰：「眞天下之好也。將求之不得也。雖枯槁不舍也。才士也夫。」至若法家，如商鞅，韓非，李斯，以及吳起，李克之流，則欲直接順轉形期所解放出之君、民、士，而期措置之有所成，有所定，一反盡物力精神之個人爽快與明決。但此措置是順之而下趨，並非逆之而於文化理想有所肯定，藉以成爲構造之措置，成立眞實的「客觀之政治格局」。此其所以爲盡物力精神之凝結與僵化，由物量而轉爲數量也。君、民、士，至此皆死矣。一切爽快精采，至此亦煙消雲散。李克爲子夏弟子，吳起爲曾子弟子。韓非、李斯爲荀子弟子。視其師之所守所說爲陳飯土莄，爲迂濶而無當，遂掉頭不肯顧，一跤跌入深淵而自毀以毀人。爲之師者不能担大任，爲之弟者，若不能灼灼有所悟，而急於還就現實成功名，則在該時代精神下，必跌入深淵而後已。此爲中華民族第一次之浩刼。須知廢公族，去井田，成郡縣，並非法家之成就。此乃共同體破裂後，必向此趨之大勢。有法家亦如此，無法家亦如此。法家于此無增益也。其所增益者，只是順之而凝結，而成爲純數量之精神。若云有所成，則必逆之於文化理想有肯定，然後始能成就此數事。今則不然，故一切皆死。此乃毀，何言成耶？

夫當轉形期，乘君民士得解放，皆有動轉之自由，生力活躍，物力發揚之時，若能逆之而於文化理想有肯定，轉而成就此客觀之政治格局，穩定社會上各方之生力與物力，則時代精神必爲健康的，積極的。如此冷靜下來，轉出物量之精神，則亦並非無成果。其成果卽是「自然」與「思想主體」之對立，純粹知性之提練。依是，科學與名數之學，皆可樹立其「學之爲學」之基礎。（程度如何，乖謬與否，皆無關。）物量精神，在此，非是物質的物量精神，乃是精神的物量精神。即，此種物量乃爲精神之冷靜與照射。精神如此冷靜下來，「自然」即成爲「純粹的自然」而爲外在之客體。是以「自然」之爲如此之客體，亦是精神之照射使然，亦爲精神所濾過。（物理世界之自然即如此而成。）故既能成科學，亦能成就邏輯數學也。此則爲積極之時代。故一成一切成，一壞一切壞。而戰國時代，則正走壞之路也。以如此之盡物力精神爲時代精神，（爲籠罩者），而無一超越的文化理想爲籠罩，物物交引，而生出如許之消極的負面的精神表現，共同輻湊而向下趨，（孟荀所謂邪說奸言），則其流于秦政之浩刼，又何足怪？如猶不解，曷不觀于今日？自五四所謂新文化運動以來，講老莊者有矣，講名墨法者有矣，此尚不必壞，而打倒孔家店則反顯其大壞。唯物論，功利論，風行于天下。放縱恣肆，人無常守。否定價值，剷平一切。下趨無極，而盲爽發狂。其所餘者只爲物質個人之中心與渾同齊一之物量的普遍性。於是乎馬克思之共產主義乘虛而入，遂造成中國有史以來空前之浩刼。（第二次浩刼。將來之浩刼，亦不能過此，故亦可謂絕後。）此豈非戰國秦之精神之擴大與加甚者乎？不了于今者，觀乎古，不了于古者，觀乎今。相觀而解，則不能謂戰國時代爲學術文化之黃金時代也明矣。

夫戰國之時代精神既如此，若無孔子開其前，孟荀繼其後，則未來之生機與光明全斬矣。如是，吾人一述不得其時之孟荀。

第二節　全幅是精神通體是光輝表現「道德精神主體」之孟子

逆之而于文化理想有肯定，在戰國，惟推孟荀也。逆之而溯其源，徹底通透者，爲孟子。逆之而承周文（禮）之「價值層級之觀念」以爲經國定分，而極顯其廣度構造之義者，爲荀子。此兩人者，皆於盡物力之精神外，表現積極精神者也。而孟子尤殊特。

明儒羅近溪曰：「……其後，却虧了孟子，是個豪傑。他只見著孔子幾句話頭，便耳目爽朗，親見如聖人在前，心思豁順，就與聖人脗合。一氣呵出，說道人性皆善。至點掇善處，惟是孩提之愛敬。達之天下，則曰道在邇，事在易，親親長長而天下平也。憑他在門高弟如何諍論，也不改一字；憑他列國君臣如何忿惡，也不動一毫。只是入孝出悌，守先王之道，以待後之學者。看他直養無害，即浩然塞乎天地，萬物皆備，而反身樂莫大焉。其氣象較之顏子又不知如何。予嘗竊謂孔子渾然是易，顏子庶幾乎復，而孟子庶幾乎乾。……」（盱壇直詮）。「說到人性皆善」即是逆之而溯其源，徹底通透者。其所以爲「庶幾乎乾」，正因其把握性善，通體透出，恢復人之所以爲人而建體立極，故能壁立千仞，而爲「乾造大始」者也。程明道云：「顏子合下完具，只是小。要漸漸恢廓。孟子合下大，只是未粹。索學以充之。」（二程語錄卷四）。其「合下天」，正因其「一氣呵出，說道人性皆善」也。直下透體立極，故大。「未粹」，則是以孔子爲標準，就聖賢氣象言。程子又云：「仲尼，元氣也。顏子，春生也。孟子幷秋殺。盡見仲尼無所不包。顏子示不違如愚之學于後世，有自然之和，不言而化者也。孟子則露其才，蓋亦時然而已。仲尼，天地也。顏子，和風慶雲也。孟子，泰山巖巖之氣象也。觀其言，皆可以見之矣。仲尼無迹，顏子微有迹，孟子其迹著。」又曰：「孟子有功于道，為萬世之師。其才雄。只見雄才，便是不及孔子處。人須當學顏子，便入聖人氣象。」又云：「孔子儘是明快人，顏子儘豈弟，孟子儘雄辯。」（二程語錄卷六。但不定為明道語，抑為伊川語。）此皆就聖賢氣象言。程子此類話頭甚多。不具引。品鑒精微，所言不謬。若就時代言，則孟子之為大為乾，為泰山巖巖，露才雄辯，其迹著，亦有其外在因緣。論聖賢人格之至不至，固不能全就外在因緣說，其內在性情與天資，皆有關。但不論外在因緣，或內在性情與天資，孟子之表現實于內外條件中樹立起一「絕對之主體性」（一內在道德性），一「理之骨幹」，此則就時代說為必須，就精神之表現說亦為必須也。其內外條件，是其主觀的因緣，（論聖賢氣象，大體與此有關，即須算在內。）而其所樹立之「內在道德性」，「理之骨幹」，則是客觀的。其為乾為大，俱由此說；其「有功于道，為萬世之師」，亦由此說。孟子實于精神之表現，彰著了其根源一面之型態，故為積極的，正面的。此根源一面之型態即由內在道德性而見絕對主體性，復由此而直下通透絕對精神即天地精神也。此由「盡心知性知天」一串工夫即可全體明白。（孟子盡心章：「盡其心者，知其性也。知其性，則知天矣。」）精神表現之積極型態有三：一、即此根源型態；二、純粹理解（知性）與外在自然之對立之型態；三、國家政治一面之「真實的客觀化」之型態。孟子所表現者第一型態也。第二型態則缺。第三型態，固須于文化理想有肯定而復有賴于轉出積極的時代精神始能實現，然于學術上，自覺地思及此，孟子亦欠缺。在根源型態中，直接點出性善，即是直接把握住「內在道德性」，此就是一個絕對的主體，此主體為一道德的主體。此「主體」一透露，即有「道德的主體自由」之可言。此「內在道德性」，卽是壁立千仞的體，吾人卽就此而說建體立極。故同時亦卽爲一「絕對主體性」。此主體性之透露，必須通過一個反身的自覺所顯示之破裂，卽，與「物質的自然」對立所成之破裂。此物質的自然是對道德的主體言，與對「知性主體」而言之自然，其意不同。就戰國時代言，此「物質的自然」卽是「盡物力的精神」。孟子處此衰世，重新于文化理想有所肯定，卽必須否定此盡物力的精神。卽在此否定上，遂顯出一個破裂，同時亦因之而顯出一個絕對主體性。撥雲霧而見青天，則雲霧必須被掃除被否定，或壓下去。如是，孟子不能不雄辯，不能不露才，不能不着迹。非然者，破裂不顯，因而道德的主體也不顯。所以宋儒就聖賢氣象對於孟子的一切品鑒，皆是由於這個「必然的破裂」而發。在孟子的担負上與其所處之時代上，皆必須有這個破裂。在孔子時，周文尚有效，或至少社會上尙普遍蕩漾着此一文化理想與文化生命，故孔子尙可諧和于此大流中而安處，故其通體是文化生命，滿腔是文化理想，化而爲通體是德慧，其表現也，可無須此破裂。此固由于孔子合下是天地的聖人氣象，而時代亦有關也。在孟子時，若其本人亦通體是文化生命，滿腔是文化理想，則不能不與此物量精神截然割離。此種割離，是其文化生命之不容已。因此，破裂乃成了逼廹着「精神」出現之文化生命中之必然。惟通過此破裂，精神主體始能彰顯。因此，泰山巖巖，浩然之氣，爲乾，爲大，不改一字，不動一毫，俱從此精神主體處說。若徒有孔子之天地渾圓氣象，而無孟子之破裂以顯「主體」，則精神表現之理路卽不具備，而精神之所以爲精神亦終不彰顯。故絕對主體性，道德的主體自由，皆因有孟子始可言也。孟子于此立下一個型範。此其所以有功于聖門處。

中國學者以往講學，特喜圓教。動輒以聖人天地氣象，圓通境界，馳騁其玄談。憑其直覺之一悟，遂直接迷戀于其中而不捨，所謂玩弄光景者是也。以人之能否忘言忘詮，無聲無臭，爲解悟之至不至；以人之能否渾化，不露聲色，爲修養工夫之到家不到家。視「圓境」爲一易于企及者，而直接把握之。直下即是，而過程不顯，則圓境亦成一平面。王弼注易，首先有忘象忘言，而有筌蹄之喩。佛敎東來，禪宗興起，亦有頓敎漸敎之分。至乎理學，亦動輒欣羨明道之高，而斥伊川爲不通。王學興起，王龍溪有四無之說，遂欣動陽明，有上根下根之別。夫聖人，人倫之至，圓敎固其宗極。而迷離惝怳，悟此圓境，本非難事。圓境既悟，說空說有，說有說無，亦爲極易之聯想。以其輕率之心，而馳騁于此，視爲窺破天機之大事。張皇恣肆，不可一世。人亦爲其所欣動。固不知天地間有艱難困苦也。有實修實悟者，固亦有工夫之過程。如程朱陸王諸大儒，以及佛敎中之大德，無論頓漸，上根下根，皆有苦工爲其經歷。雲門禪師有三句之敎：一曰截斷衆流，二曰蓋天蓋地，三曰隨波逐浪。隨波逐浪，即至圓化之境。而其前必經之以截斷衆流，蓋天蓋地。此兩句所說，即是一必然之破裂。然吾於此所注意者，彼諸大儒大德雖有工夫之經歷，而此經歷在彼乃徒有主觀之意義，而無客觀之意義：即，此經歷隸屬於其個人主體中而不凸出，呑沒於其宗趣中而不彰著。此經歷既不凸出不彰著，則其所宗趣之圓境亦隸屬呑沒於主體中而不彰著：潛伏陰淡，只成爲個人的，而不能客觀化。此中病痛。關係不小。茲捨佛家不言，而言儒學。（以在佛家，關係猶小，在儒家，則關係甚大。）儒家肯定價值之層級，肯定一切社會活動與組織，如國家，政治，法律，經濟等，皆爲理想之實現，因而亦必皆爲「精神」之表現，肯定仁與智之全體大用。在此種肯定下，工夫之經歷必須使其彰著而具有客觀之意義，夫如此而後精神之表現及其客觀成果始可得而言。理學家于儒佛之根本差異有認識，于儒家最核心的一點骨髓堅守而不捨。其有功於人類，可謂千古不磨。惟於工夫之經歷，則停在與佛家相同之形態上：隸屬於個人主體而不能彰著其客觀之意義，不能彰著其于精神表現上之本質性，法則性，及成果性。彼雖知既悟得後，必須在事上磨練，必須措之於人倫而不離，然此種磨練與不離，在彼仍只是個人的，因而仍是呑沒隸屬於其個人之主體而爲潛伏者。須知：工夫經歷，首先通過反省自覺而顯出破裂，乃是「精神透露」之本質的關鍵。當其與自然渾一之時，「精神」是不能凸出的，因而是潛伏的。故通過反省自覺而顯之破裂是精神凸出之本質。如果此種破裂，由道德的自覺而來，則必顯示精神主體爲一道德的主體，爲一內在道德性，因而其所成者即爲道德的「主體之自由」：精神從其爲潛伏的實體狀態中彰著而爲「主體的自由」，精神成其爲精神。如果吾人了解此步破裂之本質性，法則性，及其成果性，則頓時即可知：此步破裂是仁且智的道德主體之樹立，是精神主體之向上升，由此而建體立極，當下即通于絕對，証實「絕對實在」亦爲精神的，因而亦可說即是証實一絕對精神。然而上升，不能不下降。仁且智的精神主體不只要上升而爲道德的，其由破裂而顯之「自然」不只是爲道德主體所要克服而轉化之自然，而且亦要成爲理解所對之自然，而仁且智的精神主體亦須從其上升而爲道德的主體下降凝聚而爲一「知性主體」，即思想主體。此步破裂是「精神轉爲理解」之本質，其成果爲科學。精神（心）之「智性」不能永遠呑沒隸屬于道德意志中而不彰著，亦不能永遠渾化于仁心中而爲直覺的。智要充分完成其爲智，則不能不凝聚而爲理解。否則，便是未取得其彰著而客觀之地位，便是未能盡其用。同時，仁且智的「道德的精神主體」亦不能永遠是個人的，道德的。若只如此，則破裂所顯之精神主體即不能通出去。不能通出去，精神即停滯于孤明而爲非精神而爲不明。

所以它必須要披露于個人以外之社會及天地萬物而充實其自己，彰著其自己。卽，必須要客觀化其自己，且絕對化其自己。客觀化其自己，卽須披露于國家政治及法律。依此，國家政治及法律卽是精神之客觀化，而爲客觀精神也。精神必須客觀化，吾人始有國家政治一面之「主體的自由」。同時，由道德的精神主體而建體立極，而當下通於絕對，此只是絕對之印證，而不必爲充實。絕對不能充實其自己，而永遠停于個人的冥契中，則亦只是個人的印証，因而亦只隸屬於個人，潛伏陰淡，貧泛　虛而亦可轉爲非精神的。絕對由道德主體來印証，本不是陰淡的，然而道德主體放不開而流入孤明，則卽轉爲陰淡而非精神的。且因而道德主體亦轉爲非道德的，非精神的。道德主體是光與熱，其本性本不可能停滯而流於孤明，然而人之實踐，爲形氣所累，隨時可以停住而乾枯，此時卽爲非道德的，非精神的。理學家能堅守「由道德主體而通絕對」之立場，然而其實踐不能無限。人本爲有限，此不足病。然而其于工夫經歷之在精神表現上之本質性，法則性，及成果性，却甚不能鄭重認識之。因此流於陰淡，不能弘通精神之大用。絕對境界亦只成了一副清涼散，其自身之道德主體亦成空虛陰淡而無力。「如坐春風」之妙境只是一個平面的圓和。本講實踐，而落於非實踐，本可有精神表現，而落於無表現。若知「絕對」必賴客觀精神來充實，則必能把握工夫經歷於精神表現上之本質性，法則性，及成果性，如此必能開出精神表現之許多途徑，而「卽工夫卽本體」亦不只是個人的，且亦不單屬於上根人。此時吾人亦不必說頓漸，亦不說上根與下根，此並非重要者。要者乃在精神表現之法則與理路：工夫經歷，要從個人狀態中拉出來，而就精神表現之法則與理路上說。如此，若不遵循此理路與法則而經歷，則精神卽不能成其爲精神，亦無精神之成果可言。孟子在戰國時盡了他的責任，亦爲精神表現立下一型範，然而後人不能識此型範之客觀意義，而徒斤斤於聖賢氣象，將工夫經歷吞沒於個人的主體中，而流於陰涼暗淡，成爲陰柔宛轉的虛靈體會，美妙欣賞。殊不知孔子之全，若不經由孟子所開示之精神表現之型範，以爲其「全」立一精神之系統，則孔子之全亦被拖下來而成爲疲軟無力矣。吾人說孔子爲通體是文化生命，滿腔是文化理想，轉化而爲通體是德慧。現在則說：孟子亦通體是文化生命，滿腔是文化理想，然轉化而爲全幅是「精神」。仁義內在而道性善，是精神透露之第一關。浩然之氣，配義與道，至大至剛，乃集義所生，非義襲而取，是精神之透頂。萬物皆備于我，反身而誠，樂莫大焉，所存者神，所過者化，上下與天地同流。此是由精神主體建體立極而通于純對，徹上徹下，徹裡徹外，爲一精神之披露，爲一光輝之充實。而闢楊墨，賤儀秦，斥陳仲許行，不許以夷變夏，不許充仲子之操而爲蚓，而好辯一章，則曰：「禹抑洪水而天下平，周公兼夷狄，驅猛獸，而百姓寧，孔子成春秋而亂臣賊子懼。……我亦欲正人心，息邪說，距詖行，放淫辭，以承三聖者。豈好辯哉？予不得已也。」彼於精神之表現，已樹立其客觀之意義，彼之生命已客觀化矣。此尙不可爲型範與？其有功於聖門亦在斯耳。【假若吾人了解孟子之文化生命轉化而爲「全幅是精神」，「通體是光輝」，則孟子說：充實之謂美，充實而有光輝之謂大，這兩句話，正可用來指謂孟子之人格。如是，程子所說的露才，英氣，圭角，便不可作直接的了解。程子曰：「孟子有些英氣。纔有英氣，便有圭角。英氣甚害事。如顏子便渾厚不同。顏子去聖人，只毫髮間。孟子大賢，亞聖之次也。或曰：英氣見于甚處？曰：但以孔子之言比之，便可見。且如氷與水精非不光。比之玉，自是有溫潤含蓄氣象，無許多光耀也。」程子說英氣，圭角，是直接的了解。好像一個完美人格未發展成之缺陷。

故云：有些英氣，英氣甚害事。又云：玉無許多光耀。宋儒看顏子較高。明儒則尊孟。羅近溪說：顏子庶幾乎復，孟子庶幾乎乾。便是對孟子作進一層的了解。假若「充實而有光輝之謂大」一語正是孟子之寫眞，則進一層的了解，便是，不是有些英氣，而乃全幅是英氣。全幅是英氣，便不害事。圭角亦如此解：不是有一點圭角，而乃整個是一個圭角。猶如圓形或方形。孔子整個是圓形，孟子整個是方形。整個是一個圭角，亦不害事。此就是全幅是精神，通體是光輝之意。他所以如此，就因爲他要反顯一個主體，他要把盡物力的時代風氣壓下去。這裏有一個破裂的對反。此時，若不作鄉愿，便不可隨便講圓和。孟子要盡這個時代的責任，所以客觀地說，就完成了「充實而有光輝之謂大」一型範。他未至「大而化之之謂聖」的境地。客觀地說：在他要盡「破裂的對反」這個責任，他不能再進到「大而化之之謂聖」。個人地說：當然是很可能的。但是，一個「有限的人」的生命，當其客觀化而取得客觀的意義，他便不能再退回來保持其「個人的」與「客觀的」之雙重性。宋儒只知就個人說，故爲直接的了解。今則就客觀意義說，故爲進一層的間接了解。】

第三節　通體是禮義表現「知性主體」之荀子

茲再畧說荀子。

荀子之文化生命，文化理想，則轉而爲「通體是禮義」。孔子與孟子俱由內轉，而荀子則自外轉。孔孟俱由仁義出，而荀子則由禮法（文）入。荀子云：「禮者法之大分，類之綱紀也。」（勸學篇）。又云：「倫類不通，仁義不一，不足謂善學。」「不道禮憲，以詩書爲之，譬之猶以指測河也，以戈舂黍也，以錐飡壺也。不可以得之也。」（同上）。又云：「禮者治辨之極也，強國之本也，威行之道也，功名之總也。」（議兵篇）。倫類，禮憲，所示者皆爲一「禮義之統」。言禮，必至成統成類，此即爲「治辨之極」。荀子由此，「隆禮義而殺詩書。」故云：「略法先王而不知其統，猶然而材劇志大，聞見雜博。案往舊造說，謂之五行。甚僻違而無類，幽隱而無說，閉約而無解。案飾其辭而祇敬之曰：此眞先君子之言也。子思唱之，孟軻和之。世俗之溝猶瞀儒，嚾嚾然不知其所非也。遂受而傳之，以爲仲尼子弓爲茲厚於後世。是則子思孟軻之罪也。」（非十二子篇）。又云：「逢衣淺帶，解果其冠。略法先王而足亂世術。繆學雜舉，不知法後王而一制度，不知隆禮義而殺詩書。其衣冠行爲已同於世俗矣，然而不知其惡。其言議談說，已無以異于墨子矣，然而明不能別。呼先王以欺愚者，而求衣食焉。得委積足以揜其口，則揚揚如也。隨其長子，事其便辟，舉其上客，億然若終身之虜，而不敢有他志。是俗儒者也。法後王，一制度，隆禮義而殺詩書。其言行已有大法矣，然而明不能濟法教之所不及，聞見之所未至，則知不能類也。知之曰知之，不知曰不知。內不自以誣，外不自以欺。（自、用也。）以是尊賢畏法，而不敢怠傲，是雅儒者也。法先王，統禮義，一制度。以淺持博，以古持今，以一持萬。苟仁義之類也，雖在鳥獸之中，若別白黑。倚物怪變，所未嘗聞也，所未嘗見也，卒然起一方，則舉統類而應之，無所儗㤜。張法而度之，則晻然若合符節。是大儒者也。」（儒效篇）。

荀子實不解孟子，而其所重之統類却爲與孟子相反之精神。此即其「隆禮義而殺詩書」之精神。「禮樂法而不說，詩書故而不切。」（勸學篇）。荀子能識禮義之統類性，而不能識詩書之興發性。

孟子善詩書。詩言情，書記事，皆具體者也。就詩書之爲詩書自身言，自不如禮義之莊嚴而整齊，崇高而爲道之極。然詩可以興，書可以鑑，止於詩書之具體而不能有所悟，則凡人也。不足以入聖學之堂奧。然志力專精，耳目爽朗之人，則正由詩書之具體者而起悱惻之感，超脫之悟，因而直至達道之本，大化之原。孟子由四端而悟良知良能，而主仁義內在，正由具體的悱惻之情而深悟天心天理者也。故孟子敦詩書而道性善，正是向深處去，向高處提。荀子隆禮義而殺詩書，正是向廣處走，向外面推。一在內聖，一在外王。荀子之誠樸篤實之心，表現而爲理智的心。其言禮義是重其外在之統類性，而不在統攝之於道德的天心，形而上的心。故云：「禮者、法之大分，類之綱紀。」皆言乎統類也。惟理可以統，可以類。故云：「類不悖，雖久同理。」又云：「有法者，以法行。無法者，以類舉。」（王制篇）。每一類有其成類之理。握其理，則可以通。「法敎之所不及，聞見之所未至，」皆可以類通。以類通，即以理通也。故總方畧，齊言行，知統類，一制度，皆荀子所雅言。其所重視者爲禮義之統，即全盡之道。而根本精神，則在其深能把握住理性主義之精髓也。此精髓即在其是邏輯的，建構的。故荀子一方重禮義之統，一方能作「正名」也。理智之心之基本表現即爲邏輯 此是純智的。邏輯之初步表現即在把握共理，由之而類族辨物，故荀子喜言統類也。由此基礎精神轉之於歷史文化，則首重百王累積之法度，由此而言禮義之統。其斥孟子爲「畧法先王而不知其統」，斥俗儒爲「畧法先王而足亂世術。繆學雜舉，不知法後王而一制度，不知隆禮義而殺詩書。」皆基此精神而言也。由百王累積之法度，統而一之，連而貫之，成爲禮義之統，然後方可以言治道。荀子所言之「道」，即是此種道。此即「人文化成」之道。

其所化成者爲「性」與「天」：以心治性，以人治天。故由「隆禮義」一基本義，復開出另一基本原則，卽爲「天生人成」。天論篇云：「天行有常，不爲堯存，不爲桀亡。應之以治則吉，應之以亂則凶。……不爲而成，不求而得，夫是之爲天職。如是者，雖深，其人不加慮焉；雖大，不加能焉。雖精，不加察焉。夫是之謂不與天爭職。天有其時，地有其財，人有其治，夫是之謂能參。舍其所以參，而願其參，則惑矣。」荀子之天，非宗教的，非形上的，亦非藝術的，乃「自然的」也。以人爲之禮義法度（卽人道）治天，則能參。在荀子，性與天俱是被治的。亦俱是「自然」義。對於天，不加慮，不加能，不加察，不與天爭職，此是一義；而於「治之」之中而知之，又是一義。（此義爲荀子所函。）孔孟言與天合德，其天乃形上的天，德化的天。荀子不至此義，而與天無可合。參義，則孔孟荀皆可言。孔孟之天是正面的，荀子之天是負面的。故在被治之列，亦如性之被治然。性惡之性亦是負面的。其實其本質無所謂惡，只是自然。順之而無節，則至於惡，此乃荀子所謂惡。天生人成，自天生方面言，皆是被治的，皆是負面的。此無可言善。自人成方面言，皆是能治的，正面的，此方可說是善。而其所以善在乎禮義法度。自孔孟言，禮義法度皆由天出，而氣質人欲非天也。自荀子言，禮義法度皆由人爲，返而治其天，氣質人欲皆天也。彼所見於天者惟是此，故禮義法度無處安頓，只好歸之於人爲。此其所以不見本原也。

天論篇又云：「列星隨旋，日月遞炤，四時代御，陰陽大化，風雨博施。萬物各得其和以生，各得其養以成。不見其事，而見其功，夫是之謂神。皆知其所以成，莫知其無形，夫是之謂天功。唯聖人爲不求知天。天職既立，天功既成，形具而神生，好惡喜怒哀樂臧焉，夫是之謂天情。耳目鼻口形能（當爲態）各有接，而不相能也，夫是之謂天官。心居中虛，以治五官，夫是之謂天君。財非其類、以養其類，夫是之謂天養。順其類者謂之福，逆其類者謂之禍，夫是之謂天政。暗其天君，亂其天官，棄其天養，逆其天政，背其天情，以喪天功，夫是之謂大凶。聖人淸其天君，正其天官，備其天養，順其天政，養其天情，以全其天功。如是，則知其所爲，知其所不爲矣。」案：天職，天功，天情，天官，天君，天養，天政，是天生者也。自暗其天君，以至喪其天功，是毀滅生者也。自淸其天君，以至全其天功，是成全其生者也。天君即「心」。心之暗不暗乃成毀之關鍵。（由此而作解蔽篇）。禮義法度皆自天君之不暗發，由天君之不暗辨。故荀子之心純爲認識的心，理智的心。解其蔽，則虛一而靜，是所謂不暗也。以心治性治天。治之即所以成之。故天論篇又云：「大天而思之，孰與物畜而制之？從天而頌之，孰與制天命而用之？望時而待之，孰與應時而使之？因物而多之，孰與騁能而化之？思物而物之，孰與理物而勿失之也？願於物之所以生，孰與有物之所以成？故錯人而思天，則失萬物之情。」案：天地鴻濛，自然混沌之中，有人類焉。以其不暗之天君，制作禮憲，治其身乘以治天。吾之身以此禮憲而得成，而得維持其生生。混混天地亦以此禮憲而得理，而得明，而得成其爲天，成其爲地。在人之制作篤行中，一切屬於天者，皆理而明，是之謂參天地。人之制作篤行，是鴻濛中之精英，將以禮憲之光而普照混沌也。人之制作禮憲也，愈廣愈深，其照也亦愈廣愈深。制作之愈廣愈深，亦反示人之生命愈强愈健。君師者，生命之凸出，超羣而逸衆。凸出而俯視，則被治之天即屈伏而在下。而禮憲亦隨生命之凸出而臨於上，故能普照乎下也。臨於上而照乎下，實以人之理想價值治其天。人之理想不容已其發，故其價值判斷亦不已其施。每一價值判斷是一義，是一憲。義義而貫之，憲憲而連之，是謂禮義之統。百王累積之禮憲綜而成一統。禮憲之統在篤行中而通明於事物。不篤行，則空言說。空言說，則禮之統空掛而不實。不實，不足以治其天。不足以治其天，不能平鋪之而爲被治者之理道。「道非天道，非地道，乃人之所以道，君子之所道」之治道。只此道爲可實，他道非所問。此道即禮之統。一切天生者，皆落於此統中而得其道。離却此道，萬事自身無所謂道。天職，天功，天情，天官，皆天生之「有」也。然天生之有，雖有其自身之特性，而不可以爲道。道者成全此諸「有」者也。諸「有」落於道之統中而成其爲諸「有」。不落於此統中，雖天生其有，而終歸於無有。無有即毀滅。是以「有」自身，雖有特性，不可說道，而望「道」言，惟是一「材質」耳。材質不能自成，必待禮憲之道以成之。故除禮憲之爲道外，無他道也。道成就一切有。是乃以人爲之「禮義之統」而化成天而治正天也。故曰人文化成。故全宇宙攝於人之行爲系統中，推其極，人之道亦即天之道也。（天與自然人俱爲被治。）

在篤行之行爲系統中，每一「天有」既皆是被治正之「有」，故每一天有亦皆是被吾天君所照攝之有。被吾天君所照攝之有，即是可被定義之有。天職，天功，天情，天官，天君，天養，天政，皆有定義者，如天論篇之所述。又如正名篇：「生之所以然者謂之性；性之和所生，精合感應，不事而自然，謂之性。性之好惡喜怒哀樂，謂之情。情然而心爲之擇，謂之慮。心慮而能爲之動，謂之僞；慮積焉，能習焉，而後成，謂之僞。正利而爲，謂之事。正義而爲，謂之僞。所以知之在人者，謂之知；知有所合謂之智。所以能之在人者謂之能；能有所合，謂之能。」此皆定義也。在定義中，吾對於被治之天有，即有知矣。依此而成知識系統。然知識系統即在行爲系統中而提挈以成。知之正所以備篤行之「正之」也。

依以上之申述，吾人見出，在荀子之文化生命，文化理想中，亦成一破裂之對反。依其所見之心爲認識的心，爲純智的心，依其所視之天與性爲自然義的，爲被治正之負面的，荀子首先通過其反省自覺而提練出一個「思想主體」，因而同時亦將「自然」純淨化而成爲此主體之「對象」，自然（天與性）成爲純自然的。此是理智的心（思想主體）之所照射而成的。他能將「純粹理解」提練成，所以亦能將「純粹自然」提練成。荀子確是一個邏輯的心性，此於正名篇可以見之。他一往是理解（知性）用事，自古史官「掌官書以贊治，正歲年以序事」以來，中國歷史精神之發展，首先將全宇宙以及全人間組織視爲一「道德的精神實體」之所函攝，吾人可說此是一「仁智之全體」。然其初是不自覺的。經過孔子之反省，由其通體是德慧之表現，遂以其天地氣象之人格將此不自覺的潛存的「仁智之全體」表現而爲自覺的彰著的「仁智之全體」。此是「仁智之全體」之全體的透露。經過孟子之破裂，復將此全體透露之「仁智全體」之純精神性，經由其「道德的精神主體」之樹立而證實：主體精神與絕對精神，在此形成一對反而俱已彰著，而盡心知性知天，雖對反而實通於一，此一義亦由孟子而形成。（此義西方人始終未作到。）然經過荀子之破裂，則孔子所彰著之「仁智之全體」，孟子所彰著之主體精神與絕對精神，俱下降凝聚而爲一「知性主體」，自然成爲純自然，成爲被治之負面的，不復涵融於「道德的精神實體」中。「道德的精神實體」收縮而成爲一「知性主體」（即思想主體），依此絕對精神被否定；復透露於表層而爲「禮義之統」，依此成爲知性主體之所對，因而亦即爲此主體之成果。荀子一往是知性用事。他將「仁智全體」中之「智」彰著出，智涵蓋一切，照射一切。然而他忘掉智的本源，因此遂成爲「理解」之平面的，外在的。宋明儒尊孟而抑荀，不爲無因。而不識其所表現之型態之價值而予以融攝與開發，亦是大不幸。須知：道德主體，思想主體，以及絕對實體，俱是精神之表現，無一可缺。「知性主體」之出現，精神表現之「理解型態」之成立，決在荀子，而不在名家。

在荀子所表現之「知性主體」之辨解下，能「總方畧，齊言行，知統類，一制度」之大儒，所謂君師，攜其「禮義之統」措之於國家政治，固能對治戰國時代盡物力而相抵消之精神，重新提起一建構而統一之精神，然在此種「系統的統一」之型態下，却未必能出現國家政治一面之「主體的自由」，却倒能出現黑格爾所說之「一人」之自由，並實現其所說之「合理的自由」（Rational freedom）。因爲荀子之「禮義之統」，在此一往是「理解型態」之廣被，自上而　之廣被，而不是自下而上，經由各個分子之自覺（政治的），重新組織起來之統一。是以只有大君師之「一人」，有其主體之自由，而其餘一切則盡在其盡制盡倫之合理的措施下，而有一實體性的合理之自由，即不自覺的潛存之自由。但是，由於孟子所表現之型態，人人皆可有「道德的主體自由」，即在實體性的合理之自由下轉出道德的主體自由，而却未轉出政治的主體自由。自漢帝國之建立後，中國社會即實現了荀子這個「禮義之統」的型態。荀子處於否定文化生命文化理想之時代中，相承周文之統一性，自覺地經由其所釐清之「知性主體」，重新提供一「禮義之統」之文化理想，雖在當時不能實現，而却爲後來開出一途徑，時勢之所趨，且亦不久即實現之於漢代。凡是否定文化生命文化理想之時代，文化生命文化理想必收縮凝聚於個人，而由聖賢豪傑思想家以表現之，由之以開來世之生機，而爲後來之型範。此孔、孟、荀之所以爲大也。其爲吾歷史發展中之主幹，豈待漢武之罷黜百家而始然乎？彼相爭以鳴者，固莫之能取而代之也。（負面的，消極的，偏曲的，怪誕浪漫的思想，固永不能作爲歷史之主幹。）從歷史發展說，能實現合理之自由，有「一人」之主體的自由，在政治形態上，亦是一進步。荀子所開出之「知性主體」與「自然」之關係，即理解型態之表現於科學知識一面，則後來無能承之者。荀子之學一直無人講，其精神一直無人解。此中國歷史之大不幸。不能注意其正面之價值，而上繫之於孔孟，而只注意其流弊，遂視之爲開啓李斯韓非矣。實則彼與韓、李絕對異趨也。（韓、李，絕無文化生命，文化理想。）

第三章 秦之發展與申韓

第一節 秦之發展及其物量數量之精神

一

史記秦始皇本紀：「三十四年。……丞相李斯曰：五帝不相復，三代不相襲，各以治，非其相反，時變異也。今陛下創大業，建萬世之功，固非愚儒所知。且越（博士齊人淳於越也）言乃三代之事，何足法也？異時諸侯並爭，厚招游學。今天下已定，法令出一。百姓當家，則力農工，士則學習法令辟禁。今諸生不師今而學古，以非當世，惑亂黔首。丞相臣斯昧死言：古者天下散亂，莫之能一。是以諸侯並作，語皆道古以害今，飾虛言以亂實。人善其所私學，以非上之所建立。今皇帝幷有天下，別黑白而定一尊。私學而相與非法敎。人聞令下，則各以其學議之。入則心非，出則巷議。夸主以爲名，異取以爲高，率羣下以造謗。如此弗禁，則主勢降乎上，黨與成乎下，禁之便。臣請史官非秦紀皆燒之。非博士官所職，天下敢有藏詩書百家語者，悉詣守尉雜燒之。有敢偶語詩書棄市，以古非今者族，吏見之不舉者與同罪。令下三十日不燒，黥爲城旦。所不去者，醫藥卜筮種林之書。若欲有學法令，以吏爲師。制曰可。」

又：「二十六年……制曰：朕聞太古有號毋謚，中古有號，死而以行爲謚，如此，則子議父，臣議君也。甚無謂。朕弗取焉。自今以來，除謚法。朕爲始皇帝，後世以計數，二世三世至千萬世，傳之無窮。始皇推終始五德之傳，以爲周得火德，秦代周德，從所不勝。方今水德之始。改年始。朝賀皆自十月朔。（周以建子之月爲正，秦以建亥之月爲正，故其年始用十月而朝賀。）衣服旄旌節旗皆上黑。數以六爲紀。符法冠皆六寸，而輿六尺。六尺爲步。乘六馬。更名河曰德水。以爲水德之始，剛毅戾深，事皆決於法。刻削毋仁恩和義，然後合五德之數。（水主陰，以刑殺，故急法刻深，以合五德之數。）」

秦以吏法精神而一天下，亦以此而速亡。蓋吏法者不能自足也。漢興，文之以儒術，則有越乎此者矣。此其所以規模弘濶而能悠久也。秦除吏法以外，無他觀念。有之則惟數量也。除謚法之文，而計之以數，皆所以示其唯知有量，而不知有質。量則抽象而非具體，無有足以和之者。此其生命所以不久而枯也。其生命唯是物氣之粗放。氣則物質者也。其所開展，唯是廣袤之量。徒量不足以盡具體之精微：有外齊而無曲成，故吏法不足，繼之以權詐。氣氣相濟，則閼窒以死。李斯成之，李斯敗之。此荀卿之學必有高遠心力以運之，否則，未有不墮落者也。

數量觀念與五德終始乃矛盾者也。既數之以千萬世，而又信五德之終始，此非自我否定而何？兩者之矛盾，彼不能解消而總和之。量之無窮與終始之無窮乃不相容者也。五德終始爲一物理的超越理想，而唯爲數量精神所物化。夫五德之論既爲物理的，則其有質而非純數量者甚顯。由其質而進之以人文之理想，則常道顯，而終始運，始能成就其爲無窮。今不化之以人文，而化之以數量，則五德終始之理想義即泯矣。秦以近死之心　流於狠愎，一切觀念理想盡剷除而無餘，故董仲舒痛心疾首而謂自古以來，大敗天下之民，未有如秦者也。漢之爲漢，亦不可及矣。漢之所以能接受理想，則以高祖以布衣起自蒼茫之原野也。惟天才始能盡氣，唯盡氣者，始能受理想。以其生命暢達而靈機活也。（盡氣之盡，如盡心盡性之盡。始皇之僵枯，非能盡氣者。故不可謂天才。）

二

秦居西陲，本與戎翟同俗。史記秦本紀云：「文公元年，居西垂宮。（卽上西縣）。三年，文公以兵七百人東獵。四年，至汧渭之會，曰：昔周邑我先秦嬴於此，後卒獲爲諸侯。乃卜居之，占曰吉。卽營邑之。（郿縣故城也）。……十三年，初有史以紀事，民多化者。」至秦繆公而大顯。（春秋盛時）。百里傒，蹇叔，皆往焉。繆公禮賢，德政。「三十四年，……戎王使由余於秦。由余、其先晉人也。亡入戎，能晉言。聞繆公賢，故使由余觀秦。秦繆公示以宮室積聚。由余曰：使鬼爲之，則勞神矣。使人爲之，亦苦民矣。繆公怪之，問曰：中國以詩書禮樂法度爲政，然尙時亂。今戎夷無此，何以爲治，不亦難乎？由余笑曰，此乃中國所以亂也。夫自上聖黃帝，作爲禮樂法度，身以先之，僅以小治。及其後世，日以驕淫，阻法度之威，以責督於下。下罷極，則以仁義怨望於上。上下交爭怨，而相篡弑，至於滅宗，皆以此類也。夫戎夷不然。上含淳德以遇其下，下懷忠信以事其上。一國之政，猶一身之治，不知所以治。此眞聖人之治也。」由此觀之，由余固聰慧人也。故繆公退而與內史廖計以得之。（內史、周官。）「三十六年，繆公復益厚孟明等，使將兵伐晉。渡河焚船，大敗晉人。取王官及鄗，以報殽之役。晉人皆城守不敢出。於是繆公乃自茅津渡河，封殽中尸，爲發喪，哭之三日，乃誓於軍曰：嗟士卒聽無譁。余誓告汝。古之人謀，黃髮番番，則無所過。以申思不用蹇叔百里傒之謀，故作此誓。令後世以記余過。君子聞之，皆爲垂涕曰：嗟乎，秦繆公之與人周也。」死時，「從死者百七十七人，秦之良臣子輿氏三人，名曰奄息，仲行，鍼虎，亦在從死之中。秦人哀之，爲作歌黃鳥之詩。」吳太伯世家云：「吳使季札聘於魯。……歌秦。曰：此之謂夏聲。夫能夏則大。大之至也。其周之舊乎？」集解引杜預曰：「秦仲始有車馬禮樂，去戎狄之音，而有諸夏之聲，故謂之夏聲。及襄公佐周平王東遷，而受其治地，故曰周之舊也。」

後至孝公，已入戰國。用商鞅變法，乃大富彊。吾友李源澄先生曰：「秦爲新興民族，地形勢便，代有英主，誠得之於天。然秦之重法治，務耕戰，合人民之力以趨國家之急。實爲一新文化系統。若六國則封君貴族，游俠私劍，擅權亂法，安能敵之。」荀子彊國篇：「應侯（范雎也）問孫卿子曰：入秦何見？孫卿子曰：其固塞險，形勢便，山林川谷美，天材之利多。是形勝也。入境，觀其風俗，其百姓樸，其聲樂不流汙，其服不挑，甚畏有司，而順古之民也。及都邑官府，其百吏肅然，莫不恭儉敦敬，忠信而不楛，古之吏也。入其國，觀其士大夫，出於其門，入於公門，出於公門，歸於其家，無有私事也。不比周，不朋黨，倜然莫不明通而公也。古之士大夫也。觀其朝廷，其閒聽決，百事不留，恬然如無治者，古之朝也。故四世有勝，非幸也。數也。是所見也。（四世：孝公，惠文君（惠王），武王，昭襄王也。）故曰：佚而治，約而詳，不煩而功，治之至也。秦類之矣。雖然，則有其諰矣。兼是數具者而盡有之，然而縣之以王者之功名，則倜倜然其不及遠矣。是何也？則其殆無儒邪？故曰粹而王，駁而霸，無一焉而亡。此亦秦之所短也。」由余，荀卿俱足以解秦之本質。然此順其同戎夷之俗，渾朴強悍之質，就其發展而觀之而然也。本亦可不至秦政之純數量精神。而秦政者乃其發展至最後階段中之一大歪曲者。其爲歪曲亦有歷史之故也。孝公用商鞅，惠王用張儀，（武王共四年，二年初置丞相，樗里疾甘茂爲左右丞相。）昭襄王享國最久，共五十六年，用范雎，蔡澤。（孝文王一年）。莊襄王共四年，用呂不韋。秦政用李斯。二世用趙高而秦亡。（秦自襄公爲周平王封爲諸侯起，至二世止，凡六百一十七年。）

秦自繆公以前，自秦仲，襄公，文公，始開始營城邑，致力於周室，嚮慕於王化。周平王東遷，始封襄公爲諸侯。秦本紀云：「西戎犬戎與申侯伐周，殺幽王酈山下，而秦襄公將兵救周，戰甚力，有功。周避犬戎難，東徙洛邑。襄公以兵送周平王。平王封襄公爲諸侯，賜之岐以西之地，曰：戎無道，侵奪我岐豐之地，秦能攻逐戎，卽有其地。與誓封爵之。襄公於是始國。與諸侯通使聘享之禮。」下屆秦繆公，其發展與春秋階段相應。雖與中原諸侯並駕，共維王室，然彼實爲一新興民族。惟春秋階段尚非戰國之比。周室漸微，而霸業以興。秦以後起之秀，得與五霸之林。霸者之理想，尊王攘夷，共以周文爲所宗。自宗周言之，可謂爲正宗文化之繼續，亦可謂爲轉形之發展。轉形者，自各諸侯言之，西周所封建之諸侯，至此，各由其所團聚之勢力，爭欲有所表現，而顯其特性也。自周之統一而單純之發展，轉而爲各國之多形的發展。新興之民族，各有其原始生命之一面，亦皆有其嚮往文化之一面。自西周之潛蓄，而漸趨於蠢動。故雖弒君弒父，屢見不鮮，而亦各有其表現也。秦處此期，本其固有之本質，亦以周化爲宗。故季札聘魯觀樂，至歌秦，則曰：「此之謂夏聲。夫能夏則大，大之至也。其周之舊乎？」可見秦雖有其獨特之民族性，並非一新文化系統也。

三

秦發展至秦孝公而受一曲折。此曲折亦由戰國階段之來臨而使然。周文由單純之發展轉而爲多型之發展。此多型以各民族之獨特性爲底子。周之單純統一所呈之文化型態，是由一單純凸出之生命（指周民族言）凝結於一起。形上之理想必與現實之生命合一，始能成爲文化型態。而亦因與現實生命合一，故理想受限制，而客觀化於現實中而爲文物制度。此一文物制度，與單純統一生命凝結者，經由各民族獨特性之凸出之多形發展，遂衝破而見其不適宜。故春秋時代之多形發展，雖一方爲周文之繼續轉形，一方亦爲趨於一較高級之綜和之過渡。既爲一過渡，則必爲由其多形對立而見其爲對於周文之統一性及向上性之否定，即爲一向下拆散之趨勢。此向下拆散之趨勢，一露其端倪，即必下趨而至其極。故春秋之文美及其禮樂性，即不能直接向上而趨綜和，而必下降而爲戰國時生命粗暴之軍國主義。蓋多頭生命之獨特性既經凸出，則在對立性限制中，必擴張而衝破此限制，必撲捉一對立體而克服其對立性。在此種克服與衝破中，互相激蕩，潛隱之生命必全體暴露而爲集體之鬥爭。此所以爭城奪地，殺人盈野也。秦民族亦在此對立中，故亦必尊守此法則而爲一曲折之發展。然秦前一階段，雖鄉慕周化，而屬後起，又偏處西垂，故浸潤不深。以故，轉入戰國，遂易受法家之思想，而收鬥爭之勝利。當時各國，皆急功利，尚霸道。非獨秦爲然也。惟一則有文化累積之累，一則無此累而易接受耳。史記商君列傳云：「景監曰：子何以中吾君？吾君之驩甚也。鞅曰：吾說君以帝王之道，比三代，而君曰：久遠，吾不能待，且賢君者，各及其身顯名天下，安能邑邑待數十百年以成帝王乎？故吾以强國之術說君。君大說之耳。然亦難以比德於殷周矣。」其說帝王之道，浮說耳。司馬遷已洞見之。彼亦不自信也。孟子眞心說王道，無肯聽之者。孟子可謂不識時務矣。用强國之術，即須變法。即在此變法中，雖霸道，爲墮落，而於精神之發展上，亦有其負面之意義。此一表現，即爲秦所負担。

商君傳云：「以衞鞅爲左庶長。卒定變法之令。令民爲什伍，而相收司連坐。不告姦者腰斬，告姦者與斬敵首同賞。匿姦者與降敵同罰。民有二男以上，不分異者，倍其賦。有軍功者，各以率受上爵。爲私鬥者，各以輕重被刑大小。僇力本業，耕織致粟帛，多者復其身，事末利及怠而貧者，舉以爲收孥。宗室非有軍功論，不得爲屬籍。明尊卑爵秩等級，各以差次。名田宅臣妾衣服以家次。有功者顯榮，無功者雖富，無所芬華。」既欲强國，必須發揮集體之力量。故眼孔不能單向貴族，而必下及於平民。既注目於平民，自不能不減殺於貴族。減殺之道，即須於貴族以外，別立一客觀之虛的標準，而爲大家所共守，此即是法。依是，全體皆齊於法，而不齊於具體之階級。具體之貴族階級，其標準性既失，即其地位與尊嚴之減殺。故變法之基本精神，即爲：一、激發民力而組織之，此爲西周以來之潛隱狀態所無者。（在潛隱狀態中，煦傴覆育之，而不激發之。）二、減殺貴族而齊之以法，衡之以功，法之地位凸出，即抽象者凸出，客觀意識增强，此亦爲以前所不顯者。三、法既凸出，則君相亦凸出。秦首設丞相。在法之凸出下，丞相參與密議，而君則爲權術之府。君相既深處，則其他一切即推出去而爲客體，而措置之以吏法。商鞅即本此精神而推行其所定之法，故刑太子之傅公子虔，黥其師公孫賈，又禁民議令，斥之爲亂化之民。「行之十年，秦民大悅。道不拾遺，山無盜賊。家給人足。民勇於公戰，怯於私鬥。鄉邑大治。」「令民父子兄弟同室內息者爲禁，而集小都鄉邑，聚爲縣。置令丞。凡三十一縣。爲田，開阡陌封疆，而賦稅平，平斗桶（斛）權衡丈尺。」此皆爲激發民，組織民，而齊之以法度之措施。此從外部爲之，亦可爲構造的。順此下去，必廢封建郡縣；削貴族，重吏法，以吏爲師。開阡陌封疆（開除也，非設也。）廢井田，人得私有其田，故僇力於耕戰。此皆爲精神之新表現，而進於一新階段。然由此，若表面觀之，尚不足見其爲一曲折。

四

其爲一曲折，當觀其精神是否向上，抑向下。太史公曰：「商君其天資刻薄人也。跡其欲干孝公以帝王術，挾持浮說，非其質矣。」可謂一語中肯。蓋其精神全下散而外用，而無足以提撕而潤澤之之本源。「刻」謂用刑深刻，是外用之犀利也。「薄」謂棄仁義，不悃誠，是內無提撕之本也。智之外用，不可離，而無「悃誠」之本，則其外用未有不落於刻者。外刻則內薄。其精神之向下固無疑。內無仁義悃誠之本，精神遂外馳而落於物實。其所依法而措施者，皆在此外馳下落之中而帶出。精神不能一味守其孤明，不能不落實而外用。惟在落實而外用中，始能轉現實而構造之。然此必有仁義悃誠之本，即所以提撕之者，而後始可謂爲精神之外用。此種外用，名曰精神之冷靜。亦曰精神之自覺的坎陷。即轉爲理解。然本無此本，則只是外馳而下落，亦即是墮落。精神在此種墮落中，遂不見其爲精神，而只見其爲物化。是以其所有之措施與成就，亦可轉語謂之爲在物化中而帶出。如此而帶出，儼若爲構造的，實非爲眞正的構造也。其精神之本已失，（故流於薄），故其智之外用，（所謂墮落物化），所投映之號招曰富强，曰功利，曰耕戰。其所因此號招與外用而取之於民者，唯是其粗重之物力，而毫不能予以理性上之啓發與夫價值之觀念。故只能激民而不能與民也。是以民仍爲盲爽發狂而癡呆。激者，激其潛隱渾沌，而爲盲爽發狂之癡呆也。塞其理性之光，而取其粗暴之氣，套之於法中而盡其物力，則生死唯君欲之矣。秦之富强以此，其大敗天下之民亦以此。蓋凡言號招，皆指宗旨與理想而言。宗旨與理想必須由悃誠之本而透出，方爲眞實。今富强，功利，耕戰等號招，不本於悃誠，而本於馳騖之物化，故掛空而爲虛映也。以虛映無本之號招，未有不荼毒生靈者。蓋號招不成其爲宗旨，終歸於無目的，必至於在物化中浮沈而已也。觀其說帝王術，爲挾持浮說，而孝公聞帝王術，亦昏昏欲睡，則可見其君臣急切昏沈之心境。商鞅孝公其所以敎民而自待者如此，焉得不爲發展中之一曲折？此本爲戰國時之普遍的時代精神，卽吾前所謂「盡物力之精神」，而凝結大成於秦者。

又，在此種無本之馳騖物化中，其所措定之「法」亦不本於理性，而乃本於功利與事便。故爲自上而硬加諸其所愚昧之民者。在此，民之守法，不本於其理性之自覺，而乃迫於外在之利害與功利而爲外鑠者；而上之製法，亦不本於光明理性之客觀化，而乃繫於急切之功利，主觀之私欲。故此種法乃上無根下無着者。上無根，故必歸於權術。下無着，故必重吏，督責刻深。此中國法家，雖可以偸一時之便，而終不可以成治道也。欲由之而建制成化，必爲昧於政治。

秦之兼幷六國，全賴商鞅孝公奠其基。自此以後，步步在墮落中，盡其時代之使命。張儀范雎，縱橫之士，不足論矣。呂不韋集門客，撰呂氏春秋，爲雜家言。雖不取法於法家，亦無救於秦之故習。或有曰，呂不韋與秦政之衝突，亦有法家習與反法家習之理想之衝突。理或然也。

至李斯與秦政合和，雖成兼幷之功，亦大敗天下之民。其曲折之毒，至此而達其極。以秦政之乖戾，益以李斯之敗智，其不毀滅，不可得也。觀其上書禁議令，蠲詩書，師於吏，此固爲商鞅之陋習，亦可謂斷滅之至矣。史記李斯傳云：「斯長男由爲三川守。諸男皆尙秦公主，女悉嫁秦諸公子。三川守李由告歸咸陽，李斯置酒於家，百官長皆前爲壽。門前車騎以千數。李斯喟然而嘆曰：嗟乎！吾聞之荀卿曰：物禁太盛。夫斯乃上蔡布衣，閭巷之黔首。上不知其駑下，遂擢至此。當今人臣之位，無居臣上者，可謂富貴極矣。物極則衰，吾未知所稅駕也。」蓋彼之一生，全不知本源爲何物，其智之巧用，焉得不爲敗智耶？及二世責問，「李斯恐懼，重爵祿，不知所出。乃阿二世意，欲求容。以書對曰：……且夫儉節仁義之人立於朝，則荒肆之樂輟矣。諫說論理之臣開於側，則流漫之志詘矣。烈士死節之行顯於世，則淫康之虞廢矣。故明主能外此三者，而獨操主術，以制聽從之臣，而修其明法，故身尊而勢重也。……是以明君獨斷，故權不在臣也。然後能滅仁義之塗，掩馳說之口，困烈士之行，塞聰揜明，內獨視聽，故外不可傾以仁義烈士之行，而內不可奪以諫說忿爭之辯，故能犖然獨行恣睢之心，而莫之敢逆。然後可謂能明申韓之術，而修商君之法。法修術明，而天下亂者，未之聞也。」此言出口，可謂昏極惡極。及下獄，「居囹圄中，仰天而嘆曰：嗟乎悲夫，不道之君，何可爲計哉？」斥二世爲無道，而以忠自許。二世固無道，忠固如此乎？當其自悲自怨，亦當有所憬悟矣。悟夫治天下不可以商鞅申韓之法術，而當有以徹其本源也。

秦之發展是在順春秋戰國之演變，由春秋時周文之多形表現，下散而爲戰國時純爲盡物力以決鬥。（物力非通常義，乃指落於現實而純爲粗暴的物質生命之暴發言。精神完全不能自主，理想與意義或價值盡行剝除，純成爲自然生命之表現。此爲盡物力以決鬥。）秦即在此多頭敵對中而對立地生長成。彼所代表者非是一綜和之階段，而是一對消之階段，非是一創造之階段，而是一否定之階段。否定者，即破壞周之與貴族政治凝結於一起之文化型態也。此責任爲戰國時盡物力之精神所担負，而收束於秦，故最終爲秦所担負。對消者，彼與各國並列生長，而又無高遠理想以担負綜和之責任，只在「盡物力以決鬥」之原則下，而表現爲整齊畫一之物力，故六國滅亡之時，亦卽其自身破滅之時。蓋彼之生命乃順春秋戰國而長成，亦必順戰國時代之破滅而破滅。彼爲一最後結束者而已。是以秦所代表者，並非一精神主體，（以其並無湧發精神理想之本源），而乃爲一純否定。凡爲否定者，皆在一破裂對立之階段，（此對立以否定爲準，不以肯定的精神主體爲準，）不在一綜和之階段。是以普通以秦漢大一統，秦漢連言，實不恰當之淺言。漢實爲另一新生命之出現。

第二節　佛老申韓之生心害政

玆乘此機畧言秦之政治措施與申、韓、老、莊、以及後來所加之浮圖之關係。王船山曰：

蓋嘗論之，古今之大害有三：老莊也，浮屠也，申韓也。三者之致禍異，而相沿以生者，其歸必合於一。不相濟則禍猶淺，而相沿則禍必烈。莊生之教，得其氾濫者，則蕩而喪志，何晏、王衍之所以敗也。節取其大畧而不淫，以息苛煩之天下，則王道雖不足以興，而猶足以小康，則文景是也。（案西漢取黃老，猶得其所說之樸、厚、慈、儉之旨趣，此已不是玄談之莊學。）若張道陵、寇謙之、葉法善、林靈素、陶仲文之流，則巫也。巫而託於老莊，非老莊也。浮屠之修塔廟以事胡鬼，設齋供以飼髡徒，鳴鐘吹螺，焚香唄咒，亦巫風爾。非其擬以誣民，充塞仁義者也。浮屠之始入中國，用誑愚氓者，亦此而已矣。故淺嘗其說，而爲害亦小。石虎之事圖澄、姚興之奉摩什，以及（梁）武帝之糜財力於同泰，皆此而已。害未及於人心，而未大傷於國脈，亦奚足爲深患乎？其大者，求深於其說，而西夷之愚鄙，猥而不逮。自晉以後，淸談之士，始附會之以老莊之微詞。而陵蔑忠孝，解散廉隅之說，始熺然而與君子之道相抗。唐宋以還，李翺張九成之徒，更誣聖人性天之旨，使竄入以相亂。夫其爲言，以父母之愛爲貪癡之本障，則旣全乎梟獍之逆，而小儒狂惑，不知惡也。樂舉吾道以殉之。於是而以無善無惡，銷人倫滅天理者，謂之良知；（案陽明不如此也。船山鑒於明之時風而聯想及之。不可爲準。）於是而以事事無礙之邪行，恣其奔欲無度者爲率性，而雙空人法之聖證；於是而以廉耻爲桎梏，以君父爲荓梗，無所不爲爲游戲，可夷狄，可盜賊，隨類現身爲方便：無一而不本於莊生之緒論，無一而不印以浮屠之宗旨。蕭氏（梁武帝）父子所以相戕相噬而亡其家國者，後世儒者沿染千年，以芟夷人倫，而召匪口（、缺字）。嗚乎烈矣。是正（陶）弘景（何）敬容之所長太息者。豈但飾金碧以營塔廟，恣坐食以侈髡民，爲國民之蠡螣矣哉？夫二氏固與申韓爲對壘矣。而人之有心，猶水之易波激，而豈有定哉？心一失其大中至正之則，則此倡而彼隨，疾相報而以相濟。佛老之于申韓，猶鼙鼓之相應也。應之以申韓，而與治道彌相近矣。漢之所謂酷吏，後世之所謂賢臣也。至是而民之弱者死，强者寇，民乃以殄，而國乃以亡。嗚乎，其敎佛老者，其法必申韓。故朱異以亡梁，王安石張商英以亂宋。何也？虛寂之甚，百爲必無以應用，一委于一切之法，督責天下以自逸，而後心以不操而自遂。其上申韓者，其下必佛老。故張居正蹙天下於科條，而王畿李贄之流益橫而無忌。何也？夫人重足以立，則退而託於虛玄以逃咎責。法急而下怨其上，則樂叛棄君親之說以自便。而心亡罪滅，抑可謂叛逆汨沒，初不傷其本無一物之天眞。由此言之，禍至於申韓，而發乃大。

源起於佛老，而害必生。而浮屠之淫邪，附莊生而始濫。端本之法，自虛玄始。區區巫鬼侈靡之風，不足誅也。……（讀通鑑論卷十七，梁武帝。）

船山所論，尙不能十分盡其義。蓋嘗論之，法家之所以爲法家，不在其用法，亦不在其信賞必罰，綜核名實。（世俗徒視此爲法家，甚害事。）而單在其用法之根據，在其所規定用法之君之以術成。儒家之君之爲神聖以德成，法家之君之爲不測以術成。此實兩者之肯要區別。以術成者，故君之德爲詭密陰險，無仁無智，無禮無義，只是一陰森之深潭，而無光明俊偉氣象。君之本身爲一陰森之深潭，是其本身已陷於殘刻枯燥，而自藏於黑暗之地獄，不能面對光明之眞理，則自不能有光明以傳達於社會而普照於人類。然彼之深潭之權術，又不能無所藉以下達，以收統治之效。其所藉以下達者，唯是極端外在之賞罰之法。是以其所下達者，亦只是黑暗冷酷，將全人類投置於非人性之工具機械之地獄中。君之深潭與社會乃絕然間隔不通者。其所恃以連結此間隔者，唯是法。任何國家不能無法，任何政治思想亦不能不重法，儒者亦不忽視法。惟於法家思想中，君之深潭與社會間隔不通，而唯賴法以下達，則套於此系統中之「法」始成爲莫大之罪惡。質言之，罪惡不在法本身，而在陰森之深潭也。就戰國時代言，其時代精神爲「盡物力之物量精神」，而兩眼一往外注，其內在之衝動者一往爲原始之粗暴物力，是則其心喪已久，其生命已乾枯而暴燥，處其內而爲之本者早已成爲虛無之黑暗。而順春秋以來，井田制破壞，君、士、民漸從共同體之破裂中而解放出，此時本當向「政治格局之客觀化」而趨，創制立法正其時也，卽本應出現一種法之運用，然時代精神旣爲物量之精神，而毫無文化生命文化理想爲其正面之根據，故法之運用遂不得其正果，而成爲法家手中之法，徒顯一否定之用，（否定價値層級，否定人性與個性，順對於周之貴族政治之否定而一起否定之。）顯一窒死一切之用，（窒死文化生命，文化理想，窒死人民之生機，使其純歸於物化而落於工具機械中。）故由「盡物力之物量精神」，轉出法家而用於秦，遂由物量而凝結爲數量，以成爲否定的整齊劃一之機械或渾同。此種示於外的機械或渾同實由法家的政治運用而形成。而此政治運用背後之精神則爲一數量之精神，漆黑渾同之精神：其心已喪，其內在而爲之本者已成爲虛無之黑暗，故只有此僵化的渾同齊一之數量精神。然欲運用法而窒死一切，則必訓練一運用之深潭，即必須由數量精神再推進一步而建立一陰險黑暗之秘窟：此所以由商鞅之法，申不害之術，而至韓非之法術合一，乃爲一必然之發展綜和。其學至此而完成，其政治運用亦必至此而完成。在商鞅，尚只爲一數量精神，然凡此類天資刻薄之人，其心已喪。由其心喪所成之「虛無之黑暗」尚爲一自然的不自覺者。至韓非（經過申不害）．則根據此「虛無之黑暗」自覺地建立一陰森之秘窟，以爲不測之深淵。至此，大惡乃成。秦政，即以其變態之心理，陰狠之天資，而以李斯助其虐，運用此一套而窒死天下者。及其窒死一切，其自身亦死。實則彼早已心喪，故早已死。說其自身至此亦死，乃謂其至此必轉而爲窮奢極欲，毀滅其自己。故趙高勸二世謂：所貴爲天子者，即在享樂腐敗。當其黑暗之發洩，尚在有對之時，彼必堅持其狠愎。及其黑暗渾同一切，以爲天下已無事，彼自身即呑歿于此黑暗中而被毀滅。實則天下並不死，毀滅者其自己也。

韓非所自覺地建立之秘窟，正有合于老莊之本體。盖道家所復之本體正是只有普遍性而無個體性之「渾同之全」。彼等破除一切有限對立之涯岸與界限，而惟是顯一純圓之普遍性，顯一無限之渾全。彼等亦否定價值，否定人性個性。此渾同之全，落于「心」上說，只是一無內容之虛靈覺照。（與良知不同，船山于此不辨。）故純爲認識的，而非道德之天心。故仁義不能從此出，內在道德性不能由此立，而將仁義禮法，一切價值性，俱推出去而視爲外在之相對者，視爲人爲之虛妄分別，巧慧之穿鑿。故老子云：「大道廢，有仁義。」而莊子則必齊物而歸于渾全。老子道德經中尙存有樸、厚、慈、儉，諸觀念，故西漢用之而得小康。（亦唯樸實之農民政府可用之而得其利。）至莊子，則純爲玄談。魏晉以後，知識分子承風接響，而益恣肆疲軟，玩弄小慧，始大害乃成。此種只有普遍性而無個體性之渾圓，否定價值，否定人性個性之玄同，最易取爲法家之體。故韓非有喻老解老之作。其自覺地建立陰森之秘窟，正以道家之本體爲據也。此兩者必相濟而相沿。戰國時，此種思想尙屬開始。其相濟相沿，尙不顯。魏晉以後，理論上與時風上，其相濟相沿乃成爲必然之慣路。蓋其背後，俱爲一純否定之渾同精神。道家唯是顯一無限（渾同之全），故其本身亦爲一純量之精神。（純普遍性即是一未界定之純量。）落于實際，卽爲物量數量。故船山云：「其敎佛老，其法必申韓。」而當浪漫否定之時代，或物化墮落之時代，人之生命一切不能承受，卽以此渾同爲理想，以陰涼暗淡之浮明投射此渾同，爲其奄奄待斃之生命之光景。此爲軟性之放縱恣肆。承風接響，一切皆悲觀，一切皆暗淡，不能有一可肯定，一切皆視爲桎梏荐梗，而必須衝破，必須廢棄，相習旣久，則必激出粗暴之反動，而爲硬性之放縱恣肆，此卽申韓之法，藉以實現其渾同。而當此之時，則嚮往渾同理想之浪漫恣肆已不可得而存在矣。是則此兩者不但相沿相濟，而且相反噬而顚倒無已時。此在以往，尙不甚顯。而在今日則大顯。以往只是申韓佛老之相沿相濟相顚倒，而今日則有蘇俄共黨之申韓佛老綜和于一身。

彼以唯物史觀，唯物論，自覺地渾同一切，漆黑一切，而投射一渾同漆黑之全于未來，以爲玩人辱戮人之影子與藉口。（此即其所謂無階級對立之社會。）彼復自覺地以其道訓練其自己而爲心喪之秘窟，陰險殘酷之深淵。復由此而玩弄一切如芻狗，而否定一切爲虛無。佛老尙是向上嚮往一虛靈的渾同，而共黨則向下以純物化而引發一渾同。申韓尙守一整齊劃一之法而愚民，而共黨則唯是恐怖、玩弄、說敎（邪敎）而無法。當其未得政權也，則以其渾同之影子吸引誘惑具有浪漫理想之青年。及其已得政權，或一落于其彀中，則軟性之浪漫者被否定，而硬性之浪漫者則正投合而無間。在以往爲申韓佛老，在今日必爲共黨。此是一脈相承之精神，而唯因唯物論唯物史觀而加深其禍害，加重其罪惡，造成更大更普遍之毀滅。愚賤無知之輩，謂中國布爾什維克氣質所以如此之烈，乃因儒家理學家所養成，而不知其實在申韓佛老也。以如此之愚賤無知而妄說，如何不引出共黨之反動而辱戮之如芻狗。肯定人性個性，肯定價值，捨儒家其誰肯樂道之，其誰能庇護之？而亦唯儒家精神始能容納愚賤無知而諒其胡說。若只向往渾同而否定一切之新式的申韓佛老，尙能容許汝之存在乎？蓋彼正由于此類之卑陋無知，昏暗成性，而起之反動也。故王船山曰：「賊聖人之道，以召異端之侮而堅其邪辟者，小人儒乎君子之後而惡之，不敢謂君子之惡非正也。唯小人而託于儒，（今日即爲託于知識分子），因挾儒以利其小人，然後異端者乃挾以譏吾道之非，而曰：爲小人資者儒也。……」（讀通鑑論，卷十八。）其邪者也。……君子小人之大辨，人禽之異，義利而已矣。小人之趨利而無恥，君子惡之，異端亦從也。異端則既與我異爲端矣，不相淆也。然異端亦固有其端，非沈溺于流俗之利欲而忘其君父，以殉

自五四運動以來，此種小人儒布滿朝野，把持政教，斲喪文化生命，摧殘文化理想，遂激出異端之反

動。以此輩人而反異端，吾知其必愈反愈多也。世運如此，豈不哀哉！

朱子曰：「老佛之徒出，彌近理而大亂眞。」蓋眞理有多高，魔亦必隨其層次而與之齊。彼不徹上徹下，通透其爲魔，不足以與風作浪，迷惑愚衆。其所以「彌近理而大亂眞」者，正因其層次與「眞」齊而通體爲魔也。魔之界定爲「純否定」。不肯定價值，不肯定人性，個性，否定人文世界，人格世界，卽爲「純否定」。以往之佛老，尙是個人之修養，一往內斂而復其虛靈之圓覺，故放棄一切而退處山林，而不與世爭。其放棄人倫，否定價值，只是爲其個人宗趣而然，尙未敢回過頭來積極破壞而毀滅之。忠臣孝子，信人善人，彼亦敬愛而護念之，雖視之爲俗世人而爲未覺者，尙不敢詬詆而摧殘辱戮之。又彼講慈悲，寡欲，戒殺，此一限制亦留人間元氣不小。竊其說以用世，或自社會生活，時代風氣而言之，爲害不淺。然彼限于其自身而不用世，亦未始不是人間一付清涼散。（凡佛老之徒，其心必冷必忍，故必須自封自限，不可外出牽連世事。所謂慈悲渡人渡世等等宣傳，最好還是收起，庶可少造孽。作個阿羅漢而爲小乘，是其本分。過此以往，卽變質。變質卽不是其敎所能勝任。大乘之任非轉入儒敎不可。）自新式異端出，則無如此客氣與限制。由個人的變爲集團的，由內斂的變爲外逐的，由虛靈圓覺之心境變爲「無限的物質」之漆黑。他們宣稱要救苦救難，爲無產大衆之解放盡其神聖之使命，而奔向那漆黑之渾同。漆黑之渾同是一個絕對，是一個最高之層次。依此，他們的事業是神聖之事業，他們全幅是正義，因而他們自己就是神聖自己。（物質的神聖，注意。）他們要訓練其自己爲如此之神聖，首先以外在的無產大衆（一個集團概念）爲標準，而以「漆黑渾同」爲影子。然無產大衆亦是凡人，又根器不必深厚。所以由他們來替天行道，要放棄一切來學那赤裸裸無牽掛的無產大衆。（但不幸無產大衆亦有妻室兒女。）他們這種學習就是要客觀化普遍化他們的生命于集團概念，于漆黑渾同。這一步客觀化，普遍化，遂使他們自覺儼若爲神聖，儼若担負一神聖之使命。他們只有普遍性而無個體性，只有黨性而無個性。誰若有個性，則必須以整風運動來連根剷除之。（他們名個性爲小資產階級意識。）他要把你的生命完全僵化而套于機械系統中。（完全普遍化即完全僵化。）他們知道人倫是仁義之根源，所以必須剷除之。假若你有不忍之心，他說你這是小資產階級之慈悲。假若你有人倫之牽連，他說你未脫掉小資產階級之包袱，你未曾客觀化普遍化你的生命。所以你要客觀化普遍化，你必須心喪。心喪而套于機械系統中，依普遍性而運用其邪辟穿鑿之巧智，儼若一切爲廓然而大公，一切順機械系統之如如而無一毫私意精采留其中。（此即爲道之似。）假若你固執你過去之經驗與成績，守之而不放，以爲措施之根據，則名之爲經驗主義，此必須打掉。假若你想出風頭，露精采，剛愎自用，担負過多，而不知順機械系統之如如，因而衝破普遍性之全體，則爲英雄主義，個人主義，此亦必須打掉。假若你死守依普遍性、機械系統、而定之措施敎條，而不知活用，則爲形式主義，此必須打掉。假若你情感衝動而激急前進，則爲左傾幼稚病，此必須從根磨練。假若你太靈活，而罔顧機械系統之全體，則爲機會主義，此必須整肅。假若你有人味，而忘掉神聖之事業，則爲溫情主義，此必須嚴厲制裁。諸此種種不一而足。其用心之深，體會之透，可謂盡魔道之極致。「心達而險，言僞而辯，行僻而堅，」于此，吾始得其解。以往聖賢講學，亦敎人廓然而大公，順良知之天理走，使心變爲神心之用，透至最高層，而達最圓熟之境界。然聖賢敎人是由仁義之心入，由內在道德性所見之性善而轉出。今則從窒死生命入，從殺戮恐怖狠愎之制裁而轉出，從種種侮辱挫折中使其不成爲人而投之于機械系統中。爲道之似而非道，爲眞理之影子而非眞理，爲純否定之魔而非神聖之上帝。茲引王龍溪一段語錄以作對照：

荊川唐子開府維揚，邀先生往會。時已有病，遇春汛，日坐治堂，命將遣師，爲防海之計。一日退食，笑謂先生曰：公看我與老師之學，有相契否？先生曰：子之力量，固自不同。若說良知，還未致得在。荊川憤然不服云：試擧看。先生曰：適在堂遣將時，諸將校有所禀呈，辭意未盡，即與攔截，發揮自己方畧，令其依從。此是攙入意見，心便不虛，非眞良知也。將官將地方事體請問，某處該如何設備，某事却如何追攝，便引証古人做過勾當，某處如此處，某事如此處，自家一點圓明，反覺凝滯。此是攙入典要，機便不神，非眞良知也。及至議論未合，定着眼睛沈思一會，又與說起，此等處認作沈幾研慮，不知此已攙入擬議安排，非眞良知也。有時奮掉鼓激，厲聲抗言，使若無所容，自以爲威嚴不可犯，不知此是攙入氣魄，非眞良知也。有時發人隱過，有時揚人隱行，有時行不測之賞，加非法之罰，自以爲得好惡之正，不知自己靈根，已爲搖動，不免有所作，非眞良知也。他如製木城，造銅面，畜獵犬，不論勢之所便，地之所宜，一一令其如法措置，此是攙入格套，非眞良知也。嘗曰：我一一經營，已得勝算，猛將如雲，不如着一病都堂在陣，此是攙入能所，非眞良知也。……荊川憮然曰：吾過矣。……

意見，典要，擬議安排，氣魄，有所作，格套，能所，一一打掉，方顯良知天理之活用。讀者試看新異端所要去掉者，豈不亦類此乎？彼自覺爲神聖，作神聖事業，豈無故哉？然一在顯良知天理之活用，一在套入機械系統中，其爲「道之似」之大魔不亦顯然可見乎？

第三部　楚漢相爭：綜論天才時代

第一章　天才時代之來臨

第一節　天才人物

秦滅六國，混一天下。自春秋戰國以來，公族子孫，攜其所提挈之力量，表現其生命於歷史舞台之上，在對消之中，至此而盡歸澌滅。而當六國滅盡之時，亦即秦之生命枯竭之時。孰知斷潢絕港，而又柳暗花明。秦之所名爲黔首者，乃蠢動其生命於蓁莽大澤之中。此即劉邦之時代。吾人於此名爲天才時代。

劉邦父稱太公，無名。毋曰劉媼，並亡其姓。可見其純爲平民。禮記郊特牲曰：「古者生無爵，死無謚。」又曰：「人無生而貴者」。劉邦之在斯世，乃一赤裸裸之原始生命也。無任何世家門第可言，無任何文化裝飾可憑。只是蒙昧中一片靈光，而獨闢草萊也。

史記高祖本紀云：「高祖爲人，隆準而龍顏，美須髯，左股有七十二黑子。仁而愛人，喜施。意豁如也。常有大度，不事家人生產作業。及壯，試爲吏。爲泗水亭長。廷中吏無所不狎侮。好酒及色。」他自有一幅生命充沛氣象。又曰：「高祖常繇咸陽。縱觀。觀秦皇帝。喟然太息曰：嗟乎！大丈夫當如此也。」此只是其生命之高聳無猥瑣。又曰「單父人呂公，善沛令，避仇，從之客。因家沛焉。沛中豪傑吏，聞令有重客，皆往賀。蕭何爲主吏，主進。（進本作賮。）令諸大夫曰：進不滿千錢，坐之堂下。高祖爲亭長，素易諸吏。乃紿爲謁曰：賀錢萬。實不持一錢。謁入，呂公大驚。起，迎之門。呂公者，好相人。見高祖狀貌，因敬重之。引入坐。蕭何曰：劉季固多大言，少成事。高祖因狎侮諸客，遂坐上坐。」其生命之揮洒無顇，固足以俯視一切，亦非任何成規所能束縛。莊子言：「其進退一成規，一成矩；其從容一若龍，一若虎。明於禮義，而陋於知人心。」劉邦固自有其格。然其龍虎之姿，規矩之格，非從容進退之中，明於禮義，而陋於知人心者也。劉邦固不明於禮義，亦非知人心者。莊子所想望者以「知人心」爲超出「明於禮義」者，而劉邦之超出「明於禮義」者，則在其原始生命之燦爛也。又曰：「高祖以亭長爲縣送徒酈山。徒多道亡。自度比至皆亡之。到豐西澤中，止飲。夜乃解縱所送徒曰：公等皆去，吾亦從此逝矣。徒中壯士願從者十餘人。高祖被酒，夜經澤中，令一人行前。行前者還報曰：前有大蛇當徑。願還。高祖醉，曰：壯士行，何畏？乃前，拔劍擊斬蛇，蛇遂分爲兩，徑開。」此是其生命之首次衝破其障碍。天才之表現，原在其生命之充沛，元氣之無碍。惟天才爲能盡氣。惟盡氣者，爲能受理想。此只是其一顆天眞之心，與生機之不滯也。秦政荼毒其所謂黔首，而不知生命之光烱爍於原野之中，固非任何僵枯狠愎者之役使所能窒塞也。

劉邦以素樸之資，豁達之才，任何既成的文化機括，皆非其所曾聞，亦非其所欲聞。無所假借，自我作古，其始所自適而好之者，竹皮冠耳。「高祖爲亭長，乃以竹皮爲冠，令求盜之薛治之，時時冠之。及貴。常冠，所謂劉氏冠，乃是也。」（高祖本紀）。此與東漢郭林宗以折巾欣動時俗雅趣者，迴乎不同矣。當時，辯才之士，戰國遺風所流傳者，猶不少概見。如酈生，陸賈，叔孫通，皆讀書。或識禮，或有辯才。而爲當時所目爲儒生者。實則自儒家言之，皆賤儒耳。或亦不可說爲儒。而自平民集團言之，則儒也。劉邦以不習於任何文化機括，而又守其本素，故甚厭儒者。然以其豁達之資，無成見之心，則凡言之適事而應理者，彼亦翻然樂受也。其受之也，以其便於事而順於心，非視之爲一有歷史背景之客觀文化傳統也。其崛強可知,其豁達可知,其足以拆散任何習氣機括可知。酈生輩固不足以代表一有理想意義之文化系統，而當時縱有能代表者，亦不甚高。亦與時代不相適也。其不願受劉邦之嫚罵而隱處自愛者，劉邦亦不欲聞問也。酈生陸賈列傳：「酈生食其者，陳留高陽人也。好讀書，家貧落魄，無以爲衣食業，爲里監門吏。然縣中賢豪不敢役。縣中皆謂之狂生。及陳勝項梁等起，諸將徇地，過高陽者數十人，酈生問其將，皆握齱。好苛禮自用。不能聽大度之言。酈生乃深自藏匿。後聞沛公將兵畧地陳留郊，沛公麾下騎士，適酈生里中子也。沛公時時問邑中賢士豪俊。騎士歸，酈生見，謂之曰：吾聞沛公慢而易人，多大畧，此眞吾所願從遊。莫爲我先。若見沛公，謂曰：臣里中有酈生，年六十餘、長八尺，人皆謂之狂生，生自謂我非狂生。騎士曰：沛公不好儒，諸客冠儒冠來者，沛公輒解其冠，溲溺其中，與人言，常大罵。未可以儒生說也。酈生曰：第言之。騎士從容言如酈生所誡者。沛公至高陽傳舍，使人召酈生，酈生至，入謁，沛公方倨床，使兩女子洗足，而見酈生。酈生入，則長揖不拜，曰足下欲助秦攻諸侯乎？且欲率諸侯破秦也？沛公罵曰：豎儒！夫天下同苦秦久矣，故諸侯相率而攻秦，何謂助秦攻諸侯乎？酈生曰：必聚徒合義兵，誅無道秦，不宜倨見長者。於是沛公輟洗，起攝衣，延酈生上坐，謝之。」當時，人皆朴直，無成規可依據，無虛套可裝飾，純以原始生命相表露，以天資相折衝。食其如此，邦亦如此。此爲後來各時代所不能有者。於此可見純爲天才時代，而非文化系統時代也。又：「初，沛公引兵過陳留，酈生踵軍門上謁曰：高陽賤民酈食其，竊聞沛公暴露，將兵助楚討不義，敬勞從者願得望見，口畫天下便事。使者入通。沛公方洗，問者曰：何如人也？使者對曰：狀貌類大儒：衣儒衣，冠側注。沛公曰：爲我謝之，言我方以天下爲事，未暇見儒人也。使者出謝曰：沛公敬謝先生，方以天下爲事，未暇見儒人也。酈生瞋目案劍叱使者曰：走！復入言沛公，吾高陽酒徒也。非儒人也。使者懼而失謁，跪拾謁還走，復入報曰，客天下壯士也，叱臣，臣恐，至失謁。曰：走復如言，而公高陽酒徒也。沛公据雪足杖矛，曰：延客入。酈生入。」此段記載，事與前同。極有聲色。既定天下，仍不喜聞詩書。「陸生時時前說稱詩書，高帝罵之曰：乃公居馬上而得之，安事詩書？陸生曰：居馬上得之，寧可以馬上治之乎？……高帝不懌，而有慚色。」（陸賈傳）。又叔孫通傳：「高帝悉去秦苛儀法，爲簡易。羣臣飲酒爭功，醉或妄呼，拔劍擊柱。高帝患之。臣願徵魯諸生，與臣弟子，共起朝儀。高帝曰：得無難乎？叔孫通曰：五帝異樂，三王不同禮。禮者因時世人情爲之節文者也。……上曰：可試爲之，令易知，度吾所能行，爲之。」因酈生而馳驟，因陸生而知書，因叔孫通而知禮。彼亦能逐步客觀化其生命者也。是天資而服善，好簡易而從理：固未曾僵滯於其主觀之資質中而不化也。故唯天才爲能盡氣。

當時又有一典型之人物曰張良。良與邦相得而彰智。史記留侯世家云：「良數以太公兵法說沛公，沛公善之。常用其策。良爲他人言，皆不省。良曰：沛公殆天授。故遂從之。」張良自見圯上老人後，沈潛從容，靈府獨運。一洗少年刺客之習。故史公稱其貌如婦人好女。實則靜如處女，動若脫兎。故能運斯世於掌上。一點半撥之間，而紛難解，功業成，可謂絕頂聰明之人物。不謂之爲天才不得也。然與酈生輩不可同日而語矣。邦好嫚罵。慢易人，而獨重張良。蓋其縱橫之風姿，每遇良而收殺，輒迅速而聽之。此見良與邦相得而彰智。邦之能收殺，非因良有魁梧奇偉之氣概，實因其沈潛從容之智慧也。氣概固不足以懾沛公。項羽叱咤一世，而終爲其風姿所折服。是以張良者乃劉邦之「形式因」也。惟「形式因」能實現劉邦之才質，能完成劉邦之天資。此其所以每遇良而收殺也。「沛公入秦宮，宮室帷帳狗馬重寶婦女以千數，意欲留居之，樊噲諫沛公出舍。沛公不聽。良曰：夫秦爲無道，故沛公得至此。夫爲天下除殘賊，宜縞素爲資。今始入秦，即安其樂，此所謂助桀爲虐。且忠言逆耳利於行，毒藥苦口利於病。願沛公聽樊噲言。沛公乃還軍霸上。」一經疏導，便爾從諫。雙方並不費力也。可見其智之明，心之靈。「張良多病，未嘗特將也。常爲畫策臣。時時從漢王。漢三年，項羽急圍漢王滎陽，漢王恐憂。與酈食其謀撓楚權。食其曰：……陛下誠能立六國後世，畢已受印。此其君臣百姓，必皆戴陛下之德，莫不鄉風慕義，願爲臣妾。德義已行，陛下南鄉稱霸，楚必歛袵而朝。漢王曰：善，趣刻印，先生因行佩之矣。食其未行，張良從外來謁。漢王方食。曰：子房前，客有爲我計撓楚權者，具以酈生語告於子房，曰：如何？良曰：誰爲陛下畫此計者，陛下事去矣。王曰：何哉？張良對曰：臣請藉前箸爲大王籌之。曰：昔者湯伐桀，而封其後於杞者，度能制桀之死命也。今陛下能制項籍之死命乎？曰：未能也。其不可一也。武王伐紂，封其後於宋者，度能得紂之頭也。今陛下能得項籍之頭乎？曰：未能也。其不可二也。武王入殷，表商容之閭，釋箕子之拘，封比干之墓。今陛下能封聖人之墓，表賢者之閭，式智者之門乎？曰：未能也。其不可三也。發鉅橋之粟，散鹿台之錢，以賜貧窮。今陛下能散府庫以賜貧窮乎？曰：未能也。其不可四矣。殷事已畢，偃革爲軒，倒置干戈，覆以虎皮，以示天下不復用兵。今陛下能偃武行文，不復用兵乎？曰：未能也。

其不可五矣。休馬華山之陽，示以無所爲。今陛下能休馬無所用乎？曰：未能也。其不可六矣。放牛桃林之陰，以示不復輸積。今陛下能放牛不復輸積乎？曰：未能也。其不可七矣。且天下遊士，離其親戚，棄墳墓，去故舊，從陛下遊者，徒欲日夜望咫尺之地。今復六國，立韓魏燕趙齊楚之後 天下遊士，各歸事其主，從其親戚，反其故舊墳墓，陛下與誰取天下乎？其不可八矣。且夫楚唯無彊，六國立者，復撓而從之。陛下焉得而臣之？誠用客之謀，陛下事去矣。漢王輟食吐哺罵曰：豎儒幾敗而公事。令趣銷印。」食其勸立六國後，子房止立六國後，兩人之智，霄壤之別。察事變之謂智。非沈潛從容者不能也。見幾而作，不俟終日。知幾其神乎？良與邦之相得而彰智，豈不然乎？（後來孔明隆中對，默觀大勢，瞭如指掌。亦可謂智者矣。劉基料事亦多中，而氣質類酈生。兩人皆不及子房也。禮記經解云：絜靜精微，易敎也。子房可謂深於易者矣。而沈潛從容，功成身退，無聲而來，無聲而去，可謂淵默而雷聲矣，故不流於賊也。此唯天才者能之。唯天才爲能盡氣，於子房亦然。）淮陰侯列傳載韓信平齊，欲假王。「當是時，楚方急圍漢王於滎陽。韓信使者至，發書。漢王大怒，罵曰：吾困於此，且暮望若來佐我，乃欲自立爲王。張良、陳平、躡漢王足，附耳語曰：漢方不利，寧能禁信之王乎？不如因而立。善遇之。使自爲守。不然，變生。漢王亦悟。因復罵曰：大丈夫定諸侯，即爲眞王耳。何以假爲？乃遣張良立信爲齊王。徵其兵擊楚。」其機之轉如此之速，誠不可及。留侯世家又云：「劉敬說高帝曰：都關中。上疑之。左右大臣皆山東人，多勸上都洛陽。洛陽東有城皋，西有殽黽：倍河，向伊洛，其固亦足恃。留侯曰：洛陽雖有此固，其中小，不過數百里。田地薄，四面受敵。此非用武之國也。夫關中：左殽函，右隴蜀，沃野千里；南有巴蜀之饒，北有胡苑之利；阻三面面而守，獨以一面專制諸侯。諸侯安定，河渭漕輓天下，西給京師。諸侯有變，順流而下，足以委輸。此所謂金城千里，天府之國也。劉敬說是也。於是高帝卽日駕。西都關中。」劉敬發其議，山東大臣爭之。子房一加疏導，便成定局。非其幾不言，言則必中：子房是也。出語有碍者，滋生疑惑。智之轉如珠走盤者，則聞之而心悟。心悟而作，不俟終日，高帝是也。范增言之於項羽，項羽不聽也。自謂富貴不歸故鄉，如錦繡夜行。故有沐猴而冠之譏。由此觀之，項羽僵滯於其主觀之氣質，而不能客觀化其生命，其境界亦與邦之山東諸大臣等耳。何足與劉邦相角逐？故唯子房能造劉邦，唯劉邦能受子房也。（西漢都關中，光武都洛陽，除形勢外，亦有經濟理由。關中自秦因韓水工鄭國爲之開渠後，富饒甲天下。高帝有事關東，蕭何居關中轉運軍需，不虞虧乏。光武事河北，以寇恂居河內，給軍糧，比蕭何。則山西河內亦富庶之區也。）

凡留侯助高祖定天下而見其智者，其犖犖大者，一爲勸阻立六國後，一爲定都關中，一爲設策安太子。一見留侯之智，一見高帝之逐步客觀化其生命。留侯世家云：「上欲廢太子，立戚夫人子趙王如意。大臣多諫爭，未能得堅決者也。呂后恐，不知所爲。人或謂呂后曰，留侯善畫計策，上信用之。呂后乃使建成侯呂澤刼留侯曰：君常爲上謀臣，今欲易太子，君安得高枕而臥乎？留侯曰：始上數在困急之中，幸用臣策。今天下安定，以愛欲易太子，骨肉之間，雖臣等百餘人，何益？呂澤彊要曰：爲我畫計。留侯曰：此難以口舌爭也。顧上有不能致者，天下有四人。四人者年老矣，皆以爲上慢侮人，故逃匿山中。義不爲漢臣。然上高此四人。今公誠能無愛金玉璧帛，令太子爲書，卑辭安車，因使辯士固請，宜來。來以爲客，時時從入朝，令上見之。則必異而問之。問之，上知此四人賢，則一助也。」四人者，商山四皓也。又云：「及燕置酒，太子侍。四人從太子。年皆八十有餘。鬚眉皓白。衣冠甚偉。上怪之，問曰：彼何爲者？四人前對，各言名姓，曰：東園公，甪里先生，綺里季，夏黃公。上乃大驚曰：吾求公數歲，公避逃我。今公何自從吾兒遊乎？四人皆曰：陛下輕士善罵，臣等義不受辱，故恐而亡匿。竊聞太子爲人，仁孝恭敬愛士，天下莫不延頸欲爲太子死者，故臣等來耳。上曰：煩公幸卒調護太子。四人爲壽已畢，趨去，上目送之。召戚夫人指示四人者曰：我欲易之，彼四人輔之，羽翼已成，難動矣。呂后眞而主矣。戚夫人泣。上曰：爲我楚舞，吾爲若楚歌。……竟不易太子者，留侯本招此四人之力也。」凡此記載，一見高祖能捨愛從公，即客觀化其生命，而不僵滯於其主觀之氣質。一見在世襲制之下，太子之立依宗法制而有其客觀之意義，不可隨意變動。變更無常法，繼世者無客觀之規定，則國家之定常者即不能立，而統一太平之局亦不能維持。此制，自周確立宗法制以來，直至滿清，皆遵守而不渝者。然一因夾雜骨肉之情，客觀者終不能得其純粹之客觀化；二因定常者寄於具體之個體，雖云世世無窮，（此制在概念上函有定常無窮之意），終不能實現其無窮。此爲值得一深思之問題。此實不能寄望於留侯，而當責望於儒者。然二千年來，儒者終不能用其思想，闢出此問題之坦途。此固非純爲思想問題，其實現也，必有待於其他條件之形成。然思想之開闢，固足以指出此問題解答之關鍵。劉邦之興起，其集團爲天才之表現。其精神之函義不能觸及此問題。子房智足以察事變，而本質在因順成事，亦不函攝觀念之創造。武帝後，接受文化系統之時，可以觸及此問題。吾將在後詳論之也。

劉邦之爲天才式的客觀化其生命，（非理性式的），至其生命將終之時益顯。高祖本紀云：「高祖擊布時，爲流矢所中，行道病。病甚。呂后迎良醫。醫入見，高祖問醫。醫曰：病可治。於是高祖嫚罵之曰：吾以布衣提三尺劍，取天下，此非天命乎？命乃在天，雖扁鵲何益？遂不使治病，賜金五十斤罷之。已而呂后問曰：陛下百歲後，蕭相國卽死，令誰代之。上曰：曹參可。問其次。上曰：王陵可。然陵少戇，陳平可以助之。陳平智有餘，然難以獨任。周勃厚重少文。然安劉氏者，必勃也。可令爲太尉。呂后復問其次。上曰：此後亦非而所知也。」吾每讀此文，輒悵惘不能已。孔子曰：「三十而立，四十而不惑，五十而知天命。」吾常謂人生三十四十，乃奮發其氣質，揮擴其天資之時。奮其氣，求有所立；擴其資，求智有所不惑。氣與資用事之時，卽力（勇）與智當令之時。在比賽之中，互相角逐，皆自以爲首出庶物，無有足以掩蓋之者。而視天地間一切人物，皆爲比賽中之資具，盡牽於比賽之中，內在化而爲勇智之表現，無有超越而外在者，足爲吾人之崇敬。立與不惑猶盡氣之事也。（孔子說此是理性的，劉邦之表現此義是天才的。）至五十而知天命，則知有無限者超越而在上，天資氣質之無限乃頓縮而爲有限。故「知天命」方是盡性之事也。盡氣爲天才，盡性爲聖人。孔子之知天命，聖人之事也。以其爲理性的。劉邦之知天命，天才之事也。以其爲天資的。故其客觀化其生命，乃天才式的，非理性式的也。吾舊有「天才的宇宙與理性的宇宙」一文，正論劉邦者也。茲附於此，以明其義。

第二節　天才的宇宙與理性的宇宙

司馬遷作項羽本紀，文章生動，對於西楚霸王寄以同情之感，而於高祖本紀，則不甚鋪張揚厲。

人遂鄙劉邦而厚項羽。論者又常以朱元璋比劉邦：平民創帝業一也，誅戮功臣二也，陰險殘刻三也。以此推彼，益多可憎。實則皆皮相之見，不可爲訓。朱元璋別是一格，自有其心理之變態。總持觀之，其格自低。至劉邦與項羽爲同時代之風雲人物，而項羽之格亦不及劉邦遠甚。劉邦之格甚高，自有其可愛處。非可以陰險二字概之也。「豁達大度」足以盡之，而人不盡曉其所以。聖賢非不豁達，而不可以豁達大度狀孔孟。自工夫來者又不同。劉邦之豁達大度自是屬於英雄之氣質的，所謂天才也。而此種氣質胥由其儀態以及其現實生活之風姿布表現。吾在舊京時，至萬生園，見獅子。覺其目中無物，俯視一切，眞不愧爲獸中之王。而虎豹洶湧窺伺，東追西逐。徒見其兇而殘。劉邦蓋獅子象也。其氣象足以蓋世，其光彩足以照人。此亦天授，非可强而致。强而上騰，則費力而不自然，不可以懾服人。所謂矜持而亢也。天授者則其健旺之生命，植根深，故發越高，充其量，故沛然莫之能禦。充實之謂美，充實而有光輝之謂大。所謂風姿也。天才之表現是風姿，乃混沌中之精英也，荒漠原野中之華彩也。馳騁飄忽，逐鹿中原，所過者化，無不披靡。故其機常活而不滯，其氣常盛而不衰。觀之似不成套，而其格之高卽在其不成套。劉邦並無一定之系統，而其系統在張良，在蕭何，在韓信。李世民自是天才，虬髯客傳記其「不衫不履，裼裘而來，神氣揚揚，貌與常異，虬髯默居末座，見之心死。」又云「精采驚人，長揖而坐，神氣清朗，滿座風生，顧盼煒如也，道士一見慘然。」其光彩之照射有如是。其風姿可謂美矣。然吾總覺其似不及劉邦高。吾嘗思其故，蓋卽在一成套一不成套也。太宗有文武才。文有文套。武有武套，自文武之成套言，劉邦不及李世民。然劉之不成套正其所以爲高也。

其機常活，故極靈。靈則智生。張良以兵法與他人語皆不省。與邦語則豁然解，故曰「沛公殆天授」。韓信平齊，欲假王。邦大怒，罵曰：「吾困於此，旦暮望若來佐我，乃欲自立為王。」張良陳平躡其足，附耳與之語，則頓時悟，因復罵曰：「大丈夫定諸侯，即為眞王耳，何以假為？」其機之轉如是其速。無沾滯，無吝嗇。彼固不以韓信縈其懷也。前罵非嗇，後罵非詐。兩番嫚罵，正示其擺得開，站得住。超轉無常，而無有足以搖撼之者。此其所以不可及也。婁敬一微賤人耳，勸其移都長安。一詢張良，當時即遷。此亦不可及。韓信論項羽曰：「項王喑啞叱咤，千人皆廢，然不能任屬賢將，此特匹夫之勇耳。項王見人，恭敬慈愛，言語嘔嘔，人有疾病，涕泣分飲食。至使人有功，當封爵者，忍不能予，此所謂婦人之仁也。……項王所過，無不殘滅者。天下多怨，百姓不親附。特刧於威强耳。」韓信所論，大抵甚是。其病總在沾滯與吝嗇。既沾滯矣，則不能化物；既吝嗇矣，則為物移。既為物移，則內輕而外重。既內輕矣，其拔山氣力只是匹夫之勇，血氣也。既外重矣，則嘔嘔之仁只是婦人之仁，故吝而不捨。既嗇刻又有血氣之勇，自然殘滅。屠咸陽，坑秦卒。皆殘滅也。雖不可說陰險，而可說狠愎。其所以流於狠愎，總在為物所繫，而不能化物，故流於狠愎而毀之耳。以物為累墜，而又不能佔有之，故必毀之而後快。以物為累墜，言其滯於物而不能化。必欲佔有之，言其私。不能佔有而毀之，言其狠。此皆示其格之不高也。故雖叱咤一世，千人披靡，終為陰性英雄，而非陽性英雄。及至烏江自刎，亦其狠愎之自己結束耳。劉邦極靈極活，能超脫而不滯於物，此之謂大勇。雖不能如孟子所稱之武王之大勇，而此亦可謂大勇，此種大勇以天姿靈活而規定。以其極超脫而不滯於物，故不吝嗇，亦不可說殘滅，謂之權詐陰險則更非。須知彼乃逐鹿中原之人物，非聖賢之所為。在現實中馳騁角逐，自有其曲折宛轉。其靈活超脫之生機不能一往無阻，而時有堅強之質礙衝撞而折回。折回而不滯，故常靈活而暢達。殺一不辜而得天下不爲，進退出處，以義爲斷，此則天理流行，純直無曲。乃聖賢之所爲，非可望於現實角逐中之英雄。大凡順天資來者，生命充沛，氣象非凡。有於中，自必形於外。其洋溢奮發，無可遏止。而一切洋溢奮發皆是順其天生氣質而表現。其天資如是其高，故當其發揚時，其天資自身常若自足而無待。天資之後不必有所依，天資之前不必有所待。故獨往獨來，無畏無懼。只見其光彩照人，而不見有足以過之者。是以其天資自身爲自足，故其發揚皆一於天資也。一於天資，則其心思亦必處於其自足無待之天資中而運用，而常不自覺其天資後之根據。蓋其天資既甚高而自足，無所用其反而自覺也。此種人上不能爲聖賢，下亦非凡夫，而其道德雖不可與聖賢比，亦決不至流於陰險之小人。此謂天才之活動。天才之參與現實之角逐，其心思自不能甚純，然因其天資之高，故亦決不至於不堪問。

劉邦之嫚罵無禮，亦其風姿之一也。其罵不傷人，故人多樂從之。嫚罵，則既可以罵天，亦可以罵地，甚至可以罵自己。蓋當其高度之天資用事，自足無待，超越一切，天地亦不在其眼下，區區七尺之軀更何有焉。故其嫚罵乃其風姿之表現，亦頗具可愛之藝術性。人不能無好惡，有好惡而不滯於好惡，則其機之靈也。此謂所過者化，一切氷消。雖罵豎儒，而不滯於其對儒之厭惡。一般豎儒，搖頭擺尾，酸腐不堪，亦甚可厭。然儒有等差，不可一概而論。此所以酈食其能折服沛公也。而沛公不滯於其厭惡，亦其機之靈也。高祖本紀云：「高祖擊布時，爲流矢所中，行道病。病甚，呂后迎良醫，醫入見。高祖問醫，醫曰：病可治。於是，高祖嫚罵之曰：吾以布衣提三尺劍，取天下，此非天命乎？命乃在天，雖扁鵲何益？遂不使治病，賜金五十斤罷之。」其氣至死不衰。一番嫚罵，有病而不治，復提出「天命」二字，則天資之自足者，至此乃漸露其不自足，其智慧不可及也。然不作兒女態，故其機之靈雖老不滯。

天資雖高，總屬氣質。其由混沌而來者，終將飄忽而去也。當其盛時，首出庶物，自足無待，無有能當之者。然無常到來，不免一嘆。當其歌大風而起舞，慷慨傷懷，泣數行下，即知其生命史之將完。回首往事，一泣乃不容已。吾人於此可以體會天資以外之某事。晚年欲易太子。及留侯畫策，聘請四皓，則召戚夫人而語之曰：「我欲易之，彼四人輔之，羽翼已成，難動矣。呂后眞而主矣。」戚夫人泣。乃曰：「爲我楚舞，吾爲若楚歌。」此其兒女之情與項羽之別虞姬，意味又自不同。兒女之情雖深，私也。不滯於私而害公，則知天下事終非我一人所能把持，懸崖勒馬，終當撒手。自我成之，自我毁之，死抱不放，愚莫甚焉。必有非我一人所能把持者，即知有超越於我之光彩照射之外者。欲把而終把不住，劃然而止，則我之風姿頓減縮而顯其風力之有限，而超越於我之外者，則彌漫而無窮，籠罩於我之上。我之風姿既減縮而有限，即不能如當年天資用事，首出庶物，自足無待時之無限申展。既不能無限申展，即不能與彼超越於我者之彌漫無窮而相應而同其無窮以俱赴。即在此時，我不得不撒手。我感覺自己無能，自己之不自足，只好付諸未來無窮之現實生命以塡滿彼超越於我者之空虛。自己之不自足，遂愈顯彼超越於我者之尊嚴，人生之嚴肅與敬畏即在此時而油然而生。故羅近溪云：眞正仲尼臨終總不免一嘆也。高祖本紀云：「已而呂后問：陛下百歲後，蕭相國即死，令誰代之？上曰：曹參可。問其次，上曰：王陵可。然陵少戇，陳平可以助之。陳平智有餘，然難以獨任。周勃厚重少文。然安劉氏者必勃也。可令爲太尉。呂后復問其次。上曰：此後亦非而所知也。」其一生之風姿，至此乃放平。縷述未來事，瞭如指掌。然其天資光彩之所能照及者亦只及與其同時生起之人物。此爲有限者也。知此爲有限，而終之曰此後亦非爾所知也，則其智慧爲不可及。此種智慧乃無限者。其爲無限乃依超越於我者而成立，非彼依天資而成立者。悠悠未來，付諸天命而已。豈能由我一人計算天下事耶？此邵堯夫之言數終見斥於二程也。

此超越於我者即所謂「理性的宇宙」也。「天才的宇宙」至此乃有其限度。天才者天地之風姿也。聖人者天地之理性也。當風姿用事，儼若披靡一世。而在理性宇宙前，則渺乎小矣。反觀往時之光彩，盡成精魂之播弄。此天才之所以終不及聖賢也。明道云：「泰山爲高矣，然泰山頂已不屬泰山。雖堯舜之事亦只是如太虛中，一點浮雲過目。」事業本身無價值，依理性宇宙而有價值。雖是堯舜之事，如就其爲事自身而觀之，彼亦只是曇花一現，一點浮雲過目。其最高之估價，不過太空中電光一閃之風姿，其本身只有可欣賞之美學價值。然「無得而稱焉」之堯舜之德則大不同。堯舜畢竟是堯舜。其事雖是浮雲過目，而其德則與天地並壽。其德既如此，則其事亦畢竟是堯舜之事，亦與其德而同其不朽焉。天才之宇宙全是天資用事。當天資自足無待時，如火如荼，煞是熱鬧。但當一回頭而與理性宇宙相對，未有不爽然自失者。即在此一剎之間，遂頓覺其如火如荼之熱鬧不過精魂之播弄，豈特一點浮雲過目而已哉。天才之風姿最終如不有此感覺，便不成其爲天才。

天才以風姿勝。在天才前，天資與天資比，有高低，有強弱。毫釐之差，便有不及。馳騁角逐，所爭只在呼吸間。不及即是不及，决無可以虛假矜亢而冒充者。虬髯客會李世民，一見心死。其道友見之慘然，棋局亦因之而輸。此無可轉也。不及即是不及。故曰天才。然若在理性前，則萬法平等。依斯頻諾薩所示，在永恆方式下觀萬物，則一切皆永恆而無限，無有高低强弱可比。人人皆可以爲堯舜，亦此意也。惟此可以折服天才而使其低頭。

吾以下即依理性的宇宙論「綜和的盡理之精神」，依天才的宇宙論「綜和的盡氣之精神」，以綜論中國歷史文化之特質。

第二章　綜和的盡理之精神之歷史文化的意義

第一節　中國文化生命裏所湧現的觀念形態

中國文化，從其發展的表現上說，它是一個獨特的文化系統。它有它的獨特性與根源性。我們如果用德哲費息特的話說，中華民族是最具有原初性的民族。惟其是一個原初的民族，所以它才能獨特地根源地運用其心靈。這種獨特地根源地運用其心靈，我們叫它是這個民族的「特有的文化生命」。

這個特有的文化生命的最初表現，首先它與西方文化生命的源泉之一的希臘不同的地方，是在：它首先把握「生命」，而希臘則首先把握「自然」。尙書大禹謨說：「正德利用厚生」。這當是中國文化生命裏最根源的一個觀念形態。這一個觀念形態卽表示中華民族首先是向生命處用心。因爲向生命處用心，所以對自己就要正德，對人民就要利用厚生。正德利用厚生這三事實在就是修己以安百姓這兩事。「生命」是最麻煩的東西。所以有人說：征服世界易，征服自己難。征服自己就是對付自己的生命。這個最深刻最根源的智慧發動處，實是首先表現在中國的文化生命裏。正德或修己是對付自己的生命，利用厚生或安百姓則是對付人民的生命，所謂對付者就是如何來調護我們的生命，安頓我們的生命。所以中國文化裏之注意生命把握生命不是生物學的把握或了解，乃是一個道德政治的把握。所以正德利用厚生這個觀念形態就是屬于道德政治的一個觀念形態。「生命」是自然現象，這是屬于形而下的。就在如何調護安頓我們的生命這一點上，中國的文化生命裏遂開闢出精神領域：心靈世界，或價值世界。道德政治就是屬于心靈世界或價值世界的事。正德是道德的，利用厚生是政治的。這就開啓後來儒家所謂「內聖外王」之學。正德是內聖事，律己要嚴：利用厚生是外王事，對人要寬。二帝三王這些作爲政治領袖的聖哲首先把握了這一點而表現了這個觀念形態。這個觀念形態，本是屬于道德政治的。我現在再進一步，名之曰：仁智合一的觀念形態，而以仁爲籠罩者。依此，我將說中國的文化系統是一個仁的文化系統。

或者說，你所說的「仁智合一」，這裏面却並沒有智。關此，我再把所確定的那個觀念形態，再進一步規定一下。我曾由古史官的職責說明這個觀念形態。周官說史曰：「掌官書以贊治」。又曰：「正歲年以叙事」。前一句則表示：根據歷代的經驗（官書）以贊治，這是屬于道德政治的。後一句則表示：在政治的措施中，含有對于自然的窺測。古天文律曆由此成。這是屬于「智」之事。我們可以說：智就在政治的措施中，在利用厚生中表現，在道德政治的籠罩下而爲實用的表現。由此即可明：中國的文化系統是仁智合一而以仁爲籠罩者的系統。

但在這裏須注意：因爲這個觀念形態是由如何調護安頓我們的生命而成，因之而成爲道德政治的，故其經過後來的發展，仁一面特別彰著，這是很自然的，而智一面則始終未獨立地彰著出來，這是憾事。這是了解中國文化生命的發展的一個大關節。其意義後面再說。

順道德政治的觀念模型而來的發展，就是周公的制禮，因而成爲「周文」。而周公的制禮，最基本的就是確定人倫。人倫的最大的兩個綱領則是親親之殺，尊尊之等。由此演生出五倫。親親尊尊是文制。人道由此確定。故前人有云：「人統之正，託始文王。」即因周公制禮故也。至孔子出，他能充分欣賞了解這一套禮制，故曰「郁郁乎文哉，吾從周。」進而他又點出它的徹上徹下的「意義」，此卽是：由親親以言仁，由尊尊以言義。這是言仁義的文制根源。及至把仁義點出來了，則其涵義卽不爲親親尊尊之文制所限，而廣大無邊，遂從這裏開闢出中國文化生命的全幅精神領域。

雖說廣大無邊，亦有一個中心的要領。這就是通過孟子的「仁義內在」而確定性善。仁義，若由上面所述的根源來了解，本是由于如何調護安頓我們的形而下的自然生命而顯出的一個道德生命，理性生命。這是我們的聖哲首先由渾一的生命中看出一個異質的東西，卽：生命不徒是自然生命，淸一色的生物生命，而且有一個異質的理性生命，由心靈所表現的理性生命。依此，仁義必內在，而性善必成立。故孟子由惻隱之心見仁，由羞惡之心見義，由辭讓之心見禮，由是非之心見智。仁義禮智就是心之德，亦卽是由心見性也。這一個心性，是我固有之，非由外鑠我也。故是先天而內在的。這個心性就是道德的心性，我們于此亦曰道德理性。這是定然而如此的，無條件的。這個心性一透露，人之所以爲人的「道德主體性」（Moral subjectivity）完全壁立千仞地樹起來。上面通天，下面通人。此卽爲天人合一之道。內而透精神價值之源，外而通事爲禮節之文。這一個義理的骨幹給周公所制之禮（文）以超越的安立（Transcendental justification）。這整個的文化系統，從禮一面，卽從其廣度一面說，我將名之曰：禮樂型的文化系統，以與西方的宗敎型的文化系統相區別。從仁義內在之心性一面，卽從其深度一面說，我將名之曰：「綜和的盡理之精神」下的文化系統，以與西方的「分解的盡理之精神」下的文化系統相區別。這兩個名詞須要解析一下。

第二節　綜和的盡理之精神與分解的盡理之精神

何以說是「綜和的盡理之精神」？這裡「綜和」一詞是剋就上面「上下通徹，內外貫通」一義而說的。「盡理」一詞，則是根據荀子所說的「聖人盡倫者也，王者盡制者也」，以及孟子所說的「盡其心者知其性也」，中庸所說的盡己之性，盡人之性，盡物之性，等而綜攝以成的。盡心、盡性、盡倫、盡制，統概之以盡理。盡心盡性是從仁義內在之心性一面說，盡倫盡制則是從社會禮制一面說。其實是一事。盡心盡性就要在禮樂的禮制中盡，而盡倫盡制亦就算盡了仁義內在之心性。而無論心、性、倫、制，皆是理性生命，道德生命之所發，故皆可曰「理」。而這種「是一事」的盡理就是「綜和的盡理」。其所盡之理是道德政治的，不是自然外物的，是實踐的，不是認識的或「觀解的」（Theoretical）。這完全屬于價值世界事，不屬于「實然世界」事。中國的文化生命完全是順這一條線而發展。其講說義理或抒發理想純從這裏起。例如，如要順孟子所確立的義理骨幹而深度地講心性天道，他不能忘掉歷史文化中廣被人羣的禮樂文制。因爲中國人所講的「道」，本是從歷史文化中的禮樂文制蒸發出來的。這是孔孟荀以及後來的理學家所決無異辭的。不煩徵引。同時，如要順歷史文化而講禮樂文制，則不能不通于心性與天道。此不待理學家而始然，在孔孟荀時期即已然矣。禮記禮器篇有云：「禮之以多爲貴者，以其外心者也。德發揚，詡萬物，大理物博。如此，則得不以多爲貴乎？故君子樂其發也。禮之以少爲貴者，以其內心者也。德產之致也精微，觀天下之物無可以稱其德者。如此，則得不以少爲貴乎？是故君子愼其獨也。古之聖人，內之爲尊，外之爲樂，少之爲貴，多之爲美。是故先王之制禮也，不可多也，不可寡也，唯其稱也。」這是表示「綜和盡理」最精美的一段話。故言有聲之樂，必通無聲之樂，言有體之禮，必達無體之禮，言有服之喪，必至無服之喪。是之謂達「禮樂之原」。（見禮記孔子閒居篇。）這還是就禮樂一面說。若就心性一面說，則我可以就日常生活的「踐形」來說明這種綜和的盡理之精神。孟子說：「惟聖人爲能踐形」。誰能且不管，我且說踐形之意義。「踐形」就是有耳當該善用其耳，有目當該善用其目，有四肢百體當該善用其四肢百體。善用之，則天理盡在此中表現，而四肢百體亦盡爲載道之器矣。此之謂實踐其形；亦曰「以道殉身」也。如是，則不毀棄現實，而即在現實之中表現天理；而現實不作現實觀，亦全幅是天理之呈現。卽此簡單而平常之「踐形」一語，實一下子敲破乾坤，而頓時「上下與天地同流」矣。此種精神，唯中國文化生命裡有之。如於此而再不能感奮與發，而不能認取中國文化之價值，而致其贊嘆之誠，則可謂無心者矣。任何好東西，他亦不能了解。是以中國文化生命，無論從禮樂一面或心性一面，其所表現的「綜和的盡理之精神」所成之文化系統實是一充實飽滿之形態。我亦曾名之曰「圓盈的形態」，名儒教爲「盈教」，以與西方的「隔離的形態」，名耶教爲「離教」，相區別。（離盈二詞取于墨經。當時關于堅白石之辯，有離盈二宗。今借用之，以明中西兩文化系統之不同。）

反觀西方，則與以上所說者整個相翻。

我前面開頭卽說，中國首先把握生命，西方文化生命的源泉之一的希臘，則首先把握「自然」。他們之運用其心靈，表現其心靈之光，是在觀解「自然」上。自然是外在的客體，其爲「對象」義甚顯，而生命則是內在的，其爲對象義甚細微，並不如自然之顯明。所以中國人之運用其心靈是內向的，由內而向上翻；而西方則是外向的，由外面向上翻。即就觀解自然說，其由外而向上翻，即在把握自然宇宙所以形成之理。其所觀解的是自然，而能觀解方面的「心靈之光」就是「智」。因爲智是表現觀解的最恰當的機能。所以西方文化，我們可以叫它是「智的系統」，智一面特別凸出。

希臘早期的那些哲學家，都是自然哲學家，他們成功了許多觀解自然宇宙的哲學系統。這就是他們的心靈之光之開始與傳授。（還須注意：這些人物並不是政治領袖，並不像中國的二帝三王之傳授。）即到蘇格拉底出，雖說從自然歸到人事方面的眞、美、善、大等概念之討論，然其討論這些概念仍是當作一個外在對象而討論之，仍是本着用智以觀解的態度而討論之，他沒有如孔孟然，歸本于內心之仁義上。因爲用智以觀解，所以最終便發見了眞的東西有成其爲眞的之理，美的有成其爲美的之理。善、大等亦然。就是說，他發見了「理型」（Idea, Form）。理型一出，任何事物，任何概念，都得到了「貞定」。這裡所謂貞定，一函有明朗，脈絡分明；二函有定義，名、言俱確。他盡畢生之力來從事發見理型的辨論。他不自居爲智者，而只說是愛智者。這個「愛智」是由智以觀解與其所觀解出之理型而規定。此爲智之特別凸出甚顯。柏拉圖順他的路終于建立了一個含有本體論宇宙論的偉大系統。這裡面含有理型、靈魂（心靈）、材質、造物主、等概念。你可以看出這個系統是由「觀解之智」之層層分解，層層深入，而思辨以成之。故文理密察，脈絡分明，一步一步上去的。此之謂智之觀解之由外而向上翻。到亞里士多德，由理型、形式、再轉而言共相（即共理或普遍者），則十範疇出焉，五謂出焉，定義之說成焉，由之以引生出全部傳統邏輯。如是，貞定了我們的名言，亦貞定了我們的「思想」。這三大哲人一線相承，暴露了智的全幅領域，外而貞定了自然，內而貞定了思想。邏輯、數學、科學的基礎全在這裡。智的全幅領域就是邏輯數學科學。當然科學之成立，還是近代精神下的事，尚不是希臘人愛好形式之美的審美與趣所能盡。然這是細分別的說法。大分別言之，還是一個基本精神之流傳。故近人講西方文化，從科學一面說，必歸本于希臘也。希臘人愛好形式之美，故其所盡的智之事，自以邏輯數學為凸出也。此由柏拉圖之特別重視數學幾何，亞里士多德之能形成邏輯，卽可知之。

我之畧述這一傳統，主要意思是在想表明：這一智的文化系統，其背後的基本精神是「分解的盡理之精神」。

這裡「分解」一詞，是由「智之觀解」而規定。一、函有抽象義。一有抽象，便須將具體物打開而破裂之。二、函有偏至義。一有抽象，便有捨象。抽出那一面，捨去那一面，便須偏至那一面。三、函有使用「概念」，遵循概念之路以前進之義。一有抽象而偏至于那一面，則概念即形成確定，而且惟有遵循概念之路以前進，始彰分解之所以為分解。分解之進行是在概念之內容與外延之限定中層層以前進。由此三義，再引申而說，分解的精神是方方正正的，是層層限定的。（這就是遵守邏輯數學以前進。）因此顯示出有圭角而多頭表現。綜起來，我們可說這是「方以智」的精神。（易經語）。而中國「綜和的盡理之精神」，則是「圓而神」的精神。（亦易經語）。

至于「分解的盡理」中之「盡理」，從內容方面說，自以邏輯數學科學為主。若籠罩言之，則其所盡之理大體是超越而外在之理，或以觀解之智所撲着之「是什麼」之對象為主而特別彰著「有」之理（Being）。卽論價值觀念，亦常以「有」之觀點而解之。這與中國盡心盡性盡倫盡制所盡之「理」

完全異其方向。關于此盡，我且不必多說。因爲這要牽涉到各方內容問題。

我以上所說「分解的盡理之精神」是就希臘的「學之傳統」說。（此在他處，我曾名之曰「學統」。）就是從希伯來而來的宗教傳統下的基督教的精神，卽耶穌的精神，一方面說，我也說它是分解的盡理之精神。此處所謂「分解」完全是就耶穌的宗教精神之爲隔離的、偏至的而言。耶穌爲要証實上帝之絕對性，純粹性，精神性，（以「愛」來滲透上帝之全體），遂放棄現實的一切。打你的左臉，連右臉也給他打；剝你的內衣，連外衣也給他。將現實的物質的一切，全幅施與，藉這種施與，把「絕對的愛」傳達過去，不管是敵是友。（這與孔子的仁不同，與孔子所說的「唯仁者能好人能惡人」亦不同。）當他傳敎的時候，有人說你的母親來找你，他就說：誰是我的母親？誰是我的兄弟？凡相信上帝的話的，才是我的母親，才是我的兄弟。依據他的敎訓，人間的倫常道德都是無足輕重的。進一步，「凱撒的歸凱撒，上帝的歸上帝。」連現實的國家亦不在他的心念中。因爲他的國是在天上，不在地下。最後連自己的生命亦放棄。這就是他的上十字架。他上十字架是自動的。當他開始傳敎時，就預定了這一步：預定要捨命，要親身作贖罪的羔羊。不但他自己如此，他對他的門徒也說：「如果你們不背起你們的十字架，便不配作我的門徒。」他前面一切的放棄就是醞釀這一步。所以我們要了解他放棄現實的一切，就要從這最後一步的意思上來了解。他要作贖罪的羔羊，他要把上帝的「絕對的愛」「普遍的愛」，傳達到人間，他要把「上帝之爲上帝」全幅彰著出來，所以他必須把現實的一切，感覺界的一切，統統剔除淨盡，將他自己歸于神，與神合一。藉他的上十字架的精神，把上帝的內容全幅彰著于人間。所以依基督敎的敎義，他是神，而不是人，他是道成肉身，他是聖子。由他之爲「道成肉身」，上帝之爲聖父聖子聖靈，三位一體性始成立。他之將感覺界的一切剔除淨盡而彰顯上帝，一如幾何學家之彰顯幾何中的方圓。幾何中的方圓，不是感覺的。要顯那個方圓，必須把感覺的東西統統抽盡。數學中的數目及數目式之純粹性亦然。雖然一是屬于科學的，一是屬于宗教的，而其基本精神之同爲「分解的盡理之精神」，則固彰彰明甚。照中國的文化講，人人皆可以爲聖人。而依基督教的文化系統，則只有耶穌是聖子。這是獨一無二的，也不許有二。我起初以爲這不對。近來我才了解它的意義。因爲在分解的盡理之精神下，耶穌那種隔離的偏至的宗教精神，必須有一個欄擋住才行。否則，若人人都可以爲聖子，都像耶穌那樣，則人間非毀不可，一切現實的活動都不能有意義，而文化亦不能有，如是連上帝亦無意義了。所以必只以耶穌爲聖子，爲人間樹立眞理之標準，光明之源泉，以明人間需要上帝，上帝亦需要人間。如是方能保住人間的活動及文化。就這一擋住，才成功了西方文化之爲基督教的文化系統。而這個文化系統，顯然是隔離的，分解的，而耶教之爲離教亦是顯然的。

我以上是就希臘希伯來兩種西方文化的源泉，從其內在的本質上說明其爲「分解的盡理之精神」下的文化系統，藉以說明西方的科學及耶穌所成的宗教都是這種精神下的成果。我現在且可再進而從現實的歷史因緣上，以明其文化生命裡所早出現的民主政治，（或近代化的國家政治法律），也是「分解的盡理之精神」下的產物。

何以說民主政治其背後的基本精神也是「分解的盡理之精神」？蓋民主政治之成立，有兩個基本觀念作條件：一是自外限制，或外在地對立而成之「個性」。此與盡心盡性盡倫盡制之內在地盡其在我所成之道德的聖賢人格不同。二是以階級的或集團的對立方式爭取公平正義，訂定客觀的制度法律以保障雙方對自的權利與對他的義務。此與一無階級對立之社會而其文化生命又以道德人格之個人活動爲主者不同。在現實的歷史因緣上，西方有階級的對立。其自外限制而成之「個性」，其最初之靈感源泉是來自基督教，即：在上帝面前人人平等。但這一個靈感須要落實，須要在現實上爭取。一落到現實上，他們有階級的對立。所以他們的自外限制而成之個性，其本質的關鍵胥繫于由階級地集團地對外爭取而顯。他們的自外限制或外在的對立，並不是空頭地個人與個人爲外在的對立，而是有階級的對立以冒之的。由階級地集團地對外爭取而反顯透出個性的尊重。所以他們的個性自始即不是散漫的，散沙的。這種個性以權利義務來規定，而權利義務之客觀有效性胥繫于制度法律之訂定。所以這種個性可以說是外在的，是政治法律的，與道德藝術的人格個性之純爲內在的不同。但是這種內在的人格個性必靠那種外在的個性之有保障，始能游刃有餘地安心地去發展。這裡我們可以看出，成立民主政治的兩個基本觀念，即外在的個性與集團地對外爭取方式，其總歸點是在一個政治法律形態的「客觀制度」之建立。一個政治法律式的客觀制度之建立是注目于人羣的抽象的一般的客觀關係之建立，此非單注目于所識所親的具體的倫常關係所能盡。我這裏不能詳述民主政治之內容。我只畧說其成立之基本點，即可看出它背後的基本精神是分解的盡理之精神。分解的盡理必是一、外向的，與物爲對；二、使用概念，抽象地概念地思考對象。這兩個特徵，在民主政治方面，第一特徵就是階級或集團對立。第二特徵就是集團地對外爭取，訂定制度與法律。所謂盡理，在對立爭取中，互相認爲公平合于正義的權利義務即是理，訂定一個政治法律形態的客觀制度以建立人羣的倫常以外的客觀關係，亦是理。

西方的民主政治之成立固由于其現實歷史上有階級，但這却不是說民主政治的本質必賴有階級。民主政治正是要打破階級的。階級對立只是促成民主政治的一個現實上的因緣。可是階級雖不是民主政治的本質，而集團爭取的方式却是民主政治的本質之一。中國的文化生命未形成階級，這一方面固然是好的，但是亦因而集團性不顯，這却是在實現民主政治上是一大缺陷。而其文化生命裡，又只以完成道德人格與藝術性的人格（藝術性人格一面前未述及，下將論及，）爲主流，而在此主流之方向裏亦是不能出現民主政治的。這也是了解中國文化生命的發展之大關節之一。容後論之。

以上說明了中國文化爲綜和的盡理之精神，西方文化爲分解的盡理之精神。此處猶須有指明者，卽，我這裡所謂綜和，分解，不是指各門學問內部的理論過程中的綜和分解言，亦不是就文化系統內部的內容之形成過程中的綜和分解說。這是反省中西文化系統，而從其文化系統之形成之背後的精神處說。所以這裡所謂綜和與分解是就最頂尖一層次上而說的。它有歷史的絕對性，雖然不是邏輯的。因爲西方的文化生命雖是分解的盡理之精神，却未常不可再從根上消融一下，融化出綜和的盡理之精神。而中國的文化生命雖是綜和的盡理之精神，亦未嘗不可再從其本源處，轉折一下，開闢出分解的盡理之精神。這裡將有中西文化會通的途徑。

第三節　概念的心靈與智之直覺形態及知性形態：中國所以不出現邏輯數學科學之故

西方的文化生命，其背後不自覺的是分解的盡理之精神。而分解的盡理之精神，其透現在外面，根本就是一個概念的心靈（Conceptual mentality）。（其直接的切義是表現在成邏輯數學科學處。至於在宗教與政治方面，則是其借用義。）因爲在智之觀解中，智之機能特別彰著，故其使用概念的心靈亦特別顯明。然而在中國，因爲智未從仁中獨立地彰著出，故其概念的心靈亦特別不顯，而且不行。概念的心靈就是智之「知性形態」（Understanding-form）。

在中國，無論道家，儒家，智之知性形態始終未轉出。我在這裏，可先畧述道家。在道家，無論老子的道德經或莊子（指書言），從知性到超知性這個轉進的關節處以及超知性的境界，都意識的很清楚。（道家雖有其修養工夫以及其說明此工夫的觀念理路，然其表示此工夫與觀念理路惟是從知性轉至超知性一面說，此則與儒家不同處。）老子道德經開頭就說「道可道，非常道。」可道與不可道，他意識的很清楚。如果用現在的話說出來，可道世界就是可用一定的概念去論謂的世界，而此世界必爲現象世界，而使用概念去論謂的主體就是知性主體，即表現爲知性形態的主體。在主體方面，使用概念，必遵守使用概念的理路；在客觀方面，用概念去論謂皆有效，即皆有確定而恰當的指謂。譬如方當方的，圓當圓的，上當上，下當下，皆不可亂。不可道世界就是不能用一定的概念去論謂的世界，而此世界必爲本體世界，即老子所說的「道」；而主體方面則必爲超知性主體，此在道家即說爲無思無慮，無爲而無不爲的道心之因應，用今語說之，則名爲「智的直覺」。（智的直覺，非感觸直覺。Intellectual intuition, not sensible intuition）。道家于超知性方面，能正面而視，發揮的很盡致。道德經的作者很能知道「道」這個本體不能用一定的概念去論謂。例如「其上不皦，其下不昧。迎之不見其首，隨之不見其後。」這就表示說：道，從上面說，亦不見得是皦亮，從下面說，亦不見得是幽昧。昧而不昧，皦而不皦。馴致亦無所謂皦，亦無所謂昧，亦無所謂上，亦無所謂下。同理，首而非首，尾而非尾，前而非前，後亦非後。馴致亦無所謂首與尾，亦無所謂前與後，是則上下皦昧，首尾前後，諸概念，皆不能有確定而恰當的指謂。用上一個概念，卽須否定此概念而顯道之性。這種用而不用以顯道之性，按照西方哲學，我們可以叫它是「辯証的論謂」(Dialectical Predication)。道家當然沒有用辯証這個名詞。然這裡是一個辯證的思維，則毫無問題。莊子齊物論篇幾乎整個是說如何從知性範圍內按照一定標準而來的是非善惡美醜之相對世界轉到超是非善惡美醜之絕對世界。這種超轉，就叫做「恢詭譎怪，道通爲一。」恢詭譎怪，簡名爲詭譎，亦卽莊子所說的「弔詭」。恢詭譎怪有遮表兩面的意思。從遮方面說，按照一定標準而來的相對世界都是沒有準的，依此都可予以大顚倒。而此大顚倒，自知性範圍觀之，卽恢詭譎怪矣。但不經此一怪，則不能通爲一而見本眞。從表方面說，這種詭譎卽顯示道體之永恒如如。而詭譎或弔詭，在英語卽爲"Paradox"，而此弔詭卽「辯証的弔詭」(Dialectical Paradox)也。

由以上可知，道家致於超知性境界以及對「超知性境」之思維法，皆意識的很淸楚。可是對于可道世界以及知性範圍內的事，則不能正面而視，不能道出其詳細的歷程以及其確定的成果，而只模模糊糊地順常識中有這麼一回事而囫圇地摸過去。這就表示：概念的心靈未彰著出，而智之知性形態亦始終未轉出。是以知性中的成果，卽邏輯數學科學，亦未出現。這一層領域完全成了一片荒涼地，意識所未曾貫注到的地方。要超過它，必須經過它。而且在經歷中，必須把此中的成果能產生出來。如此，「超知性境」亦因而充實明朗而有意義。這叫做兩頭雙彰。否則，知性領域固荒涼，而「超知性境」亦暗淡。此中國文化生命裡高明中之憾事也。

儒家繼承二帝三王歷史文化之傳統而立言，其用心別有所在。他們對於知性領域內的事，順俗而承認之，不抹殺，亦不顚倒，但亦不曾注意其詳細的經歷以及其確定的成果。因爲他們的用心是在道德政治，倫常教化，不在純粹的知識。故對於知識以及成知識的「知性」從未予以注意。（只有荀子稍不同。但荀子這一面在以往儒家的心思中亦不予以注意而凸出之。）他們之透至「超知性境」，亦不順「從知性到超知性」這一路走。此與道家不同處。他們之透至超知性境是順盡心盡性盡倫盡制這一路走，此是道德政治的進路，不是認識論的進路。他們由盡心盡性而透至超知性境，是以「仁」爲主，惟在顯「德性」。惟德性一顯，本心呈露，則本心亦自有其靈光之覺照，即自此而言「智」。此「智」即在仁心中，亦惟是仁心之靈覺。儒家從未單獨考察此智以及其所超過之「知性之智」。因其所注意的惟在顯仁心，而仁心即爲道德之天心，而非認識的心。此亦與道家不同。道家順「從知性到超知性」一路走，故雖至超知性之「道心」，而其道心亦仍只是「認識的心」。即：只是一片乾冷晶光的圓鏡。道家始終未轉至性情的仁心。此亦可說有智而無仁。此其所以爲道家，以前斥之爲異端處。儒家由盡心盡性透至「超知性境」所發露之「智」亦是「圓智」，但不是乾冷的，而是有「仁以潤之」的。

可是我們在這裡就注意這仁心中的圓智亦是智之直覺形態，而不是知性形態。（知性形態的智是「方智」。）孔孟俱仁智並講。仁且智聖也。孔孟俱不敢以仁且智自居。敢不敢是另一回事。我們在這裡是注意此種智的意義。孔孟之智俱是聖賢人格中的神智妙用，即是仁心之智慧，總之則曰德慧。論語載：「樊遲問智。子曰：務民之義，敬鬼神而遠之，可謂智矣。」這只是孔子隨機應答。而其所顯示之智之意義，亦只是通曉分際。這還是「知之爲知之，不知爲不知，是知也，」之智。論語又載：「樊遲問仁，子曰：愛人。問智，子曰：知人。樊遲未達。子曰：舉直錯諸枉，能使枉者直。樊遲退。見子夏曰：鄉也，吾見于夫子而問智。子曰：舉直錯諸枉，能使枉者直。何謂也？子夏曰：富哉言乎。舜有天下，選于衆，舉臯陶，不仁者，遠矣。湯有天下，選于衆，舉伊尹，不仁者遠矣。」這是就「知人論世」以言智。通曉分際之智，知人論世之智，俱是一種智慧之妙用，非邏輯數學之智也。

對于仁智，吾嘗各以兩語說之。仁以感通爲性，以潤物爲用。智以覺照爲性，以及物爲用。仁是本。寡頭的智是道家的智。有此本，則智不乾不冷，不虛幻，不遊離。隨仁之感通而貼體落實，此即不虛幻，不遊離，故不成「光景」。（光景，宋明儒者雅言之。拆穿光景是聖賢工夫中一大關節。）隨仁之潤澤而無微不至，無幽不明：智之所至，即仁之所潤，故不乾不冷。貼體落實，故不穿鑿。不乾不冷，故不爲賊。故攝智歸仁，仁以養智。仁爲本，故「仁者安仁」。智爲用，故「智者利仁」。孔子又言「智及仁守」。此雖自　夫或自有仁有智的人而言之，亦通于仁智之本性也。

此種聖賢人格中或悱惻之仁心中的圓智神智，易經繫辭傳亦盛言之。曰：「乾知大始，坤作成物。乾以易知，坤以簡能。易則易知，簡則易從。」乾代表心靈，創造原理，故曰：「乾知大始」，而其知又以易知，是則乾知即具體而圓之神智之知也。又曰：「子曰：知幾其神乎？……幾者動之微，吉之先見者也。君子見幾而作，不俟終日。……子曰：顏氏之子，其殆庶幾乎？有不善未嘗不知，知之未嘗復行也。易曰：不遠復，無祇悔，元吉。」又曰：「知周乎萬物而道濟天下，故不過。旁行而不流。樂天知命故不憂。安土敦乎仁故能愛。」順此而進，義蘊無邊。我這裏只說，此種仁心中的神智圓智，其及物也，是一了百了，是一觸即發而頓時即通于全，這裡沒有過程，沒有發展。復次，是具體的，而不是抽象的，故順幾而轉，無微不至。這裡沒有概念，亦沒有分解與綜和。故曰：「直覺形態」。

此種直覺形態的智，如用西方哲學術語言之，即是：其直覺是理智的，不是「感覺的」；其理智是直覺的，不是辨解的，即不是邏輯的。可是這種智，在西方哲學家言之，大都以為只屬于神心，即惟上帝之心靈始有之。而人心之直覺必是感覺的，其理智必是辨解的。他們把圓智只屬于神心，而於人心之智，則只言其知性形態。此固可以彰著「知性主體」，而特顯「概念之心靈」，因而亦能產生邏輯數學與科學，然而人心之超知性一層，則彼不能通透，是固其文化生命中本源處之憾事也。反之，中國文化生命，無論道家，儒家，甚至後來所加入之佛教，皆在此超知性一層上大顯精采，其用心幾全幅都在此。西方所認為只能屬于神心者，而中國聖哲則認為在人心中即可轉出之。此還是跟「人人皆可以為聖人」來。而人心之轉出此一層，則即曰天心或道心。因之其所顯之智，吾人亦得即以圓智或神智名之。

依西方哲學，人心之知性，其了解外物，而成知識，一方必須有「感覺的直覺」供給材料，即依感覺的直覺而與外物接，一方知性本身之活動亦必須是辨解的，即遵守邏輯的理路的，因而亦必使用概念。這是總持的說法。進一步，知性之成知識，在其使用概念以辨解的過程中，必依據一些基本的形式條件，此亦曰範疇，此如時間、空間、質、量、因果，等。即知性之了解外物必通過這些形式條件始可能。但是神心之了解萬物，既不是感覺的，亦不是辨解的，因而亦不須使用概念，亦不必通過時空質量因果等形式條件。這與上帝之統馭世界之不需有國家政治法律的形式同。（關于此層，下節論之。）而中國之聖賢人格中之圓智妙用亦同樣不是感覺的，辨解的。我們也可進而說，亦同樣不須通過時空質量因果等形式條件。（在佛家，如轉出勝義現量或般若智時，亦不須通過這些形式條件，故佛家名這些形式條件皆為分位假法。）故在中國文化生命裡，惟在顯德性之仁學，固一方從未單提出智而考論之，而一方亦無這些形式條件諸概念。同時一方既未出現邏輯數學與科學，一方亦無西方哲學中的知識論。此一環之缺少，實是中國文化生命發展中一大憾事。我們即由此，說它的發展之程度及限度。

智，在中國，是無事的。因為圓智神智是無事的。知性形態之智是有事的。惟轉出知性形態，始可說智之獨立發展，獨具成果，（即邏輯數學科學），自成領域。圓智神智，在儒家隨德走，以德為主，不以智為主。它本身無事，而儒者亦不在此顯精采。智只是在仁義之綱維中通曉事理之分際。而在道家，無仁義為綱維，則顯為察事變之機智，轉而為政治上之權術而流入賊。依是，人究竟是人，不是神，人間究竟是人間，不是天國，而無事之圓智神智亦只好在道德政治範圍內而用事。

一個文化生命裡，如果轉不出智之知性形態，則邏輯數學科學無由出現，分解的盡理之精神無由出現，而除德性之學之道統外，各種學問之獨立的多頭的發展無由可能，而學統亦無由成。此中國之所以只有道統而無學統也。是以中國文化生命，在其發展中，只彰著了本源一形態。在其向上一機中，徹底透露了天人貫通之道。在本源上大開大合，一了百了。人生到透至此境，亦實可以一了百了。而卽在此一了百了上，此大開大合所成之本源形態停住了，因而亦封閉了。然而人不是神，不能一了百了。人間是需要有發展的。它封閉住了，它下面未再撐開，因而貧乏而不充實。中國的文化生命，在其發展中，只在向上方面撐開了，卽：只在向上方面大開大合而彰著了本源一形態，而未在向下方面撐開，卽未在下方再轉出一個大開大合而彰著出屬于末的「知性形態」與國家政治法律方面的「客觀實踐形態」。（此亦屬于末，此層下節再說。）中國文化生命迤邐下來，一切毛病與苦難，都從這裡得其了解。了解了就好辦。

我在本節說明了中國所以不出現邏輯數學科學之故。我們現在講科學必通着邏輯數學講，而且必通着「知性」講。疏通西方文化生命如此，疏通中國文化生命亦如此。惟通着「知性」講，方可以知出現不出現完全是發展中的事，不是先天命定的事。如是，則其出現之理路，卽可得而言。

第四節　階級對立與道德價值觀念所引生之平等及英雄盡氣所引生之打天下：中國過去所以不出現民主政治之故，所以未出現近代化的國家政治法律之故

西方歷史有階級對立，而階級對立，對民主政治的出現，是一個重要的現實上的歷史因緣。當然，徒有階級對立，而無個性的自覺，則民主政治乃至近代化的國家政治法律亦不能出現，此譬如印度

。西方歷史的演進，在階級對立的情形下，通過個性的自覺，通過「在上帝面前人人平等」這一個最根源而普遍的意識，遂使它向民主政治乃至近代化的國家政治法律之形態走。在這裡，我們看出階級對立在其現實歷史發展中的作用與意義，對于民主政治的出現之作用與意義。這後面的基本精神，我前面曾說它是分解的盡理之精神。即：在階級對立的情形下，通過個性的自覺，而向民主政治的方向走，這其中便表現出分解的盡理之精神。反過來，通過個性的自覺，而要向民主政治走，則必須以分解的盡理之精神爲其必要的條件，爲其本質上的條件。階級對立是一個現實上的因緣，而分解的盡理之精神則是其本質上的條件。

但是中國則自古即無固定階級之留傳。它無階級的問題。所以它的文化生命裡首先湧現出的是「修己以安百姓」這一個道德政治的觀念。由這裡所引出的便是以道德價值觀念作領導。其表現在客觀文制方面便是由親親尊尊而來的五倫。梁漱溟先生說中國社會是「倫理本位，職業殊途」，這是不錯的。由道德價值觀念作領導，則貴賤是價值觀念，不是階級觀念。禮記郊特牲篇云：「天下無生而貴者。」又云：「古者生無爵，死無諡。」「無生而貴者」這一句話即表示了中國文化生命裡之無階級觀念。貴賤是爵諡的問題，因而亦就是一價值觀念。貴賤由分位觀念起。人無生而貴者，自其生物之生言，皆平等平等。此爲生之原質。必套于文化系統中，而後見其貴賤。是以中國貴賤觀念，自始即爲一價值觀念，而非階級之物質觀念也。由文制而定貴賤，即由生之原質而至人道也。人之所以爲人，由文化系統而見，亦復由「內在道德性」（Inward morality）之自覺而見。由乎前者，始于周文。（人統之正，託始文王。）孟子名之曰「人爵」。由乎後者，始于孔孟。孟子名之曰「天爵」。孟子說：「有天爵者，有人爵者。仁義忠信，樂善不倦，此天爵也。公卿大夫，此人爵也。」「人人有貴于己者」，即指天爵言。人無生而貴者，則指人爵言。無論天爵人爵，皆是道德價值觀念。自孟子點出天爵，人人皆可以爲堯舜，人人皆是一絕對自足之價值人格。人爵則是政治社會的，客觀文制的，而必以天爵爲其本源。此一觀念在中國文化生命裡既起領導作用，則階級即消滅于無形。

既無階級對立，歷史發展的關節亦不在階級，那麼我們似乎可以說，中國民主政治之所以不出現就因爲缺少「階級對立」這一現實因緣。可是，同時我們也可以說，既無階級對立，那豈不更爲民主嗎？豈不更易走向民主政治嗎？可是，在中國以往歷史裏究竟未出現民主政治。這是何故？我們既知，即在西方，階級對立只是促成民主政治的現實因緣，不是它的本質條件，那麼在中國，即無階級對立，當亦不是其不出現民主政治的本質原因。我們還當從無階級對立而以道德價值觀念作領導這一事實，再向裏推進一步，看其文化生命向何處表現發展才成爲不出現民主政治的本質原因，或者說，才使我們能够很顯豁地看出民主政治所以不出現之故。

由道德價值觀念作領導，由貴于己的天爵之點出，則中國文化生命的滋長延續以及後來的發展，遂形成我前面所說的盡心盡性盡倫盡制之「綜和的盡理之精神」。此種精神的結果就是成就聖賢人格。這是中國文化生命之主流，學問都從這裡講，所以這也是中國的傳統學脈。這是代表中國文化生命裡的「理性世界」。尅就民主政治這一論題說，「盡制」一義最有直接關係。「王者盡制」就是聖賢人格之在政治方面的表現，也就是政治方面的聖君賢相。所以盡制一義也就是綜和的盡理之精神中「外王」一面的事。但是，順綜和的盡理之精神而發展，其用心唯是以成聖賢人格爲終極目的，因而政治方面亦只成爲聖君賢相之形態，卽此便使中國以往歷史發展不能出現民主政治。中國的文化生命惟向這個方向發展表現而成爲定型，才永不能轉出民主政治。

中國社會演變不以階級對立爲關節。卽歷史上起最大變化的春秋戰國時期亦不是以階級對立間的鬥爭而轉出。卽就此時期而論，西周之貴族政治與井田制崩壞，君從貴族的牽連束縛中解放出來，而成爲一國之元首，取得超然而客觀的地位；民從貴族與井田制的束縛中解放出來，而成爲自由民，成爲國家之一分子，亦取得一動轉自由之客觀地位；士則由于貴族墮落下去而超升上來，而取得掌握治權之地位。君士民都從貴族與井田制中解放出來，這實在顯示政治架子要向一更高級的形態走。但是他們之解放出來，徒成爲貴族在政治上之地位與作用之消滅。貴族亦不以階級姿態而成其爲貴族，民之解放而成爲自由民亦不是以階級姿態而與貴族相鬥爭而取得，士之超升上來而取得掌握治權之地位亦不是以階級姿態而與貴族相鬥爭而取得。這只是在社會演變中自然形成的。這徵之歷史事實，無人能否認。惟因貴族、士、民皆不以階級姿態而出現，故君、士、民之解放出來，一方徒成爲貴族之政治上地位之消滅于無形，一方士與民亦未自覺地訂定其權利與義務。同時，君之解放出來亦未確定其權限，接受一法律上之限制。因此，民之成爲自由民，成爲國家之一分子，亦只有形式上的意義，而無眞實的意義，卽其自由只是形式的自由，不自覺的自由，放任狀態潛伏狀態的自由。此卽表示：民只是被動的放任的而與國家無內在關係的潛伏體。因此，他們之爲國家一分子之客觀地位亦只是形式的，虛的，而不是眞實的。民如此，君之解放出來而取得超然而客觀之地位，此超然而客觀亦是一個無限制的，其客觀亦是形式的，而不是眞實的，卽並無一政治法律形態的限制以安排之。君與民既如此，則掌握治權的士亦只是以個人姿態而表現而出處進退，其在政治架子中的客觀地位與政治運用中的客觀意義亦終不能充分客觀化，亦終不能得保証。君士民之解放出來而成爲如是之形態，吾名此種解放爲無限制的敞開，卽只是解放出來了，而並無一個政治法律上的道理以回應之，以安排之。就是這一無限制的敞開，才使政治架子不能向民主一路走，而向君主專制一路走。君主專制在政治形態上自比周之貴族政治爲高級。從貴族政治解放出來，不經過一回應，順無限制的敞開而直接下來，便是君主專制形態。經過一回應，而不是無限制的敞開，而具備這間接的一轉，便是向民主政治形態一路走。如是，民主政治當比君主專制政治爲尤高級的政治形態。

但是，中國政治史何以不向民主制一路走，而向君主制一路走，而且在以往二千年中，何以終未出現民主制，其故卽在，從現實因緣方面說，是因爲無階級對立，從文化生命方面說，是因爲以道德價值觀念作領導而湧現出之盡心盡性盡倫盡制之「綜和的盡理之精神」。

秦漢大一統後的君主制，皇帝是一個無限制的超越體，人民是純被動的潛伏體，（不是通過自覺而成爲有個性的個體。）亦可以說是羲皇上人。士大夫則屬於宰相系統，以個人姿態而出處進退。在政治方面，最高之願望爲宰相之位而以天下爲己任。社會則以倫常之道來維繫，此道通於上下一切，總名曰五倫。依此，繼承孔孟下來的儒者，向外無可用心，遂仍繼承夏商周相傳的最古的「修己以安百姓」這個觀念模型，而向盡心盡性盡倫盡制一路講說道理，純從向裡用心，發展成聖賢學問，以期成爲聖賢人格。在這樣一個社會裏，他們一眼看定一切問題都繫于人民之能安不能安，君相之是否能「正德」。所以他們退而在社會上，卽講聖賢學問，以期成爲聖賢人格，進而在政治上卽講聖君賢相。這個文化生命，其講說道理抒發理想，全幅精神都在此。聖賢學問，聖賢人格，這在文化上，人間社會上說，是永遠不可廢的。這方面本文可不論。且看政治上聖君賢相一義之函義。

以往儒者從未想到君民解放出來後如何回應安排一問題。他們所想的回應安排之道就是「修德」。民起不來，君成爲一個無限制的超越體，則限制君的唯一辦法就是德與「天命靡常」的警戒。如是，遂不能不以聖君賢相來期望君相。但是道德的敎訓是完全靠自律的。沒有道德感的君相，不能以德自律，便對他毫無辦法。天命靡常的警戒是渺茫難測的，其落實點還是在「德」。孟子所說的「天與之」，「唐虞禪，夏后殷周繼，其義一也，」以及西漢儒者所講的禪讓論及五德終始論，都是說的「德與「天命靡常」。依是，其回應安排君之道也只是此兩義。此種回應，吾名之曰道德宗教的形態。亦就是一種超越形態。但是客觀而有效的回應必須是政治法律的形態，亦就是內在的形態。轉出政治法律的形態，就是向民主制一路走。但是以往儒者於此其用心總是轉不過這個灣來。

以修德來期望君相成爲聖君賢相，這是可遇而不可求的。這如上所說。此外，在積極方面，如果眞遇着一個聖君賢相，則君相必担負過重。因爲聖賢用心等同天地，是無限量的。君之現實的本質本是一個無限的超越體，他若轉而爲聖君，其由德而成之用心與担負亦必是無限量的。君如此，相之賢尤難。最典型的賢相比作皇帝還難。他照顧君民，協和百官，他必須有汪洋之度與量，這就是以前所說的「宰相之體」。這也是一個無限的用心與担負。君相方面旣等同天地，担負過重，則人民方面就純爲被動如赤子，担負過輕，甚至一無擔負。所謂過輕或一無担負，就是在國家政治法律方面毫無責任。以往儒者順道德價値觀念而向盡心盡性盡倫盡制一路走，以期成爲聖賢人格，在政治上成爲聖君賢相。此種文化精神一成爲定型，便永轉不出民主政治來。

對於君相這個超越無限體，（君是位上無限體，相是德上無限體），期望以聖賢。（君而聖，則德位俱是無限體。）如是，中國文化精神在政治方面就只有治道，而無政道。此兩名詞係隨孫中山先生所說的政權與治權兩名而來。君主制，政權在皇帝，治權在士，然而對於君無政治法律的內在形態之回應，則皇帝既代表政權，亦是治權之核心。如是，中國以往知識分子（文化生命所由以寄託者）只向治道用心，而始終不向政道處用心。儒家講「德化的治道」，以聖君賢相爲終極，如上所述。道家講「道化的治道」，以「無爲」的玄默深藏爲終極，君亦是無限體。法家講「物化的治道」，（秦與法家及今日的共黨皆然），以黑暗的權術與齊一之法爲終極，君亦是個無限體。這三個系統輪翻而轉，交替爲用，其中之道理與境界，可謂至矣盡矣。在這方面，無有任何國家能講過中國者。因爲這裡的治道都是相應皇帝之爲無限體而徹底透出的。皇帝爲無限體，在以前說等同天地，現在我們亦可以說等同於神，依此，治道之極就是「神治」。這其中的道理與境界當然是幽深玄遠，至精至微，而全爲中國人所道出。可是人間究竟不是天國。治人間究竟不能以神的方式治。若只有這個透徹而達於神境的治道，而政道轉不出，則治道即停在主觀狀態中，即只停於君相的一心中，而不能客觀化。治道不能通過政道而客觀化，則治道永遠繫於君相一心中而爲自上而下的廣被作用。總之是一句話：「君子之德風，小人之德草。」如是，人民永遠是在被動的潛伏狀態中，而爲上面的風所披靡，所吹拂，永遠是在不自覺的睡眠狀態中。照儒家言，是在德化的吹拂中；照道家言，是在道化的相忘中；照法家言，是在物化的芻狗中。儒家雖講德化，教之養之，有興發作用，不似道法之愚民，然這個興發只是道德的，倫常的，不是政治的。儒家本是想純以德化的德治而臻人間於天國。即以君相之無限担負的神治而臻人間於天國。卽孟子所說的「君子所存者神，所過者化，上下與天地同流，豈曰小補之哉？」此若只限於敎化上的聖賢人格之作用，（卽道德感應），則自無可議；而若用之於政治上成爲聖君賢相之政治，期由其無限担負的神治而臻人間于天國，則便有可議處，卽：人間不能以上帝治理世界的方式來治理。這個境界雖高，却是缺少了一環，卽：只有治道而無政道的直接神治是不能用之於人間的，在人間是作不到的。若是這樣去作，不是把人間嘘拂成睡眠狀態，即是成爲任意踐踏的地步，因而釀成暴亂，遂成爲一治一亂停滯不前的境地。（關於本段所說，吾「政道與治道」一書詳論其所函的一切。）

君主制，政權在皇帝，其一家世襲本含有萬世一系永恆不變之義，此爲社會上之「定常者」（constant）。社會上一個「定常者」本不可少。然定常者寄託在具體個體之世襲上，則是不能永遠不變的。其取得政權本是由打天下而來，而在聖君賢相無限担負的神治之嘘拂與踐踏這兩種相反的面相之交替起伏中，又不能不有打天下式的革命者出而再爭奪政權。這些從草莽中起而打天下的英雄人物，其背後精神，吾曾名之曰「綜和的盡氣之精神」。盡才盡情盡氣，這是一串。盡心盡性盡倫盡制這一串代表中國文化中的理性世界，而盡才盡情盡氣，則代表天才世界。詩人，情人，江湖義俠，以至於打天下的草莽英雄，都是天才世界中的人物。我這裡偏就打天下的英雄人物說，故概之以「綜和的盡氣之精神」。這是一種藝術性的人格表現。與綜和的盡理之精神下的聖賢人格相反。這兩種基本精神籠罩了中國的整個文化生命。但是我們須知在這兩種精神作領導下，中國的科學與民主政治是出不來的。我這裏可仍就民主政治說。因為綜和的盡理是在成聖賢人格，這都是個人的表現，既不能相傳授，亦不能以集團來表現。在政治上之聖君賢相亦然。而且所成之聖君賢相都是一個無限體，惟此是理性上的無限。而綜和的盡氣則在成藝術性的天才英雄人格，這也是個人表現，既不能相傳授，也不能以集團來表現。其人格亦是一個無限體，惟其無限是氣質上的，其極卽是作皇帝。由打天下而來，故是一個無限制的超越體。綜和的盡理與綜和的盡氣都是無限的。故其所成之人格，無論是聖賢或皇帝，亦都是「無限體」。在這兩種精神下，民主政治永遠出不來。中國的文化生命，其發展表現的方向，惟向這兩種基本精神走而成為定型，才使我們顯豁地看出民主政治所以不出現之故。這兩種基本精神都是以個人姿態而向上透的。當然以綜和的盡理之精神為涵蓋，（為主），而以綜和的盡氣之精神為隸屬，（為從）。這種以個人姿態而向上透的精神不是出現民主政治的精神，亦不是產生科學的精神，總之不是分解的盡理之精神。

第五節　中國文化之未來及中西文化自然諧一之遠景

由以上說明中國以往所以不出現民主政治之故，卽因而亦可了解中國所以未出現近代化的國家政治法律之故。大家都知中國以往不是一個國家單位，而是一個文化單位，只有天下觀念，而無國家觀念。此所以我們現在還是以建國為重要的工作。然其故，大家未必能深知。然若明白以上所說，則這些都可一起了解。蓋社會底層，在五倫的維繫之下，以綜和的盡氣精神來鼓蕩，而文化生命，理性世界，則以道德價值觀念所領導的「綜和的盡理之精神」為主脈，一是皆以個人姿態向上透而成為聖賢人格，藝術性的人格，爲基本情調，則人民卽不能在政治上自覺地站起來而成爲有個性的個體，卽人民可以成爲一個倫常上的「道德的存在」(Moral being)，而不能成爲一個「政治的存在」(Political being)。如是，不能起來對於皇帝有一政治法律上的限制。而只有打天下式的革命。因而政道亦不能出現。政道之出現，惟在對於皇帝（元首）有一政治法律形態之回應上而轉出。（不只是道德宗教形態的回應。）這一步回應是須要轉一個灣，須要從「順着君相一條鞭地想」再轉出來從人民方面再作對立地想。但是以往儒者的用心就是這一個灣轉不過。只順「自上而下」的治道方面想，是以論事每至此而窮。不能轉出來建立政道，則治道終不能客觀化，而民主政治亦不能出現。民主政治之出現惟在於從治道的一條鞭裡轉出來從政道方面想。在思想上是如此，在現實上則在使人民興起而成爲一個政治的存在。政道成立，民主政治出現，則國家的政治意義才能出現。（中國以前只有吏治，而無政治。）人民能成爲一個「政治的存在」而起來以政治法律的形態限制皇帝，則他卽是一個政治上覺醒的個體。因此，他對於國家的組成才盡了一分子的責任。國家必須通過各個體的自覺而重新組織起來成爲一個有機的統一體，才可以說是近代化的國家。中國以前的統一只是打天下打來的，個體並未起作用。所以不成一個國家單位。而那統一亦是虛浮不實的。國家是一個文化上的觀念，是由各個體通過自覺而成的一個理性上的產物。不是一個自然物，更不是武力所能硬打得來的。人民在國家政治上有了作用，他對于國家內的法律的訂定也必有責任，有作用，而不只是以往純出于聖君賢相之一心而自上而下偏面地定出來。中國以往的法律只是君相自上而下偏面地定出來，並沒有通過人民的回應。又，其內容亦只是維持五倫教化的工具，賞罰的媒介。又，對德治言，只是偶然的寄存物，其自身並無客觀獨立的價值。這，一方面是不够的，一方面也表示不是近代化的法律。維持倫常的法律當然永遠須要有。偏面的規定是可以的。因為雖未通過人民的回應，而人民亦無不許可之理由。但除此以外，一定還有些類乎權利義務的法律，社會事業方面的各種客觀法律，則必須通過人民的回應而制定，不是君相一心所能盡的。這種意義的法律在中國以往是不存在的。所以無人民的回應，即不能有近代化的法律。因此，黑格爾才說，中國以往的法律是停在主觀狀態中，沒有客觀化。依此我們可以說，近代化的國家政治法律之出現繫于政道之轉出，民主政治之出現。而此又必繫于人民之自覺而成為一「政治的存在」，即，不只是被動的潛伏體，不只是羲皇上人，也不只是道德的存在，藝術性的存在（Artistic being）。

由以上三、四兩節，我們可以看出中國文化生命的特質及其發展的限度。它實在是缺少了一環。在全幅人性的表現上，從知識方面說，它缺少了「知性」這一環，因而也不出現邏輯數學與科學。從客觀實踐方面說，它缺少了「政道」之建立這一環，因而也不出現民主政治，不出現近代化的國家政治與法律。它的基本精神是以個人姿態而向上透，無論是理性一面的聖賢人格或是才氣一面的英雄人格（藝術性的天才人格）。茲且就理性一面說，它之向上透是真能徹悟真實而通透天人之源的。從「心覺」方面說，它之向上透而徹悟本源是點出「仁」字，因而將心覺之「智」亦完全提上去而攝之于仁，而成為「神智」。神智之了解萬物是不經過邏輯數學的，因而邏輯數學出不來；神智之了解萬物是不與外物為對為二的，而是攝物歸心，因而科學知識出不來。這如西方哲學所說，神心之了解萬物是不經過邏輯數學的，因而上帝亦無所謂科學。從實踐方面說，它之向上透而徹悟本源完全表示一個成就聖賢人格的道德實踐，用到政治方面，也只成了一個聖君賢相的神治形態。只有治道而無政道的聖賢一心之治是不會出現近代化的國家政治法律的。這亦好像西方所說，上帝之治理世界是不通過國家政治法律之形態的。上帝的法就是從神心流出的自然法。這不須要萬物起而與上帝作對，與之訂定制度，再立法律的。中國以往二千年的君主制，再益之以道家法家儒家所講之治道，是完全向這個神治境界而趨的。落到現實上，就只是一個五倫。五倫完全出於人性，而有類乎自然法。皇帝治天下所用之法（這點與上帝不同，上帝根本不用法，）完全爲保護五倫，以防悖倫。

從這裏我們可以看出，中國的文化生命之向上透，其境界雖高，而自人間之實現「道德理性」上說，却是不足的。向上透所呈露之最高道德理性，卽聖賢人格中之道德理性，若心覺方面之「知性」轉不出，則道德理性亦封閉于個人之道德實踐中而通不出來，亦有窒息之虞，卽無通氣處。若客觀實踐方面之「政道」轉不出，近代化的國家政治法律轉不出，則道德理性亦不能廣被地積極地實現出來，人間有睡眠停滯之虞，卽不能繁興大用而實現多方的價值。這就表示中國以前儒者所講的「外王」是不够的。以前儒者所講的外王是由內聖直接推出來：以爲正心誠意卽可直接函外王，以爲盡心盡性盡倫盡制卽可直接推出外王，以爲聖君賢相一心妙用之神治卽可函外王之極致：此爲外王之「直接形態」。這個直接形態的外王是不够的。現在我們知道，積極的外王，外王之充分地實現，客觀地實現，必須經過一個曲折，卽前文所說的轉一個灣，而建立一個政道，一個制度，而爲間接的實現：此爲外王之間接形態。亦如向上透所呈露之仁智合一之心需要再向下曲折一下而轉出「知性」來，以備道德理性（卽仁智合一的心性）之更進一步的實現。經過這一曲折，亦是間接實現。聖賢人格則是直接實現。所以道德理性之積極的實現，在知識與實踐兩方面，都需要一層曲折。而中國文化生命在以往的發展却未曾開出這層曲折。我在上文三節末曾說，它只在向上透一面大開大合。而未在向下方面撐開再轉出一個大開大合。「知性」與「政道」這兩面的曲折卽是向下方面的大開大合。我們須知：知性方面的邏輯數學科學與客觀實踐方面的國家政治法律（近代化的）雖不是最高境界中的事，它是中間架構性的東西，然而在人間實踐過程中實現價值上，實現道德理性上，這中間架構性的東西却是不可少的。而中國文化生命在以往的發展却正少了這中間一層。（最高一層爲神智與神治，最低一層爲感覺，爲動物的無治。）

我們如果明白這一點，則中國文化的未來發展，亦卽儒家學術第三期發揚的內容與形態，（第一期爲由孔孟荀至董仲舒，第二期爲宋明理學，現在正需要第三期之時，）卽可得而明。而中西文化自然諧一之遠景亦可得其途徑矣。這兩方面當然需要進一步詳細論列，在此暫以疏導以往爲主，故不再追論。

第三章　綜和的盡氣之精神之歷史文化的意義

第一節　打天下之觀念：打天下之精神不是事功之精神

綜和的盡氣之精神，自政治上言，即所謂打天下。劉邦以平民統一海內，開歷史上之創例，不能不說其爲一能盡氣之天才。而且成爲一個典型。在天才的盡氣上，及其成功，便謂之曰「天命」。人民亦名之曰眞命天子。天命二字，劉邦親自說出。「吾以布衣，提三尺劍，取天下。此非天命乎？命乃在天，雖扁鵲何益？」吾前文由此說明劉邦能逐步客觀化其生命，由「有限」認識「無限」。茲再由此說明其成功也，自覺其儼若爲天之所命。豪傑並起，逐鹿中原，而終歸劉氏者，豈非天命乎？劉邦之說天命，甚有衷氣，亦有無限感慨，故無虛詐。後來之說此二字者，皆無衷氣，亦不如劉邦之自然。大抵有企求之意，亦有視作概念而利用之之意，故虛而不實，詐而不誠，歉而不足也。亦由後人漸習其事，故亦視之不如此其誠然也。

今就劉邦之崛起，說明「天命」一概念之建立。蓋唯天才爲能盡氣。其風姿，其氣象，皆天授，非可强而制。當其逐鹿中原，生死苦鬥，絲毫之差，即有所不及，不及即是不及，無可强也。理可以相及，甚至無高下，而氣有高下，甚至根本不能相及也。其天資足以解物，其風姿足以感衆，其氣象足以攝人。此皆非可强而致，一輸便全輸。故當參與比賽之時，一切無不用其極。此時全以氣蓋天地，無有足以超越之者。以是，其自身之氣，即爲無限。然其自身之氣不能無限。其爲無限，乃與人相比較。若與天地之氣比較，則頓成有限。然其與人比較所顯之無限，卽可使其轉而與天接。與天較，爲有限，而與天接，則以天之無限濟其有限，儼若天唯擇彼而立之，此其所以有天命之感也。天命之感、唯盡氣者能之。有現實的「綜和的盡氣之精神」，始能與天接而有天命之感也。

天命之感旣成立，而人亦以眞命天子視之。天之所立，不可廢也。依是卽居有天下而不疑。由此以往，其心惟上遂，而不肯下就。以天之子自居，以子養萬民自責。其下就也，純爲父母之於子女。而彼已自處于代天法天之地矣。其居位旣如此，而與之共起而輔助之者，亦輸誠而與之。知識階級，則從而默認之，藉以安天下。此勢一成，則依宗法制而世襲其天位，亦成爲不可疑之習慣法。東漢以後，則成爲概念化之定法，幾認爲天理如此，不可變矣。（西漢尚有禪讓之說。）世襲傳子雖定，然每一時代之初，必有問題發生。至曹丕曹植爭位起，唐宋明清皆然，皆骨肉相殘。此一內部之問題，爭天命者從未有以善決之。復次，世襲制必期萬年，（意卽無窮延續。）由此而轉出社會上「定常」之義。然一家具體個體之相傳，純依宗法制而無其他制度以安排之，而期于無窮，乃不可能者。依此，「定常」之義仍不成立。此一外部問題，爭天命者以及社會人士亦從未有以善決之。而打天下之風遂至今而不衰。中國歷史之變動與演進，以及大部人士聰明才智之消耗，皆會萃于此而種因于此。蓋綜和的盡氣之精神，在政治上用，必至打天下，因而必有天命之感，因而必家天下。從盡氣而來者，必以氣盡而死。天才的盡氣，在此，亦可借詞說爲「神足漏盡」者。（此是天才的、氣的，非聖賢的，理的。）故決不能有其他之交替以折衝之。此一模型，西漢二百年尚未全定。如在此二百年間，未能想出一拆穿此「氣的神足漏盡」之辦法而建立妥善之制度，則此後之歷史卽是順此模型而進之歷史。故西漢誠是一關鍵之階段。而西漢二百年之所以終未盡此責，亦正有其故。見下第四部即明。是否能建立妥善之制度以解決打天下中「世襲」問題與「定常」問題，反而消除打天下，根絕天命之感，其根本關鍵乃在「分解的盡理之精神」之有無。綜和的盡理之精神，綜和的盡氣之精神，與分解的盡理之精神，此三者，自整個文化言，缺一不可。而此後一者，正中國文化精神之所缺。亦惟此後一者，始能發見問題，解決問題，實現眞正之事功，隨時建立客觀有效之制度。而吾華族正缺此精神，故至今日遂有一大曲折。

須知「綜和的盡理之精神」實可函「分解的盡理之精神」。惟此函不是直接地函，乃須有一曲折始能轉出。于此，儒者及士人（智識分子）有其重大之責任。而兩漢儒者不足以盡此責。宋明理學乃應有之轉進，而演至今日亦史變中勢之所至之必有的大曲折。須知「綜和的盡氣之精神」並不是事功之精神與制度之精神，而乃是英雄之精神與藝術性之精神。吾前于第一部第三章論主體自由時，論到「美的自由」，「藝術性的主體」，此則由盡才、盡情、盡氣之人格來表現。此種人格實爲藝術性的獨體人格。此實爲中國社會內最普遍的一個生活情調。打天下，只是這個生活情調在政治上表現的一個形態。就在政治上表現言，以盡氣爲主，故概之曰「綜和的盡氣之精神」。如果在「綜和的盡理之精神」中，後來之士人轉不出「分解的盡理之精神」，而現實社會上又惟是以「綜和的盡氣之精神」爲領導精神，（可偏于政治方面言），則中國歷史又有以下六種姿態。

第二節　一治一亂之循環性

在盡氣中有健康與墮落之表現。卽一治一亂之循環性。能盡其氣，則爲健康。不能盡其氣，則爲墮落。墮落則氣轉爲物氣，而純物化矣。健康之時，則原始生命充沛而不滯。每一朝代開始幾十年，總有此象。其各種表現之能盡理，皆賴其氣之不衰。此以西漢二百年之表現爲最佳。唐宋明皆極短也。但盡氣者，氣盡卽死。如無分解的盡理之精神，鮮能客觀化其氣而依法律基礎以延長之。是以，如以盡氣爲領導精神，則其氣必停于其原始之狀態，而服從自然之強度原則，不能客觀化而爲構造者。是以天才之盡氣總是主觀的，自然的，故其發展總服從物理的消息之原則。（須知儒家的「綜和的盡理之精神」並不能擔負客觀化其氣之責任。而吾前所云劉邦能逐步客觀化其生命，此所謂客觀化是超越義，而非內在的構造義。又其能客觀化只表示其生命之不滯，仍是天才的，盡氣的，而非分解地盡理的。）然雖云服從自然之強度原則，而若能盡氣，則不自覺中亦有近道者存焉。其盡氣中「自然之強度」亦含有精神的，而非爲純物質的也。惟當不能盡氣，始墮落偎瑣而爲純物質。道卽在精神中表現。在盡氣中，其盛時所表現之道，大抵爲生息之道。由盡氣者順應時勢而表現之，後人自覺而取以爲法焉，或學人提撕之而致後繼者。其道，王船山概之以三曰慈儉簡。

宋論卷一論宋太祖有一段云：「三代以下，稱治者三。文景之治，再傳而止。貞觀之治，及子而亂。（案船山此處所說治義太狹。）宋自建隆息五季之凶危，登民於袵席。迨熙寧而後，法以斁，民以不康。由此言之，宋其裕矣。……嗚呼……自漢光武以後，爰求令德，非宋太祖其誰爲迴出者乎？民之恃上以休養者，慈也，儉也，簡也。三者於道貴矣。而刻意以爲之者，其美不終。非其道力之不堅而不足以終也。其操心之始無根而聊資以用，懷來之不淑，不能久揜也。文景之修此三者，無餘力矣。乃其慈也，畜刑殺於心而姑忍之；其儉也，志存厚實而勤用之；其簡也，以相天下之動而徐制其後也。老氏之術，所持天下之柄者在此，而天人不受其欺。故王道至漢而闕。學術之不貞者爲之也。唐太宗之慈與儉，非有異心也，而無固志。故不爲已甚之行，以售其中懷之祕，與道近矣。然而事因迹襲，言異衷藏。蒙恩者幸承其惠，偏枯者仍罹其傷。若於簡，則非其所前聞矣。繁爲口說，而辨給奪人。多其設施，而吏民滋擾。夫惟挾恢張喜事之情，則慈窮而忿起，儉困而驕生。惡能凝靜以與人休息乎？是三君者，有老氏處錞之術，以亘于中，既機深而事必詭；有霸者假仁之美，以著於外，抑德薄而道必窮。及身不僨，猶其才足以持之。不能復望之後嗣，固其宜矣。宋祖則二者之患亡矣。起行閒，陟大位。儒術尚淺，異學不亂，其心怵於天命之不恆，感於民勞之已極。其所爲：厚柴氏，禮降王，行賑貸，禁淫刑，增祿俸，尚儒素者，一監於毒民侮士之習，行其心之所不安，漸損漸除，而蘇其喘息。抑未嘗汲汲然求利以與，求病以去，貿愚氓之愉快於一朝，以不恤其久遠。無機也，無襲也，視力之可行者，從容利導，而不尸自堯自舜之名，以矜其美，而刻責於人。故察其言，無唐太宗之喋喋於仁義也；考其事，無文景忍人之所不能忍，容人之所不能容也。而天下絲紛之情，優游而就緒，瓦解之勢，漸次以就安。無他，其有善也，皆因心者也。惟心之緒，引之而愈長；惟心之忱，出之而不妄。是以垂及百年，而餘芳未歇。無他，心之所居者，本無紛歧，而行之自簡也。簡以行慈，則慈不爲沾恩之惠。簡以行儉，則儉不爲貪吝之謀。無所師，故小疵不損其大純；無所倣，故達情而不求詳於文具。子曰：善人爲邦百年，可以勝殘去殺。或以文景當之者，非也。老氏之支流，非君子之所願見也。太祖其庶幾矣。雖然，尤有其立本者存焉。忍者薄於所厚，則慈亦非慈。侈者必奪於人，則儉亦非儉。文帝之忮淮南，景帝之削吳楚，太宗之手刃兄弟也，本已削，而枝葉之榮皆浮榮矣。宋祖受太后之命，知其弟不容其子，而趙普密譖之言，且不忍著聞而亟滅其迹。是不以天位之去留，子孫之禍福，斲其惻怛之心，而不爲之制，廓然委之於天人，以順母而愛弟，蹈仁者之愚而固不悔。漢唐之主所安忍懷慚而不能自戢者，太祖以一心涵之，而坦遂以無憂。惟其然也，不忍之心，所以句萌甲坼，而枝葉向榮矣。不忍於人之死，則慈；不忍於物之殄，則儉；不忍於吏民之勞，則簡。斯其慈儉以簡也，皆惟心之所不容已。雖粗而不精，畧而不詳，要與操術而詭於道，務名而遠於誠者，所由來遠矣。仁民者，親之推也。愛物者，民之推也。君子善推以廣其德。善人不待推而自生於心。一人之澤，施及百年，弗待後嗣之相踵以爲百年也。故曰光武以後，太祖其迥出矣。」

船山於此就仁心之純以論慈儉與簡，故黜文景太宗，而尊太祖也。此提出盡氣者與民生息之道之模型矣。其宋論卷三論眞宗朝，復有一段云：「宋初，吏治疏，守令優閒。宰執罷政，出典州郡者，唯向敏中勤於吏事。寇準，張齊賢，非無綜核之才也。而倜儻任情，日事遊宴。故韓琦出守鄉郡，以晝錦名其堂。是以剖符爲休老之地，而不以民瘼國計，課其幹理也。且非徒大臣之出鎮爲然矣。遺事所紀者，西川遊宴之盛，殆無虛月。率吏民以嬉，而太守有遨頭之號。其他建亭台，邀賓客，携屬吏以登臨玩賞，車騎絡繹，歌吹喧闐，見於詩歌者不一。計其供張俎之費，取給於公帑者，一皆民力之所奉也。而獄訟征徭，且無暇以修職守，導吏民以相習於逸豫，不憂風俗之日偷，宜其爲治道之蠹也滋甚。然而歷五朝百餘年間，民以恬愉，法以畫一，士大夫廉隅以修，萑葦草澤，無揭竿之起。迄乎熙寧以後，亟求治而督責之令行，然後海內騷然，盜夷交起。由此思之，人君撫有四海，通天下之志以使各得者，非一切刑名之說，所可勝任，審矣。子曰：一張一弛，文武之道也。張弛之用，敬與簡之並行不悖者也。故言治者之大病，莫甚於以申韓之慘覈，竄入於聖王居敬之道，而不知其病天下也，如揠苗而求其長也。夫儉勤與敬，治道之美者也。持二者以恣行其志，而無以持其一往之意氣，則胥為天下賊。儉之過也，則吝，吝則動於利，以不知厭足而必貪。勤之亟也必煩，煩則責於人，以速如己志而必暴。儉勤者，美行也。貪暴者，大惡也。而弊之流也，相乘以生。夫申韓亦豈以貪暴為法哉？用其一往之意氣，以極乎儉與勤之數而不知節耳。若夫敬者，持於主心之謂也。於其弛，不敢不張，以作天下之氣。於其張，不敢不弛，以養天下之力。謹握其樞機而重用天下，不敢以己情之弛而弛天下也，不敢以己氣之張而張天下也。故敬在主心，而天下咸食其和。夫天有肅則必有溫矣，夫物有華而後有實矣。上不敢違天之化，下不敢傷物之理，則易簡而天下之理得。固非外儒術而內申韓者之所能與也。以己之所能為而責人為之，且以己之所不欲為，强忍為之，而以責人。於是，抑將以己之所固不能為，而徒責人以必為。如是者，其、恣肆，而持一敬之名以鞭笞天下之不敬，則疾入於申韓，而為天下賊也甚矣。夫先王之以凝命守邦而綏天下也，其道協於張弛之宜，固非後世之所能及。而得其意以通古今之變，則去道也猶近。此宋初之治，所以天下安之，而禍亂不作者也。三代之治，其詳不可聞矣。觀於聘燕之禮，其用財也，如此其費而不吝。飲射烝蠟之制，其游民也，如此其裕而不煩。天子無狗馬聲色玩好之耽，而不以宵旦不遑者督其臣民。長吏無因公科歛，取貨鬻獄之惡，而不以寢處不寧者督其兆庶。故皇華以勞文吏，四牡以綏武臣，杕杜以慰戍卒，卷阿以答燕游，東山詠結縭之歡，芣苢喜春遊之樂。皆聖王敬以承天，而下宜乎人者。其弛也正天子之張於密勿，以善調其節者也。宋初之御天下也，君未能盡敬之理，而謹守先型，無失德矣。臣未能體敬之誠，而謹持名節，無官邪矣。於是至催科不促，獄訟不繁，工役不損，爭訐不興。禾黍既登，風日和美。率其士民游泳天物之休暢，則民氣以靜，民志以平。里巷佻達之子弟，消其囂淩之戾氣於恬愉之下，而不皇皇然逐錐刀於無厭，懷利以事其父兄。斯亦平情之善術也。奚用矯情於所不堪，惜財於所有餘，使臣民迫束紛紜，激起而相攘奪哉？……內申韓而外儒術，名爲以義正物，而實道之以利也。區區以糜財爲患者，守瓶之智，治一邑而不足，況天下乎？……子曰：奢則不孫。惡其不孫，非惡其不嗇也。傳曰：儉德之共也。儉以恭己，非儉以守財也。不節不宣，侈多藏以取利，不儉莫大於是。而又窮日殫夕，汲汲於薄書期會，以毛舉纖微之功過，使人重足以立，而自詫曰勤。是其爲術也，始於晏嬰，成於墨翟，淫於申韓，大亂於暴秦。儒之駁者師焉。熙豐以降，施及五百年，而天下日趨於澆刻。宋初之風，邈矣，不可追矣。而況采薇天保雅歌鳴瑟之休風乎？」

王船山立論一本儒家精神。黃老申韓皆所厭棄。以其有背於慈儉簡之道而賊天下也。以宋初之弛緩恬嬉，而以厭惡申韓故，又以其能歷五朝而至百餘年之太平，稱之爲「平情之善術」。須知功利而不以正途，出之以申韓，固足以敗事而賊天下，而純以慈儉簡之道和煦天下，使之休養生息，而無所事事，即純乎其純者，猶嫌消極而不能興發民以爲價值之實現，而況休養生息，落於弛緩恬嬉，即爲頹靡不振之墮落者乎？宋歷五朝而至百餘年之太平，即此類也。故一弛再弛而至於大弛，而不可復張也。知其應張而更張不以其道，則騷動乖戾而至於亡。知其後之不能復張，即知其前之弛非眞「張於密勿」之弛也，實廢弛恬嬉而已矣。其所以太平者，實大亂後自然睡眠之繼續耳。故中國之休養生息大抵爲消極的放任主義，非致太平之正道者。夫慈儉簡誠爲貴道，而貫之以「敬」，則必有事焉。在必有事焉中，刮垢磨光，消禍亂於無形，彰功業於踐履。在破除阻礙中實現其理想，在現實之限制中成就其功業。然後慈儉簡之道方能盡其用。是則慈儉簡之精神必有構造之精神以實之。而構造性之精神即制度性與事功性之精神，而此後者之精神即「分解的盡理」之精神也。而國史上每一生息階段之太平，上下用心，皆不足以盡此也。三代而後，西漢二百年亦不可及。船山所謂「文景之治，再傳而止」，其「治」義過狹。又專就文景個人而言，又欲取比較以顯宋祖於慈儉簡之純。實則文景之治，正在必有事焉中，刮垢磨光也。船山以上兩段話之背景，一在厭申韓黃老，一在厭宋士大夫之空言論，浮意氣；而不知對治後者非構造精神不可，對治前者，亦非有制度性與事功性之精神，不足以消滅之於無形也。船山言此，後面實函有一構造精神之肯定，然彼未能提出以實之。故於生息之道，未能盡其極致也。生息之道中不能有構造精神以實之，則弛緩恬嬉不可免，由之，墮落不可免，騷動乖戾亦不可免，而空言論，浮意氣以害事，尤不可免也。故致治之道，在綜和的盡氣中，一切表現之以「直接形態」，皆不足以曲盡其致也。而歷史之發展亦總服從「自然之強度原則」成其爲循環式之發展。

第三節　只有革命而無變法

在綜和的盡氣中，分解的盡理之精神不能出現，則只有革命而無變法。凡有變法皆致騷動而無不失敗。商鞅變法是乘時代轉變中而爲革命式之變法。漢後，政治形態已定，而所謂變法皆不可與商鞅同論。打天下式之革命爲盡氣之革命，而於政治形態及制度猶大體仍舊也。是以在政治度態既定，大制度不變之下，所謂變法皆不能相應其心目中之崇高意義。如王安石所謂先王之法度者，其實際之意義只應是本構造精神以爲個別問題之解決。其背後之精神乃爲事功性與個別問題的制度性之精神，而非持大體之籠罩精神也，亦非時代轉變創制根本制度之精神也，亦非董仲舒輩所謂改正朔易服色以明受命也。（此所謂有改制之名，無變道之實。）如爲此後三者，則有相當之隆重與崇高之意義。然漢後之變法，皆不屬於此三者，而其心中之期許皆居於此三者之層次上，故此中有一差謬焉。將事功性與個別問題的制度性之精神視爲如孔子爲百王制法之精神，故差謬出焉。其徒惹騷動而致意氣之爭，爲識者所痛，亦其宜也。宋王安石變法即其例也。茲引船山之言以明其意。

宋論卷三論眞宗朝有云：「凡上書陳利病以要主聽希行之者，其情不一，其不足聽則均也。其一，大姦挾傾妒之心，己不言以避指摘，而募事外之人，訐時政之失，以影射執政，激天子以廢置，掣任事者之肘而使去，因以得遂大姦之所懷。其一，懷私之士，或欲啓旁門以倖進，或欲破成法以牟利，其所欲者小，其言之也大，而借相類之理，以成一致之言，雜引先王之正訓，詭附於道，而不受人以攻擊。其一，小有才而見詘，其牙慧筆鋒，以正不足，以妄有餘，非爲炎炎娓娓之談，不足以表異，徼幸其言之庸，而身因以顯。此三者皆懷慝之姦，訹（即怵字）君相以從己，而行其脅持也。非此，則又有聞君之求言也亟，相之好士也甚，踸踔而興，本無定慮，搜索故紙，旁問塗人，以成其說，叩其中懷，亦未嘗信爲可行，而姑試言之，以耀人之耳目。非此，則又有始出田野，薄游都邑，受一命而登仕籍，見進言者之聳動當時，而不安於緘默，晨揣夕摩，索一二事以爲立說之資，而掇拾迂遠之陳言以充幅，亦且栩栩然曰：吾亦爲社稷計靈長，爲生民拯水火者也，以自炫而已矣。非此，則又有誦一先生之言，益以六經之諸說，附以歷代之因革，時已異而守其故株，道已殊而尋其轍迹，從不知國之所恃賴，民之所便安，而但任其聞見之私，以爭得失，而田賦兵戎，刑名官守，泥其所不通，以病國毒民而不恤。非此，則又有身之所受一事之甘苦，目之所睹一邑之利病，感激於衡茅，而求伸於言路，其言失也，亦果有失也，其言得也，亦果有得也，而得以一方者失於天下，得一時者失於百年，小利易以生愚氓之喜，隱憂實以怵君子之心，若此者，心可信也，理可持也，而如其聽之，則元氣以傷，大法以圮，弊且無窮。（案此卽指王安石）。而況挾前數者之心，以誣上行私，而播惡下士者乎？故上書陳利害者，無一言之足聽者也。李文靖（卽李沆）自言曰：居位無補，唯中外所陳利害，一切報罷，可以報國。所謂大臣者，以道事君，此可以當之矣。道者，安民以定國，至正之經也。秉道以宅心，而識乃宏。識惟其宏而志以定。志定而斷以成，斷成而氣以靜，氣靜而量乃可函受天下而不迫。天下皆函受於識量之中，無不可受也，而終不爲之搖也。大矣哉，一人之識，四海之藏，非有道者，孰能不驚於所創聞，而生其疑慮哉？……天有異時，地有異利，人有異才，物有異用。前之作者，歷千祀，通九州，而各效其所宜。天下雖亂，終亦莫能越也。此之所謂傷者，彼之所自全。此之所謂善者，彼之所自敗。雖仁如舜，智如禹，不能不有所缺陷，以留人之指摘。識足以及此矣，則創制聽之前王，修舉聽之百執，斟酌聽之長吏，從違聽之編氓，而天下各就其紀。……文靖之及此，迥出於姚元之，陸敬輿，司馬君實之表遠矣。前乎此者丙吉，後乎此者劉健，殆庶幾焉。其他雖有煌炫之績，皆道之所不許也。……有姚元之，則有張說。有陸敬輿，則有盧杞。有司馬君實，則有王安石。好言而莠言興，好聽而訟言競。惟文靖當國之下，非徒梅詢、曾致堯之屛息也。王欽若列侍從，而不敢訾其奸。張齊賢、寇準之伉直，而消其激烈。所以護國家之元氣者至矣。文靖沒，宋乃多故。筆舌爭雄，而郊原之婦子，不能寧處於枲園瓜圃之下矣。……」

船山此言，可謂深切而有悲心矣。然無「分解的盡理之精神」，則言事者將層出不窮也。李沆之持道定國，言事者一切報罷，可謂得宰相之體。而不培養分解的盡理之精神，則李沆之報罷，亦非解決問題之道也。宋論卷四論仁宗朝，又有云：「大臣進位宰執，而條列時政以陳言，自呂夷簡始。其後韓范富馬諸君子。出統六師，入參三事，皆於受事之初，例有條奏。聞之曰：天下有道，行有枝葉。天下無道，言有枝葉。以此知諸公失大臣之道。……書曰：敷奏以言，明試以功。以言者，始進之士，非言無以達其忱。上之庸之，非言無以知其志。故觀其引伸，知其所學；觀其蘊藉，知其所養。非必言之可行而聽之行也。後世策問賢良，科舉取士，其法循此，而抑可以得人。然而不能無不得之人矣。至於既簡在位，或賢或否，則以功而明試之。非以言者之始測於影響，而下亦僅此以為自效之資也。且夫藉言以為羔鴈者，亦挾長求進之士爾。其畜德抱道，具公輔之器者，猶不屑此，而況大任在躬，天職與共，神而明之，默而成之者，非筆舌之所能宣，而喋喋多言，以揜力行不逮之愆尤乎？即以敷奏言之，射策之士，諫議之官，言不容已也，而抑各有其畔，不可越也。將以匡君之過與？則即以一德之涼，推其所失，而導之以改，無事掇拾天德王道，盡其口耳之所記誦者，罄之於一牘也。非是者，為鬻才之曲士。將以指政之非與？則即以一事之失，極其害之所至，而陳其所言，無事旁推廣引，汎及他端之未善，以責效於一朝也。非是者，為亂政之辯言。將以摘所用之非人與？則即以一人之罪狀，明列其不可容，無事抑此伸彼，濫及盈庭，以唯吾所欲廢置也。非是者，為在黨之憸人。將以論封疆之大害與？則卽以一計之乖張，專指而徵其必償，無事臚列兵法，畫地指天，以遙制生殺之樞機也。非是者，爲首禍之狂夫。……明道（仁宗年號）以後，宰執諸公，皆代天工以臨羣動者也。天下之事，唯君與我坐而論之。事至而行之。可興則興之巳耳。可革則革之巳耳。惟道之從，惟志之伸，定命以辰告，不崇朝而徧天下，將何求而不得，奚待煩言以聳衆聽？此宰執大臣，所以靖邦紀而息嚻凌之樞要也。在昔李太初（沆）王子明（旦）以實心體國，奠七十餘年社稷生民於阜者安，一變而爲尙口紛呶之朝廷。搖四海於三寸之管，誰尸其咎？豈非倡之者在堂皇，和之者盡士類，其所由來者漸乎？宰執有條奏矣，侍從有條奏矣，庶僚有條奏矣，有司有條奏矣，乃至草茅之士，有喙斯鳴，無不可有條奏矣。何怪乎王安石之以萬言聳人主，挾從己以顚倒國是，而遠處蜀山，聞風躍起之蘇洵，且以權謀憯險之術，習淫遁之文章，售其尉繚孫臏詭遇，簧鼓當事，而熒後世之耳目哉？……」

船山所言，後面實函有一具有事功性之分解的盡理之精神，而宰執不能守相道，啓紛呶之口，由言事陳利害，以引生安石之變法，而國事以敗。安石之變法，動言先王之法度，其心目中爲如孔子爲百王制法之精神，然考其所陳，則皆青苗保甲均輸差役之類，誠如船山所言「以桑宏羊劉宴自任，而文之曰周官之法，堯舜之道。」（宋論卷六論神宗朝）。此等事，若以桑宏羊劉宴當之，很可作出成績。而若安石誠以劉宴等人自處，則亦不至起紛爭之口。然而安石文之曰周官之法，堯舜之道。居宰相之位而不能盡宰相之理，本屬事功性之分解的盡理之精神所解決之問題，而冒之以堯舜先王之大道，此其精神之不相應而有差謬也。須知凡屬事功者皆不可曰變法，依經驗與分解的盡理之精神因地制宜以措置之足矣，而言變法則越其分矣。此則非變法精神之所宜者。吏事也，非相事也。

船山云：「宋自建隆開國，至仁宗親政之年，七十餘歲矣。太祖太宗之法，敝且乘之而生者，自然之數也。夫豈唯宋祖無文武之至德，議道之公輔，無周召之宏猷乎？即以成周治教之隆，至於穆昭之世，蛹蠹生於簡策，固不足以爲文武周召病也。法之必敝矣，非鼎革之時，愈改之，則弊愈叢生。苟循其故常，吏雖貪冒，無改法之可乘，不能託名逾分，以巧爲吹索。士雖浮靡，無意指之可窺，不能逢迎揣摩，以利其詭遇。民雖强可凌弱，無以啓之，則無訐訟之興，以兩俱受斃，俾富者貧而貧者死。……唯求治者汲汲而憂之，言治者嘖嘖而爭之，誦一先生之言，古今異勢，而欲施之當時，且其所施者，抑非先王之精意。見一鄉保之利，風土殊理，而欲行之九州，且其所行者，抑非一邑之樂從。神宗君臣所夜思晝作，聚訟盈庭，飛符徧野，以使下無法守，開章惇蔡京爚亂以亡之漸者，其風已自仁宗始矣。……孔子曰：吾從周。非文武之道隆於禹湯也。文武之法，居所世守而安焉者也。孟子曰：遵先王之法。周未亡，王者未作。井田學校，所宜遵者，周之舊也。官習於庭，士習於學，民習於野。善者其所風尚，失者其所不安，利者其所允宜，害者其所能勝。愼求治人，而政無不舉。孔孟之言治者，此而已矣。……」（宋論卷四論仁宗朝）。

船山言：非鼎革之時，愈改則弊愈生。此言即示有革命而無變法也，有屬於事功性者之興廢，而無轉變根本形態之大制度之變法。此兩層須分別看。精神一不相應，便理乖而事錯。船山所擧孔孟之言，乃屬於前一層者。王安石之變法，則於精神上兩層有混擾。中國數千年歷史，由夏商至周爲一形態。秦漢以後爲一形態。孔孟生於晚周，所担負者爲一總持的文化之反省。「從周」者，從周以來之「文統」也。由周之總持的政治形態所凝結之文統，予以反省，而揭露其「意義」，湧現一最高之文化模型，（所謂「綜和的盡理之精神」所代表者），爲一大綱維。在此大綱維下，其他一切皆事功性與問題的制度性之事，實可因地制宜，隨時變易，而不遙控者。依是言之，卽商鞅之變法，亦屬於事功性者。孔孟之所作乃百王之常法，故有盡理而無變法也。然在此大綱維下，從政治形態方面說，亦有可以言變法者，商鞅變法所決定之秦漢以來之政治形態是也。以孔孟之立場觀之，雖不贊同法家之精神，然其所因時而改變之政治形態之事業，則不必反對也。推之，由漢以來之政治形態再轉變而爲立憲之民主政治形態，亦不必反對也。而此步改變，亦可曰變法。依吾人今日所有之智慧經驗所至之理性原則言，其所函蓋之變法只有此兩步。卽馬克斯之社會主義亦當視爲民主政治形態下之事功性之問題，而不能離此而別成一變法式之形態。至於該大綱維，尤不能擯棄也。在漢以後二千年間，民主政治形態未出現以前，不言變法則已，如有大其心而言之者，皆當向民主政治形態之出現而用其誠。此一問題，在二千年間，並非全無眹兆可窺。西漢二百年間儒者卽在曚矓中爲此問題奮鬥也。賈誼，董仲舒，皆言復古更化。有改制之名，（指正朔服色言），無變道之實。此爲承秦後之政治形態，而予盡氣者以儒家教化之型範。此爲一大事業，雖不可曰變法，而精神恰相應，故能有成也。後此言禪讓言五德終始者，皆本儒家理想，於曚矓中，向一新政治形態而趨。此眞所謂一變法運動者。惜乎爲現實所限，以及思想內容之不確定，而未能出現，終至於光武所確定之形態也。（光武所確者並非一新形態，乃繼承秦以來之形態，經過西漢二百年之演進，而逐步予以釐清，至光武而完全確定者。）抑或精神之發展，蓋必經過君主專制之形態，而始能至乎民主政治形態也。然在此二千年間，儒者如欲大其心在思想上有所奮鬥而期變法者，則必順西漢二百年儒者所曚矓暗示者而前進，方可盡變法之實。然漢以後，宋明儒者，皆不足以担當此大業。外乎此，皆當視爲事功性之問題，即言制度，亦當視爲問題的制度性之制度。（即局部的或時地性的制度）。而不可隨便言變法也。

王安石之差謬，即在不識其問題之何所是。其於不自覺中背後之精神，實函一事功性之精神，分解的盡理之精神。儒者而向此轉，未可厚非。船山斥其外儒術而內申韓，則稍過，未能曲盡其情。（斥其爲小人亦過）。然儒者之轉出事功性精神甚難。假定王安石能知其問題爲事功性之問題，能知事功性之精神爲分解的盡理之精神，而盡量向分解的盡理之精神鼓舞學子，領導士風，則必不言變法，即由分解的盡理之精神而演至變法，則其變法必爲政治形態之轉變，而非其所謂青苗保馬一類也。然而王安石之學問，並不能由儒家大綱維而從思想上興起政治形態之轉變之變法運動，其識量與智慧不足以見及此。而其現實之人格亦非分解的盡理之精神也。故事功變法兩無成。船山斥其爲小人，雖過，亦不謂無因。船山曰：「王安石之允爲小人，無可辭也。安石之所必爲者，以桑宏羊劉宴自任，而文之曰周官之法，堯舜之道。則固自以爲是，斥之爲非而不服。若夫必不可爲者，即令其反己自攻，固莫之能遁也。夫君子有其必不可爲者：以去就要君也，起大獄以報睚眦之怨也，辱老成而奬游士也，喜諂諛而委腹心也，置邏卒以察誹謗也，毀先聖之遺書而崇佛老也，怨及同產兄弟而授人之排之也，子死魄喪，而捨宅爲寺，以丐福於浮屠也，若此者，皆君子所固窮瀕死，而必不爲者也，乃安石則皆爲之矣。」（宋論卷六論神宗朝）。實則，吾友姚漢源先生謂其「體文而用經」一語最爲平情而中肯，亦不必誅之若此之甚。其本質是一文人底子，故曰體文。其文之以周官之法，堯舜之道，則士風習氣之結集，非能在思想上融之於自家之血肉而成爲自己之眞生命也。故曰用經。若從氣質上說，其本質是文人，其用經只是固執而剛愎也。其爲人也如此，而望其能有分解的盡理之精神，高之以興起政治形態之轉變之變法運動爲己任，低之以從事於事功性者之興廢而爲一作事之人，豈不難哉？【王安石變法亦自有其中國歷史傳統士人握治權之理想性，即重農抑商，減殺貧富之懸殊。青苗、方田、均輸，皆此也。保甲則是想以民兵代替宋開國以來所養之職業兵。前三者是經濟問題，後一是想解決當時之最大癥結。其於宋之功過及失敗原因是宋史問題。然屬於經濟者多是社會政策問題，亦即事功性，各別問題性之問題。此與地方有關，不可一概而論。茲不深論。此處是因論「在盡氣中，只有革命而無變法」一義，而縱論及安石以爲例。】

第四節　氣節之士以及所謂士氣

墮落後有氣節之士與所謂士氣。東漢黨錮與明末東林，所謂氣節之士也。吾在論黨錮之禍時，（見下第五部），對於氣節之本質有所解說。在此且不細論。吾只說：氣節之士只是士大夫順「綜和的盡理之精神」，未經過分解的盡理之精神，而欲直接地措之于事業，與墮落後的純物化之氣相遭遇所起之浪花。綜和的盡理之精神，如不通過分解的盡理之精神，不能有事功，不能有內在的構造性。唐末之清流，宋末之太學生，亦屬此類之等而下之者，而人所謂士氣者是也。王船山宋論卷十四有論士氣一段：「世降道衰，有士氣之說焉。誰爲倡之，相率以趨，而不知戒？于天下無裨也，于風俗無善也。反激以啓禍。于士或死或辱，而辱且甚于死。故以士氣鳴者　士之蔑稗也。嘉穀以荒矣。夫士有志有行有守。修此三者，而士道立焉。以志帥氣則氣正，以氣動志則志驕。以行舒氣則氣達，以氣鼓行則行躁。以守植氣則氣剛，以氣爲守則守窒。養氣者不守其約，而亟以加物，是助長也。激天下之禍，導風俗之澆，而還以自罹於死辱。斯其爲氣也，習氣而已矣。且夫氣者，人各有之，具于當體之中，以聽心之所使，而不相爲貸。不相爲貸者，己之氣不以人之動之而增。人之氣亦非己氣之溢出以相鼓動而可伸者也。所謂士氣者，合衆人之氣以爲氣。嗚呼！豈有合衆氣以爲氣，而得其理者哉？今使合老少羸壯飢飽勞佚之數十百人，以閧然與人相搏，其不爲敵所撓敗者鮮矣。故氣者用獨者也。使士也以天下爲志，以道義爲行，以輕生死忘貧賤爲守，于以憂君父之危，傷彝倫之斁，恤生民之苦，憤忠賢之黜，而上犯其君，下觸權姦之大惡以求直，則一與一相當，捐頂踵以爭得失，雖起草茅于九閽，越其畔矣，而氣固盈也。乃憂其獨之不足以勝，貸于衆以襲義而矜其君，是先餒也。于己不足，而資閧然之氣以興，夫豈有九死不回之義哉？以爲名高，以爲勢盛。惟名與勢初無定在。而强有力者，得乘權以居勝地。于是死與辱及其身，而益彼之惡以爲天下害。斯豈足爲士氣之浩然者乎？宋之多有此也，不審者以爲士氣之倡也。不知其氣之已枵也。當李伯紀之見廢，而學宮之士閧然一起矣。逮史嵩之之復起，閧然再起矣。徐元杰，劉漢弼，以毒死，而蔡德潤等閧然三起矣。丁大全之逐董槐，而陳宜中等閧然四起矣。凡其所言，皆憂國疾讒，飭彝倫，正風化者也。理以御氣，而氣固可伸。乃以理御氣，而氣配理，亦從乎人之獨心而已。己正而邪者屈，己直而枉者伏。乃凡此羣競而起者，揣其志，果皆憂國如家，足以勝諸姦之誣上行私者乎？稽其行，果皆孝于而親，信于而友，足以勝諸姦之汚辱風化者乎？度其守，果皆可貧可賤，可窮可死，而一介必嚴，足以勝諸姦之貪叨無厭者乎？倡之者，或庶幾焉；而聞風而起，見影而馳，如鶩如奔，逐行隨隊者之不可保，十且八九也。諸姦且目笑而視之，如飛鳥之集林。庸主亦厭聽之，如羣蛙之喧夜。則弋獲國士之名，自詡清流之黨，浸令任之，固不足以拯阽危之禍。國家亦何賴有此士哉？政之不綱也，君之不德也，姦之不戢而禍至之無日也，無能拯救，而徒大聲以號之。怨詛下逮于編氓，穢迹彰聞于强敵。羣情搖動，而墮其親上死長之情，則國勢之衰，風俗之薄，實自此貽之矣。輯輯翻翻游談之習勝，物極必反，烖必逮身。迨至蒙古入杭，羣毆北徙，瘃足墮指，啼饑僦食于原野。曾無一人焉，捐此蟪蛄之生，就孔子之堂，擇乾淨土以爲死所。則鄉之浮氣坌興，山搖川決者，今安往耶？先王之造士也，賓之于飲，序之于射，節之以禮，和之以樂。其尊之也，乞之而後言。其觀之也，旅而後語。分之于黨塾州序以靜其志，升之于司馬而即試以功。其以立國體也，即以敦士行也。馴其氣而使安也，即以專其氣而使倡也。使之求諸己而無待于物也，即以公諸天下而允協于衆也。故雖有亂世暴君，姦人逆黨，而不能加以非道之刑戮。戰國之士氣張，而來嬴政之坑。東漢之士氣競，而致奄人之害。南宋之士氣囂，而召蒙古之辱 誠以先王之育士者待士，士亦誠以先王之育士者自育，豈至此哉？」吾之所論，較船山稍有轉進，須知夏商周爲創造的構造時代。降至漢興，一統之局成，打天下之觀念含有物理消息之定勢。當其盛時，總有所當。及其消而物化，雖育之以先王之道，亦等同具文。此其背後有基本精神存焉。

第五節　暴戾之氣與慘酷

墮落後，士氣之閧然，相激蕩而爲暴戾之氣，慘酷之事出焉。秦以法家之術刑戮生民無論矣。後此者，由氣之激蕩而至慘酷者，東漢士人與奄人鬥，明末東林與奄人鬥，再降而無可鬥，則爲夷狄盜賊所屠宰。其風至今而不衰。(朱元璋與永樂殺戮之慘，雖屬別有因緣，亦氣之事也。)王船山宋論卷十四，又有論酷刑一段：「刑具之有木棓，竹根，箍頭，拶指，絞踝，立枷，匣牀，諸酷具，被之者求死不得。自唐武氏後，無用此以毒民者。宋之末年，有司始復用之。流及于今，法司郡邑，下至丞尉，皆以逞其暴怒，而血肉橫飛，不但北寺緹帥爲然也。嗚呼，宋以此故，腥聞于上天，亟劓其命。不得已授赤子于異姓，而冀使息虐，亦慘矣哉。宋之先世，以寬仁立國。故其得天下也不正，而保世滋大，受天之祐。不期後之酷烈至此也。……異端之言治，與王者之道相背戾者，黃老也，申韓也。黃老之弊，掊禮樂，擊刑政，解紐決防，以與天下相委隨，使其民宕佚，而不得遊于仁義之圃。然而師之爲政者，惟漢文景，而天下亦以小康。其尤弊者，晉人反曹魏之苛核，蕩盡廉隅，以召永嘉之禍。乃王導謝安不懲其弊，而仍之以寬，卒以定江左二百餘年五姓之祚。雖有苻堅拓拔宏之强，莫之能毀。蓋亦庶幾有勝殘去殺之風焉。若申韓，則其賊仁義也烈矣。師之者，嬴政也，曹操也，武曌也，楊堅也。其亡也忽焉。畫一天下而齊之以威。民不畏死，以死威之，而民之不畏也益滋。則惟慘毒生心，樂人之痛徹心脾，而自矜其能也。以君子愼修畏咎之道責小人，小人固不能喻。以小人愚惰頑惡之禁禁君子，君子亦所不防。以閨房醉飽之愆，督人于名義，而終陷于汚。以博奕嬉遊之失，束人于昏夜，而重困其情。于是，薄懲之而不知戒也。則怒激于心，忿然曰：此驕悍之民，恃其罪之不至于死，而必不我從，則必使之慘徹肌膚，求死不得，而後吾法可行焉。其爲說亦近似乎治人之術也。而宋之爲君子者，以其律己之嚴，責愚賤之不若。隱中其邪，顧且曰：先王之勑法明刑，以正風俗起敎化者，必是而後不與黃老之解散綱維者等。于是，有狡悍不輸情實之姦民，屢懲不知悛改之罷民，觸其憤懣，而以酷吏虐民之刑具施之。痛苦亦其所宜也，瘐死亦其自取也。乃更渙然釋其悁疾之心曰：吾有以矯惡俗而沮之矣。夫惟爲君子者，不以刑爲不得已之事而利用之，則虐風乘之以扇，而酷吏益以此市威福，而導天下以樂禍之情。懦民見豪民之罹此，則快矣。愚民見黠民之罹此，則快矣。貧民見富民之罹此，則快矣。無藉之民，見自矜之民罹此，則抑快矣。民愚而相胥以快也，乃反栩栩然自慰曰：吾之所爲，大快人心也。嗚呼！人與人爲倫，而幸彼之裂肌肉折筋骨以爲快，導天下以趨於殘忍。快之快之，而快人者行將自及。抑且有所當悲憫，而快焉者，浸淫于父子兄弟。不知爲政者，期于紓一時愚賤之忿疾而使之快，其率天下以賊仁也，不已甚乎？毒具已陳，亂法不禁。則且使貪墨者，用之以責苞苴；懷毒者，用之以報睚眦。則且使飲食之人，用之以責廚傳；淫酗之夫，用之以逞酒狂。避道不遑，而尸陳于市廛；鷄犬不收，而血流于婦稚。爲君子者，雖欲挽之而莫能。孰知其自己先之哉？帝王之不得已而用刑也，惡之大者，罪極于死，不使之求死而不得也。其次，流之也有地，釋之也有時。其次，杖之笞之也有數，荆竹之長短大小也有度。所以養君子之怒，使有所止而不過，意甚深也。無所止而怒，雖以理抑，且以覆蔽其惻隱之心，而傷天地之和。審是，則黃老之不尙刑者，愈于申韓遠矣。夫君子之惡惡已甚，而啓淫刑之具，豈自以爲申韓哉？而一怒之不止，或且爲申韓之所不爲。故甚爲宋之君子惜，而尤爲宋以後之愚民悲也。」嗚呼！此豈不爲今日說哉！雖然，古之慘毒猶以刑法牢獄之內爲限，其毒風所扇，亦不過限于飲食之人，淫酗之夫。而演變至今，則挾邪說以扇及於全社會，毒害全體之生民。亦無所謂刑法矣，刑法氾濫而爲社會之政策。亦無所謂牢獄矣，盡家庭族里皆牢獄矣。此亦一氣之餘烈而靡有底止者。嗚呼！痛矣。孰謂禮樂教化之文化形態而有此至愚賤之事哉？孰謂本極親近生民而悅生者有此至不仁之事哉？夫「綜和的盡理之精神」，而不轉出分解的盡理之精神，則必爲君子之惡惡已甚。綜和的盡氣之精神，而不轉至分解的盡理之精神，則必氾濫而爲整個物化之殘暴。無異質者以折衝之，必至于其自身之否定。

第六節　軟性之物化與風流清談

墮落後而至于無氣以激蕩，則純爲軟性之物化，變而爲風流清談，浮華淫靡。魏晉南北朝其典型也。每代衰世，皆有此類。名士禪亦其一也。假佛老以呈浮慧。（言其後面純爲無氣之物化而不能動，故上浮其無力之靈光而爲陰明也。）縱淫欲而自曰適性。猖狂于風月而自謂雅趣。詩詞歌賦盡成淫靡之具，佛禪三玄徒爲遊談之資。古之風流，亦今之進步分子也。軟性之物化與硬性之物化（殘暴）固一根而發也。王船山宋論卷十三有論禁道學一段而痛斥蘇軾之惡。茲錄之以明其意。「小人蠱君以害善類，所患無辭，而爲之名曰朋黨。則以鉗網天下而有餘。漢唐以降，人亡邦瘁，皆此之由也。而宋之季世，則尤有異焉。更名之曰道學。道學者，非惡聲也。揭以爲名，不足以爲罪，乃知其不類之甚。而又爲之名曰僞學。言僞者，非其本心也。其同類之相語以相詔者，固曰道學，不言僞也。以道學爲名而殺士，劉德秀、京鏜、何澹、胡紘等成之，韓侂胄尸之，而實不自此始也。高宗之世，已有請禁程氏學者。迨及孝宗，謝廓然以程氏與王安石並論，請禁以其說取士。自是而後，浸淫以及于侂胄，乃加以削奪竄殛之法。蓋數十年，蘊隆必洩之毒，非德秀等突起而遽能然也。夫人各有心，不相爲謀。諸君子無傷于物，而舉國之狂猘如此，波流所屆，乃至近世。江陵踵其戾氣，奄黨襲其炎威也，又如此。察其所以蠱惑天下而售其惡者，非强辨有力者莫能也。則爲之倡者誰耶？揆厥所由，而蘇軾兄弟之惡，惡于向魋久矣。君子之學，其爲道也，律己雖嚴，不無利用安身之益。涖物雖正，自有和平溫厚之休。小人之傾妒，亦但求異于國事之從違，而無與于退居之誦說。亦何至標以爲名，惑君臣朝野，而共相排擯哉？蓋君子之以正人心端風尚，有所必不爲者：淫聲冶色之必遠也，苞苴賄賂之必拒也，劇飲狂歌之必絕也，詼諧調笑之必不屑也，六博投瓊、流連晝夜之必不容也，緇黃遊客、嬉談面諛之必不受也。凡此者，皆不肖者所耽，而求以自恣者也。徒以一廁士流，而名義相束，君子又從而飭之。苟踰其閑，則進不能獲令譽于當官，退抑不能以先生長者自居于士類。狂心思逞，不敢自遂。引領而望曰：誰能解我之桎梏，以兩得于顯名厚實之通軌哉？而軾兄弟乘此以興矣。自其父洵，以小有才而遊丹鉛之壘。弋韓愈之章程，即曰：吾韓愈也。竊孟子之枝葉，即曰：吾孟子也。軾兄弟益之以氾記之博，飾之以巧慧之才，浮游於六藝，沈湎于異端，倡爲之說曰：率吾性，即道也，任吾情，即性也。引秦觀李廌無行之少年，爲之羽翼；雜浮屠黃冠近似之巵言，爲之談助。左妖童，右遊妓。猖狂于花月之下，而測大易之旨，掠論語之膚。以性命之影迹，治道之偏端，文其耽酒嗜色，佚遊宴樂之私。軒然曰：此君子之直道而行者也。彼言法言，服法服，行法行者，皆僞也。僞之名自此而生矣。於是苟簡卑陋之士，以爲是釋我之縛；而遊于浩蕩之宇者，欲以之遂，而理即以之得，利以之亨，而名即以之成。唯人之意欲，而出可爲賢臣，處可爲師儒。人皆仲尼，而世皆樂利，則褰裳以從，若將不及。一呼百集，羣起以敵君子如仇讎，斥道學如盜賊，無所憚而不爲矣。故謝廓然之倡之也，以程氏與安石並論，則其所推戴者可知矣。視伊川如安石者，軾也。廓然曰：士當信道自守，以六經爲學，以孔孟爲師。夫軾亦竊六經而倚孔孟爲藏身之窟，乃以進狹邪之狎客，爲入室之英；遑北里之淫詞，爲傳心之典。曰：此誠也。非是，則僞也。抑爲鈎距之深文，譸浪之飛語，搖闇君以逞其戈矛。流濫之極，數百年而不息。軾兄弟之惡，夫豈在共驩之下哉？姑不念其狐媚以誘天下後世之悅己者，乃至裁巾割肉，（東坡巾東坡肉），爭庖人縫人之長，辱人賤行之至此極乎？眉山之學不熄，君子之道不伸。禍訖於人倫，敗貽於家國。禁講學，毀書院。不旋踵而中國淪亡，人胥相食。嗚呼！誰與衛道而除邪慝，火其書以救僅存之人紀者？不然，亦將安所屆哉！」蘇軾之時，尙非甚衰。魏晉南北朝，則東漢崩解後之頹墮而不能復振者。而其形態之一類，則固無疑也。

第七節　治國安邦以天下爲己任之儒者，其用心之形態與限度

盛時，則有以天下爲己任，治國安邦之儒者。當英雄逐鹿之時，助之者酈生，蒯通，爲一類，陸賈，叔孫通爲一類。張良爲一類，蕭何爲一類。天下粗定之時，惟西漢繼之以黃老之無爲。後此者，亦知休養生息，而皆直接出之以儒者之矩矱。黃老之無爲，是盡氣後之天然生息。以自然之靜承自然之動也。而無儒家禮樂人倫之理想提撕于其中。黃老之自然之靜，惟漢初能之。後此鮮有能之者矣。（詳見下部）。出以儒者之矩矱，雖曰休養生息，而意味不同。漢自武帝始正式接受儒家之理想。于是，而宰相亦正式成立。儒者始有盡其責任之途徑。漢之尊禮大臣，甚有儀範。所謂「丞相謁見，天子御坐而起，乘輿爲下，有疾天子往問，薨則車駕往弔。」有罪，賜死自盡。即下逮，自愛者，亦不就獄，賜死時，使者未至，先告病。使者返命未及，即以薨聞。其獲罪不必因不堪之大故，如陰陽不

和，人事不調，卽責問宰相，而此卽宰相分上之大故也。故宰相以爕理陰陽自任，不問吏事。其尊嚴隆重，可想而知。於此亦可見政治之體統，及其嚴肅義。此爲儒者理想之所實現者。唐之宰相制亦有可觀。宋優禮大臣及士人尤爲希見。明廢宰相，乃君主之私。重士而輕大夫，尤爲非是。然明祖及永樂仁宣盛時，尊禮儒者亦極可觀。明祖稱先生而不名者，史不絕書。故人才輩出，足爲世範。惟儒家「綜和的盡理之精神」之文化形態足以給「綜和的盡氣之精神」者以理想而條理制治其邦國。中國惟此爲有構造之意義。其對於人類之貢獻亦不少矣。忍心抹去之耶？惟儒者之奮鬥，尙有所不足。打天下之集團中，有許多非理性之成分，如外戚，宦官，宗室，甚至天子本身，皆爲非理性者，卽不能客觀化者。有須磨而去之者，如宦官。有須客觀化之者，如天子宗室外戚。而最後之關鍵在天子本身。此而不能客觀化，則腐敗集團終不能去，而打天下之思想亦不能斷。此蓋爲以前儒者所甚不能至者。儒者內心意念中，有極崇高之政治型範，然而其精神之表現不能實現之。此固有須于現實社會之條件，而從精神之表現上亦足見其爲不足。蓋自漢後，儒者以天下爲己任，皆負有治國安邦之大願。然其精神皆從「綜和的盡理之精神」中直接措之于政治。是故其本身精神之表現只有超越的莊嚴義，而無內在的構造義。其對於政事也，只有外在之穩定義，而無內在之興發義。其對於「體國經野」，只有文飾（禮樂）之制度性，而無問題之制度性。是則，只能順盡氣者而委曲以成之，而不能駕馭盡氣者而根本轉化之。故中國之歷史仍爲盡氣者之盛衰史。而所謂治國安邦亦只能順其盛時而爲太平。至衰時，則又只能退隱或爲氣節之士矣。以上就其在政治上之表現言。若就其學問言，則西漢之通經致用與東漢之名節，皆爲「儒學內蘊」之外部的直接表現。（詳解見下）。此於「綜和的盡理之精神」之文化系統之實現無積極助益者。此須兩步轉進。一、「分解的盡理」之向科學方面發展，此則一方固可以成名數之學及科學，一方亦可以有助于事功性與制度性精神之發展。而吾國以往之言事功者，每轉而乞靈於法家。此爲不通之路。須知法家（申韓）之基本精神決非構造的，亦非「分解的盡理的」，因而亦無事功性與制度性。事功性與制度性之根本精神總是經驗的，與承認對方的，在相互限制中刮垢磨光，期于有所明，有所決，以趨于協調，其背後之精神爲理智的興趣，故爲正面的，有所成的，而非負面的，無所成而窒死生命者也。二、「分解的盡理」之向國家政治一面發展，質言之，即向「政權之民主」一面發展，而引發國家政治方面的「主體　自由」。關此，基本討論已見第一部第三章。今再藉三事總言之于此。一、皇位繼承之難，二、朝代更替之難，三、宰相之難。言中國歷史者每至此而窮。雖以王船山之睿智，言至此，亦推諸天運而止。此可見以往賢者用心之限度。

王船山曰：「與賢者在于得人，與子者定于立嫡。立嫡者家天下一定之法也。雖然，嫡子不必賢，則無以君天下而保其宗社，故必有豫敎之道以維持而不卽于咎。太甲顚覆典型而終還仁義，以伊尹也。乃夫人氣質之不齊，則固有左伊尹，右周公，而不能革其惡者。和嶠困於晉惠帝之愚，而敎且窮。故漢元晉武守立適之法，卒以亡國。則知適子之不可敎而易之以安宗社，亦詎不可？古之人何弗慮而守一成之例以不通其變乎？君子所垂法以與萬世同守者，大經而已。天下雖危，宗社雖亡，亦可聽之天命而安之何也？擇子之說行，則後世暱寵嬖而易元良，爲亡國敗家之本，皆託之以濟其私。君子不敢以一時之利害，啓無窮之亂萌。道盡，而固可無憂也。光武以郭后失寵而廢太子彊，羣臣莫敢爭者，幸而明帝之賢得以揜光武之過，而法之不滅，禍發于異世。故章帝廢慶立肇，而羣臣亦無敢爭焉。嗚呼！肇之賢不肖且勿論也。章帝崩，肇甫十歲而嗣大位，欲不倒太阿以授之婦人而不能。終漢之世，冲、質、蠡吾、解瀆，皆以童昏嗣立。權臣哲婦貪幼少之尸位以唯其所爲，而東漢無一日之治。此其禍，章帝始之，而實光武貽之也。故立適與豫敎並行，而君父之道盡。過此以往，天也，非人之所能爲也。而又奚容億計哉？」（讀通鑑論卷七，後漢章帝。）

又曰：「謂高祖之立建成爲得適長之禮者，非也。立子以嫡長，此嗣有天下，太子諸王皆生長深宮，天顯之序，不可以寵嬖亂也。初有天下，而創制自己，以賢以功，爲天下而得人，作君師以佑下民，不可以守法之例例之矣。抑謂高祖宜置建成而立世民者，亦非也。睿宗舍宋王成器而立隆基。討賊后以靖國家，隆基自冒險爲之，事成乃奉睿宗以正位。睿宗初不與聞，而況宋王？則宋王固辭，而睿宗決策可也。太原之起，雖由秦王，而建成分將以嚮長安，功雖不逮，固協謀而戮力與偕矣。同事而年抑長，且建成亦錚錚自立，非若隋太子勇之失德章聞也。高祖又惡得而廢之？故高祖之處此，難矣。非直難也，誠無以處之。智者不能爲之辯，勇者不能爲之決也。君子且無以處此，而奚翅高祖？處此而無難者，其唯聖人乎？泰伯之成其至德者，豈徒其仁孝之得于天者厚乎？太王姜女以仁敬孝慈，敎彝倫，修內敎于宮中者，其養之也久矣。詩之頌王季也，曰：則友其兄。王季固不以得國而易其兄弟之歡也。王季無得國之心，而泰伯可成其三讓之美。一門之內，人修君子長者之行，而靜以聽夫天命。故王季得國，猶未得也。泰伯辭國，猶未辭也。內敎修而禮讓興。讓者得仁，而受者無疑於失義。邠人之稱太王曰：仁人也。豈一朝一夕之故哉？唐高祖之守太原，縱酒納賄以自藏，宮人私侍，而嘗試生死以殉其嗜欲。則秦王矯舉以奮興，一唯其才之可以大有爲，而馳騁俠烈之氣，蕩其天性，固無名義之可繫其心。建成尤劣焉。而以望三后忠厚開國之休，使遜心以聽高祖之命，其可得乎？高祖之不能式穀其子，既如此矣，而所左右後先者，又行險僥倖，若裴寂之流而已。東宮、天策，士各以所知遇爲私人。目不覩慈懿之士，耳不聞孝友之言，導以爭狺，而亟奪其惻隱。高祖若木偶之尸位於上，而無可如何。誠哉，其無可如何也。源之不淸，其流孰能澄汰哉？後世之不足以法三代者此也。非井田封建飾文具以强民之謂也。王之所以王，霸之所以霸，聖之所以聖，賊之所以賊，反身而誠，不言而喩。保爾子孫，寧爾邦家，豈他求之哉？自非聖人，未有能免於禍亂者！立適之法，與賢之權，皆足以召亂。況井田封建之畫地爲守者乎？」（讀通鑑論卷二十唐高祖。）

案：「立適」與「與賢」俱足召亂，何不於此一思解決之道乎？誠能以「道」與賢，則無亂矣。與賢而召亂，必非眞能廣其與賢也。與賢而在一家之內，則仍是以立適爲經，以與賢爲權，亦猶傳子傳弟之兼用以相濟也。與賢而限於一家之內，則以「家天下」爲一定不移之前題，其內部之爭亂誠不可免也。蓋此一內部之絪醞，不能客觀化，自必爲一團私欲之糾結。何不於此而用其心耶？古之儒者亦未嘗不用心。王船山曰：「立適與豫教並行，而君父之道盡。過此以往，天也，非人之所能爲也。」以家天下爲準則，自必推至此。然儒者明知天下者非一家所得私，又有賊、霸、王、聖、各級之不同。何不就此而一深思也。蓋政治道理之隱顯隨各級而轉進：在賊，則全隱，在霸，則大隱，在王，則小隱，在聖，則全顯而無隱。道有隱顯，而其由隱至顯之轉進，亦有道。在顯之轉進中，每級俱有其所以顯之內在的道理，非可直接以德化一概念而平鋪也。德化固爲必須者，但只爲一普遍之原理。故爲不充足者。此卽顯道之「道」不講故也。若於此而眞有認識，則此問題卽成一客觀之問題，而不能即言：「過此以往，天也，非人之所能爲也。」即以家天下而論，以立適爲經，即所以使此問題爲客觀問題也。旣如此，則爲子孫，爲邦家，爲人民，皆須視之爲一客觀問題而處理之。夫如此，則又不能以立適與豫敎爲道之盡。在此，可以一轉其心思也。何死于「家天下」下之直綫思考而不一轉耶？唐高祖之處建成與世民，船山言其不但難，誠無以處之也。「處此而無難者，其唯聖人乎？」又曰：「自非聖人，未有能免於禍亂者。」聖人之道爲何？其所舉之例爲太王姜女之修內敎。修內敎固也，然聖人之道不盡於此也。夫政治問題乃一客觀問題，常非個人之修養乃至一家之內敦彝倫修內敎所能盡其蘊。非必一言聖人之道，即爲高不可企及者。現實社會已有其例矣。華盛頓領導美洲獨立，而立總統選舉之制，並不家天下。此非若何其聖也。一認識此一客觀問題，乃即能公其心而盡制。此可見於一問題之認識，甚有屈曲焉。非只直接言聖德聖心所能盡也。（直接言聖德聖心可以成聖人，成宗敎家，而落於政治問題則必有一轉折。）何吾華族上下五千年，皆爲家天下之意識所籠罩，而不能衝破耶？抑非必無其他隙明也。堯舜禪讓也，選賢與能也，亦示於家天下外，尚有公天下之一說，而且置於歷史之開端，視爲理想之境界。何不就此理想而一深思耶？深思其所以實現之道耶？豈盡可推之於天而止耶？此足見往賢直綫思考之蔽。以船山之開擴弘通，尙窮於此而不能轉，遑論其他。夫一問題之轉進的解決，常當其陷於難境之時。船山於此難之認識已深切矣，而唯不能轉。就其個人言，此爲個人之限度。然就此問題之難境言，則理上實屆可轉之時。此爲思想問題也。一人不能，總當有能者。一時不能，總有能之時。蓋理路已備也。理路備，則思想順而進之也。此若點醒，即爲「政權之民主」。中國早有治權之民主，而唯「政權之民主」未轉出。此爲國家政治一面「主體自由」之所繫。亦爲「此一問題爲一客觀政治問題」之認識否之所繫，而非直接以聖德聖心之盡倫所能解決者。此爲「盡制」之事，非「盡倫」之事。而「盡制」正所以實現「盡倫」者。荀子言「王者盡制者也」。以往王者之盡制尚未能盡其「盡」。其所盡者只是外向之廣被，爲散文之知性型態，未能反而將其自己亦納於盡制中而客觀化之。此黑格爾所以謂中國只有「一人」（大實體、君）是自由也。而若各個體無國家政治一面之主體自由，則此大實體一人之自由亦終於不能保其自由，而爲私欲之奴隸。此即王船山所謂「立適」與「與賢」皆足召亂。王者一時不能盡此制，儒者運用其思想，亦可轉移風氣而促其實現之。然而俱不能。則所可責者，儒者思想之陋也。吾非簡單地只謂古人不知民主，實欲明此問題之本質與其了解之難，而謂道之實現必具備此一形態也。勿謂民主易至，其義易明也。今非昔比，到處言自由民主矣。何自由民主終未出現耶？若共黨之諂媚愚衆，欺騙玩弄人民，而可以至民主乎？然而嚷自由民主之知識分子進步青年，趨之若鶩，迷而不反，則焉見其今之愈于古耶？然則能行憲法舉總統者，雖行之不眞，而亦告朔之餼羊。其於自由（主體的自由）民主（政權之民主）之實現與對於其義之了解，皆愈於諂媚愚弄人民者遠矣。然而今之人能了解自由民主之基本精神者甚少。此思想闡發，蔚爲學風，仍不足也。各個體政治方面之主體自由及政權之民主，此兩者之出現，背後皆有一「分解的盡理之精神」爲其背景。「綜和的盡理」與「綜和的盡氣」之精神皆不能爲其實現之根據。西方人之出現此兩者，固有階級對立爲其外緣。然外緣只是外緣，其基本精神固有在也。此決非外緣所能解析者。一有靈魂之民族，固有其「盡道」之基本方式也。中國無階級對立爲其外緣，則思想之作用自必更顯。只要正視此問題之難境，而出之以不容已之仁心，期於必解決，則轉出「分解的盡理之精神」以實現該兩者，復由該兩者之形式的出現以培養「分解的盡理之精神」，使該兩者成爲眞實的實現，則決非甚難者。

關於朝代更替之難，船山亦有一段曰：「隋之得天下也逆，而楊廣之逆彌甚。李氏雖爲之臣，然其先世與楊氏並肩於宇文之廷，迫於勢而臣隋，非其所樂推之主也。則遞相爲王，懲其不道而代興，亦奚不可？且唐公幸全於猜忌，而出守太原以避禍。未嘗身執朝權，狐媚以欺孤寡，如司馬之於魏，蕭氏之於宋也。奉詞伐罪，誅獨夫以正大位，天下孰得而議其不臣？然其始起，猶託備突厥以募兵，誣王威高君雅以反而殺之，不得揭日月而行弔伐何也？自曹氏篡漢以來，天下不知篡之爲非，而以有所授受爲得。上習爲之，下習聞之，若非託伊霍之權，不足以興兵，非竊舜禹之名，不足以據位。故以唐高父子伐暴君、平寇亂之本懷，而不能舍此以拔起。嗚呼！機發於人，而風成於世，氣之動志，一動而不可止也如此。夫自成湯以征誅有天下，而垂其緒於漢之滅秦。自曹丕僞受禪以篡天下，而垂及於宋之奪周。成湯秉大正，而懼後世之口實，以其動之相仍不已也。而漢果起匹夫而爲天子。若夫曹丕之篡，則王莽先之矣。莽速敗，而機動不止者，六百餘年。天下之勢，一離一合，則三國之割裂始之。亦垂及於五代之瓜分而後止。金元之入口也，沙陀及掠臬雞先之也。不一再傳之割據耳，乃亘之五百餘年而不息。愈趨愈下，又惡知其所終哉？夫乘唐高之勢，秉唐高之義，以行伐暴救民之事，唐高父子固有其心矣，而終莫能更絃改轍也。數未極也。非聖人之興，則俟之天運之復。王莽沙陀之區區者，乃以移數百年氣運，而流不可止。自非聖人崛起，以至仁大義立千年之人極，何足以制其狂流哉？」（讀通鑑論卷十九。煬帝。）

案：船山所言聖人與以制狂流，若就其論唐高父子言，蓋意指以成湯征誅爲準則。依是，則三代而後，惟漢高明太耳。此則已盡「聖人崛起，以至仁大義立千年之人極」之義乎？亦未必然也。故云：「成湯秉大正，而懼後世之口實，以其動之相仍不已也。而漢果起匹夫而爲天子。」此則漢高明太雖奉詞伐罪，得天下以正，而究不能盡「立千年人極」之大義。打天下，家天下之觀念不能去，則無論爲征誅爲篡奪，皆不可謂爲「立千年之人極」。而朝代更替，一治一亂之循環，與夫「氣之動志，一動而不可止，」乃不可免者。船山於此似有所朦朧，而未能發其義。「聖人崛起，以至仁大義立千年之人極，」其義深矣遠矣。而就朝代更替之難以言，則「政權之民主」乃爲「立千年之人極」之最恰當者。人極之立，道德的主體自由也，藝術的主體自由也，政治的主體自由也，無一可缺也。亦即綜和的盡理之精神，綜和的盡氣之精神，分解的盡理之精神，無一可缺也。

關於宰相之難，茲再引船山一段文以明之。「唐多才臣，而清貞者不少概見。貞觀雖稱多士，未有與焉。其後，如陸贄、杜黃裳、裴度，立言立功，赫奕垂於後世，而寧靜淡泊固非其志行之所及也。唯開元之世，以清貞位宰相者三：宋璟清而勁，盧懷愼清而愼，張九齡清而和。遠聲色，絕貨利，卓然立於有唐三百餘年之中，而朝廷乃知有廉恥，天下乃藉以乂安。開元之盛，漢宋莫及焉。不然，則議論雖韙，法制雖詳，而永徽以後，奢淫貪縱之風，不能革也。抑大臣而以清節著聞者，類多刻覈而難乎其下。掣曳才臣以不得有爲，亦非國民之利也。漢宋之世，多有之矣。孤清而不足以容物，執競而不足以集事。其於才臣如水火之相息而密雲屯結之不能雨也。乃三子之清又異於是。勁者自强，愼者自持，和者不流，而固不爭也。故璟與姚崇操行異，而體國同。懷愼益不欲以孤介自旌而碍崇之設施。九齡超然於毀譽之外，與李林甫偕而不自失，終不與競也。唯然，而才臣不以己爲嫌，己必不替才臣以自矜其素履。故其淸也，異於漢宋狷急之流，置國計民生於度外，而但爭涇渭於苞苴竿牘之間也。嗚呼偉矣。楊震也，包拯也，魯宗道也，軒輗、海瑞也，使處姚崇、張說、源乾曜、裴耀卿之間，能勿金躍於冶，冰結於胸否耶？治無與襄，功無與立，徒激朋黨以啓人主之厭憎，又何賴焉？夫三子之能淸而不激，以永保其身，廣益於國者，抑有道矣。士之始進也，自非猥鄙性成，樂附膻羶者，則一時名之所歸，望之所集，爭託其門庭，以自處於淸流之選，其志皆若可嘉，其氣皆若可用也。而懷淸之大臣，遂欣然受之，以爲臭味。於是乎和平之度未損於中，而激揚之情遂移於衆。競相獎而交相持，則雖有邊國安危之大計，黎民生死之遠圖，宗社興衰之永慮，皆不勝其激昂之衆志，而但分流品爲畛域，以概爲廢置，夫豈抱淸貞者始念之若斯哉？唱和迭增，勢已成而弗能挽也。於是而知三子者之器量遠矣。其身不辱，其志不骫。昭昭然揭日月而行者，但以率其固然之儉德，而不以此歆召天下，奉名節爲標榜，士固無得而附焉。不矜也，亦不黨也。不黨，則不爭矣。嗚呼，士起田間，食淡衣麤，固其所素然矣。若其爲世祿之子，則抑有舊德之可食，而無交謫之憂。讀先聖之書，登四民之上，則不屑以身心陷錐刀羶薉之中。豈其爲特行哉？無損於物，而固無所益，亦惡足以傲岸予雄，而建鼓以求淸流之譽聞乎？天下之事，自與天下共之。智者資其謀，勇者資其斷，藝者資其材，彼不可驕我以多才，我亦不可驕彼以獨行。上效于君，下逮于物。持其正而不厲，致其愼而不浮，養其和而不戾，天下乃賴有淸貞之大臣。磽磽者，又何賴焉？……」（讀通鑑論卷二十二。唐玄宗。）

案：往賢論宰相之體，以丙吉、李沆爲典型。此則船山已言之矣。故云：「其他雖有煌炫之績，皆道之所不許也。」（見前第三節所引宋論卷三論眞宗朝。）開元三相亦及乎此也。故船山盛贊之，而慨乎言之。夫「政權之民主」未出現以前，所賴以安天下，和百僚者，惟宰栝也。君之集團爲非理性者，不能客觀化，萬民則潛伏而不起作用者，亦不能客觀化。是憲法之責任，惟賴宰相之德位以當之。居于兩端者（君與民）不能客觀化，則處于其中而担負政治之客觀意義之宰相亦難乎其難矣。正因其難，故懸格如此其高。而懸格既如此其高，則能合乎宰相之體者自甚少。漢宋之激，所謂孤淸氣節之士，皆在兩端不能客觀化下而激起。徒求之以難得之宰相，非政治上立人極之常道也。自春秋貴族政治及封建井田之共同體破裂以後，卽顯示一向客觀的政治格局之形成而趨。然戰國之物量精神及法家思想之得用，並未能完成此趨勢。卽政治格局並未能得其眞正之客觀化。此吾于第二部第二章第一節中已論之矣。漢興，宰相之職位正式成立，而「宰相之體」亦爲漢所創造。而兩端不能客觀化，則「宰相」于政治上之客觀意義亦不能充分完成。孤淸氣節之士乃爲道之於政治上之直接表現，故激而爲朋黨，流而爲直接搏鬥也。此卽示其本所具有之客觀意義，終於不能維持其客觀化，而落於非客觀的；本爲理性的，而終落於非理性的。在政治格局不能得其眞實客觀化之時，求賢相亦如求聖君。皆可遇而不可求者。責聖君以聖德自持，固不如責賢相以德量自持之急切而定常。是以宰相之體，無論客觀的政治格局出現否，凡作政治家皆必須具備者。然政治格局眞正客觀化，則宰相較易處，合宰相之體者較易得，卽不易得，政治格局亦可補其不足：對之有限制，而可不流於激。此在英美已見之矣。不必日事喋喋於宰相之體，亦可不至於太差，不至於太潰瀾也。由此觀之，中國之宰相，雖在政治上有其客觀之意義，而其用心自處之道，猶只純爲個人的，道德的，發於「獨」者也。由愼獨以淸貞，而安穩天下者也。此亦為「道」之於政治上之直接表現，爲宰相之於政治意義上之直接型態。故上文云：其本身精神之表現只有超越的莊嚴義，而無內在的構造義；其對於政事也，只有外在之穩定義，而無內在之興發義；其對於體國經野，只有文飾之制度性，而無問題之制度性。中國往賢論治道，每於大本原有所透，而實際上之表現亦眞有聖君賢相爲其典型。然只透本原而直接以鋪之，則常不能盡各層級之委曲。大本原以爲籠罩，此爲必須者，而直接以鋪之，則爲不充足。中國人之智慧常能握其必須者，而不能盡其充足者。一了百了，談玄可也，透露道德的主體自由可也，成聖賢宗教人格可也，而措之於政事，與論治道，則爲不足。是以「綜和的盡理之精神」必須凝聚而爲「分解的盡理之精神」，始能把握其充足而盡各層級問題之「曲折之道」。凡此所述之三難，王船山所謂「以至仁大義立千年之人極」，其關鍵皆在「政權之民主」之出現，客觀的政治格局之出現，而此皆爲「分解的盡理之精神」所担負。如是，則君可以理性化，萬民（各個體）亦可得其政治的主體之自由，而宰相亦可不止於直接形態（愼獨），而可投身於客觀格局中而轉出間接之型態。卽，全幅客觀化，始可謂「立千年之人極」，而「綜和的盡理」所顯之道始可得其進一步之實現。凡吾所論亦於此用心焉而已。其稍進於往賢者，亦在此也。

王船山讀通鑑論卷末叙論四有曰：「旨深哉，司馬氏之名是編也。曰資治者，非知治知亂而已也。所以爲力行求治之資也。覽往代之治而快焉，覽往代之亂而愀然。知其有以致治而治，則稱說其美；知其有以召亂而亂，則詬厲其惡。言已終，卷已掩，好惡之情已竭，頹然若忘，臨事而仍用其心，故見聞雖多，辨証雖詳，亦程子所謂玩物喪志也。夫治之所資，法之所著也，善於彼者，未必其善於此也。君以柔嘉爲則，而漢元帝失制以釀亂；臣以戇直爲忠，而劉棲楚碎首以藏奸。攘夷復中原，大義也，而梁武以敗。含怒殺將帥，危道也，而周主以興。無不可爲治之資者，無不可爲亂之媒。然則治之所資者，一心而已矣。以心馭政，則凡政皆可以宜民，莫非治之資。……其曰通者何也？君道在焉，國是在焉，民情在焉，邊防在焉，臣誼在焉，臣節在焉，士之行己以無辱者在焉，學之守正而不陂者在焉。雖窮扼獨處，而可以自淑，可以誨人，可以知道而樂。故曰通也。引而伸之，是以有論；浚而求之，是以有論；博而証之，是以有論；協而一之，是以有論；心得而可以資人之通，是以有論。道無方，以位物於有方。道無體，以成事之有體。鑑之者明，通之也廣，資之也深，人自取之，而治身治世，肆應而不窮。抑豈曰：此所論者立一成之侀而終古不易也哉？」

由船山之通論，打開史實之糾結，而直洋溢着「精神之實體」。以其悲憫之仁心通徹於整個之歷史而蕩滌腥羶。治之所資，惟在一心。心之馭政，惟在活用。故不立一成之侀。「寧爲無定之言，不敢執一以賊道。」（敘論四語）。此其論史，亦發於獨者也。然吾由其蕩滌開通，而爲反省之綜論，則由其「惟在一心」進而論精神表現之常軌，故於一心之運用外，且論其所處之「政治格局」焉。自心之運用之外向言，自無一成之侀。此亦爲論史之直接形態。若反而論其運用之「根據」，則不能只順其外用而爲直接之開啓，隨時隨處而爲當機指點之議論，且必進而收其外用而論精神表現之常軌，此則有定型焉。此吾之所以不背於往賢而有進於往賢者。此爲論史之間接形態（反省型態）。【案：此直接形態間接形態之別，即「只知治道」與「且兼顧政道」之別。中國以往只有治道，而無政道。往賢用心大體皆在治道上說話，而總轉不到政道上來。儒家道家法家之思想，關此方面，亦都是治道的思想：儒家是德化的治道，道家是道化的治道，法家是物化的治道。而此三套治道思想都是登峰造極而到家者。而唯不知於政道處用心。船山是代表儒家者。若順治道一條鞭地想，則推至其極，必收縮於一心，由愼獨以淸貞而安穩天下，所謂聖君賢相也。吾所謂政治格局，所謂政權民主，皆屬於政道者。惟政道轉出，而後可以補治道之不足，而後可以使治道客觀化，不止停於一心中，而上述之三難亦可以得而決。關此，吾有「政道與治道」一書詳發其蘊。】

第四部　西漢二百年：理性之超越表現時期

第一章 蕭規曹隨，躬修玄默

第一節 蕭曹文景

劉邦打平天下後，說到「此後亦非爾所知也」，（對呂后語），即撒手而去。彼未為其後人預定若何章則法度，（如朱元璋之所為，）亦未為其子孫培養輔助之士，如禮賢下士，廣搜巖穴。其所遺留者只是與之共同起事之人物，如蕭何、曹參、王陵、陳平、周勃等。彼為一天才之盡氣者，章則法度，非其所長。（光武、宋祖、太宗、洪武，皆可規規于法度之中而細心斟酌。）時承戰國之末，秦政焚坑之餘，亦無確定之文化系統，既成之士大夫集團，為其所憑藉，如後來各開國之時；又善嫚罵無禮，商山四皓之羽翼太子亦為彼所不知。故禮賢下士，廣搜巖穴，亦非其所注意。（到光武時，即已注意之矣。）彼誠為一飄忽之人物。不以概念預規後世。（章則法度，皆概念也。）不以系統延續其世傳。（文化及士大夫集團皆系統也。）盡氣者不窒後來之氣，即足以引生新氣也。氣常生而常新，即所以延續之道也。船山贊宋祖云：「一人之澤，施及百年，弗待後嗣之相踵以為百年也。」（宋論卷一）。美哉斯語。西漢二百年，皆漢高之不滯之氣之所生也。一人之盡氣，生生二百年，弗待後嗣之相踵以為二百年也。船山贊宋祖，取其心之不容已，有合于慈儉簡之大道，而吾于漢高，則取其能盡氣也。

章則法度，非其所長。又無既成之文化系統，可資憑藉。其所賴者唯蕭何耳，而何之所承者，秦之吏制也。（秦制，皇帝外，有丞相，治郡縣者皆吏，所謂以吏爲師也。法吏以文法刻深爲其本職。此外無有足以文飾而潤澤之者，無有足以提撕而鼓舞之者。）蕭何在秦時，本爲刀筆吏。「沛公至咸陽，諸將皆爭走金帛財物之府分之，何獨先入收秦丞相御史律令圖書藏之。沛公爲漢王，以何爲丞相。項王與諸侯屠燒咸陽而去。漢王所以具知天下阨塞戶口多少强弱之處，民所疾苦者，以何具得秦圖書也。……漢二年，漢王與諸侯擊楚。何守關中，侍太子，治櫟陽，爲法令約束，立宗廟社稷宮室縣邑。」（史記蕭相國世家。）可見蕭何爲一具有事功性之構造天才。不可輕忽。「列侯畢已受封，及奏位次，皆曰，平陽侯曹參身被七十創，攻城畧地，功最多，宜第一。上已撓功臣，多封蕭何。至位次，未有以復難之。然心欲何第一。關內侯鄂君曰：君臣議皆誤。夫曹參雖有野戰畧地之功，此特一時之事。夫上與楚相距五歲，常失軍亡衆，逃身遁者數矣。然蕭何常以關中遣軍補其處。非上所詔令召，而數萬衆會上之乏絕者數矣。夫漢與楚相守滎陽數年，軍無見糧，蕭何轉漕關中，給食不乏。陛下雖數亡山東，蕭何常全關中以待陛下。此萬世之功也。今雖亡曹參等百數，何缺于漢？漢得之不必待以全。奈何欲以一旦之功，而加萬世之功哉？蕭何第一，曹參次之。高祖曰：善。」（同上）。以蕭何構造之才，爲盡氣者穩定一局面。有格局，氣有所託，而相生以持世也。張良與高祖相得而彰智，蕭何與高祖相得而成事。智之靈所以運事，事之局所以定世。有飄忽之人物，即須有堅凝之人物。現實主義之精神，非分解的盡理者不能也。以分解的盡理之精神爲根據而成事功，此眞爲事功性之精神，非以法家精神爲根據者所可得而冒。「何素不與曹參相能。及何病，孝惠自臨視相國病。因問曰：君即百歲後，誰可代君者？對曰：知臣莫如主。孝惠曰：曹參何如？何頓首曰：帝得之矣。臣死不恨矣。何置田宅，必居窮處。為家不治垣屋。曰：後世賢，師吾儉。不賢，毋為勢家所奪。」（同上）。由此觀之，蕭何非刻薄人也。故能成事功。若天資刻薄之法家精神能之乎？此漢之格局所以能持久也。不然，自我成之，自我毀之者多矣。故雖承秦制，不礙其大異于秦。于蕭何已見之矣。此後，步步轉異，讀史者于此觀之可也。

曹參沛人，秦時為沛獄掾。亦吏也。戰功最大。「孝惠帝元年，除諸侯相國法，更以參為齊丞相。參之相齊，齊七十城。天下初定。悼惠王富于春秋。參盡召長老諸生問所以安集百姓，如齊故俗。諸儒以百數，言人人殊。參未知所定。聞膠西有蓋公，善治黃老言。使人厚幣請之。既見蓋公，蓋公為言治道貴清靜，而民自定。推此類，具言之。參于是避正堂。舍蓋公焉。其治要用黃老術。故相齊九年，齊國安集，大稱賢相。惠帝二年，蕭何卒。參聞之，告舍人，趣治行。吾將入相。居無何，使者果召參。參去，屬其後相曰：以齊獄市為寄，慎勿擾也。後相曰：治無大于此者乎？參曰不然。夫獄市者，所以并容也。今君擾之，姦人安所容也？吾是以先之。參代何為漢相國，舉事無所變更。一遵蕭何約束。擇郡國吏木詘于文辭，重厚長者，即召除為丞相史。吏之言文刻深欲務聲名者，輒斥去之。日夜飲醇酒。卿大夫已下吏及賓客，見參不事事，來者皆欲有言。至者，參輒飲以醇酒間之。欲有所言，復飲之。醉而後去。終莫得開說，以為常。相舍後園近吏舍，吏舍日飲歌呼，從吏惡之，無如之何。乃請參遊園中，聞吏醉歌呼。從吏幸相國召按之。乃反取酒張坐飲，亦歌呼與相應和。參見人之有細過，專掩匿覆蓋之。府中無事。參子窋為中大夫。惠帝怪相國不治事，以為豈少朕與？乃謂窋曰：若歸，試私從容問而父曰：高帝新棄羣臣，帝富于春秋，君為相、日飲，無所請事，何以憂天下乎？然無言吾告若也。窋既洗沐歸，間侍，自從其所諫參。參怒而笞窋二百，曰：趣入侍。天下事，非若所當言也。至朝時，惠帝讓參曰：與窋胡治乎？乃者我使諫君也。參免冠謝曰：陛下自察聖武孰與高帝？上曰：朕乃安敢望先帝乎？曰：陛下觀臣能孰與蕭何賢？上曰：君似不及也。參曰：陛下言之是也。且高帝與蕭何定天下，法令既明。今陛下垂拱，參等守職，遵而無失，不亦可乎？惠帝曰善。君休矣。……百姓歌之曰：蕭何爲法，顜若畫一。曹參代之，守而勿失。載其清淨，民以寧一。」（史記曹相國世家）。

蕭何爲一現實主義之構造人物。事理綿密，而英雄氣概不顯；謹慎誠篤，而天資之鋒芒不露。以中國衡量人格之習性言之，常低視此等人物之價值，而謂其格不及以天資勝者之高。此亦足見吾華族之氣質爲重天才之氣質，爲藝術性的與道德的。（此後一者函聖賢人格）。實則構造人物之事功性，其背後實有一種精神存焉。而此種精神常不爲國人所賞識。此觀乎太史公之贊語，即可見矣。太史公曰：「蕭相國何，于秦時爲刀筆吏，錄錄未有奇節。及漢興，依日月之末光，何謹守管籥，因民之疾，奉法順流，與之更始。淮陰、黥布等皆以誅滅，而何之勳爛焉。位冠羣臣，聲施後世，與閎夭、散宜生等爭烈矣。」（蕭相國世家）。此雖不泯其功，而於品鑒言之，則固不及有奇節者遠矣。夫奇節，非有天才者不能也。蕭何固非此類人物也。然而爲法畫一，足以堅穩一代之大局，此雖無風姿之可言，而實有盡理之精神。（分解的盡理）。曹參守而無失，則又轉於另一智慧之運用。能解蓋公之言，而即身體力行，非其誠實無意見作祟者不能也。清靜安寧，合乎生息之道。生息滋養，不以權術行，而以氣質行。故擇重厚長者，而斥言文刻深。以渾樸引渾樸，天下未有不寧者也。曹參之能至此，其慧亦不可及也。蓋黃老之術本有兩路：一、自然渾樸如嬰兒，二、權術陰森如法家。前者爲自然的，溫暖的，有太陽之熱的，故屬氣質；後者爲人爲的，冷酷的，爲月光之陰森，故由人爲而爲權術的。漢初由曹參開始轉至黃老，是由第一路而表現。故重渾樸，而斥刻深。重渾樸，其本人必亦相當樸實也。樸實之人決不至出於姦險權詐也。渾樸屬於自然之氣質，故成效速而亦自然。天才之盡氣，繼之以自然之無爲，此無爲亦盡氣之無爲也。太史公曰：「參爲漢相國，清靜，極言合道。然百姓離秦之酷後，參與休息無爲，故天下俱稱其美矣。」（曹相國世家）。呂后本紀太史公曰：「孝惠皇帝高后之時，黎民得離戰國之苦，君臣俱欲休息乎無爲。故惠帝垂拱，高后女主稱制，政不出房戶，天下晏然。刑罰罕用，罪人是希。民務稼穡，衣食滋殖。」此蓋爲曹參之風之所形成，亦爲當時之定評。繼此而往，則有文景之治。

文景，實以文帝爲主。漢書刑法志六：「及孝文皇帝即位，躬修玄默，勸趣農桑，減損租賦。而將相皆舊功臣，少文多質。懲惡亡秦之政，論議務在寬厚，恥言人之過失。化行天下，告訐之俗易。吏安其官，民樂其業。蓄積歲增，戶口寖息。風流篤厚，禁網疏闊。選張釋之爲廷尉，罪疑者與民。是以刑罰大省，至于斷獄四百。」大抵躬修玄默，戒愼寬和，可爲文帝之寫眞。（趙翼謂漢詔令多懼辭，而文帝尤多。此戒愼之意也。）雖不必能發於仁者之純，然大體困弛以赴之，不可薄也。船山論文帝曰：「乃其慈也，畜刑殺于心而姑忍之。其儉也，志存厚實而勤用之。其簡也，以相天下之動而徐制其後也。老氏之術，所持天下之柄者在此，而天人不受其欺。故王道至漢而闕，學術之不貞者爲之也。」（宋論卷一。）此言稍苛。純以老氏之術窺之，亦不盡恰。老氏之術與法家合，便是劣義。不與法家合，則無劣義。文帝自有玄默之智，但究非機深多詭之人也。蓋文常之時已爲多事之秋。高祖撒手而去，惠帝呂后時之暫安，不可以爲常。匈奴、大臣、諸侯、三者，皆時代之荊棘，遲早必發作，亦遲早必有以治之。吾友李源澄先生曰：「高祖時之困難，外患則匈奴，內患則異姓諸侯王。高后惠帝時，惟匈奴爲患。惠帝沒後，始有大臣之偪，而同姓諸侯無憂也。文帝時，三者並起，夷狄諸侯大臣皆可畏。稍一不愼，卽足以傾覆漢室。幸大臣無篡奪之心，不與夷狄諸侯相合。不然，則漢朝必致瓦解。文帝才大，能銷患于無形。史家但稱其德，罕言其才用。劉向且謂治理之才不及宣帝，失其實矣。」（秦漢史頁三十一）。由此觀之，其畜刑殺于心而姑忍之，志存厚實而勤用之，相天下之動而徐制其後，皆不可純以機深多詭之動機窺測之。其畜刑殺于心，乃所以消除諸侯王之叛亂也，非天資刻薄之人也。其志存厚實而勤用之，乃所以安將相大臣宗藩之心也，非奢侈不遜之類也。其相天下之動而徐制其後，乃所以審察時機，潛移默化，以減殺其兇鋒，而期銷患于無形也，非恢張喜事，背簡趨繁者也。戰國以來，楚漢之際，人皆赤裸裸盡其粗暴「物力」（物質的生命力）以相搏鬥。無掩飾，無假借，惟力巧詐相尚。春秋時典雅蘊藉之周文已全不存在。漢高祖以非凡之資掃平羣雄，此以天才之氣勝者也。而風俗之雜駁，未因之而轉。曹參之風，乃動亂後之自然生息，而生息後自然生命之蠢蠢欲動，仍未有一文教制度足以節之。留侯世家謂：「且太子所與俱諸將，皆嘗與上定天下梟將也。今使太子將之，此無異使羊將狼也。」此雖四皓借此以諫高祖勿使太子將兵，然亦實情也。豪傑並起，皆梟雄之輩，功利之徒。皆欲自侯自王，並無所謂禮義法度于心目中也。異姓諸侯如此，同姓諸侯亦如此。不利于孺子，自周公而已然。惠帝時，同姓諸侯無問題，高祖之餘烈猶在，呂后尚在人間也。

至文帝，則不能保其不蠢動矣。匈奴之反復無常，亦顯然者。此兩者皆爲當時之荊棘。至高祖所遺留之將相，如陳平周勃等，要皆可謂忠以相持，尙無邪心者也。文帝之問題，惟在同姓諸侯與匈奴。高祖以力是視，而文帝則以「玄默之智」徐制其後。漢書匈奴傳贊曰：「文帝中年，赫然發憤，遂躬戎服，親御鞍馬。從六郡良家材力之士，馳射上林，講習戰陣，聚天下精兵軍於廣武。顧問馮唐，與論將帥。喟然嘆息，思古明臣。」漢之備匈奴，亦文帝植其基。景帝時始不爲大寇。至武帝遂撻伐也。其于同姓諸侯，則默採賈誼化大爲小化少爲多之策，多方容忍，而制之以漸。賈誼所痛哭太息以陳之者，文帝並不同其興奮，因之而張皇。然而未嘗不有動于中也。其心中亦未嘗不護念賈生也。而賈生終不得大用，勢也。其于諸侯王，亦終不能以力視，亦勢也。文帝自身亦終不能功德圓滿，而必留給後人解決，亦勢也。于諸侯，制之以漸，減殺其勢。于匈奴，備之以力，而不啓釁。皆動亂後，不欲遽再騷動也。所謂玄默之智，此而已矣。大封梁國，以周亞夫屬景帝，故吳楚七國反，不旋踵而平。自此而後，封建廢而郡縣成，大一統始正式奠立焉。安內攘外，大一統成，武帝始可以由備而攻，而撻伐匈奴也。由景帝至武帝乃完成文帝未竟之功，而向一新境界而發展。然文帝未竟其功，文帝無憾也。其制之以漸，備之以力，處開端之時，而蓄之以過渡之勢，此勢一成，即其功已竟也。「躬修玄默」一語，可謂善于形容文帝矣。惟盡勢者爲能盡智。（盡勢謂順而制之，導而轉之。）于張良見之，于文帝又見之也。能盡其智，故智不穿鑿。能制之以漸，故安忍而不張皇。勢之轉也以漸，而不可以力敵，故常戒愼而敬懼。戒懼之心生，則慈儉簡之道含其中，不可執一義以苛論也。盡智者亦爲事功性之精神。心運于現實之中而不僵化者也。普通本此以爲文帝本黃老之言，不好儒術，其治尙淸靜無爲，以故禮樂庠序未修。當時之所謂黃老，只取其淸靜無爲之意而已，而現實上實不能無爲也。後之人時隔世遠，見黃老而想及權術，謂其機深多詭，以申韓黃老合一者而視之，則過矣。實則，漢初之精神全不可以此而論也。又當時所謂儒術，亦禮樂、庠序、改正服（正朔、服色）、封禪、諸外部之設施而已。文帝安忍而不張皇，自不樂此。其無爲，無爲此也。其不好儒術，不好此之儒術也。以不好儒術，故謂其本道家。實則不可以如此分。賈誼固儒者精神也。文帝未嘗不尊禮而護念之。賈誼之所嚮往，董仲舒繼之。武帝時之新境界，亦文帝時所含蓄而未發者也。勢不能至，何張皇爲？若以吾人今日視之，則文帝之玄默盡智，固亦儒者精神也。若只以禮樂庠序改正服封禪諸外部之設施視儒術，則淺之乎陋之乎狹之乎視儒術矣。由此言之，史公文帝本紀中所綜述之文帝之德業盖可信也。其言曰：「孝文帝從代來。卽位二十三年，宮室苑囿狗馬服御，無所增。有不便，輒弛以利民。嘗欲作露台。召匠計之，直百金。上曰：百金，中民十家之產。吾奉先帝宮室，常恐羞之。何以台爲？上常衣綈衣。所幸愼夫人，令衣不得曳地。幃帳不得文繡。以示敦朴爲天下先。治霸陵，皆以瓦器，不得以金銀銅錫爲飾。不治墳，欲爲省，毋煩民。南越王尉佗自立爲武帝。然上召貴尉佗兄弟，以德報之。佗遂去帝稱臣。與匈奴和親，匈奴背約入盜。然令邊備守，不發兵深入，惡煩苦百姓。吳王詐病不朝，就賜几杖。羣臣如袁盎等，稱說雖切，常假借用之。羣臣如張武等，受賂遺金錢，覺。上乃發御府金錢賜之，以愧其心，弗下吏。專務以德化民，是以海內殷富，興于禮義。」崩後，景帝卽位下詔中有曰，「孝文皇帝臨天下，通關梁，不異遠方。除誹謗，去肉刑。賞賜長老，收恤孤獨，以遂羣生。減嗜欲，不受獻。不私其利也。罪人不孥。（除株連律）。不誅無罪。除宮刑，出美人。重絕人之世。」（文帝本紀）。應劭風俗通載劉向對成帝曰：「文帝禮言事者，不傷其意。羣臣無小大，至即便從容言。上止輦聽之。其言可者稱善，不可者喜笑而已。」此寬和而有城府也。故人能盡其言。

附論賈誼

一

前漢書賈誼傳云：「賈誼洛陽人也。年十八，以能誦詩書屬文，稱於郡中。河南守吳公，聞其秀材，召置門下，甚幸愛。文帝初立，聞河南守吳公治平爲天下第一，……徵以爲廷尉。廷尉乃言：誼年少，頗通諸家之書。文帝召以爲博士。是時誼年二十餘，最爲少。每詔令議下，諸老先生未能言，誼盡爲之對，人人各如其意所出，諸生於是以爲能。文帝說之。超遷，歲中至太中大夫。」

這是賈誼的一點簡單的出身與開始的經歷。他十八歲聞名於郡守。二十餘歲被薦於漢文帝。不久，因與當時朝廷環境不相融洽，乃被謫爲長沙王太傅。至長沙。歲餘，文帝思之，復召至京。「乃拜誼爲梁懷王太傅。懷王上少子，愛而好書，故令誼傅之。」（漢書本傳）。君臣再相聚，賈誼得數言政事。謀謨論建，誠有大過人者。漢書賈誼傳贊曰：「劉向稱賈誼言三代與秦治亂之意，其論甚美。通達國體，雖古之伊管，未能遠過也。」後「梁王勝墜馬死。誼自傷爲傅無狀。常哭泣。後歲餘亦死。賈生之死，年三十三矣。」（本傳）。他初見文帝是二十餘歲，自爲梁王太傅至死，其間亦不過十年。在此不過十年間，賈生之表現，亦可謂不凡者矣。此實是開國之盛音，創建之靈魂，漢代精神之源泉也。吾人須知他的聲音是在二十餘歲到三十歲之間發出的，這還是一個青年時期。眞可謂洛陽少年矣。不謂之爲天地之奇葩不得也。又須知文帝卽位，年亦才二十四歲，與賈誼相差不多。這兩個少年代表了兩個不同的性格，而能互相默契，亦可謂盛遇。

文帝沈潛從容，有玄默之智。這是一個中有存主的容受器。他在北方作代王時，處在邊荒寒苦之地，混混沌沌，原不甚明白。及至作皇帝，則又甚明白。他之明白也不是從學問讀書來。他的玄默之智也不是從作道家的修養工夫來。可以說這完全是他的先天的氣質，所謂「天資之美」是也。外此，當時的元老重臣都是當年不久幫助漢高祖打天下的人物。高祖集團本是一平民集團。這些剩下來的元老重臣也還是那種平民集團的習氣。但是他們都有現實的聰明與實際的幹才。他們不自覺中順現實推移也有一點原則與習慣上的矩矱，但不能意識的很清楚，又爲實際所限，不能透出。他們沒有學力能自覺地把握之，透出之。只憑他們的軍功而居要地。這些元老重臣可以在習慣上持重守成：安定局面，穩順聲勢。他們是興建的障碍，同時也是變亂的阻力。文帝也不能驟然得罪他們，換掉他們。可是他們之穩定持重，都是材質的。他們就是一些材質的人物。高祖集團之取得天下與開國都是材質的。「材質的」是說以力取，以氣質勝。他們不代表精神理性或理想。就是張良也不在這裏表現。叔孫通定朝儀，也不是代表精神或理想。他們都是在實際推移中見才氣見世智的人物。所以可以說他們都是材質。而在漢初唯一可以代表精神理想或理性，總之可以代表「形式」的，以賈生爲第一人。（形式與材質相對，此爲亞里士多德的名詞。）高祖集團是材質上的開國，而賈生則是精神或理想上的開國。故吾謂其爲「開國之盛音，創建之靈魂，漢代精神之源泉也。」他是漢代的觀念理想，總之漢代的心靈之開闢者。他之代表觀念理想，也不像後來的經院式的博士，他無學究氣。他之誦詩書，通曉百家言，好像也並未經過經院式的研究。這點，你可以說他的學力不够深。他並未內在於學術思想方面作獨立的研究，獨立的發展。從學術方面講，他不及後來的董仲舒之典實與富建構性。但是他比董仲舒活潑而新鮮，具體而眞切。他之通曉諸家書，好像是馬上能握住其領導觀念而頓時消化之於自己生命中而轉爲智慧。他能審時勢，察事變，識大體，這是具體的智慧。即了解具體事變之智慧也。而他之了解又不是張良式的了解，而是儒家式的了解。他能以理導事，以超脫的理性心靈以鑒別時勢，匡正時勢，故常能提起而綜和地建構地湧現觀念理想以開治體之規模。故劉向謂其「通達國體，雖古之伊管，未能遠過也。」這決非當時材質人物所能至。這是精神人格的事，不是材質人格的事。他是一個天才的理想家，政論的理想家。

先作以上的了解，然後始能了解他的議論的意義，以及他與文帝的關係，與夫他之得志不得志。

二

當其初見文帝，一歲中，超遷至太中大夫時，即「以爲漢興二十餘年，天下和洽，宜當改正朔，易服色，制度，定官名，興禮樂。乃草具其儀法。色上黃，數用五，爲官名，悉更奏之。（更、改也）。文帝謙讓，未遑也。然諸法令所更定，及列侯就國，其說皆誼發之。於是天子議以誼任公卿之位。絳（絳侯周勃）、灌（灌嬰）、東陽侯（張相如）、馮敬之屬，盡害之。」（本傳）。

案：改正朔，易服色，制度（史記爲「法制度」），定官名，興禮樂，此爲其精神人格中所湧現之精神開國方面的最高層之「形式」。因爲是最高層，似乎不切時要。然於精神開國方面，從理上講，亦是必要。吾人不應以淺陋之心，隨便視之爲迂闊浮文也。文帝之謙讓未遑，則顧及現實與時勢。

然未嘗不能聽也。理想家發之以啓光明，主事者則默識心通以待時勢。兩者不必即時合一，亦可以交相得也。豈可動輒以不識時務之迂儒視之？文帝議以誼任公卿之位，即表示其未嘗不知賈誼也。然材質人物之元老重臣，亦何能頓時即去？此賈誼之所以受挫。然此最高層之形式，一時雖不能興建，而較低層之「諸法令所更定，及列侯就國，其說皆誼發之。」是足見切於事之理想觀念，文帝亦皆能逐步採用而措施之也。

如是，吾人轉而論其切於事之理想觀念，以觀其具體之智慧。

文帝時，「匈奴強，侵邊；天下初定，制度疏闊；諸侯王僭儗，地過古制。」（本傳）。此爲當時三大問題。關於匈奴，賈生所言之「五餌三表以係單于」（其意義不甚可解），誠不免浮才之稚氣，但關於諸侯王，則主「衆建諸侯，以少其力」，此爲文帝所採用者。文帝以玄默之智，中有存主，而持之於後，潛移其勢於無形，留一周亞夫於景帝，故七國之亂一舉蕩平。此爲當時現實問題，史家類能言之。茲可不論。茲就「天下初定，制度疏濶」一項，而觀賈生之議論。

（一）移風易俗。賈誼於陳政事疏中論秦之敗俗曰：「商君遺禮義，棄仁恩，幷心於進取。行之二歲，秦俗日敗。故秦人家富子壯，則出分；家貧子壯，則出贅。借父耰鉏，慮有德色。母取箕箒，立而誶語。抱哺其子，與公併倨。婦姑不相說，則反脣而相稽。其慈子耆利，不同禽獸者，亡幾耳。然幷心而赴時，猶曰蹶六國，兼天下。功成求得矣。終不知反廉愧之節，仁義之厚，信幷兼之法，遂進取之業。天下大敗。衆掩寡，智欺愚，勇威怯，壯陵衰，其亂至矣。是以大賢起之，威震海內，德從天下。曩之爲秦者，今轉而爲漢矣。然其遺風餘俗，猶尚未改。今世以侈靡相競，而上亡制度，棄禮義，損廉恥，日甚。可謂月異而歲不同矣。……而大臣特以簿書不報，期會之間，以爲大故。至於俗流失，世壞敗，因恬而不知怪。慮不動於耳目，以爲是適然耳。夫移風易俗，使天下回心而鄉道，類非俗吏之所能爲也。俗吏之所務，在於刀筆筐篋。而不知大體。……夫立君臣，等上下，使父子有禮，六親有紀，此非天之所爲。人之所設也。夫人之所設，不爲不立，不植則僵，不修則壞。管子曰：禮義廉恥，是謂四維。四維不張，國乃滅亡。使管子愚人也，則可。管子而少知治體，則是豈可不爲寒心哉？」（漢書本傳）。

案：秦始皇與法家大敗天下之民。漢興，其遺風餘俗猶存。當時風俗未善，賈生痛切言之。此是其文化意識在貫注。故能觸目驚心，開闢心靈世界，而湧現移風易俗之理想也。此即開「反法家之物化而重歸于吾華族自身之文化生命」之途徑也。此是一綜和而向上提撕之心靈，故非俗吏之所能爲也。賈生所斥之俗吏即當時之元老重臣，吾所謂材質人物。此類人只知把天下打來，至於制度方面，則大體因襲秦制。彼等以簡單素樸之心靈，亦習而安之，不能有價值上之鑒別。于社會風俗方面，則亦以其簡單素樸之心靈，只要無造反者即可，至於秦所遺之敗俗，則彼等亦不甚有感觸而思有以匡正之。此其文化程度不及也。然亦惟賴此等材質人物之持重、「毋動」、「毋爲」（皆賈生語），而民間可以稍得喘息，而毋動、毋爲之喘息，不能永遠讓其順故態而推移。故反秦與法家而復華族傳統之文化生命，乃西漢初年之普遍意識，而視爲一大事，而由賈生開其始。雖在賈生時未甚彰著，文帝亦未能驟然施行，然終醞釀而開花結果于董仲舒與武帝時「復古更化」之文化運動。董生之「復古更化」即賈生之「移風易俗」也。賈生之首倡此義，實其本文化意識而言治體之大者。此是一崇高之心靈，綜和之智慧，而在當時爲切要者，不可視爲泛論也。

（二）教養太子。陳政事疏中復云：「古之王者，太子迺（始）生，固舉以禮。使士負之有司，齋肅端冕，見之南郊，見于天也。過闕則下，過廟則趨，孝子之道也。故自爲赤子，而教固已行矣。昔者成王幼在襁抱之中，召公爲太保，周公爲太傅，太公爲太師。保，保其身體。傅，傅之德義。師，道之教訓。此三公之職也。於是爲置三少，皆上大夫也。曰少保，少傅，少師，是與太子宴者也。……逐去邪人，不使見惡行。於是皆選天下之端士，孝悌博聞有道術者，以翼衛之，使與太子居處出入。故太子迺生，而見正事，聞正言，行正道，左右前後，皆正人也。……及太子既冠成人，免于保傅之嚴，則有記過之史，徹膳之宰，進善之旌，誹謗之木，敢諫之鼓。瞽史誦詩，工誦箴諫（工、樂工也），大夫進謀，士傳民語。習與智長，故切而不媿。化與心成，故中道若性。……夫三代之所以長久者，以其輔翼太子有此具也。及秦而不然。其俗固非貴辭讓也，所上者告訐也。固非貴禮義也，所上者刑罰也。使趙高傅胡亥，而教之獄。所習者非斬劓人，則夷人之三族也。故胡亥今日即位，而明日射人。」

案：在君主專制政體下，太子爲國本。此亦治體之大者。賈生能誦往事，識大體，而首先意識及之。後來二千年皆無不以此爲規矩法式。

（三）尊禮大臣以養廉恥。于陳政事疏中，復云：「古者大臣有坐不廉而廢者，不謂不廉，曰簠簋不飾。坐汙穢淫亂，男女亡別者，不曰汙穢，曰帷薄不修。坐罷軟不勝任者，不謂罷軟，曰下官不職。故貴大臣定有其罪矣，然未斥然正以呼之也。尙遷就而爲之諱也。故其在大譴大何（何問也）之域者，聞譴何，則白冠氂纓，盤水加劍，造請室而請罪耳。（請室請罪之室）。上不執縛係引而行也。其有中罪者，聞命而自弛，上不使人頸戾而加也。（不戾其頸而加刀鋸）。其有大罪者，聞命則北面再拜，跪而自裁，上不使捽抑而刑之也。」曰子大夫自有過耳。吾遇子有禮矣。遇之有禮，故羣臣自憙。嬰以廉恥，故人矜節行。上設禮義廉恥以遇其臣，而臣不以節行報其上者，則非人類也。」

案：此義甚重要，開漢唐宰相之重。此爲中國本其文化生命而表現於政治上之最有體統者。故雖在君主專制政體下，而得有開明之政治，復得有政治之所以爲政治之意義者，正賴此耳。而賈生乘時繼往開來而發之，不可謂非大智慧也。案賈生之言此，在當時亦有所對而發。漢書賈誼傳繼上所引賈誼之言而言曰：「是時丞相絳侯周勃免，就國。人有告勃謀反，逮繫長安獄治。卒亡事，復爵邑。故賈誼以此譏上，上深納其言。養臣下有節。是後大臣有罪，皆自殺，不受刑。」後漢史家言及遇大臣事，謂古制：大臣有疾，天子往問。有罪不就獄。天子使者未至，先告病。使者未及返命，即自裁。近人或以爲此制不知始於何時，以爲西漢初似不然。若據賈誼傳所言，則實自賈誼發之，而文帝即已實行之矣。當然其詳細而確定之禮節，不必盡備於文帝時，然由此開端而漸成，則無疑。

綜以上三端，即可知賈誼爲「開國之盛音，創建之靈魂，漢代精神之源泉也。」此大體一立，則改正朔，易服色，制度（史記爲「法制度」），定官名，興禮樂，即可「溥博淵泉，而時出之。」（中庸語）。此若初次憑空籠統說出，儼若爲抽象，不切實際。文帝亦未易灼然憬悟其重大而切要。然於陳政事疏中，就當時之事勢，指其病痛而切言之，則人可以感悟，而其理亦深切著明矣。移風易俗，敎養太子，尊禮大臣，此皆由切於事中而透其識大體之綜和心靈。由此綜和心靈而湧現綱紀性之形式，則定制度也。故吾謂其於材質外可以代表「形式」也，於材質上的開國外，代表精神或理想上的開國也。

如此，則彼之使命已盡，任公卿與否無關也。於個人尊榮爲不遇，而於時代精神上，則已遇矣。當其由長沙重反京師，文帝「方受釐（釐祭餘肉），坐宣室（未央前正室），上因感鬼神事，而問鬼神之本。誼具道所以然之故。至夜半，文帝前席。旣罷，曰：吾久不見賈生，自以爲過之，今不及也。」（漢書本傳）。久別重逢，當機問鬼神，正見文帝之閒情逸致與輕鬆心理。人惟在閒時，可以通情欵，啓心智。養天機於有意無意之間，而後可以隨時言政事。天下大事，治體國體之本，豈容匆忙急切言之？此非待操割之具體事件也。李商隱識不及此，而曰：「宣室求賢訪逐臣，賈生才調更無倫。可憐夜半虛前席，不問蒼生問鬼神。」吾以爲談鬼神能至夜分不倦，亦不可及。李商隱於文帝猶有憾。近人復以淺陋躁妄之心，以爲賈生喜放言高論，不曉時務，故文帝避而不與之談，而與之談鬼神以敷衍之，則其無識尤甚矣。

第二節　漢初之封建及此問題之意義

漢初復封建之制。諸侯王得自置大夫以下官，得自紀年。儼同古諸侯。史記五宗世家太史公曰：「高祖時，諸侯皆賦。得自除內史以下，漢獨爲置丞相。黃金印。諸侯自除御史、廷尉、正、博士，擬于天子。自吳楚反後，五宗王世，漢爲置二千石，去丞相曰相，銀印。諸侯獨得食租稅。奪之權。其後諸侯貧者或乘牛車也。」漢書，百官表云：「諸侯王，高帝初置，金璽盭綬，掌治其國。有太傅輔王，內史治國民，中尉掌武職，丞相統衆官，羣卿大夫都官如漢朝。景帝中五年，令諸侯不得復治國。天子爲置吏，改丞相曰相。省御史大夫、廷尉、少府、宗正、博士官。大夫、謁者、郞，諸官長丞，皆損其員。武帝改漢內史爲京兆尹，中尉爲執金吾，郞中令爲光祿勳。故王國如故。損其郞中令秩千石，改太僕曰僕，秩亦千石。成帝綏和元年，省內史，更令相治民，如郡太守，中尉如郡都尉。」漢書高五王傳贊曰：「自吳楚誅后，稍奪諸侯權。左官，附益，阿黨之法設。其後諸侯惟得衣食租稅。貧者或乘牛車。」漢書諸侯王表叙云：「景遭七國之亂，抑損諸侯，減黜其官。武有衡山淮南之謀，作左官之律，設附益之法，諸侯惟得衣食租稅，不與政事。」此西漢歷世損抑諸侯王權之大畧也。

錢穆先生云：「封建制逐步破壞，郡縣制逐步推行，自春秋至戰國已然。秦以下，雖封建遺形，尙未全絕，然終不能再興。且其勢如危石轉峻阪，不墮于地不止。漢初先則有異姓封王。繼則封王惟限於同姓。又次，則諸王惟得衣租食稅，同于富人。此自景武，下逮東漢，封建名存實亡。尺土一民，皆統于中央。諸封王惟食邑而已。至魏，則幷邑入亦薄。晉矯魏孤立，大封同姓，並許自選官屬，然劉頌言其法同郡縣，無成國之制。蓋亦徒享封土，不治吏民。亦西漢景武以後法度耳。至晉惠帝立後，諸王或鎭雄藩，或專朝政，遂有八王之亂，然此乃權臣之擅政，非古代封建之比。下至南朝宋齊梁諸代，宗室諸王皆出爲都督刺史。星羅棋布，各據强藩，假以事任，矯東晉中央衰替之勢，然此特援引親族以踞要位，其權重在爲守令，不在爲王侯。唐封諸王不出閤。有名號，無國邑，空樹官僚而無莅事。聚居京師，亦僅衣稅食租。惟明初諸王，欲以封建郡縣相雜，然一再傳卽廢。終明之世，仍是分封而不錫土，列爵而不臨民，食祿而不治事也。再以封侯論，漢初諸侯亦猶有君國子民之意。景帝後，事權即皆歸國相。侯國與郡縣無異。然尚裂土以封。東漢，則多未與國邑，僅佩印受廩。列侯殆全同于關內侯。又漢初丞相選用列侯，武帝時始有拜相封侯之制。東漢位三公者亦不復有茅土封。然漢人猶常稱萬戶侯，言其封食之大。至魏，雖親王所食，未有及萬。諸將封多不滿千戶。（張繡封二千戶，時謂例外。亦因其時戶口耗減。）晉宋以下，門第既盛，朝廷封爵，乃不為重。至唐則並廢封爵世襲之制。爵僅及身而止。而所謂爵土亦祇是虛名。受封者于內府給繒布，惟同俸賜。絕不足以擬古之胙土矣。唐太宗貞觀十一年，令諸功臣世襲刺史，長孫無忌等十四人辭曰：違時易務，曲樹私恩。謀及庶僚，義非僉允。方招史冊之誚，有紊聖代之綱，一也。臣等非才，愈彰濫賞。二也。孩童嗣職，下擾生民，必致餘殃。一掛刑網，自取誅夷。三也。求賢分政，寄在共理。封植兒曹，失于求瘼。百姓不幸，將焉用之？四也。於是，遂止。（案唐初屢議封建。李百藥馬周諸人，皆反對之。）觀于此，則知封建制度，已不能復行于後世。………」（國史大綱頁八十二）。

周之封建，一方是周之王國所代表之大一統，（共尊周文所成之一統）之生長過程，一方是各侯國之生長過程。所謂封建，是封侯建國，本為積極性之生長。每一侯國代表一生命集團。及至春秋，乃各生命集團長成而各具其特殊性之時，故各有其表現。雖各有其特殊性，而同時又共尊周文為一統一性之象徵。故各侯國之生長，同時亦即是周文一統之彰著。此中國封建之本意也。與西方西羅馬帝國崩潰後而成為各民族各地方勢力之割據發展而成之封建本不同意。一、在西方，是統一崩解後墮落而成者，二、是新與各蠻族接受舊文化之逐漸生長，崩解後之自行生長。由此，故西方易引至各民族國家之成立。但在中國則不然。一、在中國，是統一王國與各侯國之並駕生長。（雖說至春秋，周天子之王命已失效，然不碍周文一統之生長。）二、是同一民族而爲不同之氏族，故同尊周文，在一統一之文化空氣下生息。由此，故在中國不能引至各民族國家之成立。在同一文化系統下，不能各有其文化特殊性之傳統，不能引至民族國家之成立。是以至戰國，雖有許多國家，然無許多文化系統。（當然齊魯晉楚各有其特性。然不碍文化系統之一。）故各侯國雖各盡其物力以相爭，然只是在同一文統下，赤裸生命之相消，並不能代表一積極建國之意義。（不能各有其文化系統，即不能有各自積極建國之意義。）秦之統一，由于其國力，由于歷史之趨勢，固不必由于周文一統之理上之必統一，（必至秦之統一）。然在中國，實總有一統一系統爲其背景。此背景之力量甚大，故歷史趨勢，總必向統一走，而不向各民族國家之建立走。依是漢初之封建，一是臨時性，羣雄並起，暫時因勢而王之。二是本親親之義而王骨肉，兄爲天子，弟不能爲平民。此只是主觀之富貴義。由此可知，漢初之封建，（以及後來之封建），已無周之封建之積極意義與客觀意義，與夫歷史趨勢上之建設意義。雖可云漢初一時不能統制此大國，故不能不封建。然此亦只是漢初封建之消極意義，而不能爲成就封建之積極意義。及至向郡縣制統一之趨勢已成，又各地方氏族已發展至平等之程度，復至一互相流通出入之混一局勢，各集團生命之凝固性已消失，則封建即不復能成立。中國歷史發展至戰國及秦漢，各氏族集團生命實處于一消散而爲一大混融之局。社會上各種人物實以其個人之姿態而昂首活動于大地（版圖）之內。此一型態直延至今日而不變。

此一渙散而混一之局，惟對夷狄而顯其凝固性。此可由夷夏之辨而表明。然此種辨別所顯之凝固性不免鬆而弱。蓋因夷夏之辨，一方是文化的觀念，一方是種族的觀念。前者鬆而弱，（所謂王道）

，固人所盡知，而後者則因集團生命凝固性之消散，故亦鬆而弱。種族觀念，如在內部無通過文化政治經濟之堅強組織性與夫集團之凝固性，其對夷狄所顯之統一凝固性即鬆而弱，常不足以抵禦外來之侵擾。而在文化觀念所顯之凝固性亦虛浮而不落實，顢頇而無涯際。此所以中華民族常受夷狄之患，志士仁人所慷慨唏噓而不能已者也。（中國夷夏之辨，其對夷狄常是一超越而卑視之之態度，故夷狄儼若一敵對而又不足為敵對，依此而為廣泛無涯際。而其內部之諸夏又消散而為混融之局，故其集團之凝固性亦不顯。此中國所以為天下觀念為文化單位之故。）及郡縣制之統一已成，則必盡量減損地方勢力，而向中央集權，（君主專制），走。此亦由集團勢力消散而為混融之局所必演至之政治型態。此一型態，由光武而漸確定，至宋而充其極。識者痛于夷狄之禍，而轉其注意于地方勢力之凝結焉。王船山宋論卷十五最後一段云：

漢唐之亡，皆自亡也。宋亡，則舉黃帝堯舜以來道法相傳之天下而亡之也。是豈徒徽、欽以降之多敗德，蔡、秦、賈、史之挾姦私，遂至于斯哉？其所繇來者漸矣。古之言治者，曰覿文匿武。匿云者，非其銷之之謂也。藏之也固，用之也密，不待覿而自成其用之謂也。故書曰：迪惟有夏，乃有室大競。競之不大，棟折榱崩，欲支之也難矣。其競之也，非必若漢武隋煬，窮兵遠塞，而以自疲也。一室之棟，一二而已。欂櫨榱桷，相倚以安，而不任競之力。故用之專者，物莫能勝。守之壹者，寇莫能侵。率萬人以相搏，而其相敵也，一與一相當，而羣無所用。自遼海以西，迄于夏朔。自賀蘭以南，垂于洮岷。其外之逐水草，工騎射，好戰樂殺，以睥睨中土者，地猶是地，人猶是族。自古迄今，豈有異哉？三代之治，千有餘歲。天子不以為憂。其制之之道，無所考矣。自春秋以及戰國，中國自相爭戰，而燕趙獨以二國之力，控制北陲。秦人外應關東，而以餘力獨捍西國。東不貸力于齊，南不藉援于韓魏，江淮以南，則尤耳不聞朔漠之有天驕也。及秦滅燕代，併六合，率天下之力以防胡，而匈奴始大。漢竭力以禦之，而終莫之能抑。至于靈獻之世，中國復分，而劉虞、公孫瓚、袁紹不聞有北塞之憂。曹操起而撫之，鮮卑匈奴，皆內徙焉，蜀吳不相聞也。晉兼三國，而五胡競起。垂及于唐，突厥、奚、契丹，相仍內擾。及安史之亂，河北叛臣，各據數州之士以抗天子，而薊雲之烽燧不聞者百年。由此言之，合天下以求競而不競，控數州以匿武，而競莫加焉。則中國所以衞此覩文之區者，大畧可知矣。東漢之强，不敵西漢，而無北顧之憂者，有黎陽之屯在也。天寶以後，內亂方興，不敵開元以前，而無山後之驚者，有魏博之牙兵在也。外重漁陽、上郡、雲中之守，而黎陽承其後，外建盧龍定難振武之節，而魏博輔其威。以其地任其人，以其人守其地。金粟自贍也，士馬自簡也。險隘自固也，甲仗自營也。無巡邊之大使，以督其簿責；無遙制之廷臣，以掣其進止。雖寡而衆矣，雖弱而强矣。故曰：天子有道，守在四夷。言四裔之邊，臣各自守，而不待天子之守之也。率帥海內，以守非自守之地，則漫不關情而自怠。奔走遠人，以戰非所習戰之方，則其力先竭而必潰。然而庸主具臣之謀，固必出於此者，事已迫，則不容不疲中國以爭，難未形，則惟恐將帥之倚兵而侵上也。嗚乎！宋之所以裂天維，傾地紀，亂人羣，貽無窮之禍者，此而已矣。其得天下也不正，而厚疑攘臂之仍。其制天下也無權，而深懷尾大以忌。前之以趙普之佞，逢其君猜妒之私。繼之以畢士安之庸，徇愚氓姑息之逸。于是，關南河北，數千里闃其無人。迨及勍敵介馬而馳，乃歐南方不敎之兵，震驚海內，而與枝距。未戰而耳目先迷于嚮往，一潰而奔保其鄉曲。無可匿也，斯亦無能競也。而自軒轅迄夏后，以力挽天綱者，靡散于百年之內。嗚乎！天不可問，誰爲爲之，而令至此極乎？嚮令宋當削平僭僞之日，宿重兵于河北，擇人以任之。君釋其猜嫌，衆寬其指摘。臨三關以扼契丹，卽不能席捲燕雲，而契丹已亡，女眞不能內蹂，亦何至棄中州爲完顏歸死之穴，而召蒙古以臨淮泗哉？人本自競，無待吾之競之也。不挫之而亦足以競矣。均此同生並育于聲名文物之地，以相爲主輔，而視若芒刺之在背。威之弗能也，信之弗固也，宰之弗法也。棄其人，曠其土，以穰支宇，而棟之折也已久。孰令宋之失道，若斯其愚耶？天地之氣，五百餘年而必復。周亡而天下一，宋興而割據絕。後有起者，鑒于斯以立國，庶有待乎？平其情，公其志，立其義，以奠其維。斯則繼軒轅大禹，而允爲天地之肖子也夫。

讀至此，感慨萬端，誠不覺其泣之出涕也。船山之情，可謂痛而苦矣。周亡而天下一，旣一矣，自不能不向中央集權進。封建不能存，割據不能有。宋興而割據絕，乃統一後之必有趨勢。不統一，爲亂世，統一爲盛世。此周後所公認之觀念也。旣以此爲眞理，自不能認割據爲應當。然中央集權，而地方空虛，則四肢無力，不足以捍外患。此亦一眞理。吾人要求統一，又要求地方有力量。此兩要求乃矛盾者，如何能統於一？惟吾人能正視此矛盾，然後能轉進至一新境界。以往之歷史，乃向統一一面而措施者。船山懷亡國之痛，乃慨言乎之。然其所列舉之存地方勢力以禦外患，大抵皆不統一之亂世也。「燕趙獨以二國之力，控制北陲。」此戰國之時也。而「劉虞、公孫瓚、袁紹不聞有北塞之憂，曹操起而撫之，鮮卑匈好，皆內徙焉。」此三國混亂之時也。「及安史之亂，河北叛臣，各據數州之士以抗天子，而薊雲之烽燧不聞者百年。」此亦唐室之衰，而叛臣乃天子所不能容者，亦統一所不能許者。「合天下以求競而不競，控數洲以匿武，而競莫加焉。」然則欲匿武以捍外患，非破壞統一不可乎？欲統一，卽不能匿武于邊陲以捍外患乎？此無可奈何之論，不足以厭「統一」眞理也。既統一矣，自不能無巡邊之大使，自不能無遙制之廷臣。放任而不聞問，則必政權不能及，亦必不奉正朔者也。「天子有道，守在四夷。」此爲解消矛盾之綜和眞理。然此眞理之實現，正在一矛盾之克服，有其曲折轉進者矣。宋之猜忌之私，固造成亡國亡天下之大患，然必犧牲統一以求助于叛臣，則亦非厭足之論也。（宋之陋與私是一時之愚蠢與低能。而客觀問題則是統一與地方匿武之綜和。）船山自非肯定不統一者。故最後云：「周亡而天下一，宋興而割據絕。後有起者，鑒于斯以立國，庶有待乎？平其情，公其志，立其義，以奠其維。」平情公志以立義奠維，在秦漢而後之政治形態下，談何容易乎？此非純爲道德要求所能實現也。（然基本條件自必落于平情公志之實上。）中央集權而又爲家天下之私，蓋未有能實現此要求者。猜忌之私非必庸主具臣爲然也，卽雄主傑臣亦所不免。惟視其才之能控制與否耳，能擴得開與否耳。能控得住，擴得開，則不「恐將帥之倚兵而侵上」，而惟是爲人主之爪牙，爲開國之「功臣」。（然處置功臣之道，則歷史亦彰彰矣。）而擴得開否，爲才氣問題，非理性問題。而平情公志以立義奠維，則理性問題也。家天下之私卽爲不能平情公志之樞紐。能實現其志之公，其情之平，則立義奠維，其庶幾乎？立義卽立法度也。吾前曾論有革命而無變法，而此之立法度，卽屬變法之事也。吾嘗思之，中央統一與地方自治（培養地方勢力以匿武）之綜和統一非不可能者。如美之聯邦是也。然此卽爲政治形態一大轉進，而歷史上從未實現者。一．培養地方勢力以匯武，增長其集團生命之凝固性，而不消解之爲一個人姿態之活動于天地，則非雙方放心不可。中央不放心不可也，地方不放心亦不可也。而放心之道，則在一制度之公許。依此制度，中央允許地方有高度之自治與自立而放心焉，則無所用其猜忌；同時地方亦允許中央有其統一之綱維而放心焉，則無所用其顧慮。二、此制度之確立必函有公天下之制度之確立。家天下之天子必轉而爲公天下之象徵。卽必客觀化而爲一合理者。天子在以往並非合理者，其政治地位並未客觀化。而其客觀化必賴一制度。制度是常，而彼可以常，亦可以不常。然打天下之路必止。此制而立，則其情自平，其志自公，卽不平而亦平，不公而亦公。公而平，則放心焉。此而放心，則彼自亦放心矣，自必公而平矣。此所謂立義奠維也。

然此立義奠維，亦必有可以實現之基礎。一、全國必共守一文化系統爲立國之本而不踰。文教之自根自本性不可離。二、社會上必多培養集團之凝固性以顯示其對自之自性與對他之他性，由之以引發其客觀之精神。（在以往政治形態下，封建割據，皆非眞正地方匯武之道。）夫自秦漢而後，主觀之天子集權于上，無有足以限制而安頓之者，而人民則潛伏，而渙散于下，無有足以鼓舞而興起之者。喣喣之仁，固足以生息其潛力，而放之任之，若無所事事焉，若不可觸焉，（前有所謂王者不治夷狄，實則對于中國之民亦未曾治也。）則其潛力必有兩途之歸宿：一、任其自生自滅而日就乾枯，日趨于非精神性而歸于純質料之愚氓，是則潛而終于潛，而終無「實現」之日。二、狡詰者乘機而煽動，則其潛力一發而不可收拾，而爲粗暴狂悖之亂行，此固民之可悲，亦狡者之可悲，而于國于民于社會之福利，皆無所取也。有此兩途歸宿之民，而欲實現立義奠維，匯武于地方，豈不難哉？上有無安頓以限之之天子，下有潛伏而渙散之愚陋之民，中有浮文妨要之士大夫，則其統一之局，亦純賴盡氣者之擴張，一旦擴而至于飽和量，停滯而持續，則統一之局只是一虛浮無實之空架子。其不能抵禦夷狄之侵擾亦宜矣。（封建割據，既敗統一之局，亦非眞正匡武捍患之道。）宋之亡，明之亡，皆舉黃帝堯舜以來道法相傳之天下而亡之也。亭林有亡國亡天下之說，船山說宋亡，實即說明亡。如不徹底覺悟，則同于宋明之亡者，正方興未艾也。宋明之亡，亡于夷狄，尙爲被動者。若夫上下同趨于疲軟卑陋之極，道法虛懸，既無力亦無理，而至于邪說惑民，激蕩而爲粗暴狂悖之亂行，則裂天維，傾地紀，亂人羣，以貽無窮之禍，正不須有夷狄之蹂躪以致此，而可以自我否定，以夷變夏，自動而致此也。嗚呼！「天不可問，誰爲爲之，而令至此極乎？」履霜堅冰，其由來漸矣。天下之可痛，尙有痛於此者乎？吾華族之民，如尙有一分生人之氣，其于此而痛切覺悟，立義以奠維，自本而自立，則剝復之機，亦正其時矣。志士仁人，繼軒轅、大禹，而爲天地之肖子，乃爲定然之眞理，絕對之應該，任何曲說詭辭皆不足以易之也。

第二章　仲舒對策，漢武更化

第一節　武帝之性格與董仲舒之文化運動

漢之平民政府，發展至武帝，已屆有爲之時。有爲，從現實事業方面說，一、郡縣制的統一告成，二、撻伐匈奴。此皆繼承前此之現實問題之演變而爲者。此中有一歷史之勢，而又切于己身政權之利害（對諸侯王言）與夫華夏之生存與安定（此對匈奴言）。自孝惠文景以來，現實相摩盪，而步步切己推移者，惟此兩者爲顯而要。故其勢亦易爲後人所承接而期有以解決之。此種有爲，其因果爲直接而顯明。惟有一事，其因果性較不直接，亦不切于常人之具體感，而亦竟然爲之，則爲難能而可貴。此卽復古更化是也。此爲表現理想之事業。表現理想，卽接受觀念與承接文化系統之謂也。此雖從外部種種因緣說，亦可謂屆成熟之時，然徒外部因緣，不盡足以明之也。如在文帝時，賈誼已痛陳秦俗之壞，而急急以改制更化爲言。然文帝時，其幾與勢尚不成熟。文帝非不知之，有所不能也。故曰：文帝謙讓未遑也。然徒以幾與勢爲條件，則不可說爲知事。其因果性不直接而遠于吾人之具體感者，其幾勢雖至，而生命之强度不足以應之，失其幾而昧其勢，倏忽以過，隤落下墜，枯槁以死者，多不勝數也。故接受理想，客觀化其活動而承接文化大統，則生命之事也。劉邦時代，吾謂之爲天才時代。此時代，短之可以至武帝，長之可及二百年。玆且短而言之，從高祖到武帝已六十餘年矣。此六十年間，其整個時代可視爲一大生命之發展。發展至武帝而有一轉進。此大生命之發展，到武帝時，已屈接受理想之時。惟天才爲能盡氣，惟盡氣者爲有眞生命，惟有眞生命者爲能接受理想。此一大生命之發展爲一天才時代，故終必有一日至乎接受理想而客觀化其生命也。不能一任天然之氣質，使本爲有限者而任其冒充爲無限，任運流轉，而馴至枯槁以死也。就個人言，吾已謂劉邦能逐步客觀化其生命，不僵滯于其主觀之氣質中。此天才也。文帝之躬修玄默，曹參之與民生息，亦天才也。武帝之復古更化，接受理想，亦天才也。皆有其生命者也。前人評武帝爲雄才大畧，又譏其好大喜功，司馬遷對之又多有微詞。實則雄才大畧亦不足以盡之，其人之爲天才亦自別爲一格。其人不如劉邦之富于藝術性，故覺其無甚趣味。又不如文帝之沈潛含蓄，富于幾智，故覺其鋪張揚厲，而乏潛德之幽光。前兩代皆爲平民，具平民之現實性與樸實性。至乎武帝已第四代矣。就世家門第言之，已足够爲濶大公子之資格矣。謂其好大喜功，亦未始不可。然其憑藉厚，而能善用其憑藉；其才氣大，而不萎瑣其才氣；其接觸問題，而必期解決而不躱閃；此亦爲能盡氣者之天才也。彼好神仙怪誕之事，能歌辭，此示其想像力頗豐富也。賞罰立斷，不假借；立昭帝，而必殺其母（鈎弋夫人）：此示其有法治精神，而不爲主觀情感所繫縛也。能接近各種類型之人物，如抒發理想之儒者，辯言巧慧之士，遊戲滑稽之士，辭賦能文之士，吏法之士，武勇之士，理財之士，此示其興趣之廣，能客觀地欣賞各種人士之能而不固結于主觀之偏好。（結爲「有物結之」之結。）此必生命洋溢豐富而後能者也。生命豐富者，不刻薄，不陰險，不邪僻，（凡此皆爲生命乾枯僵化者之所至），故能憑其想像力而接受理想，肯定理想也。其接受理想也，非奇特浪漫而具孤僻性之理想，而乃具有富麗堂皇，光明正大，帶有正統性之理想。劉邦亦生命充沛者，然不好儒者，亦無所知于文化系統。此其平民性使然也。而由其能不滯于其不好，而見其機之靈。武帝則進一步欣賞儒家思想（或文化系統）之富貴性，理想性，及構造性。此非其內心中有超越之想像與自肯之信念不能也，非可純以假借視之也。武帝師王臧及臧之同學趙綰，皆儒者。武帝不好黃老，非盡敎育之力，必其內心有此種子。黃老之儉嗇，虛與委蛇，非其本性之所好也。墨家非儒，卽一方表示墨家之寒傖氣與實利性，一方表示儒家禮樂文化之富貴氣與理想性。易曰：「富有之謂大業」。又曰：「天地之大德曰生，聖人之大寶曰位。」禮器云：「禮之以多爲貴者，以其外心者也。德發揚，詡萬物，大理物博。如此，則得不以多爲貴乎？故君子樂其發也。」此皆表示儒家思想之富貴性與理想性，而正爲武帝內心生活之所好。（當然，儒家思想不只此義，而武帝之契此亦由於氣質分數多，不必由於德業之純粹。然古今帝王能積極地欣賞此義而又恰相應于歷史進程中之時代使命或事業表現，惟武帝一人而已。）史記汲黯傳：「天子方招文學儒者，上曰：吾欲云云。黯對曰：陛下內多欲而外施仁義，奈何欲效唐虞之治乎？上默然怒。變色而罷朝。」生命不強者，不能多欲。多欲固不必佳，然其發揚進取，大理物博之一義，未可忽視也。汲黯之性格固不能知武帝心中之所蘊也。多欲，富想像，好誕，然亦能引而之于正，則其好怪誕卽可說其生命中之夾雜，氣質中之渣滓也。秦皇漢武不可同格視之，卽在此矣。（秦皇乃一變態之心理，陰私險怪，其生命已乾枯。）依以上之描述而言之，可定武帝爲一「發揚的理性人格」。吾于後說光武爲一「凝歛的理性人格」，由此而鑄成東漢之時代精神。由武帝之「發揚的理性人格」，鑄成此後西漢之時代精神。（此亦可說，此是時代精神之凝聚而實現之于具體人格者。）董仲舒之天人三策，其思想之超越性，理想性，涵蓋性，（在今人視之，必認爲迂遠怪誕者，）非有發揚之精神不能欣趣而肯定之也。在武帝，有能盡氣之才，故能措之于事業，而實現此理想。（幾分之幾，不管。）亦由之而開創一局面，開創一發揚的建設之局。由此局而繼續下去，在思想或時代精神方面，即轉而爲「理性之超越表現」。（光武時代爲理性之內在表現）。由高祖至武帝此一大生命之發展，乃由天才時代轉至理性時代。此步轉進，乃由武帝之「發揚的理性人格」承接文化系統復古更化而形成。然其所轉至之理性時代，究成爲「理性之超越表現」，此卽後來之禪讓理論，而釀成王莽之簒。而其內在表現則只爲宣帝之吏治，吏法之士之精神。此兩流（卽超越與內在），依歷史進程言，在西漢尙未能至一合理之實現與協調。故理性之超越表現，終必蹈空，經過王莽之簒而轉至光武之內在的表現。（光武好吏事，在此方面，有類宣帝。然宣帝之吏治乃在一涵蓋精神之領導下前進，其本身不成一獨立之骨幹。至光武乃成一獨立之骨幹，而爲時代精神之領導矣。故云光武時代爲理性之內在表現，其意義不同于宣帝也。蓋其內在表現，不只吏治一端而已。看後論光武時代卽明。）故西漢二百年最可貴，最有問題性。其轉成後來之歷史，由此而得解。其將向另一形態而轉進，亦可由此而開啓而尋索也。

復古更化之理想，已具于賈誼之陳政事疏。賈生聰敏而富熱情，然深遠堅實，不及仲舒。又因時機不成熟，故「文帝謙讓未遑也」。仲舒與武帝乃相得而成此「發揚的理性之建設之局」。

史記賈誼傳：「賈生以爲漢興至孝文二十餘年。天下和洽而固。當改正朔，易服色，法制度，定官名，興禮樂，乃悉草具其事儀法。色尙黃，數用五，爲官名。悉更秦之法。孝文帝初卽位，謙讓未遑也。」賈誼陳政事疏曰：「商君遺禮義，棄仁恩，並心于進取。行之二歲，秦俗日敗。故秦人家富子壯，則出分。家貧子壯，則出贅。借父耰鉏，慮有德色。母取箕帚，立而誶語。抱哺其子，與公併倨。婦姑不相說，則反脣相譏。其慈子耆利，不同於禽獸者亡幾耳。然並心而赴時，猶曰蹶六國，兼天下。功成求得矣。終不知反廉愧之節，仁義之厚。信并兼之法，遂進取之業。天下大敗。衆掩寡，智欺愚，勇威怯，壯陵衰，其亂至矣。是以大賢起之，威震海內，德從天下。曩之爲秦者，今轉而爲漢矣。然其遺風餘俗，猶尚未改。今世以侈靡相競，而上亡制度。棄禮義，捐廉耻日甚。可謂月異而歲不同矣。……而大臣特以簿書不報，期會之間，以爲大故。至於流俗失，世壞敗，因恬而不知怪。慮不動於耳目。以爲世適然耳。夫移風易俗，使天下回心而鄉道，類非俗吏之所能爲也。俗吏之所務，在於刀筆筐篋而不知大體。陛下又不自憂，竊爲陛下惜之。」據此，即知改制更化已始於賈誼。「更化」即以儒道變秦之惡俗。改制，即正朔，服色，制度，官名，一切皆變，以爲一新耳目之表徵。改制是形式者，更化是內容者。董生承之，而曰：「有改制之名，無變道之實。」其更化則一也。而曰「復古」者，承接堯舜三代以來之文化系統也。復古變今，正所以創新也。

漢書董仲舒傳：「董仲舒廣川人也。少治春秋，孝景時爲博士。下帷講誦。弟子傳，以次相授業，或莫見其面。蓋三年不窺園，其精如此。進退容止，非禮不行。學士皆師尊之。武帝即位，舉賢良文學之士，前後百數。而仲舒以賢良對策焉。制曰：……蓋聞五帝三王之道，改制作樂，而天下洽和，百王同之。……三代受命，其符安在？災異之變，何緣而起？性命之情，或夭或壽，或仁或鄙，習聞其號，未燭厥理。伊欲風流而令行，刑輕而姦改，百姓和樂，政事宣昭，何修何飾，而膏露降，百穀登，德潤四海，澤臻草木，三光全，寒暑平，受天之祜，享鬼神之靈，德澤洋溢，施乎方外，延及羣生？……仲舒對曰：……臣謹案春秋之中，視前世已行之事，以觀天人相與之際，甚可畏也。……道者所由適於治之路也。仁義禮樂皆其具也。故聖王已沒，而子孫長久安寧數百歲，此皆禮樂教化之功也。……臣聞天之所大奉，使之王者，必有非人力所能致而自至者。此受命之符也。天下之人，同心歸之，若歸父母，故天瑞應誠而至。書曰：白魚入於王舟，有火復於王屋而流爲烏。此蓋受命之符也。……及至後世，淫佚衰微，不能統理羣生，諸侯背畔，殘賊良民，以爭壤土，廢德教而任刑罰。刑罰不中，則生邪氣。邪氣積於下，怨惡畜於上。上下不和，則陰陽繆戾，而妖孽生矣。此災異所緣而起也。……臣謹案春秋之文，求王道之端得之於正。正次王，王次春。春者天之所爲也。正者王之所爲也。其意曰：上承天之所爲，而下以正其所爲，正王道之端云爾。然則王者欲有所爲，宜求其端於天。天道之大者在陰陽。陽爲德，陰爲刑。刑主殺而德主生。是故陽常居大夏，而以生育養長爲事。陰常居大冬，而積於空虛不用之處。以此見天之任德不任刑也。天使陽出布施於上，而主歲功。使陰入伏於下，而時出佐陽。陽不得陰之助，亦不能獨成歲。終陽以成歲爲名，此天意也。王者承天意以從事，故任德教而不任刑。刑者不可任以治世，猶陰之不可任以成歲也。爲政而任刑，不順於天。故先王莫之肯爲也。今廢先王德教之官，而獨任執法之吏治民，毋乃任刑之意與？孔子曰：不教而誅謂之虐。虐政用於下，而欲德教之被四海，故難成也。臣謹案春秋謂一元之意。一者萬物之所從始也。元者辭之所謂大也。謂一爲元者，視大始而欲正本也。春秋深探其本，而反自貴者始。故人君者正心以正朝廷，正朝廷以正百官，正百官以正萬民，正萬民以正四方，四方正，遠近莫敢不壹於正，而亡有邪氣奸其間者。是以陰陽調而風雨時，羣生和而萬民殖，五穀孰而草木茂，天地之間被潤澤而大豐美，四海之內聞盛德而皆來臣，諸福之物，可致之祥，莫不畢至，而王道終矣。……古之王者明於此，是故南面而治天下，莫不以教化爲大務。立太學以教於國，設庠序以化於邑。漸民以仁，摩民以誼，節民以禮，故其刑罰甚輕，而禁不犯者，教化行而習俗美也。聖王之繼亂世也，掃除其迹而悉去之，復修教化而崇起之。教化已明，習俗已成，子孫循之，行五六百歲，尙未敗也。至周之末世，大爲亡道，以失天下。秦繼其後，獨不能改，又益甚之。重禁文學，不得挾書，棄捐禮誼，而惡聞之。其心欲盡滅先聖之道，而顓爲自恣苟簡之治。故立爲天子十四歲而國破亡矣。自古以來，未嘗有以亂濟亂，大敗天下之民，如秦者也。其遺毒餘烈，至今未滅。使習俗薄惡，人民嚚頑，抵冒殊扞，孰爛如此之甚者也。……竊譬之琴瑟不調，甚者，必解而更張之，乃可鼓也。爲政而不行，甚者，必變而更化之，乃可理也。當更張而不更張，雖有良工，不能善調也。當更化而不更化，雖有大賢，不能善治也。故漢得天下以來，常欲善治，而至今不可善治者，失之於當更化而不更化也。……

「天子覽其對而異焉，乃復冊之曰：制曰：……今子大夫待詔百有餘人，或道世務而未濟，稽諸上古而不同，考之於今而難行，毋乃牽於文繫而不得騁與？將所由異術，所聞殊方與？……仲舒對曰：……陛下親耕藉田，以爲農先。夙寤晨興，憂勞萬民。思惟往古，而務以求賢。此亦堯舜之用心也。然而未云獲者，士素不厲也。夫不素養士而欲求賢，譬猶不琢玉而求文采也。故養士之大者，莫大乎太學。太學者，賢士之所關也，教化之本原也。今以一郡一國之衆，對亡應書者，（書謂舉賢良文學之詔書），是王道往往而絕也。臣願陛下興太學，置明師，以養天下之士，數考問以盡其材，則英俊宜可得矣。今之郡守、縣令，民之師帥，所使承流而宣化也。……夫長吏多出於郞中、中郎。吏二千石子弟選郎吏，又以富貲。未必賢也。且古所謂功者，以任官稱職爲差，非所謂積日累久也。故小材，雖累日，不離於小官。賢材，雖未久，不害爲輔佐。是以有司竭力盡知，務治其業，而以赴功。今則不然。累日以取貴，積久以致官。是以廉耻貿亂，賢不肖渾殽，未得其眞。臣愚以爲使諸列侯郡守二千石，各擇其吏民之賢者，歲貢各二人，以給宿衞，且以觀大臣之能。所貢賢者有賞，不肖者，有罰。夫如是，諸侯吏二千石，皆盡心於求賢，天下之士，可得而官使也。……

「於是天子復冊之。制曰：蓋聞善言天者，必有徵於人。善言古者，必有驗於今。故朕垂問乎天人之應。上嘉唐虞，下悼桀紂。寖微寖滅，寖明寖昌之道。虛心以改。今子大夫明於陰陽所以造化，習於先聖之道業。然而文采未極，豈惑乎當世之務哉？條貫靡竟，統紀未終，意朕之不明與？聽若眩與？……仲舒復對曰：……臣聞天者羣物之祖也。故偏覆包函而無所殊。建日月風雨以和之，經陰陽寒暑以成之。故聖人法天而立道，亦溥愛而無私。布德施仁以厚之，設誼立禮以導之。春者天之所以生也，仁者君之所以愛也。夏者天之所以長也，德者君之所以養也。霜者天之所以殺也，刑者君之所以罰也。由此言之，天人之徵，古今之道也。孔子作春秋，上揆之天道，下質諸人情，參之於古，考之於今。故春秋之所譏，災害之所加也。春秋之所惡，怪異之所施也。書邦家之過，兼災異之變，以此見人之所爲，其美惡之極，乃與天地流通，而往來相應。此亦言天之一端也。……冊曰：三王之敎，所祖不同，而皆有失。或謂久而不易者道也。意豈異哉？臣聞夫樂而不亂，復而不厭者，謂之道。道者萬世亡弊。弊者道之失也。先王之道，必有偏而不起之處，故政有眊而不行。舉其偏者以補其弊而已矣。三王之道，所祖不同，非其相反，將以　溢扶衰，所遭之變然也。故孔子曰：亡爲而治者其舜乎？改正朔，易服色，以順天命而已。其餘盡循堯道，何更爲哉？故王者有改制之名，亡變道之實。然夏上忠，殷上敬，周上文者，所繼之捄，當用此也。孔子曰：殷因於夏禮，所損益可知也。周因于殷禮，所損益可知也。其或繼周者，雖百世可知也。此言百王之用，以此三者矣。夏因於虞而獨不言所損益者，其道如一，而所上同也。道之大原出於天。天不變，道亦不變。是以禹繼舜舜繼堯，三聖相受而守一道，亡救弊之政也。故不言其所損益也。由是觀之，繼治世者其道同，繼亂世者其道變。今漢繼大亂之後，若宜少損周之文致，用夏之忠者。……春秋大一統者，天地之常經，古今之通誼也。今師異道，人異論，百家殊方，指意不同，是以上亡以持一統，法制數變，下不知所守。臣愚以爲諸不在六藝之科，孔子之術者，皆絕其道，勿使並進。邪辟之說滅息，然後統紀可一，而法度可明，民知所從矣。對既畢，天子以仲舒爲江都相，事易王。……」

「仲舒在家，朝廷如有大議，使使者及廷尉張湯，就其家而問之。其對皆有明法。自武帝初立，魏其（竇嬰也）武安（田蚡也）侯爲相，而隆儒矣。及仲舒對策，推明孔氏，抑黜百家，立學校之官，州郡舉茂材孝廉，皆自仲舒發之。」

以上是有名之「天人三策」。其見諸行事，而成爲武帝一朝政治上之重要改革者，錢穆先生曾列舉五點以明之。

第一是設立五經博士。博士遠始戰國。（公儀休爲魯博士，賈山祖父祛爲魏王時博士弟子。）齊之稷下先生亦博士之類。（故漢初叔孫通以博士封稷嗣君，謂其嗣稷下。鄭玄稱我先師棘下生子安國，棘下生即稷下先生。以孔安國爲博士，故云。）秦博士七十人，掌通古今，備問對。

漢承之。（博士爲太常屬官。太常掌宗廟禮儀。史官，博士官，皆屬太常。卽古代學術統於宗敎之遺制。）博士並無政治上實際任務，只代表着古代貴族政府軍人政府下一部隨從的知識分子。因此，其性質極雜。占夢卜筮，皆得爲之。（略如當時之郎官，後代之翰林供奉。惟視帝王所好。）【秦廷以博士議政與大獄。伏生之徒抱書而逃。（伏生亦東方學者，治尚書。焚書案中，殆與淳於越諸人同失官而去。秦廷既禁以古非今，則焚書後之博士，必多屬後起之百家言也。）主復封建，固爲不智。然以吏爲師，以法爲敎，抑低學術，提高法令，較之復封建，亦相去無幾。東方學者之失在迂濶，而中原三晉之士，則失在刻急。各有所長，亦各有所短。自此迄於漢初，博士闇淡無生色。而政府益少學術之意味。此則李斯之大錯。】武帝從董仲舒請，罷黜百家，只立五經博士。從此博士一職，漸漸從方技神怪旁門雜流中解放出來，純化爲專門硏治歷史和政治的學者。【六經爲古官書之流傳民間者。（故章學誠謂六經皆史。）秦火焚之不盡。漢儒所謂通經致用，卽是從已往歷史與哲學裏來講政治。法家只守法令，經學則進一層講道義。法家只沿習俗，襲秦舊，經學則稱古昔，復三代。（五經與儒家亦有辨。故文帝時有孟子博士，至武帝時亦罷。漢書藝文志，儒家在諸子，與六藝別。）】他們雖不參加實際政務，但常得預聞種種政務會議。（漢大政事廷議有博士。）因此他們對政治上漸漸要發生重大的影響。（自秦人之以吏爲師，以法爲敎，漸漸變成朝廷采取博士們的意見，卽是政治漸受學術指導。此項轉變，關係非細。）

第二是爲博士設立弟子員。（其議始於公孫弘。）（額定五十人。一歲輒課。能通一藝以上，得補吏。高第可以爲郎中。）自此漸漸有文學入仕一正途，代替以前之任廕與貲選。士人政府由此造成。

第三是郡國長官察舉屬吏的制度。（其議創於董仲舒。）【博士弟子以考試中第，補郡國吏。再從吏治成績得察舉爲郎。從此再走入中央仕途。此制與博士弟子相輔。造成此下士人政府之局面。（郡國長吏同時不僅負有奉宣政令之責，並有爲國家求賢之責。此亦重大意義也。）】

第四是禁止官吏兼營商業。（其議亦始於董仲舒。）並不斷裁抑兼併。（此層自賈誼晁錯以來均主之。）【漢武一代鹽鐵官賣等制度，均由此意義而來。（注畧）。從此社會上新興的富人階級，漸漸轉向。儒林傳中人物，逐次超過於貨殖傳。（故曰：遺金滿籯，不如傳子一經。）實爲武帝以下社會一大轉變。（此等處可見學術指導政治，政治轉移社會。當時中國史，實自向一種理想而演進。）】

第五是開始打破封侯拜相之慣例，而宰相遂不爲一階級所獨佔。【……漢初……宰相必用封侯階級。……如蕭何（高帝時）曹參王陵陳平審食其（惠帝呂后時），周勃灌嬰張蒼申屠嘉（文帝時），皆軍人也。陶青（陶舍子），周亞夫（周勃子），劉舍（劉襄子。景帝時。）皆功臣子嗣侯。其先亦軍人也。則漢初丞相，顯爲軍人階級所獨佔。武帝始相公孫弘。（其先如衞綰、竇嬰、許昌、田蚡、薛澤，惟田蚡爲以外戚相，然亦先封侯。其他仍皆以軍功得侯。否則，其先世以軍功得侯者。）以布衣儒術進。既拜相，乃封侯。此又漢廷政治一絕大轉變也。（注畧）。其先惟軍人與商人，爲政治上兩大勢力。（即任廕與貲選）。至是乃一易以士人。此尤見爲轉向文治之精神。】（國史大綱頁一〇一至一〇三）。

此一套措施及影響于實際政治之轉變，背後實有一超越理想及文化系統爲背景。文化系統即五經所代表者，此古官書也，堯舜以來所傳之道法也。（道法爲一綜和詞，含有周文禮樂典憲與夫通天人爲一之形上義理。）此道法之形上義理，經過孔孟之批評的反省，抒發而爲純正精微之型範。董仲舒倡議復古更化，亦在繼承此文化系統，而其超越理想則亦集中于形上義理而發揮之。惟其發揮也，則以魯學攝齊學，雜有陰陽家宇宙論歷史論之氣息，而爲一大格局。故其取材多傍依尙書洪範，易之陰陽，而結集于春秋。故易書春秋爲漢學所特重之三大經。仲舒由此而陶鑄其體系，雖其所發，不能盡其精微之義，而規模之廣大，取義之超越，則確爲漢家定一理想之型範也。其超越理想之結成，惟在春秋「春王正月」之一語與易「乾元大始」一思想相溝通。故其第一對策中云：「臣謹案春秋之文，求王道之端，得之于正。正次王，王次春。春者，天之所爲也。正者，王之所爲也。其意曰：上承天之所爲，而下以正其所爲，正王道之端云爾。」又云：「臣謹案春秋謂一元之意。一者萬物之所從始也。元者，辭之所謂大也。謂一爲元者，視大始而欲正本也。春秋深探其本，而反自貴者始。」王道之端，得之于「正」。正者王之所爲也。王所爲之正本于天所爲之春，即王道本于天道也。王道之端，本于天道之端。端者「始」也。此即爲一元之大始。「始」者以理言，不以時言。是以此天人同道之「始」即顯示一「超越之理性」爲一切之本。此「本」，對現實之措施言，即爲一「超越之理想」。依此「本」而措施，故必任德不任刑。任德教之官，不任執法之吏。此超越理性，在天道方面，由陰陽變化而表現。陽爲德，陰爲刑。德返于理性之正，主生生；刑趨于肅殺之反，主空消。而必以理性之正，生長萬物，爲積極而涵蓋之原理。肅殺之反，則消極而輔佐之原理也。在王道方面，則由德法相成而表現。德亦爲積極而涵蓋者，法則消極而輔助者。是則徹底以「理性」為本也。而此理性必徹上徹下，上通于天，而爲超越之理性，方能充其極，透得出，而爲政教之本。其貫而下之，成爲政教合一，乃其直接與政治糾結于一起，遂爲世所詬病。此直接拉得太緊所成之狀態，乃是人心習氣之墮落。亦緣政治格局之未能盡客觀化。固不可以此而否定通體透出之超越理性也。吾人如果換一觀點，則可不造成拉得太緊之狀態，而視政治措施乃爲此超越理想之實現。如此，政治與此理想，總保持相當之距離。以有此距離，則可保此理想之自行發展以及其恒常性。依是，縱然政治無可爲，而在社會上，亦必有人立于文化之立場，而保任此理想于不墜。惟能保持此理想之獨立性與恆常性，然後人類社會方能表示其「畢竟之向上性」。而領導一時代，推動一時代，成爲一創新之局，亦必從此通體透出之超越理性作發源，而後可以開得出。由此開出一運動，吾人自必期望其領導時代，推動時代，依此，亦自必貫而下之而成爲現實之措施，即必與現實政治相接頭。豈有一運動而欲其永久虛懸者乎？豈可因其必貫而下之，即視爲政敎合一，而必否定超越理想乎？須知政教合一，有鬆說，有緊說。緊說，即爲直接與政治糾結于一起。此可曰：內在之合一。此爲不可取者。然在原始形態常易流于此。古云：作之君，作之師。君師合一，即爲原始之政治形態。自孔子出，君師已殊途。武帝仲舒復古更化，士之地位漸高，宰相系統成立。拉得太緊之內在合一，即不存在。鬆說，則爲保持相當之距離，視政治爲理想之實現，而「保任理想」之教化可以推之于社會，政治與教化保持一外在之關係，一方限制政治，指導政治，一方整個社會上保持一諧和之統一，此亦可謂政教之合一。此爲「外在之合一」，此爲可取者。此種合一，必賴政治格局之充分客觀化。此爲中國以往歷史所未實現者。由此可知，此純爲政治形態問題。非關政教合一本身也。若連「外在之合一」亦不承認，則政治亦不必要矣。旣肯定政治，詎又願其與教化永遠不諧耶？董仲舒所發動者，正是推動時代，開創新局，之文化運動。故必「徹法源底」而後可，是以亦必通體透出而透至超越理性而後可。此徵之中外歷史，凡創造一大時代之文化運動，皆然也。故每一文化運動，皆必以理性主義的理想主義爲根據。此不可易也。仲舒對武帝之冊問，後人名曰：「天人三策」，而彼亦自「天人相與之際」言之，此其精神之高遠爲如何？而武帝能欣賞而領納之，則亦非富有超越想像之精神者不能也。此足徵該時代已屆接受理想之時，而以海濶天空，不僵化，無沾滯，之原始生命，爲根據也。若近人習于政治內部之鑽營苟苟已久，必視此天人之論爲不可思議之夢囈。此近人之卑陋也。故凡百事不可爲。

復次仲舒推明孔氏，抑黜百家，近人以爲大悖思想自由之義，或以爲漢後思想不發達，中國無科學，皆歸因于此，甚且視李斯之倡議焚書，以法爲敎，以吏爲師，與仲舒之罷黜百家，爲同類之專制愚民，甚至辱及個人，以爲仲舒出賣靈魂，爲御用學者，罔顧學術眞理之尊嚴。凡此種種，吾以爲皆襲取時風之濫調，妄譏古人，無一而可。夫立國有常道，人生有常倫。此決非不賅不徧，一曲之士，百家衆技，所能盡其責。彼百家衆技者，固不能取爲立國之最高原則也，而彼之立言用思固亦不就人生之常倫而致力也。卽依此義而抑黜之，誠所應當也。否則，民族國家勢必不能有任何自肯也。凡有所肯定，皆視爲專制矣。有此理乎？百家有二意：一指黃、老、申、韓、楊、墨，陰陽、蘇秦、張儀，等言，此以諸子百家爲同意之連稱。二、與諸子分言，諸子爲思想家或哲學家，百家則爲專門知識或科學家，此爲熊師十力之說。如百家指第一意思說，則黃、老、申、韓等，固不足以作爲立國之常道，人生之常倫也。「漢初，治黃、老、申、商、刑名者，尙不乏人。漢廷旣設學校以隆敎化，其所敎者，則尊崇孔氏，抑黜百家。若取士異學雜進，則非所以一道同風也。建元元年，丞相綰奏，所舉賢良或治申、商、韓非、蘇秦、張儀之言，亂國政，請皆罷。奏可。」（李源澄先生秦漢史頁五十）。丞相衞綰之奏，卽根據仲舒之義而言也。可見當時所謂百家，卽指黃、老、申、商，一曲之士之雜言也。亦可以見當時尊孔氏黜百家之時代背景矣。其尊孔氏，亦非專爲一道同風而任取其一也。孔氏所承之文化系統固有其所以能一道同風之本質矣。一道同風之普遍性，能求之于申商黃老等家乎？能以之爲立國之最高原則乎？孔子自稱述而不作。堯舜三代以來所累積之文化系統，具于五經中者，由孔氏刪削而整理之，反省而抒其義，此固非一家之說，亦非一人一時之聰明所能杜撰。此一文化系統早已居于正統之地位，非待孔氏而成爲正統，亦非待仲舒漢武而成爲正統也。其所以爲正統，乃因其爲吾華族之民族生命文化生命之貫通的發展之結晶，故能具有一道同風之普遍性與公共性，卽以此而居于正統矣，而爲吾華族發展之最高指導原則矣。經過一破敗之時代，而欲承接文化，不以此本有之主流文化系統爲國敎（立國之常道），以誰乎？須知此乃國家居于綜和立場公共觀點而爲民族立一自肯也，其抑黜百家也，是立于爲民族立一自肯上而黜之。（卽國家不爲之設博士，不以之爲民族之指導原則而已。）何碍于思想自由耶？社會民間有獨好而習之者，固不禁也。又何能與李斯之陰私同論耶？申商黃老之陰幽暗淡，固非有理想有生命之人之所能耐。其不能厭人意，決非盡國家劃一之故也。孔氏所承接之文化系統之普遍性與恆常性，亦決非國家用之取士卽能造成也。又須知申、商、黃、老之思想亦與專門術知或科學知識不同其類。若百家指科學知識言，則此等科學性之術知亦不能爲立國之最高原則，層次不可亂也。尊崇孔氏所承接之文化系統，何碍于科學之發展？如有能發揮理智而成科學，則固國家之所喜，亦社會之幸福，何禁之有？亦無所用其抑黜矣。或曰：不抑黜，即當爲之設官。國家不設官以獎勵之，百家術知，何能繁興？爲何但設五經博士，不設科學性的術知之百家博士耶？此豈非仲舒之陋乎？古者百家術知出于王官。由王官中崇獎滋養，亦可漸演而爲科學。周衰，王官失守，散而之四方，遂爲方技術士，演變而爲旁門雜流。秦時，方技神怪，旁門雜流，猶有博士。至漢武始歸于純正。（專設五經博士）。此固仲舒漢武之不能措意于此而加意培養，但亦見歷史演變中旁門雜流，方技神怪，之不足以爲科學也。不設，是歷史事實之不足以使其設。而科學之成否，正有其他本因在，並不在漢武朝之設不設博士也。漢後，二千年之歷史，有形無形間，無不以儒家所承接之文化系統爲國教，其爲國教也，亦非有若何明文之規定，此乃自然爲經世之常道，不可移也。此決無碍于思想之自由。而在此文統下之社會亦無所謂自由不自由。此文化系統之束縛性與敎條性蓋甚少。社會上無所謂自由不自由，是由于思想自由一問題之自覺性不顯。其所以不顯之故，並非由于儒家敎化之控制，而反由于儒家敎化之涵融。時代精神之發展未至根據思想自由之自覺而獨立地追討眞理，抒發理想，成爲哲學，成爲科學。若一旦而有此自覺，眞能認取思想自由之意義與可貴，由之而探討眞理而抒發理想，則可見出此文化系統決無碍于思想之自由，且唯此文化系統方能護持此自由。因爲凡能盡智盡理者，方能覺得思想自由之尊嚴，而儒家是最能欣賞盡智盡理的。社會上一般人士爲此文化系統所吸住而落于停滯僵化之狀態，不能盡智盡理，則是由于其自身精神之陷溺，非由于儒家教化之控制。思想自由確有其嚴肅性與尊貴性，決非肆無忌憚之謂也。若必以岳飛爲軍閥，以孔子爲小偷，以老子爲騙子，以墨子爲强盜，爲思想之自由，則此自由正當剝奪，不能任其肆無忌憚也。西方之爭思想自由者曾如此乎？西方之爭思想自由大抵集中于宗教與科學之衝突。科學非肆無忌憚之妄言也。假若中國有哥白尼其人者，儒家決不會審判之也。亦根本無此權力與意向，說到忽視，亦不會也。由對于張衡之尊崇，卽可知矣。西方自接受基督教以來，猶太摩西律法之煩瑣性與教條性，以及僧侶階級之特權與僵化諸陋習，一起皆遺傳于教會。中國之儒家曾有此乎？正因彼教會有此遺傳之陋習，故不容科學之發明，遂有思想自由之自覺。（猶太法利賽人之死守摩西律法，耶穌已不能耐矣。）正因儒家涵融廣，故亦無「不自由」之感覺。近人習於西方之故事，而昧於自己之歷史，動輒以西方教條之意視儒家，可謂太浮薄無知矣。羅素云：「在人類愚蠢事件的目錄中，有一連串的信條。這些信條，後來自然誰都知道是假的。但有某一個時期內，人們曾信它爲眞理，而迫害對它們發生疑惑者。如一個西班牙的貴婦人，在星期六換了一件乾凈的內衣，並說猪肉使他消化不良，結果當時的教會認爲她有猶太人的嫌疑，就把她送上異教徒審問台，而加以種種的拷打。此外，有一個時期，教友派的信徒，因信仰新約而被廹害。但在另一個時期，自由思想者却因不信仰新約而亦被迫害。」（見民主評論第一卷第二十二期羅素「論共產主義之思想的錯誤」一文。）此眞所謂教條主義矣。儒家任何時期曾有此乎？「教條」一詞可隨便濫用乎？惟西方歷史始有此殘酷愚蠢令人嘆惜之事件。其文化背景可深思也。國人近數十年來藉思想自由爲護符，以教條一詞爲擋箭牌，而流于肆無忌憚，卑賤下流，遂有今日之慘局。尙詬詆儒家爲教條主義乎？

第二節　理性之超越表現

董仲舒所顯示之「超越理性」，其整個體系，固是有駁雜。其駁雜處，可自兩方面言。第一、因言「天人相與之際」之可畏，而言災異之變。因言災異而有取于陰陽家一套着實之宇宙架格，此多聯想比附之意，而不必眞爲實理也。友人唐君毅先生云：「在中世紀之宗教道德之觀念下，自然之災害亦由人之罪惡所致，亦由神之罰。現代人全不解。說他是迷信。迷信也許是迷信。但你只以爲他是迷信，則只見你之淺薄。須知說自然之災害是由人之罪惡，卽認定人之德行，須對宇宙負責，認定精神在外受了阻抑，便當向內用，以反省自己之罪，去除自己之罪。說自然之災害，是人之罪惡，是出自一最嚴肅之道德責任感的話。」（理想與文化第九期續刊辭）。此意漢人實具備。趙翼謂漢詔令多懼辭，而文帝尤多。實則，仲舒言災異，其本身固自有敬畏感，卽武帝後各帝之詔令亦頻以災異爲言，其屢言此而不舍，必其內心有此嚴肅感也。然關此，可有另一面之意義。自道德心理言，言災異固無弊，亦不得曰迷信，而且永遠可藉此以警惕。然自其客觀化而爲時風言，又自其肯定一客觀的宿命的宇宙架格而與超越理性糾結于一起言，則亦見其有駁雜。此一駁雜之局爲超越理性之原始的表現，爲一未經過精神發展之淘濾的原始諧和，由此而成爲風氣，遂成爲「理性之超越的表現」。遠離飄蕩而引至于王莽之篡。此一駁雜之局是時代精神之結集，同時亦盡其時代之使命。吾人之說此，但欲由此在發展中以觀漢代精神表現之何所至，與夫後來之何所歸，以及吾人未來之何所趨。不純以道德心理之價値言此也。友人李源澄先生云：「武帝卽位，竇嬰爲相，田蚡爲太尉。兩人皆喜賓客，俱好儒術。推轂趙綰爲御史大夫，王臧爲郎中令，迎魯申公。欲設立明堂以興太平。爲竇太后所阻。乃罷逐趙綰、王臧，而免丞相嬰、太尉蚡。竇太后之好黃老而絀儒術，爲漢初政治思想之餘燼。竇太后死，而漢廷政治遂大變。顧戰國以來，儒家即頗采陰陽之言。秦漢之際，儒術與陰陽方士雜流，競相比附，皆所以反對法家政治。郊祀志言：武帝初即位，尤敬鬼神之祀。漢興已六十餘年，天下乂安，縉紳之屬，皆望天子封禪改制度也。此可以見漢初學者對此之殷望。封禪明堂本極尋常之事。封禪者，古代祭天地之祀典。明堂者，朝諸侯之所在。而漢人言封禪明堂則怪異。凡言鬼神者方士之言。言服色者陰陽之言。以封禪明禪讓，以明堂言議政者，儒者之言。三者合而爲一，故郊祀之事與禮樂之事，幾于相混。秦皇雖坑儒生，而陰陽方士大顯。漢初其迹不絕。文帝時，方士則新垣平，陰陽則公孫臣，儒者則賈誼。皆未得志。故至武帝之世，不僅董仲舒之儒術顯，而陰陽方士亦喧赫一時。非無故也。」（秦漢史頁五一至五二）。在此種時代精神下，故董仲舒之顯示超越理性亦不得不有駁雜也。（如果他足以爲該時代之綜和或代表時）。然其體系之外部雖有駁雜之局爲環繞，而其核心，則固通而上之，重理性，尊禮義，貫而下之，任德不任刑，以禮樂敎化，興學校，選人才，爲政治措施之本也。此故純然儒者也。其貫而下之之落實處，固百世不易之常道。至若其背後之超越理想，通而上之之超越理性，則須在精神發展中淘濾也。

第二、仲舒所代表之文化運動以以下兩點爲背景：一、縉紳之屬皆望天子封禪改制度（正朔、服色、官名等）；二、與禮樂敎化以改秦所遺留之惡俗。此爲時代所迫切要求者。在迫切要求中，即有一種接受理想之自覺。惟在前一種背景下之自覺是一種誇奢鋪張之浮禮，而在後一種背景下是移風易俗之生活上之自覺，此爲可取者。惟此可取之自覺，在此運動中，尙未能盡其所應當有之意義。蓋在時代要求之風氣下，倡議此運動之人，並未能直接在生活上使人有人性之自覺，從人性之自覺中，湧現超越之理想，由之以承接堯舜三代以來相傳之文化系統以爲例証，同時即以自覺中之理想來生動活潑此文化系統而不使之僵滯。而只是：一、從超越之解悟上，（解悟之超越地使用），由易春秋推出一外在之超越理性以爲「大始」，此是抽象的外在的講法，而且是依附于一制度性之王道之政治措施而立言。二、將古昔相傳之文化系統視作現成的，外在的，具于五經中者，而政治地承接下來，以廣被于社會，以爲禮樂敎化之興復，此是以原始生命之充沛外在地硬頂下來，而爲盡氣者之實現。三、設立五經博士，將此文化系統僵滯化，遂演成後來今古文之爭，而儒者由此以通經致用，亦成爲外在地形式地運用儒術（或文化系統），此是視之爲典要而直接地表現于事爲，此是以事功性視之者。由此三端，遂使此文化運動，並非從人性之自覺中，藉該文化系統以喚醒人類理性之自覺，而內在地歸復于內心精神生活之表現，內心理性之表現，表現而爲事理之推求，此是理智之運用，表現而爲人性之尊嚴，個性之尊嚴，此是意志之運用。如果能表現而爲事理之推求，則可以轉出科學之根基。如果能表現而爲要求個性之尊嚴，則可以轉出民主政治之根基。（蓋個性之尊嚴，一落于現實之團體生活上，即必要求權利義務之保持，依此自己有限制，對他亦有限制，而限制可不落于純爲對自之道德意味上，而亦成爲政治之意味，此亦可說爲道德之政治法律的實現。）此兩種形態之轉出，唯是人類理性之內在地自覺，不假借于外物，而直接歸于生活上以表現。歸于生活上，則精神或理性之表現，必須落實，在經驗之限制中奮鬥，（此可說事理之推求），在團體關係中，自限限他，（此可說是個性之尊嚴）。實當由此而移風易俗，而表現禮樂教化，而承接文化系統。然而董仲舒，爲一思想家而倡議此運動，並未順孟子之路，由人性之自覺以肯定人性之尊嚴，「由仁義內在之性善」以參透超越之理性，由「人人皆有貴于己者」以肯定個性之尊嚴。（孟子本人固未能轉至科學與民主政治，其言此諸義仍是道德敎化的，聖賢人格的。然孔孟直接繼承周文，且適逢戰國時之否定趨勢，其如此消化周文而予以新鮮生動之意義，以喚醒人類理性之自覺，而爲民族甚至人類活動立一最高之型範，則固已盡其責任矣。後繼而起者，承之而有所轉進，有所充實，方可說承接。仲舒與武帝復古更化之時，適當時代人心有此廹切之要求。反法家，歸儒術，爲一致之意向。是則時代之問題性實可使孔孟之敎有一新轉進，而吾人亦實可由此以責倡議者之思想家也。惜乎西漢儒者，甚乏思想家之意味，仲舒乃一特出者，而亦不甚及。）夫超越理性之能盡其實，必賴精神主體也。精神主體者「心」也。言理，必有「心」上遂而實之。夫惟心之呈露，而後始能証實超越理性爲不虛，（此即盡心知性知天），而後始能作到人類理性之自覺。如此，其必本孔孟之精神而立言，爲首出之第一義，乃無可移者。然而仲舒之「推明孔氏」，乃只因其從周文耳，因而遂跨過孔氏而外在地直接承五經。（文帝時有孟子博士。武帝時亦罷。）是其不能歸于精神主體甚顯然也。因此，其超越理性必有駁雜，爲外在的，有虛而不實處。後來之局，必流于迂遠怪誕，而成爲理性之超越的表現；流于今古文之爭，而成爲章句之訓詁。承秦大敗天下之民之後，處于時代之問題性中，而喚醒人類理性之自覺，則必順孔孟之第一義，而轉進至一個普遍文化運動，由道德敎化聖賢人格之精神主體，廣被于政治社會而廣度化，歸復于一般人要求自立之精神主體上，作到兩步限制之立法，而成爲「理性之內在表現」，方可說是一新轉進。兩步限制之立法：一爲對于君之限制之立法，一爲對于民之權利義務之承認（亦含有限制）之立法。（不管其程度如何，能向此作，便走到政治形態矣。不只是吏治。）乃西漢儒者乘復古更化之時，不能向此用心，而轉其形態爲禪讓論，五德終始論，（此亦爲對于君之限制，可見總有此問題，責之以兩部立法，非謂不可也。）成爲迂怪之超越表現，因而引出荒謬乖僻之王莽。此豈不可惜哉？假若「理性之內在表現」，在此方面有相當之實現，則在科學方面亦必有相當之實現。蓋此爲同一基本精神之轉也。西漢二百年轉不出，演變而爲光武之「內在表現」（見下東漢二百年），則中國二千年之歷史即爲如是之形態而永轉不出矣。夫基于五倫之禮樂敎化，（周文之核心），由原始社會發展至周而湧現出，固爲人文之偉大進步。然從此後之歷史發展言，則不能停于此，以此爲已足。蓋此一系統爲一普遍而不可離之常道，然于精神之發展，理想之實現上，並非爲充足者。不捨乎此而層層轉進，則必有其曲折之關節，而非一直可至也。以往儒者，每于經世致用而有所議論之時，輒視此系統爲必要而又充足者，以爲凡事必本于德化，遂以爲只有德化即足矣。其演繹推理太直接，握住「德化」一涵蓋之大前題，遂直接普而下之以爲如此即天下太平矣，萬事皆成矣。須知「範圍天地之化而不過」，固是此大前題之涵蓋，然而「致曲」之道，（即精神或理想之層層實現于現實），則固非一套套邏輯也。此其所以推理太直接也。（成爲一平板）。儒者于「致曲」不能有貢獻，遂爲世所詬病，以爲「事功」必賴於法家矣。此中國之悲劇也。德化大原是聖賢境界所盡者。後之儒者若于文化運動而有所貢獻于時代，則必須轉出「分解的盡理之精神」以層層充實而彌綸此大原。此則必須握住「曲折之關節」而表現出思想家之意味斯可矣。西漢之復古更化極富意義性與問題性，爲後此所無者。吾故言之如此其切也。

中國有「綜和的盡理之精神」（聖賢境界），亦有「綜和的盡氣之精神」（英雄豪傑天才境界），而無「分解的盡理之精神」（此是科學與立法政治之精神）。漢武一朝之復古更化，亦是在「綜和的盡氣之精神」下實現。（此爲儒家學術之第一次實現）。由漢武之「發揚的理性人格」配之以董仲舒之以超越理性爲中心之大系統，遂構成大漢帝國之統一，而成爲一「超越的構造」之局。此全爲原始生命之充沛，人之朴實，性之戇直，所支撑者。封禪，改制度，亦在此精神下而完成。（武帝太初元年，正曆以正月爲歲首，色上黃，數用五，定官名，協音律。）此種構造爲超越的龍罩的。（不可純以文飾視之。說「外在的」可。）此非有盡氣之綜合者不能也。故當時人才之盛，古今無兩。漢書公孫弘傳贊有綜述。在此種構造之局下，有若干優點可說。一、士人政府之出現，外朝宰相在政治上取得一較尊嚴之地位，較客觀之意義。（然兩步立法之限制未成，亦不能取得充分之客觀化。）二、孝弟力田，誅鉏豪猾，重農抑商，裁抑兼幷。此是禮樂敎化之廣被，而期以人格價值之層次定人之等級（位）。此是儒家之精義，在西漢確有相當之實現。【友人唐君毅先生曰：「中世精神之本身早已過去了。其所以過去，當然由其自身有毛病。其毛病深的方面，在不能透入眞正之人性善義，人之本心即天心之義。此點須另說。淺的方面，在中世紀之宗敎家思想家，不注意人類社會階級或階層之實際形成之歷史，常並非眞依人格價值之層次，而自覺的依人格價值層次之觀念，以改造人類自然形成之社會階層，使之不成今人所謂階級，但求使社會之組織表現一等級性，與人格之價値相應者。人類史上，只中國之儒家曾眞形成此理念，而在此用工夫。然而此理念在中國史上具體實現至何程度，尙難說。」(「理想與文化」第九期，續刋辭。)】三、階級性不甚顯，無政治之特權與經濟之特權。旋富旋貴，飛揚跋扈者，則有之。然無特權階級也。此在西漢特顯。整個中國史與西方較之亦顯。此儒家文化力之影響也。【錢穆先生曰：「西漢適當古代貴族階級破壞之後，各色人物平流競進。並無階資，亦無流品。(即以漢武一朝言，儒生如公孫弘，兒寬；大將如衛青、霍去病、李廣；理財如桑弘羊；司法如張湯；出使如張騫、蘇武。)大抵是一個雜色的局面。東漢則漸漸從雜色的轉變成清一色。(即以光武一朝論，其雲台十八將已大半是書生出身。此種轉變，已起西漢末葉。西漢儒吏未分，賢能儒雅不嫌以吏進。東漢吏職漸輕，而尊辟舉。西漢文武一道，大臣韓安國之徒亦出守邊。東漢流品始分，故劉巴輕張飛。)人才走歸一路，為東漢國力向衰之又一原因。」(國史大綱頁一四四)。此雖論國力之盛衰，論點與此稍不同。然其義亦通借也。魏晉南北朝墮落分崩之局，始有流品門第之封建勢力。如中國史上有黑暗期，並有與西方中世紀之封建時代意義稍相類之封建，則此期可以當之。然其涵義與歷史源流，亦不相同也。此當別論。】四、宣帝之吏治亦可觀，雖未至「政治」之意義，法律亦未至客觀化之境地。從社會治平方面說，宣帝之治盛于文景。此則劉向，崔實，已言之。(見應邵風俗通載劉向對成帝之言，及崔實政論。)五、思想較自由，大臣敢直言，人君亦有懼辭，較寬容。如汲黯、蓋寬饒，王吉、貢禹、夏侯勝、薛廣德、朱雲，皆敢犯顏直諫。他如論禪讓者，亦縱橫議論，不顧忌諱，雖蒙殺身之禍，亦無所惜。(見下摘錄原料可知)。六、引出王莽之乖謬，此由於思想及風氣，不由于天災與人禍。民間之動亂，反由王莽之乖謬所引起。故王莽不能順更化以來之思想風氣而善導之，成為一新時代之出現，而反陰邪固蔽，投其機而逞其私，乃罪大惡極，為一極無出息之讀書人也。【友人李源澄先生曰：「論史者率謂元帝以下為漢之衰世。自漢室一家興衰論之，元、成以後，誠衰世。若自民族歷史觀之，元、成以降之政治，其福利生民，未必不逾于漢初。西漢末年之朝政雖有轉移，而所以治民者，皆承昭、宣以來之政治，所謂承平之世也。故西漢之亡，其禍不起于民間，而起于朝廷。食貨志謂百姓貲富，雖不及文、景，然天下戶口最盛矣。地理志謂訖于孝平，民戶千二百二十三萬三千六十二，口五千九百五十九萬四千九百七十八，漢極盛矣。」（秦漢史頁七七）。又曰：「若哀帝時之限田宅奴婢，除任子令；元帝時之增弟子員，成帝時之求遺書，校經籍：關係社會文化者尤大。故從民族歷史言，元、成以後，自優于文、景。自儒家學術言，元、成以後，更為儒學之普及時期焉。」（秦漢史頁八八）。】七、西漢二百年總不失為一健康之時代，自始至終，飽滿不衰。故實可說大漢四百年也。在此時期，並無宦官集團，亦無此後歷史中各勢力集團之對立。（如皇帝、宗室、外戚、功臣、士大夫、軍人、宦官。此各色，至光武時代始出現，亦大體為光武所奠定，而成為後來歷史之定局。）故二百年間，亦無各集團間之鬥爭。士大夫無黨派，亦無內廷外廷之爭。除開創時削平諸侯王外，只有外戚擅權。雖擅權而窺伺王位，如王莽者，然于政治固仍循大體也。君不見頌莽功德者之多乎？霍光亦非無道者。（宣帝之除霍氏，有為之君固不能忍大權之旁落也。）其顯得鬥爭意味者，唯蕭望之與弘恭，石顯耳。（望之頗有政治家意味，與東漢之李固有相類。）王室與外戚之糾結，正足見此一核心之未客觀化之害事，亦足見此部門不客觀化，宰相之客觀化亦不能充分也。此正問題中心之所在。王莽知利用禪讓論而得元首之位，豈不應于此反省以思自己之位耶？豈不應于此作一客觀問題而思一妥善之道以解決之耶？王莽固非打天下者。又為一儒生。故彼于此實有其所應當盡之時代使命。吾人對之，亦實可有如此之責讓。若能盡其責，則固國史中一晝時代極崇高之人物。惜乎其流于極可鄙也。

吾論西漢二百年，至此止。此後，則見下章之摘錄。不詳論述矣。

第三章　更化後有關文獻摘錄

第一節　儒士與巧慧之士

漢書公孫弘卜式兒寬傳：「公孫弘菑川薛人也。少時爲獄吏，有罪免。家貧。牧豕海士。年四十餘，乃學春秋雜說。武帝初卽位，招賢良文學士。是時弘，年六十，以賢良徵爲博士。使匈奴，還報，不合意。上怒，以爲不能。弘乃移病免歸。元光五年，復徵賢良文學。菑川國復推上弘。……時對者百餘人，太常奏弘第居下。策奏，天子擢弘對爲第一。召見，容貌甚麗。拜爲博士，待詔金馬門。……每朝會議，開陳其端，使人主自擇。不肯面折廷爭。於是上察其行愼厚，辯論有餘。習文法吏事，緣飾以儒術。上說之。一歲中，至左內史。弘奏事，有所不可，不肯廷辯。嘗與主爵都尉汲黯請間。黯先發之，弘推其後。上常說。所言皆聽，以此日益親貴。……元朔中，代薛澤爲丞相。先是，漢常以列侯爲丞相。唯弘無爵。上于是下詔曰：朕嘉先聖之道，開廣門路。宣招四方之士。蓋古者任賢而序位，量能以授官。勞大者厥祿厚，德盛者獲爵尊。故武功以顯重，而文德以行褒。其以高成之平津鄉，戶六百五十，封丞相弘爲平津侯。其後以爲故事。至丞相封自弘始也。時上方興功業，屢擧賢良。弘自見爲擧，首起徒步，數年至宰相封侯，于是起客館，開東閣，以延賢人，與參謀議。弘身食一肉，脫粟飯。故人賓客仰衣食。奉祿皆以給之。家無所餘。然其性意忌，外寬內深。諸常與弘有隙，無近遠，雖陽與善，後竟報其過。殺主父偃，徙董仲舒膠西，皆弘力也。」

本傳贊曰：「公孫弘、卜式、兒寬，皆以鴻漸之翼，困于燕爵（雀）。遠迹羊豕之間。非遇其時，焉能致此位乎？是時漢興六十餘載。海內艾（乂）安。府庫充實，而四夷未賓，制度多闕。上方欲用文武，求之如弗及。始以蒲輪迎枚生，見主父而歎息。群士慕嚮，異人並出。卜式拔于芻牧。弘羊擢于賈豎。衞青奮于奴僕。日磾出于降虜。斯亦曩時版築飯牛之朋已。漢之得人，於茲爲盛。儒雅則公孫弘、董仲舒、兒寬；篤行則石建、石慶；質直則汲黯、卜式；推賢則韓安國、鄭當時；定令則趙禹、張湯；文章則司馬遷、相如；滑稽則東方朔、枚皐；應對則嚴助、朱買臣；歷數則唐都、洛下閎；協律則李延年；運籌則桑弘羊；奉使則張騫、蘇武；將率則衞青、霍去病；受遺則霍光、金日磾。其餘不可勝紀。是以興造功業，制度遺文，後世莫及。孝宣承統，纂修洪業。亦講論六藝，招選茂異。而蕭望之、梁丘賀、夏侯勝、韋玄成、嚴彭祖、尹更始，以儒術進。劉向、王褒，以文章顯。將相則張安世、趙充國、魏相、丙吉、于定國、杜延年。治民則黃霸、王成、龔遂、鄭弘、召信臣、韓延壽、尹翁歸、趙廣漢、嚴延年、張敞之屬，皆有功迹，見述于世。」

又嚴助傳：「嚴助會稽吳人嚴夫子子也。或言族家子也。（夫子之族子）。郡舉賢良對策百餘人。武帝善助對。由是獨擢助爲中大夫。後得朱買臣、吾丘壽王、司馬相如、主父偃、徐樂、嚴安、東方朔、枚皐、膠倉、終軍、嚴葱奇，等，並在左右。是時，征伐四夷，開置邊郡，軍旅數發，內改制度。朝廷多事。屢擧賢良文學之士。公孫弘起徒步，數年至丞相。開東閤，延賢人。與謀議。朝覲奏事。因言國家便宜。上令助等與大臣辯論。中外相應以義理之文。大臣數詘。其尤親幸者，東方朔、枚皐、嚴助、吾丘壽王、司馬相如。相如常稱疾避事。朔、皐不根持論，上頗俳優畜之。唯助與壽王見任用。而助最先進。建元三年，閩越擧兵圍東甌。東甌告急于漢。時武帝年未二十，以問太尉田蚡。蚡以爲越人相攻擊，其常事。又數反覆，不足煩中國往救也。自秦時棄不屬。于是，助詰蚡曰：特患力不能救，德不能覆。誠能，何故棄之？且秦擧咸陽而棄之。何但越也？今小國以窮困來告急，天子不振，尙安所愬？又何以子萬國乎？上曰：太尉不足與計。吾新卽位，不欲出虎符，發兵郡國。乃遣助以節發兵會稽。會稽守欲距法，不爲發。助乃斬一司馬，諭意指。遂發兵浮海救東甌。未至。閩越引兵罷。……」（列傳第三十四上）。

又公孫弘傳：「時又東置蒼海，北築朔方之郡。弘數諫，以爲罷弊中國，以奉無用之地。願罷之。于是上乃使朱買臣等難弘，置朔方之便。發十策，弘不得一。」

又吾丘壽王傳載公孫弘奏禁民不得挾弓弩。上下其議。壽王對曰：「臣恐邪人挾之而吏不能止，良民以自備而抵法禁。是擅賊威而奪民救也。竊以爲無益于禁姦，而廢先王之典，使學者不得習行其禮。大不便。書奏。上以難丞相弘。弘詘服焉。」又載曰：「及汾陰得寶鼎，武帝嘉之。薦見宗廟。藏于甘泉宮。群臣皆上壽，賀曰：陛下得周鼎。壽王獨曰：非周鼎。上聞之。召而問之曰：今朕得周鼎。群臣皆以爲然。壽王獨以爲非，何也？有說則可，無說則死。壽王對曰：臣安敢無說。臣聞周德始乎后稷，長于公劉，大于太王，成于文、武，顯于周公。德澤上昭，天下漏泉，無所不通。上天報應，鼎爲周出，故名曰周鼎。今漢自高祖繼周，亦昭德顯行，布恩施惠，六合和同。至於陛下，恢廓祖業，功德愈盛，天瑞並至，珍祥畢見。昔秦始皇親出鼎于彭城，而不能得。天祚有德，而寶鼎自出。此天之所以與漢，乃漢寶，非周寶也。上曰善。」（列傳第三十四上）。

又主父偃傳：「大臣皆畏其口。賂遺累千金。或說偃曰：大橫。偃曰：臣結髮游學，四十餘年。身不得遂。親不以爲子，昆弟不收，賓客棄我。我阸日久矣。丈夫生不五鼎食，死則五鼎亨耳。吾日暮，故倒行逆施之。」（列傳第三十四上）。

第二節 儒術與法吏

漢書張湯傳：「張湯杜陵人也。父爲長安丞，出，湯爲兒，守舍。（稱兒者言其幼少）。還，鼠盜肉。父怒，笞湯。湯掘熏得鼠及餘肉。劾鼠，掠治。傳爰書，訊鞫論報。幷取鼠與肉，具獄。磔堂下。父見之，視文辭如老獄吏，大驚。遂使書獄。……武安侯爲丞相（田蚡），徵湯爲史，薦補侍御史，治陳皇后巫蠱獄。深竟黨與。上以爲能。遷太中大夫。與趙禹共定諸律令。務在深文。拘守職之吏。已而禹至少府，湯爲廷尉。兩人交驩。兄事禹。禹志在奉公孤立，而湯舞智以御人。……是時，上方鄉文學。湯決大獄，欲傅古義。乃請博士弟子治尚書春秋，補廷尉史，平亭疑法，奏讞疑。必奏，先爲上分別其原。上所是，受而著讞法。廷尉挈令。揚主之明。奏事卽譴，湯摧謝。鄉上意所便。必引正監掾史賢者，固爲臣議如此。上責臣。臣弗用。愚抵此。罪常釋。間卽奏事，上善之。曰：臣非知爲此奏，乃監掾史某所爲。其欲薦吏，揚人之善，解人之過，如此。所治，卽上意所欲罪，予監吏深刻者；卽上意所欲釋，予監吏輕平者。所治，卽豪，必舞文巧詆。卽下戶羸弱，時口言：雖文致法，上裁察。于是往往釋湯所言。……是以湯雖文深意忌，不專平，然得此聲譽。而深刻吏多爲爪牙用者，依于文學之士。丞相弘數稱其美。及治淮南、衡山、江都、反獄，皆窮根本。嚴助、伍被，上欲釋之。湯爭曰：伍被本造反謀，而助親幸，出入禁闥，腹心之臣，乃交私諸侯，如此弗誅，後不可治。上可論之。其治獄，所巧排大臣，自以爲功，多此類。由是，益尊任。遷御史大夫。會渾邪等降漢，大興兵，伐匈奴。山東水旱，貧民流徙。皆仰給縣官。縣官空虛。湯承上指，請造白金及五銖錢，籠天下鹽鐵。排富商大賈。出告緡令。鉏豪强幷兼之家，舞文巧詆以輔法。湯每朝奏事，語國家用，日旰(晚也)，天子忘食，丞相取充位。天下事皆決湯。……匈奴求和親，群臣議前。博士狄山曰：和親便。上問其便。山曰：兵凶器，未易數動。……上問湯。湯曰：此愚儒無知。狄山曰：臣固愚忠，若御史大夫乃詐忠。湯之治淮南、江都，以深文痛詆諸侯，別疏骨肉，使藩臣不自安。臣固知湯之詐忠也。于是，上作色曰：吾使生居一郡，能無使虜入盜乎？山曰不能。曰居一縣，曰不能。復曰：居一鄣間。山自度辯窮，且下吏，曰能。乃遣山乘鄣。至月餘，匈奴斬山頭而去。是後群臣震讋。」

又杜周傳：「杜周南陽杜衍人也。義縱爲南陽太守，以周爲爪牙。薦之張湯爲廷尉史，案邊失亡。所論殺甚多。奏事中意，任用。與減宣更爲中丞者十餘歲。周少言重遲，而內深次骨。宣爲左內史，周爲廷尉。其治大抵放張湯，而善候司。上所欲擠者，因而陷之。上所欲釋，久繫待問，而微見其寃狀。客有謂周曰：君爲天下決平，不循三尺法，專以人主意指爲獄。獄者固如是乎？周曰：三尺安出哉？前主所是，著爲律，後主所是，疏爲令。當時爲是，何古之法乎？至周爲廷尉，詔獄亦益多矣。二千石繫者，新故相因，不減百餘人。郡吏大府，舉之廷尉。一歲至千餘章。章大者連逮證案數百，小者數十人。遠者數千里，近者數百里，會獄。吏因責如章告劾。不服，以掠笞定之。」

然如通經致用，亦能嚴而不殘。如：

雋不疑傳：「雋不疑字曼倩，勃海人也。治春秋，爲郡文學。進退必以禮。名聞州郡。……武帝崩，昭帝卽位。……擢爲京兆尹。賜錢百萬。京師吏民敬其威信。每行縣，錄囚徒還。其母輒問不疑有所平反，活幾何人？卽不疑多有所平反，母喜笑，爲飲食，語言異于他時。或亡所出，母怒，爲之不食。故不疑爲吏，嚴而不殘。始元五年，有一男子乘黃犢車，建黃旐，衣黃襜褕，著黃冒。詣北闕，自謂衛太子（卽戾太子）。公車以聞。詔使卿將軍二千石雜識視。長安中，吏民聚觀者數萬人。右將軍勒兵闕下，以備非常。丞相，御史，中二千石，至者立，莫敢發言。京兆尹不疑後到，叱從吏收縛。或曰：是非未可知，且安之。不疑曰：諸君何患于衛太子？昔蒯聵違命出奔，輒距而不納。春秋是之。衛太子得罪先帝，亡不卽死，今來自詣，此罪人也。遂送詔獄。天子與大將軍霍光聞而嘉之曰：公卿大臣，當用經術，明于大誼。由是名聲重于朝廷。在位者皆自以不及也。」（列傳第四十一）。

又王吉傳：「王吉字子陽，琅邪皐虞人也。少好學，明經。以郡吏舉孝廉。……是時，宣帝頗修武帝故事。宮室車服，盛于昭帝時。外戚許、史、王氏貴寵，而上躬親政事，任用能吏。吉上疏言得失。曰：陛下躬聖質，總萬方，帝王圖籍，日陳于前。惟思世務，將興太平。詔書每下，民欣然若更生。臣伏而思之，可謂至恩，未可謂本務也。欲治之主不世出。公卿幸得遭遇其時，言聽諫從。然未有建萬世之長策，舉明主于三代之隆者也。其務在于期會簿書，斷獄聽訟而已。此非太平之基也。臣聞聖王宣德流化，必自近始。朝廷不備，難以言治。左右不正，難以化遠。民者，弱而不可勝，愚而不可欺也。聖主獨行于深宮。得則天下稱誦之，失則天下咸言之。行發于近，必見于遠。故謹選左右，審擇所使。左右所以正身也。所使所以宣德也。詩云濟濟多士，文王以寧，此其本也。春秋所以大一統者，六合同風，九州共貫也。今俗吏所以牧民者，非有禮義科指，可世世通行者也。獨設刑法以守之。其欲治者，不知所由。以意穿鑿，各取一切權譎自在，（在當爲任），故一變之後，不可復修也。是以百里不同風，千里不同俗，戶異政，人殊服，詐僞萌生，刑罰亡極。質樸日消，恩愛寖薄。孔子曰：安上治民莫善于禮。（孝經載孔子之言）。非空言也。王者未制禮之時，引先王禮宜于今者而用之。臣願陛　承天心，發大業，與公卿大臣延及儒生，述舊禮，明王制，敺一世之民，躋之仁壽之域，則俗何以不若成、康？壽何以不若高宗？」（列傳第四十二）。

又兒寬傳：「兒寬千乘人也。治尙書，事歐陽生。……時張湯爲廷尉，廷尉府盡用文史法律之吏。而寬以儒生在其間。見謂不習事。不署曹，除爲從史。……會廷尉時有疑奏，已再見却矣。掾史莫知所爲，寬爲言其意。掾史因使寬爲奏。奏成讀之皆服。以白廷尉湯。湯大驚。召寬與語。乃奇其材，以爲掾。上寬所奏。卽時得可。異日湯見上問曰：前奏非俗吏所及，誰爲之者？湯言兒寬。上曰：吾固聞之久矣。湯由是鄉學，以寬爲奏讞掾。以古法義決疑獄，甚重之。及湯爲御史大夫，以寬爲掾，舉侍御史，見上，語經學。上說之。」（列傳第二十八）。

又韋賢傳：「韋賢字長孺，魯國鄒人也。……賢爲人質朴少欲，篤志于學。兼通禮、尙書，以詩敎授，號稱鄒魯大儒，徵爲博士，給事中。進授昭帝詩。」宣帝卽位，「以先帝師，甚見尊重。本始三年代蔡義爲丞相，封扶陽侯。……賢四子。……少子玄成復以明經歷位至丞相。故鄒魯諺曰：遺子黃金滿籯，不如一經。」

魏相丙吉傳：「又故事，諸上書者皆爲二封，署其一曰副。領尚書者先發副封，所言不善，屏去不奏。相復因許伯白去副封，以防壅蔽。宣帝善之。……于是，韋賢以老病免，相遂代爲丞相。……及霍氏怨相，又憚之。謀矯太后詔，先召斬丞相，然後廢天子。事發覺，伏誅。宣帝始親萬機，厲精爲治，練羣臣，核名實，而相總領衆職，甚稱上意。」又曰：「相明易經，有師法。好觀漢故事及便宜章奏。以爲古今異制，方今務在奉行故事而已。」又曰：「又數表采易陰陽及明堂月令奏之。曰：臣相幸得備員，奉職不修，不能宣廣教化，陰陽未和，災害未息，咎在臣等。臣聞易曰：天地以順動，故日月不過，四時不忒。聖王以順動，故刑罰清而民服。天地變化，必由陰陽。陰陽之分以日爲紀。（日）冬夏至，則八風之序立，萬物之性成。各有常職，不得相干。東方之神太昊，乘震，執規，司春。南方之神炎帝，乘離，執衡，司夏。西方之神少昊，乘兌，執矩，司秋。北方之神顓頊，乘坎，執權，司冬。中央之神黃帝，乘坤艮，執繩，司下土。茲五帝所司，各有時也。東方之卦不可以治西方，南方之卦不可以治北方。春興兌治，則饑。秋興震治，則華。冬興離治，則泄。夏興坎治，則雹。明王謹于尊天，愼于養人。故立羲和之官，以乘四時，節授民事。君動靜以道，奉順陰陽，則日月光明，風雨時節，寒暑調和。……臣愚以爲陰陽者王事之本，羣生之命，自古賢聖未有不由者也。天子之義，必純取法天　。……願陛下選明經、通知陰陽者，四人，各主一時。時至明言所職，以和陰陽，天下幸甚。相數陳便宜，上納用焉。

丙吉以調護皇曾孫（宣帝）有大功。宣帝即位，「代魏相爲丞相。吉本起獄法小吏。後學詩禮，皆通大義。及居相位，上寬大，好禮讓，掾史有罪臧，不稱職，輒予長休告。終無所案驗。或謂吉曰

：君侯爲漢相，姦吏成其私，然無所懲艾。吉曰：夫以三公之府，有案吏之名，吾竊陋焉。後人代吉，因以爲故事。公府不案吏，自吉始。」「吉又嘗出，逢淸道羣鬥者，死傷橫道。吉過之，不問。掾史獨怪之。吉前行，逢人逐牛，牛喘吐舌。吉止駐，使騎吏問逐牛行幾里矣。掾史獨謂丞相前後失問。或以譏吉。吉曰：民鬥，相殺傷，長安令，京兆尹，職所當禁，備逐捕，歲竟，丞相課其殿最，奏行賞罰而已。宰相不親小事，非所當于道路問也。方春少陽用事，未可大熱。恐牛近行用暑故喘。此時氣失節，恐有所傷害也。三公典調和陰陽，職當憂。是以問之。掾史乃服，以吉知大體。」（魏相丙吉傳）。本傳贊曰：「孝宣中興，丙、魏有聲。是時黜陟有序，衆職修理。公卿多稱其位。海內興于禮讓。覽其行事，豈虛乎哉？」

貢禹傳：「貢禹字少翁，琅邪人也。以明經絜行著聞。徵爲博士。……元帝初卽位，徵禹爲諫大夫。數虛己問以政事。是時，年歲不登，郡國多困。禹奏言：古者宮室有制，宮女不過九人，秣馬不過八匹。牆塗而不琱，木摩而不刻，車輿器物皆不文畫，苑囿不過數十里，與民共之。任賢使能，什一而稅，亡它賦斂。繇戍之役，使民歲不過三日，千里之內自給，千里之外各置貢職而已。」下言漢自高祖文景，皆崇尚節儉，猶存古意。武帝後，漸奢侈，放淫。故言：「王者受命于天，爲民父母，固當若此乎？天不見邪？」「皆在大臣循故事之罪也。唯陛下深察古道，從其儉者。大減損乘輿，服御器物，三分去二。子產多少有命。審察後宮，擇其賢者，留二十人，餘悉歸之。及諸陵園女亡子者宜悉遣。獨杜陵宮人數百，誠可哀憐也。廄馬可亡過數十匹。獨舍長安城南苑地，以爲田獵之囿。自城西南至山西至鄠，皆復其田，以與貧民。方今天下飢饉，可亡大自損減以救之稱天意乎？天生聖人，蓋爲萬民，非獨使自娛樂而已也。故詩曰：天難諶斯，不易唯王，上帝臨女，毋貳爾心。（大雅大明之詩）。當仁不讓，獨可以聖心參諸天地，揆之往古，不可與臣下議也。」「會御史大夫陳萬年卒，禹代爲御史大夫。列于三公。自禹在位，數言得失。書數十上。」大體言古不以金錢爲幣，「宜罷採珠玉金銀鑄錢之官，亡復以爲幣。市井勿得販賣。除其租銖之律。租稅祿賜皆以布帛及穀，使百姓一歸于農。」「又言孝文皇帝時貴廉絜，賤貪汚。賈人、贅壻、及吏坐贓者，皆禁錮不得爲吏。賞善罰惡，不阿親戚。罪白者伏其誅，疑者以與民。亡贖罪之法。……武帝始臨天下，尊賢用士，闢地廣境數千里，自見功大威行，遂從耆欲。用度不足，乃行一切之變，使犯法者贖罪，入穀者補吏。是以天下奢侈，官亂民貧。盜賊並起，亡命者衆。郡國恐伏其誅，則擇便巧史書，習于計簿，能欺上府者以爲右職。姦軌不勝，則取勇猛能操切百姓者，以苛暴威服下者，使居大位。故亡義而有財者顯於世，欺謾而善書者尊於朝，誖逆而勇猛者貴於官。故俗皆曰：何以孝弟爲？財多而光榮。何以禮義爲？史書而仕宦。何以謹愼爲？勇猛而臨官。……今欲興至治，致太平，宜除贖罪之法，相守選擧，不以實及有臧者　輒行其誅，亡但免官。則爭盡力爲善，貴孝弟，賤賈人，進眞賢，擧實廉，而天下治矣。……天子下其議，令民產子七歲乃出口錢，自此始。又罷上林宮館希幸御者，及省建章甘泉宮衞卒，減諸侯王廟衞卒，省其半。餘雖未盡從，然嘉其質直之意。」（列傳第四十二）。

蕭望之傳：「初宣帝不甚從儒術，任用法律，而中書宦官用事。中書令弘恭、石顯久典樞機，明習文法。亦與車騎將軍高（外戚史高也）爲表裏。論議常獨持故事，不從望之等。恭、顯又時傾仄見詘。望之以爲中書政本，宜以賢明之選。自武帝游宴後庭，故用宦者，非國舊制。又違古不近刑人之義。（禮曰刑人不在君側）。白欲更置士人。由是，大與高、恭、顯忤。上（元帝）初卽位，謙讓重改作，議久不定。」宦者於此時不能去，遂種禍根不小。望之曰欲更置士人，誠爲應有之議。望之有政識，在宣帝時卽欲以士人爲內臣，與政事。蓋欲置理想於政本也。「其後，霍氏竟謀反誅。望之寖益任用。是時選博士諫大夫通政事者，補郡國守相。以望之爲平原太守。望之雅意在本朝。遠爲郡守，內不自得。乃上疏曰：陛下哀愍百姓，恐德化之不究，悉出諫官以補郡吏。所謂憂其末而忘其本者也。朝無爭臣，則不知過。國無達士，則不聞善。願陛下選明經術、溫故知新、通於幾微謀慮之士，以爲內臣，與參政事。諸侯聞之，則知國家納諫憂政，亡有闕遺。若此不怠，成康之道，其庶幾乎？外郡不治，豈足憂哉？書聞，徵入守少府。宣帝察望之經明持重，論議有餘，材任宰相。欲詳試其政事。復以爲左馮翊。望之從少府出爲左遷，恐有不合意，卽移病。上聞之，使侍中成都侯金安上諭意曰：所用皆更治民以考功。君前爲平原太守日淺，故復試之於三輔，非有所聞也。望之卽視事。」後代丙吉爲御史大夫。後因傲慢丞相丙吉，左遷爲太子太傅，不得相。元帝時，又與弘恭、石顯忤，爲所陷害。不就獄。飲鴆自殺。本傳贊曰：「蕭望之歷位將相，藉師傅之恩，可謂親昵無間。及至謀泄隙開，讒邪構之，卒爲便嬖宦豎　圖。哀哉。不然，望之堂堂，折而不撓。身爲儒宗，有輔佐之能，近古社稷臣也。」然望之實較急切。才識有餘而德養不足也。後之來者，每況愈下矣。西漢史，高祖爲一時代，武帝、仲舒爲一時代，宣帝、丙、魏爲一時代。望之爲一時代。再由禪讓之說而至王莽爲一時代。

匡（衡）張（禹）孔（光）馬（宮）傳第五十一贊曰：「自孝武興學，公孫弘以儒相。其後蔡義、韋賢、玄成、匡衡、張禹、翟方進、孔光、平當、馬宮、及當子晏，咸以儒宗居宰相位，服儒衣冠，傳先王語，其醞藉可也。然皆持祿保位，被阿諛之譏。彼以古人之迹見繩，烏能勝其任乎？」此之醞藉與元、成時之繁榮富庶相當，而奢華腐敗亦隨之，故由禪讓之說而至王莽也。

第三節　儒學與禪讓

漢書田蚡傳：「（竇）嬰（田）蚡俱好儒術，推轂趙綰爲御史大夫，王臧爲郎中令。迎魯申公。欲設明堂，令列侯就國，除關。以禮爲服制。以興太平。舉謫諸竇宗室無行者，除其屬籍。諸外家爲列侯，列侯多尚公主，皆不欲就國。以故毀日至。竇太后，太后，好黃老言，而嬰、蚡、趙綰等，務隆推儒術，貶道家言。是以竇太后滋不悅。二年（武帝卽位之二年）御史大夫趙綰請毋奏事東宮，竇太后大怒曰：此欲復爲新垣平耶？乃罷逐趙綰、王臧，而免丞相嬰太尉蚡。」（竇田灌韓列傳第二十二）。李源澄先生云：「竇太后之好黃老而輕儒術，爲漢初政治思想之餘燼。竇太后死，漢廷政治遂大變。顧戰國以來，儒家卽頗采陰陽之言。秦漢之際，儒術與陰陽方士雜流，競相比附，皆所以反對法家政治。」郊祀志言：「武帝初卽位，尤敬鬼神之祀。漢興已六十餘歲矣。天下乂安。縉紳之屬皆望天子封禪改正度也。（正朔度量）。而上鄉儒術，招賢良。趙綰、王臧等以文學爲公卿，欲議古立明堂城南以朝諸侯。草巡狩封禪改歷服色事未就。竇太后不好儒術，使人微伺趙綰等姦利事，按綰、臧。綰、臧自殺。諸所興爲，皆廢。」「封禪明堂本極尋常之事。封禪者古代祭天地之祀典，明堂者朝諸侯所在。而漢人言封禪明堂則怪異。凡言鬼神者，方士之言。言服色者，陰陽之言。以封禪明禪讓，以明堂言議政者，儒者之言。（蒙師文通「先秦政治思想之發展」一中言封禪明堂義如此。）三者合而為一，故郊祀之事與禮樂之事，幾於相混。秦始皇雖坑儒生，而陰陽方士大顯。漢初其迹不絕。文帝時，方士則新垣平，陰陽則公孫臣，儒者則賈誼：皆未得志。故至武帝之世，不僅董仲舒之儒術顯，而陰陽方士亦喧赫一時。非無故也。」（李源澄先生秦漢史頁五一——五二）。

蓋寬饒傳：「蓋寬饒字次公。魏郡人也。明經為郡文學。以孝廉為郎。舉方正，對策高第。」「是時，上（宣帝）方用刑法，信任中尚書宦官。寬饒奏封事曰：方今聖道寖廢，儒術不行。以刑餘為周召，以法律為詩書。又引韓氏易傳言：五帝官天下，三王家天下。家以傳子，官以傳賢。若四時之運，功成者去。不得其人，則不居其位。書奏，上以寬饒怨謗，終不改。下其書中二千石。時執金吾議以為寬饒指意，欲求禪，大逆不道。………遂下寬饒吏。寬饒引佩刀自剄北闕下，衆莫不憐之。」（列傳第四十七）。又曰：「京師為清平恩侯許伯入第。丞相，御史，將軍，中二千石，皆賀。寬饒不行。許伯請之，乃往。從西階上，東鄉特坐。許伯自酌曰：蓋君後至。寬饒曰：無多酌我，我乃酒狂。丞相魏侯笑曰：次公醒而狂，何必酒也。坐者皆屬目，卑下之。……寬饒為人剛直高節，志在奉公。家貧，奉錢月數千，半以給吏民為耳目言事者。身為司隸（校尉），子常步行自戍北邊。公廉如此。然深刻，喜陷害人。在位及貴戚，人與為怨。又好言事，刺譏，奸犯上（宣帝）意。上以其儒者，優容之。然亦不得遷。同列後進，或至九卿。寬饒自以行清能高，有益于國，而為凡庸所越。愈失意，不快。數上疏諫爭。太子庶子王生高寬饒節，而非其如此。予書曰：……自古之治，三王之術，各有制度。今君不務循職而已。乃欲以太古久遠之事，匡拂天子。數進不用難聽之言，以摩切左右，非所以揚令名全壽命者也。方今用事之人，皆明習法令。言足以飾君之辭，文足以成君之過。君不惟蘧氏之高踪，而慕子胥之末行。用不訾之軀，臨不測之險，竊爲君痛之。……寬饒不納其言。」（同上）。寬饒以狂直之資，敢言「不得其人，不居其位」之論，雖不必自覺地欲以此理論解決政治上一大問題，然亦足徵漢時近古，科網稍疏，言論較自由，故儒生得放言高論。雖由此得罪自殺，而當時「諫大夫鄭昌愍傷寬饒忠直，憂國以言事，不當意，而爲文吏所抵挫，上書頌（訟）寬饒。」（列傳第四十七寬饒傳）。若在後世，則根本無敢言，亦無敢爲之訟者。故宣帝之殺寬饒實不專以「官天下」爲唯一不可赦之理由也。正以言論較自由，故傳經右文之士仍相繼而言讓賢與天運之終始。

眭弘傳：「眭弘字孟，魯國蕃人也。少時好俠，鬥雞走馬。長乃變節。从嬴公受春秋。以明經爲議郎。至符節令。孝昭元鳳三年正月，泰山萊蕪山南，匈匈有數千人聲。民視之，有大石自立，高丈五尺，大四十八圍，入地深八尺，三石爲足。石立後，有白烏數千，下集其旁。是時昌邑有枯社木，臥復生。又上林苑中，大柳樹斷枯臥地，亦自立，生有虫，食樹葉成文，字曰：公孫病已立。孟推春秋之意，以爲石柳皆陰類。下民之象。泰山者岱宗之嶽，王者易姓告代之處。今大石自立，僵柳復起。非人力所爲。此當有从匹夫爲天子者。枯社木復生，故廢之家公孫氏當復興者也。孟意亦不知其所在。卽說曰：先師董仲舒有言：雖有繼體守文之君，不害聖人之受命。漢家堯後，有傳國之運。漢帝宜誰差（問擇意）天下，求索賢人。禪以帝位，而退自封百里，如殷周二王後，以承順天命。孟使友人內官長賜上此書。（師古曰：內官署名。百官表云：內官長丞初屬少府，中屬主爵，後屬宗正。賜者其長之名。）時昭帝幼，大將軍霍光秉政，惡之。下其書廷尉。奏：賜孟妄設祆言惑衆，大逆不道，皆伏誅。後五年孝宣帝興于民間。卽位，徵孟子爲郞。」（列傳第四十五）。

「夏侯始昌魯人也。通五經。以齊詩尚書敎授。自董仲舒韓嬰死後，武帝得始昌，甚重之。始昌明于陰陽。」（同上）。

「夏侯勝字長公。………東平人。勝少孤，好學。从始昌受尚書及洪範五行傳，說災異。後事簡卿。又从歐陽氏問。爲學精孰。所問非一師也。善說禮服。徵爲博士，光祿大夫。會昭帝崩，昌邑王嗣立，數出。勝當乘輿前諫曰：天久陰而不雨，臣下有謀上者。陛下出，欲何之？王怒。謂勝爲祆言。縛以屬吏。吏白大將軍霍光，光不擧法。是時光與車騎將軍張安世謀，欲廢昌邑王。光讓安世以爲泄語。安世實不言。乃召問勝。勝對言：在洪範傳曰：皇之不極，厥罰常陰。時則下人有伐上者，惡察察言。故云臣下有謀。光、安世大驚。以此益重經術士。」後宣帝欲立武帝廟樂。勝獨反對。與丞相長史黃霸俱下獄。「勝、霸既久繫。霸欲從勝受經。勝辭以罪死。霸曰：朝聞道，夕死可矣。勝賢其言，遂授之。繫再更冬，講論不怠。」後因地動，赦出。「勝出爲諫大夫，給事中。霸爲揚州刺史。勝爲人質樸守正，簡易亡威儀。見時，謂上爲君。誤相字于前。（相呼以字）。上亦以是親信之。嘗見出，道上語。上聞而讓勝。勝曰：陛下所言善，臣故揚之。堯言布于天下。至今見誦。臣以爲可傳，故傳耳。」「始勝每講授，常謂諸生曰：士病不明經術。經術苟明，其取青紫，如俯拾地芥耳。學經不明，不如歸耕。」（同上）。

元成間，京房、翼奉亦盛言災異。房字君明，東郡頓丘人。治易，事梁人焦延壽。延壽字贛（音貢）。常曰：得我道以亡身者京生也。後果棄市。翼奉字少君，東海下邳人。治齊詩。與蕭望之匡衡同師、三人經術皆明、衡爲後進，望之施之政事，而奉惇學不仕，好律歷陰陽之占。以壽終。凡言災異，大抵以陰陽五行易卦節氣之說比附人事：或言政治之得失，或卜個人之休咎，或推王運之盛衰，或議制度之改創。自孝武重儒後，儒生之理想寄于此者佔大半矣。翼奉傳載元帝初即位，奉上封事曰：「臣聞之于師，治道要務，在知下之正邪。人誠鄉正，雖愚爲用。若乃懷邪，知益爲害。知下之術，在于六情十二律而已。」（此言六情，東西南北上下六方之情也。十二律則以子丑等十二支配六方也。）後地震，元帝下詔赦天下，舉直言極諫之士。奉奏封事曰：「臣聞之於師曰：天地設位，懸日月，布星辰，分陰陽，定四時，列五行，以視（示）聖人，名之曰道。聖人見道。然後知王治之象。故畫州土，建君臣，立律歷，陳成敗，以視賢者，名之曰經。賢者見經，然後知人道之務，則詩書易春秋禮樂是也。易有陰陽，詩有五際。（應邵曰：君臣父子兄弟夫婦朋友也。孟康曰：詩內傳曰：五際卯酉午戌亥也。陰陽終始際會之歲，于此，則有變改之政也。案當從孟說。）春秋有災異。皆列終始，推得失，考天心，以言王道之安危。至秦乃不說，傷之以法。是以大道不通，至于滅亡。……臣奉竊學齊詩，聞五際之要，十月之交篇，知日蝕地震之效，昭然可則，猶巢居知風，穴處知雨，亦不足多，適所習耳。臣聞人氣內逆，則感動天地。天變見于星氣日蝕，地變見于奇物震動 所以然者，陽用其精，陰用其形。猶人之有五臧六體。五臧象天，六體象地。故臧病則氣色發于面，體病，則欠申動于貌。」下言時令不正，陰氣盛，以明外戚滿朝。「古者朝廷必有同姓以明親親，必有異姓，以明賢賢，此聖王之所以大通 下也。同姓親而易進，異姓疏而難通。故同姓一，異姓五，乃爲平均。今左右亡同姓，獨以舅后之家爲親。異姓之臣又疏，二后之黨滿朝。非特處位勢，尤奢僭過度。呂、霍、上官足以卜之。甚非愛人之道，又非後嗣之長策也。陰氣之盛，不亦宜乎？……」又載曰：「上復延問以得失。奉以爲祭天地于雲陽汾陰，及諸寢廟不以親疏迭毀，皆煩費，違古制。又宮室苑囿奢泰難供。以故民困國虛，亡累年之畜。所由來久。不改其本，難以末正。乃上疏曰：臣聞昔者盤庚改邑以興殷道。聖人美之。……天道有常，王道亡常。亡常者所以應有常也。必有非常之主，然後能立非常之功。臣願陛下徙都于成周。左據成皐，右阻黽池，前鄉崧高，後介大河。建滎陽扶河東，南北千里，以爲關，而入敖倉，地方百里者，八九足以自娛。東厭諸侯之權，西遠羌胡之難。陛下共己亡爲，按成周之居，兼盤庚之德。萬歲之後，長爲高宗。漢家郊兆廟寢祭祀之禮，多不應古。臣奉誠難亶居而改作。故願陛下遷都正本。　制皆定，亡復繕治宮館。不急之費，歲可餘一年之畜。……今東方連年饑饉，加之以疾疫，百姓菜色，或至相食。地比震動，天氣溷濁，日光侵奪。由此言之，執國政者，豈可以不懷怵惕而戒萬分之一乎？故臣願陛下因天變而徙都，所謂與天下更始者也。天道終而復始，窮則反本，故能延長而亡窮也。今漢道未終，陛下本而始之，于以永世延祚，不亦優乎？……」（以上俱見列傳第四十五）。

哀平間又有李尋。李尋傳：「字子長，平陵人也。治尚書。與張孺，鄭寬中，同師。寬中等守師法，教授。尋獨好洪範災異，又學天文月令陰陽，事丞相翟方進。方進亦善爲星歷。」又曰：「初成帝時，齊人甘忠可詐造天官歷包元太平經十二卷，以言漢家逢天地之大終，當更受命于天。天帝使眞人赤精子下，教我此道。忠可以教重平夏賀良，容丘丁廣世，東郡郭昌等。中壘校尉劉向奏：忠可假鬼神，罔上惑衆。下獄治服。未斷，病死。賀良等坐挾學忠可書。以不敬論。後賀良等復私以相教。

哀帝初立，司隸校尉解光，亦以明經通災異得幸。白賀良等所挾忠可書。事下奉車都尉劉歆。歆以為不合五經，不可施行。而李尋亦好之。光曰：前歆父向奏忠可下獄，歆安肯通此道。時郭昌為長安令。勸尋宜助賀良等。尋遂白賀良等，皆待詔黃門，數召見，陳說漢歷中衰，當更受命。成帝不應天命，故絕嗣。今陛下久疾，變異屢數。天所以譴告人也。宜急改元易號，乃得延年益壽，皇子生，災異息矣。……哀帝久寢疾，幾其有益。遂從賀良等議。于是制詔丞相御史。……以建平二年為太初元年，號曰：陳聖劉太平皇帝。漏刻以百二十為度，布告天下，使明知之。後月餘，上疾自若。（言如故也）。賀良等復欲妄變政事，大臣爭以為不可許。賀良等奏言：大臣皆不知天命，宜退丞相御史。以解光李尋輔政。上以其言亡驗，遂下賀良等吏。……皆伏誅。尋及解光減死一等，徙敦煌郡。」（列傳第四十五）。

「贊曰：幽贊神明，通合天人之道者，莫著乎易、春秋。然子貢猶云：夫子之文章可得而聞，夫子之言性與天道，不可得而聞已矣。漢興，推陰陽，言災異者，孝武時有董仲舒、夏侯始昌。昭、宣，則眭孟、夏侯勝。元、成，則京房、翼奉、劉向、谷永。哀、平，則李尋、田終術。此其納說時君著名者也。察其所言，仿佛一端。假經設誼，依託象類，或不免乎億則屢中。仲舒下吏，夏侯囚執。眭孟誅戮，李尋流放。此學者之大戒也。」（列傳第四十五贊）。

谷永字子雲，長安人也。極諫成帝。谷永傳載：「願陛下追觀夏商周秦所以失之，以鏡考己行，有不合者，臣當伏妄言之誅。漢興九世，百九十餘載。繼體之主七，皆承天順道，遵先祖法度，或以中興，或以治安。至于陛下，獨違道縱欲，輕身妄行。當盛壯之隆，無繼嗣之福，有危亡之憂。積失君道，不合天意，亦已多矣。爲人後嗣，守人功業，如此，豈不負哉？」又曰：「成帝性寬，而好文辭。又久無繼嗣，數爲微行，多近幸小臣。趙、李從微賤專寵。皆皇太后與諸舅夙夜所常憂。至親難數言。故推永等使因天變而切諫，勸上納用之。永自知有內應，展意無所依違。每言事，輒見答禮。至上此對，上大怒。」後永又對曰：「臣聞天生烝民，不能相治，爲立王者以統理之。方制海內，非爲天子；列土封疆，非爲諸侯。皆以爲民也。垂三統，列三正，去無道，開有德，不私一姓，明天下乃天下之天下，非一人之天下也。………夫去惡奪弱，遷命賢聖，天地之常經，百王之所同也。加以功德有厚薄，期質有修短，時世有中季，天道有盛衰。陛下承八世之功業，當陽數之標季，涉三七之節紀，遭无妄之卦運，直百六之災阸。三難異科，雜焉同會。」「對奏，天子甚感其言。永于經書，汎爲疏達。與杜欽杜鄴略等。不能洽浹，如劉向父子及揚雄也。其于天官京氏易最密，故善言異災。前後所上四十餘事，略相反覆，專攻上身與後宮而已。黨于王氏，上亦知之，不甚親信也。」（谷永杜鄴傳第五十五）。

劉向傳：「成帝即位。………方精于詩書，觀古文，詔向領校中五經秘書。向見尙書洪範箕子爲武王陳五行陰陽休咎之應。向乃集合上古以來，歷春秋六國至秦漢，符瑞災異之記，推迹行事，連傳禍福，著其占驗，比類相從，各有條目，凡十一篇，號曰：洪範五行傳論。奏之，天子心知向忠精，故爲鳳（王鳳也）兄弟起此論也。然終不能奪王氏權。」後諫營昌陵疏曰：「王者必通三統，明天命所授者博，非獨一姓也。………雖有堯舜之聖，不能化丹朱之子。雖有禹湯之德，不能末孫之桀紂。自古及今，未有不亡之國也。」言之以戒成帝。「時上無繼嗣，政由王氏出，災異浸甚。………向遂上封事極諫曰……孝昭帝時，冠石立于泰山，仆柳起于上林，而孝宣帝卽位。今王氏先祖墳墓在濟南者，其梓柱生枝葉扶疏，上出屋，根垂地中。雖立石起柳，無以過此之明也。事勢不兩大，王氏與劉氏亦且不並立。如下有泰山之安，則上有累卵之危。陛下爲人子孫，守宗廟，而令國祚移于外戚，降爲皁隸。縱不爲身，奈宗廟何？……」「上數欲用向爲九卿，輒不爲王氏居位者及丞相御史所持，故終不遷。居列大夫官，前後三十餘年。年七十二卒。卒後，十三歲，而王氏代漢。」（楚元王傳第六）。

李源澄先生曰：「儒家之政治思想原爲賢人政治。天下爲公，選賢與能。無貧富貴賤階級。君師合一，倫理政治不分。及秦人一統，不用儒術。漢人承之，大同思想不合于時。于是，與君主平分政敎。儒者所持，唯是敎統。其于政治僅有調節之功用，不能盡如理想。漢元帝以後，爲儒家政治極盛時代。其要義在于闡明天子之性質。……立君以爲民之意，爲儒者之根本理論。故儒者于政治雖不能盡展其抱負，于節制君主之淫威，實爲有效。（明天下非一家之天下，故言禪讓，言革命，其結果爲王莽之簒漢。）儒者所以節制君主有二道。一爲犯顏直諫，一爲以災異評時政。薛廣德傳云：廣德爲人有醞藉。及爲三公，直言諫爭。始拜旬日間，上幸甘泉郊泰時，禮畢因留射獵。廣德上疏曰：竊見關東困極，人民流離。陛下日撞亡秦之鐘，聽鄭衛之樂，臣竊悼之。今士卒暴露，從官勞倦。願陛下亟反宮，思與百姓同憂樂。天下幸甚。上卽日還。其秋，出酎祭宗廟，出便門，欲御樓船。廣德當乘輿車，免冠頓首曰：宜從橋。詔曰：大夫冠。廣德曰：陛下不聽臣，臣自刎，以血汙車輪。陛下不得入廟矣。上不說。他如夏侯勝之斥詔書，朱雲之犯帝顏，皆爲諫爭之美談。若此類者，爲秦人法家致治所許乎？自漢以後，諫議遂成制度，與經筵保傅同爲諭導人主之善法。後人習見，忽焉不察，遂昧其爲漢代儒學對政治之貢獻矣。災異學說，原出于墨子明鬼篇。漢儒借天道以恐時君，其所謂天與墨子言天相同，故亦盛言災異。其施之政治者，文帝求言詔，與武帝賢良策問天人感應，已啓其端。宣帝詔書始言多災異，而其大盛，則在元帝以後。元帝初元元年，詔丞相御史舉天下明陰陽災異者各三人。于是，言事者衆。或進擢召見。人人自以爲得上意。陰陽學說累見于奏疏詔令。日食，策免三公。災異，罷免郡守。趙翼論之曰：漢儒之言天者，實有驗于人。故諸上疏者皆言之深切著明，無復忌諱。……災異學說，在元帝以後，對政治關係之大，誠如趙翼所云。其學說之本身可以不論，其作用則不可忽也。」（秦漢史頁八三——八四）。

又曰：「漢儒以天下爲公爲其理想，故言禪讓。禪讓說不容于世，乃有漢祚當終與漢再受命之說。王莽以元后之力得持漢柄。以復古爲志，又善于收買人心。漢運既當終，天下乃天下人之天下，莽有功德，即宜受命。故士大夫皆爭頌莽功德也。」（同上九一頁）。

錢穆先生國史大綱論漢儒之政治思想云：「漢儒論政，有兩要點。一爲變法和讓賢論。此派理論遠始戰國晚年之陰陽學家，鄒衍五德終始論，下及董仲舒公羊春秋一派通三統的學說。大抵主張天人相應，政治教化亦須隨時變革，並不認有萬世一統之王朝。他們根據歷史觀念，主張如下一套之進程：一、聖人受命。（地上之吝君，皆符應天上某帝之某德而降生：如青帝木德，赤帝火德，黃帝土德，白帝金德，黑帝水德。）二、天降符瑞。（受命必有符瑞，如以土德王者黃龍見之類。）三、推德定制。（包括易服色，更制度，改正朔等。如水德王者服色尚黑，以十月爲歲首，數尚六之類。）四、封禪告成功。（聖人受天命爲地上君，改定制度，蘄太平，成功則必祭天（封禪）報告。）五、王朝德衰，天降災異。（天運循環，成功者去。如春夏秋冬之更迭互乘，無不衰之德。董仲舒謂雖有繼體守文之君，不害聖人之受命。）六、禪國讓賢。（見災異起，知天命改，應早物色賢人讓國，否則革命起，終無以保其位。）七、新聖人受命。（此下循環不息。中國已往五帝三代，皆在此公式支配下演進。）武帝以前鼓吹變法，武帝以後，漢儒漸漸鼓吹讓國。始終是循著上述的理論。……二爲禮樂和教化論。另一派漢儒，認爲政治最大責任，在興禮樂，講教化。而禮樂和教化的重要意義，在使民間均遵循一種有秩序有意義的生活，此即是古人之所謂禮樂。（在此點上，西漢中葉以後的學者，頗不滿于漢武之郊祀封禪種種奢侈的浮禮，此等乃對上帝，對天，而非對民衆，對人。一虛一實，一恭儉，一驕奢。意義迥殊。）要達此境界，不僅朝廷應恭儉自守，又應對社會一般的經濟不平等狀態加以調整。此派理論，亦遠始戰國晚年之荀卿。直至漢儒賈誼，董仲舒，下及王吉，貢禹，等皆是。前一派于漢爲齊學，後一派于漢爲魯學。齊學恢奇，魯學平實。而皆有其病。齊學流于怪誕。（其病在不經）。魯學流爲訓詁。（其病在尊古）。立論本意非不是，而不能直湊單微，氣魄智慧皆不夠，遂不足斡旋世運　而流弊不免。王莽的受漢禪而變法，即是此兩派學說之滙趨。」（頁一〇五——一〇六）。

第五部　東漢二百年：理性之內在表現時期

第一章　光武之人格

第二章　光武之凝歛的理性人格所決定之時代

第三章　理性的與非理性的間之鬥爭

第一章　光武之人格

第一節　光武之習尚

後漢書馬援傳曰：「隈囂與援共臥起，問以東方流言，及京師得失。援說囂曰：前到朝廷，上引見數十，每接讌語，自夕至旦。才明勇畧，非人敵也。且開心見誠，無所隱伏。濶達多大節畧，與高帝同。經學博覽，政事文辯，前世無比。囂曰：卿謂何如高帝？援曰：不如也。高帝無可無不可。今上好吏事，動如節度。又不喜飮酒。」

此了了數語，即將光武之性格，描述殆盡。吾前謂，高帝爲一天才之人格，武帝爲一「發揚的理性人格。」今將謂光武爲一「凝斂的理性人格」。玆先由其好吏事之習尙，引文獻以明之。

申屠剛傳：「時內外羣官，多帝自選舉。加以法理嚴察，職事過苦。尙書近臣，至乃捶撲，牽曳于前。羣臣莫敢正言。剛每輒極諫。」

好吏事，自必法理嚴察。

朱浮傳：「帝以二千石長吏，多不勝任，時有纖微之過者，必見斥罷。交易紛擾，百姓不寧。（建武）六年，有日食之異。浮因上疏曰：……陛下哀愍海內，新離禍毒，保宥生人，使得蘇息。而今牧人之吏，多未稱職。小違理實，輒見斥罷。豈不粲然黑白分明哉？然以堯舜之盛，猶加三考。大漢之興，亦累功效。吏皆積久，養老于官，至名子孫，因爲氏姓。（前書武帝時漢有天下已七十餘年。

爲吏者長子孫，居官者以爲姓號。人人自愛，而重犯法。晉義曰：時無事，吏不數轉，至于子孫而不轉職，今倉氏庫氏因以爲姓，卽倉庫吏之後也。）當時吏職，何能悉理？論議之徒，豈不諠譁？蓋以爲天地之功，不可倉卒。艱難之業，當累日也。而間者守宰數見換易，迎新相代，疲勞道路。尋其視事日淺，未足昭見其職。旣加嚴切，人不自保。各相顧望，無自安之心。有司或因睚眦以騁私怨。苟求長短，求媚上意。二千石及長吏，廹於舉劾，懼于刺譏，故爭飾詐僞，以希虛譽。斯皆羣陽騷動，日月失行之應。……天下非一時之用也。海內非一旦之功也。願陛下遊意於經年之外，望化於一世之後。天下幸甚。……舊制州牧奏二千石長吏不任位者，事皆先下三公。三公遣掾史案驗，然後黜退。帝時用明察，不復委任三府，而權歸刺舉之吏（州牧）。浮復上疏曰：陛下清明履約，率禮無違。自宗室諸王外家后戚，皆奉遵繩墨，無黨勢之名。至或乘牛車，齊於編人。斯固法令整齊，下無作威者也。求之於事，宜以和平。而災異猶見者，而豈徒然？天道信誠，不可不察。竊見陛下疾往者上威不行，下專國命。卽位以來，不用舊典。信刺舉之官，黜鼎輔之任。至於有所劾奏，便加退免。覆案不關三府，罪譴不蒙澄察。陛下以使者（刺使）爲腹心，而使者以從事爲耳目。（每州有從事秩百石。）是爲尙書之平，決於百石之吏。故羣下苛刻，各自爲能。兼以私情容長，情愛在職，皆競張空虛，以要時利。故有罪者心不壓服，無咎者，坐被空文。不可經盛衰，貽後王也。」

范曄論曰：「吳起與田文論功，文不及者三。朱買臣難公孫弘十策，弘不得其一。終之田文相魏，公孫宰漢。誠知宰相自有體也。故曾子曰：君子所貴乎道者三。籩豆之事，則有司存。而光武明帝，躬好吏事。亦以課覈三公。其人或失，而其禮稍薄。至有誅斥詰辱之累。任職責過，一至于此。追感賈生之論，不亦篤乎。朱浮議諷苛察欲速之弊，然矣。焉得長者之言哉？」

第五倫傳：「倫雖峭直，然常疾俗吏苛刻。及爲三公，值帝長者，屢有善政。（魏文稱：明帝察察，章帝長者。）乃上疏褒稱盛美，因以勸成風德，曰：陛下卽位，躬天然之德，體晏晏之姿，以寬弘臨下。出入四年，前歲誅刺史二千石貪殘者六人。斯皆明聖所鑒，非羣下所及。然詔書每下寬和，而政急不解，務存節儉，而奢侈不止者，咎在俗敝，羣下不稱故也。光武承王莽之餘，頗以嚴猛爲政。後代因之，遂成風化。郡國所舉，類多辨職俗吏，未有寬博之選，以應上求者也。陳留令劉豫，冠軍令駟協，並以刻薄之姿，臨人宰邑。專念掠殺，務爲嚴苦。吏民愁怨，莫不疾之。而今之議者，反以爲能。違天心，失經義，誠不可不愼也。非徒應坐豫、協，亦當宜譴舉者。務進仁賢，以任時政，不過數人，則風俗自化矣。臣嘗讀書記，知秦以酷急亡國。又目見王莽亦以苛法自滅。故勤勤懇懇，實在于此。」（倫于肅宗初立，擢自遠郡，代牟融爲司空。故有「及爲三公」云云。肅宗卽章帝。）

循吏傳序曰：「初光武長於民間，頗達情僞。見稼穡艱難，百姓病害。至天下已定，務用安靜。解王莽之繁密，還漢世之輕法。身衣大練，色無重綵。耳不聽鄭衛之音，手不持珠玉之玩。宮房無私愛，左右無偏恩。……勤約之風，行于上下。數引公卿郎將，列于禁坐。廣求民瘼，觀納風謠。故能內外匪懈，百姓寬息。自臨宰邦邑者，競能其官。若杜詩守南陽，號爲杜母。任延錫光，移變邊俗。斯其績用之最章章者也。又第五倫宋均之徒，亦足有可稱談。然建武永平之間，吏事刻深，亟以謠言單辭，轉易守長。故朱浮數上諫書，箴切峻政。鍾離意等亦規諷殷勤，以長者爲言，而不能得也。所以中興之美，蓋未盡焉。」

光武帝紀末云：「初帝在兵間，久厭武事，且知天下疲耗，思樂息肩。自隴蜀平後，非儆急，未嘗復言軍旅。皇太子嘗問攻戰之事，帝曰：昔衞靈公問陳孔子，不對。此非爾所及。每旦視朝，日側乃罷。數引公卿郎將，講論經理，夜分乃寐。皇太子見帝勤勞不怠，承間諫曰：陛下有禹湯之明，而失黃老養性之福。願頤愛精神，優游自寧。帝曰：我自樂此，不爲疲也。雖身濟大業，兢兢如不及。故能明愼政體，總攬權綱。量時度力，舉無過事。退功臣而進文吏，戢弓矢而散馬牛。雖道未方古，斯亦止戈之武焉。」

除好吏事外，又信讖。此本西漢末流傳之時風，亦其生命中之駁雜也。然不碍其本質上爲一凝歛之理性人格。

桓譚傳：「是時，帝方信讖，多以決定嫌疑。……譚復上疏曰：……今諸巧慧小才技數之人，增益圖書，矯稱讖記，以欺惑貪邪，詿誤人主。焉可不抑遠之哉？臣譚伏聞陛下窮折方士黃白之術，甚爲明矣。而乃欲聽納讖記，又何誤也？……其後有詔，會議靈台所處。帝謂譚曰：吾欲讖決之，何如？譚默然，良久，曰：臣不讀讖。帝問其故。譚復極言讖之非經。帝大怒曰：桓譚非聖無法。將下斬之。譚叩頭流血。良久，乃得解。」

鄭興傳：「帝嘗問興郊祀事曰：吾欲以讖斷之何如？興對曰：臣不爲讖。帝怒曰：卿之不爲讖，非之耶？興惶恐曰：臣于書有所未學，而無所非也。帝意乃解。」

光武本以儒生起兵，一時功臣，如鄧禹，寇恂，馮異，賈復，耿弇，王霸，祭遵，耿純，朱祐、皆知書好學。進能立功，退能守禮。皆雅馴之事功人也。其氣質本與光武爲同類，而才具皆不及，故皆爲光武所籠罩，而接受其措置，相安于無事。

范曄論曰：「議者多非光武不以功臣任職，至使英姿茂績，委而勿用。然原夫深圖遠算，固將有以焉爾。若乃王道既衰，降及霸德，猶能授受惟庸，勳賢皆序。如管、隰之迭升桓世，先、趙之同列文朝，可謂兼通矣。降自秦漢，世資戰力。至于翼扶王運，皆武人崛起，亦有鬻繒屠狗，輕猾之徒，或崇以連城之賞，或任以阿衡之地。故勢疑則隙生，力侔則亂起。蕭、樊且猶縲紲，信、越終見葅戮。不其然乎？自茲以降，迄於孝武。宰輔五世，莫非公侯。遂使縉紳道塞，賢能蔽壅。朝有世及之私，下有抱關之怨。其懷道無聞，委身草莽者，亦何可勝言。故光武鑒於前事之違，存矯枉之志。雖寇、鄧之高勳，耿、賈之鴻烈，分土不過大縣數四，所加特進朝請而已。觀其治平臨政，課職責咎，將所謂導之以政齊之以刑者乎？若格之功臣，其傷已甚。何者？直繩則虧喪恩舊，撓情則違廢禁典，選德則功不必厚，舉勞則人或未賢，參任則羣心難塞，並列則其敝未遠。不得不校其勝否，即（就也）以事相權。故高秩厚禮，允答元功；峻文深憲，責成吏職。建武之世，侯者百餘。若夫數公者，則與參國議，分均休咎，其餘並優以寬科，完其封祿。莫不終以功名，延慶于後。昔留侯以爲高祖悉用蕭、曹故人，而郭伋亦譏南陽多顯，鄭興又戒功臣專任。夫崇恩偏授，易起私溺之失；至公均被，必廣招賢之路。意者不其然乎？」

當時功臣，唯馬援爲有才智，而亦終爲光武所不能容。

馬援傳：「建武四年冬，囂使援奉書洛陽。援至，引見于宣德殿。世祖迎笑謂援曰：卿遨遊二帝間，今見卿，使人大慚。援頓首辭謝。因曰：當今之世，非獨君擇臣也，臣亦擇君矣。臣與公孫述同縣，少相善。臣前至蜀，述陛戟而後進臣。臣今遠來，陛下何知非刺客姦人，而簡易若是？帝復笑曰：卿非刺客，顧說客耳。援曰：天下反覆，盜名字者不可勝數。今見陛下恢廓大度，同符高祖。乃知帝王自有眞也。帝甚壯之。」

後援因隗囂長子恂入質，將家屬歸洛陽。居數月，而無他職任。蓋所以挫之也。後平隗囂西羌，遂建偉功。

援傳又曰：「于是隴右清靜。援務開寬信，恩以待下。任吏以職，但總大體而已。賓客故人，日滿其門。諸曹時白外事。援輒曰：此丞掾之任，何足相煩？」

「援自還京師，數被進見。爲人明須髮，眉目如畫。閑于進對。尤善述前世行事。每言及，三輔長者，下至閭里少年，皆可觀聽。自皇太子諸王侍，聞者莫不屬耳忘倦。又善兵策。帝常言伏波論兵，與我意合。每有所謀，未嘗不用。」

後征交阯女子徵側及女弟徵貳，大破之。「斬徵側徵貳，傳首洛陽。封援爲新息侯，食邑三千戶。援乃擊牛釃酒，勞饗軍士。從容謂官屬曰：吾從弟少游常哀吾慷慨多大志，曰：士生一世，但取衣食裁足，乘下澤車，御款段馬，爲郡掾吏，守墳墓，鄉里稱善人，斯可矣。致求盈餘，但自苦耳。當吾在浪泊西里間，虜未滅之時，下潦上霧，毒氣重蒸。仰視飛鳶，跕跕墮水中。臥念少游平生時語，何可得也？今賴士大夫之力，被蒙大恩，猥先諸君紆佩金紫，且喜且慚，吏士皆伏稱萬歲。」

「初援軍還將至，故人多迎勞之。平陵人孟冀，名有計謀。於坐賀援。援謂之曰：吾望子有善言，反同衆人耶？昔伏波將軍路博德開置七郡。裁封數百戶。今我微勞，猥饗大縣。功薄賞厚，何以能長久乎？先生奚用相濟？冀曰：愚不及。援曰：方今匈奴烏桓尙擾北邊。欲自請擊之。男兒要自當死于邊野，以馬革裹屍還葬耳。何能臥床上在兒女子手中耶？冀曰：諒爲烈士，當如此矣。」

後年六十二復自請征武陵五溪蠻（雄溪，樠溪，酉溪，潕溪，辰溪。）。「援夜與送者訣。謂友人謁者杜愔曰：吾受厚恩，年廹，餘日索（盡也）。常恐不得死國事。今獲所願，甘心瞑目。但畏長者家兒（謂權要子弟）或在左右，或與從事。殊難得調。介介（耿耿）獨惡是耳。」後卒功未成而死于是役。復受梁松之陷。（兵無功，帝使虎賁中郎將梁松乘驛責問援。因代監軍。）帝大怒，追收援新息侯印綬。蓋梁松尙舞陰公主，爲帝婿。嘗候援疾。獨拜床下，援不答。援曰：「我乃松父友也。雖貴，何得失其序乎？」以故啣之。奪爵後，復因薏苡而被譖。帝益怒。援妻孥惶懼，不敢以喪還舊塋。同郡朱勃詣闕上書，爲援訴寃。且報歸田里。足見光武蓄之深矣。援爲當時第一有才智者。堪與光武敵。後顯宗圖畫二十八宿于雲台。「東平王蒼觀圖言于帝曰：何故不畫伏波將軍像？帝笑而不言。」（援傳）。援傳謂「以椒房故，獨不及援。」恐未必然。蓋伏波實不與鄧禹輩等。援之于光武，蓋始終居客卿之地位。

范曄論曰：「馬援騰聲三輔，遨游二帝。及定節立謀，以干時主，將懷負鼎之願，（伊尹負鼎以干湯），蓋爲千載之遇焉。然其戒人之禍智矣。而不能自免於讒隙。豈功名之際，理固然乎？夫利不在身，以之謀事則智。慮不私己，以之斷義必厲。誠能回觀物之智，而爲反身之察，若施之於人則能恕，自鑒其情亦明矣。」此許不恰，蓋泛言耳。光武實不足以御伏波，而伏波亦不能蓋光武而上之。光武爲一凝歛之理性的人格。雄姿不及漢高唐太，陰威亦不流于洪武。而伏波則爲一美妙朗爽之智者，斯固不能蓋光武也。彼知光武甚深。心照不宣，而自行其是。戎馬相續，不肯稍停。馬革裹屍之語，雖性爽有然，亦所以自處之道也。彼自料決不能生落囚辱，故盡顯其智力以終耳。而光武則始終畏懼之分多，故轉而不甚相知也。設若知之深，則亦不必深怒已死之人矣。此蓋非光武用馬援，乃馬援藉光武以自顯。自度不能獨立霸業，混一海內，（此足見馬援之氣概尚不足），而又不能爲聖賢爲大儒，則只有藉他人以自顯，此其所以終爲智者歟。

第二節　船山論光武

王船山讀通鑑論卷六：「光武之得天下，較高帝而尤難矣。建武二年，已定都于洛陽，而天下之亂方興。帝所得資以有爲者，獨河北耳。而彭寵抑叛于幽州，五校尙橫于內黃。關以西，鄧禹雖入長安，赤眉環繞其外，禹弗能制焉。酈、宛、堵鄉、新野、弘農，近在咽頰之間。寇叛接跡，而相爲牽制，不異更始之在長安時也。劉永、張步、董憲、蘇茂，橫亘東方，爲陳、汝眉睫之患。隗囂、公孫述，姑置而可徐定者，勿論焉。其視高帝出關以後，僅一項羽，夷滅之，而天下卽定，難易之差，豈不遠哉？或曰：項羽勁敵也，赤眉、五校、劉永、張步、董憲、蘇茂、董訢、蘇況、隗囂，皆非羽倫，則光武易。夫寇豈有常哉？項羽之强也，而可使弱，弱者亦何不可使强也？曹操慮袁紹之難平，而卒與爭衡者，周瑜之一隅。苻堅蕩慕容姚氏之積寇，而一敗不支于謝玄之一旅。時之所興，勢之所湊，人爲之效其羽翼，天爲之長其聰明，燎原之火，一熠未滅，而猝已焚林，詎可量耶？且合力而與爭者一途，精專志定，無旁撓焉，而惡得不易？分勢而四應者雜起，左伏右起，無寧日焉，而惡得不難？

使以高帝滎陽之相持，而遇光武叢生之敵，乘間擣虛而掣其後，羽不待約而人為之犄角，高帝不能支矣。則甚矣，光武之難，而光武之神武不可測矣。乃微窺其所以制勝而蕩平之者，豈有他哉？以靜制動，以道制權　以謀制力，以緩制猝，以寬制猛而已。帝之言曰：吾治天下以柔道行之。非徒治天下也，其取天下也，亦是而已矣。柔者，非弱之謂也。反本自治，順人心以不犯陰陽之忌也。孟子曰：行法以俟命，光武其庶幾乎？高帝之興，羣天下而起亡秦，競智競力，名義無所伉，人心無所惑也。光武則乘思漢之民心以興，而玄也，盆子也，孺子嬰也，永也，嘉也，俱為漢室之冑，未見其分之有所定也。茍有分義以相搖，則智力不足以相屈。故更始亡，而故將猶挾以逞志。然則光武所以屈羣策羣力而獨伸焉者，舍道其何以哉？天下方割裂而聚鬥，而光武以道勝焉。即位未久，修郊廟，享宗祖。定制度，行爵賞。舉伏湛，徵卓茂。勉寇恂以綏河內，命馮異使撫關中。一以從容鎮靜，結已服之人心，而不迫于爭戰，然而桀驁强梁之徒，皆自困而瓦解。是則使高帝當之，未必其能者定如此也，而光武之規模弘遠矣。嗚乎，使得天下者皆如高帝之興，而無光武之大猷承之于後，則天下後世且疑湯武之誓誥為虛文，而唯智力之可以起收四海，曹操何所憚而不為天子，石虎、朱溫亦何能寒海內之心而不永戴之哉？三代而下，取天下者，唯光武獨焉，而宋太祖其次也。不無小疵，而大已醇矣。」

本卷又有一段曰：「……光武之始徇河北，銅馬諸賊，幾數百萬。及破之也，潰散者有矣，而受其降者數十萬人。斯時也，光武之衆未集，猶資之以為用也。已而劉茂集衆十餘萬而降之于京密。朱鮪之衆且三十萬，而降之于洛陽。吳漢、王梁擊檀鄉于漳水，降其衆十餘萬于鄴東。五校之衆五萬人降之于羛陽。餘賊之擁立孫登者五萬人，降之于河北。赤眉先後降者無算。其東歸之餘尚十餘萬人，降之于宜陽。昊漢降青犢，馮異降延岑張邯之衆，蓋延降劉永之餘，王常降青犢四萬餘人，耿弇降張步之卒十餘萬。蓋先後所受降者，指窮于數。戰勝矣，威立矣。乃幾千萬不逞之徒，聽我羈絡，又將何以處之耶？高帝之興也，恒患寡而亟奪人之軍。光武則兵有餘，而撫之也不易。此光武之定天下所以難于高帝也。夫民易動而難靜，而亂世之民爲甚。當其捨耒而操戈，或亦有不得已之情焉，而要皆游惰驕桀者也。迨乎相習于戎馬之間，掠食而飽，掠婦而妻，馳驟喧呶，行歌坐傲，則雖有不得已之情，而亦忘之矣。盡編之于伍，而耕夫之粟不給于養也，織婦之布不給于衣也，縣官宵夜以持籌，不給于饋餫也。盡勒之歸農，而田疇已蕪矣，四肢已惰矣，恣睢狂蕩，不能受屈于父兄鄉黨之前矣。故一聚一散，傾耳以聽，四方之動，而隨風以起，誠無如此已動而不復靜之民氣何矣。而光武處之也，不十年而天下晏然。此必有大用存焉。史不詳其所以安輯而鎭撫之者何若，則班固荀悅徒爲藻帨之文，而無意于天下之略也。後起者其何徵焉？無已，而求之遺文，以髣髴其大端，則徵伏湛，擢卓茂，奬重厚之吏以調御其囂張之氣，使惰歸而自得其安全，民無懷怨怒以擴之不函，吏不吝敎導以納之矩矱，日漸月摩，而消其形迹。數百萬人之浮情害氣，以一念歛之而有餘矣。蓋其覿文匿武之意，早昭著于戰爭未息之日。潛移默易，相喩于不言。當其從戎之日，已早有歸休之志，而授以田疇廬墓之樂，亦惡有不帖然也？自三代而下，唯光武允冠百王矣。何也？前而高帝，後而唐宋，皆未有如光武之世，胥天下以稱兵，數盈千萬者也。通其意，思其變，函之以量，貞之以理，豈易言哉？豈易言哉？」

同卷又有一段曰：「……王郎遣杜威納降，威爲郎請萬戶侯封。光武曰：顧得全身可矣。劉恭爲

盆子乞降　問所以待盆子者，帝曰：待以不死耳。大哉王言，奉天以行賞罰，而意智不與焉。斯乃允以繼天而爲之子。王郎者妖人也。妖人倡亂，不可不誅。以其降而姑貰之，終拒其降而斬之，以懲天下之妖妄，而天下定。盆子者愚而爲人立者也。愚且賤而欲干天位也，可誅。非其志而聽命于人也，可宥。待以不死，而授之散秩以養之，義正而仁亦裕矣。所尤難者，光武決于一言，而更無委曲之辭以誘之。明白洞達，與天下昭刑賞之正。故曰：大哉王言，體天無私而爲之子也。爲權術之說者則不然。心惡之，而姑許之，謂可以輯羣雄之心，使劉永之儔，相仍而革命。獨不見唐高祖之待李密，其後竟如之何也。狙詐與而天下相長以僞。故終唐之世，藩鎭倏叛倏服，以與上相市，而兵不可戢。然則權者，非權也。僞以長亂而已矣。湯誥曰：有罪不敢赦，帝臣不蔽，簡在帝心。誠帝心也，豈憂天下之有不服哉？何所葸畏而與人相爲駔儈乎？故言權術以籠天下者，妾婦之智而已矣。」

由上節所引後漢書之史料，觀乎馬援之論，范曄之論，以及本節船山之論，吾人可以總持光武之人格爲一「凝斂的理性之人格」。船山論光武者甚多，玆所引三段，皆犖犖大者。由之亦足見其人格之型範。船山之識迴乎其深遠矣。光武與高帝本不同其型，亦不必較其取天下之難易。高帝有高帝之難，而一以風姿勝　光武有光武之難，而一以理性勝。吾所注意者，爲此兩個時代，兩個人格。此爲船山所不及。然光武所處之世，船山由其運用而見其爲「以靜制動，以道制權，以謀制力，以緩制猝，以寬制猛，」爲「反本自治，順人心以不犯陰陽之忌，」爲「行法以俟命」，皆爲形容光武人格極恰當之辭。而「函之以量，貞之以理，」兩語尤佳。彼以理性自斂而斂人。故「數百萬人之浮情害氣，以一念斂之而有餘。」可謂一語中肯。彼之一念，非偶然一動也。實以其全部的「凝斂人格」爲背景，故能「函之以量，貞之以理。」己不斂而能斂人者，未之有也。其氣與才，斂之於理中，而以理運，故不以風姿勝，而與高帝不同其格。既以理運矣，故當處於死生之際，興廢之幾，獨能曠然超于其外，而又能入於其中以轉其軸，而顯其勇。船山曰：「勇者，非氣矜也。泊然于生死存亡而不失其度者也。」（讀通鑑論卷六論昆陽之戰一段。船山即以此段開始論光武。讀者可覆案，不具引。）不憂不懼不惑，而亦不與憂懼者致其辯。一笑之下，綽有餘地。其志內定，其勇外溢，而憂懼欲散者隨之矣。又既以理運矣，故能「奉天以行賞罰，而意智不與焉。」理性開其胸次，理性直其委曲，故「明白洞達，與天下昭刑賞之正。」而馬援亦稱其「開心見誠，無所隱伏。」又稱之以「簡易」。（見上節。）夫簡易豈不以「貞」勝者哉？彼以凝斂之理性人格，神其用而安插數百萬之降衆，復神其用而穩定天下，而整飭吏事，而釐清政治機構中之各部門，而文理密察，以成其曲而能達。是以其理性人格之廣被而見其籠罩天下，以「內在的穩定」之義勝，而不以「超越的風姿之凸出」之義勝。故不偏于「範圍天地之化而不過」，而偏于「曲成萬物而不遺。」此兩語綜和于一起，而由「範圍」以至「曲成」，非聖賢之理性人格不爲功。（天才英雄如劉邦，則根本不屬于此一套。）由此可見光武之凝斂的理性人格，其爲理性，乃「理解理性」，非聖賢之超越的綜和理性也。其于時代精神上對于「理性」之表現，乃爲以理解理性之形態，而爲內在之表現。此由西漢武帝後之　超越表現」而必至者。吾將于下章，就其種種措施，以明此義。此章明光武之人格，下章明其「理性之內在表現」之客觀意義。

第二章　光武之凝歛的理性人格所決定之時代

茲申論曰：周至春秋尚爲貴族政治。降至戰國，貴族崩壞，士多興起。秦一統旋卽瓦解。漢高崛起布衣，此爲天才時代。遭逢際會者，皆齊頭並列。雖多所殺戮，庸亦隨之。蓋社會無旣成之集團勢力可繼，而秦火之後，學術零落。士人亦不能形成一集團。自武帝崇奬儒術，董仲舒用其理想于政治，士人遂因一共信而同歸一流，而客觀之理念亦樹立而爲時代之型範。自此以後，遂由天才時代轉爲理性時代。顧西漢之理性表現，猶寥廓而荒漠。此固顯其大，而亦有蕪雜。讖緯其例也。此爲理性之超越表現時期，而以宿命論發帝德之終始。此風結集于王莽，遂代漢而爲新。王莽者，乃理性之超越表現下之怪物也。希古不化，迂固不堪。變新名歸舊名，而時人觀之，則作新名不循舊名矣。以故天下騷然，不勝其煩。夫理性投置于外，事事求齊一于典要，而事勢所趨，奔逸絕塵，則事披靡于下，而理縣於往古，兩不相接，乖違生焉。彼一身陷于乖違之糾結中而不能自拔，則必崩解而破滅。居于樞機之地，理不能復其具體之用而調節其生命，則其生命亦必窒塞而鬱悶，陰險而狠愎。愈陰險則愈猥縮，愈猥縮則愈膠固不化，而超然之理亦愈遠揚而漂蕩，寥濶而不能顯其用。彼一身之膠固，卽天下事之膠固。是以不旋踵而身敗名裂也。

夫西漢之理性，自武帝以來，乃由儒生之講說而湧現，此思想之力也。湧現此理想，必有能實踐此理性者。實踐之者，乃精神也。必有精神之主體運用此理性，則理性始能彰其用于現實。武帝雄才大畧，其生命不乾枯也。仲舒善公羊春秋，深于義道，而妙思中出，非道說往古，拾人牙慧者也。故能以理念綱維大一統，而又措之于政制，開士人爲相之局。此其有精神主體爲之運用，故能如此也。精神者心也。心不能縮理，則理遠揚矣。心具體活潑，靈妙而圓轉者也。故理湧現而超越，心亦必廣大而上遂。心不能調適而上遂，則心死而理蕩。心活而理融，則內在而彰其用。武帝而後，社會講說之風，幽隱邃遠，此書生循理追風之事也。而彼講說者不必能爲精神主體。影響及於王莽，則亦循理追風而僵化於其中矣。如是理性見爲非理性。此有兩面可說。一、王莽之變名改作，以致崩解；二、以宿命推致禪讓，釀成王莽之代漢。前者之爲非理性，畧說如上。後者之爲非理性，則固非易明也。夫帝德有終始，擇賢而讓，理之至當也。德之終始，指精神而言也。理持久而經常。讓賢更化，代代新生，是範圍之大理。政事得當，福利人羣，是曲成之脈理。理無興廢，而有隱顯。心無興廢，而有隱顯。心不顯則精神不及。精神不及，則理隱而事廢。理者天也，精神之及不及人也。天工人成之。人能弘道，非道弘人。人不弘道，則道隱。人有氣質，非純靈。故其精神難常及也。有及有不及，是之謂終始。及其不及，則當讓賢而更化。然讓賢亦大德，非精神及者不能備。此非徒注目於理而求之於宿命者所能實現。精神不及，當讓而不讓，此非理也。求之於宿命，則宿命幽遠，不能順致其授受，必至攘奪或戰亂，此亦非理也。故精神不能及，則讓賢不可得。讓賢之理之實現，非只授受者個人精神之及不及，亦須賴社會羣體精神之及不及。羣體精神表現而爲客觀精神，客觀精神表現而爲法律制度。必社會羣體通過其客觀精神而印可一法律而樹立之，然後讓賢更化始可得實現。如此，方爲理性的，此亦爲理性之客觀化。西漢儒生之追慕禪讓，而出之以宿命論，則理性尙未客觀化。故其一落於現實便爲非理性。此卽實現此理之精神主體尙未出現也。然彼能深思至此，亦不可謂其非大心也。

此西漢精神之所以可貴也。

光武承王莽之變亂，早年學於長安，涵泳於西漢經學長流之中，彼固亦有經義教養之人也。其二十八將功名之士，大部亦皆儒生也。鄧禹朱祜輩，又與之爲同學。彼所團聚者實爲一羣執禮有文之秀士。故有田間之樸誠，而無草莽之野氣。有學問理性之凝斂，而無原始生命之燦爛。故以理性勝，而不以天資顯。天資涵泳於理性之中而運道於實際。天資雖不必特顯，而能受理性之函攝，則其心靈亦不死。心活而運理，則天資雖稍差，而理之流澤足以補其短，心之戒愼足以延其慶。有能運理之心，有能受理之資，則亦天資之美也。彼有凝斂之理性，而所團聚者又能契合而接受此理性，故能成一代之模規，保功臣之福祿，而無誅譴。功臣吏職，殊途不相蒙，此爲理性表現之最彰著者，故光武之時代爲一理性時代也。玆舉其大者如下：

第一節　功臣不任吏職

功臣之不任吏職，不獨鑒西漢武帝前之失也，亦不獨個人利害保其福祿而已也。（前人論此，多就史變與利害而言，范曄之論可爲代表。見前引文。）此舉實代表一客觀之理性與一客觀之精神。夫一人之才華有限。雖云際會風雲，實則皆出死入生，攻堅披銳，費盡拔山氣力者。其英華發露，皆本於天性，非可學而能也。敗則英雄悲劇，勝則豐功偉績。只在頃刻間耳。旣秉此天性，而又携其必然之才以盡此天性，則必有其獨特之適應，而不必能回容周旋泛應曲當也。故一旦功成業就，儼若撥雲霧而見青天，則雲淡風輕，儘可全體放下，落大自在。境界高者，則將由此而進於道矣，是謂君子不器。是則其應有之上上之轉進。「高秩厚體，允答元功」，亦朝廷應有之尊崇。而若只保福祿，守妻子，則亦可視爲自然之順化，亦無所用其惜也。光武之運用於其間，非可盡以忌刻視之也。彼此能相喻，雖於私情有所不快，而能强以從理，則亦無所芥蒂矣。故曰此舉實代表一客觀之理性與一客觀之精神。稱美光武非過也。

第二節　峻文深憲、責成吏職

「峻文深憲，責成吏職」，或「治平臨政，課職責咎」，（皆范曄論語），皆所以整飭吏治者也。史屢稱建武永平之治，又屢言光武好吏事，明帝察察爲明。循吏傳稱「吏事刻深」，酷吏傳稱「科網稍密」。皆稍政其不滿。實則承衰亂之後，整飭吏治不能不嚴。循吏所以安民，酷吏則治奸猾。循吏傳所謂「光武長於民間，頗達情僞。見稼穡艱難，百姓病害。至天下已定，務用安靜。解王莽之繁密，還漢世之輕法。……故能外內匪懈，百姓寬恤。……若杜詩守南陽，號爲杜母。任延、錫光，移變邊俗。斯其績用之最章章者也。」是則治民以寬也。然則所謂「嚴猛」則在馭吏耳。一則以寬，一則以猛，而酷吏則治奸猾，不畏權貴，亦可謂光武措法之凝斂。總其精神，則爲文理密察。蓋「曲成不遺」之事也。以法治措政事，必如此，方可盡理。由此足見光武爲一凝斂之理性人格。文理密察，不能不凝斂。曲成不遺，不能不理性。光武之吏治乃東漢開國之一特性，亦與其性格恰相應。（然非殘刻者，故曰凝斂之理性的。）彼爲一凝斂之之理性人格，故其保功臣，好吏事，皆是表示「理性之內在化」，由西漢武帝後之超越表現而爲「內在表現」。其氣收斂而下注，故文理密察，曲成不遺也。西漢元氣盛。武帝前之天才時代，一任元氣充沛之奔放與渾漠。故功臣競逐，或遭殺戮；而非軍功封侯者，亦不得爲相。其蕭規曹隨，好黃老以安天下，則示其元氣之渾樸，亦非有道家修養工夫爲其轉攝也。故其精神表現爲天才的，非經由「自覺」而轉爲理性的也。武帝後，儒術興，而經生之闡幽顯微，思入風雲，亦是元氣之奔放，未經過自覺之坎陷而轉爲構造之理性的，故爲超越之表現，而常與現實扞格不相融，遂結集於王莽之篡漢，而王莽亦崩解。光武之內在的表現，則是經由其凝斂之理性人格，將原始的外在而超越之表現，坎陷而轉爲構造之理性的。有田間之誠朴，而無草莽之野氣。故自元氣而言，誠不若西漢之浩瀚。然不可直視爲墮落也。野氣變爲誠朴，浩瀚斂爲理性，則是將「原始之整全」不自覺地坎陷而爲「理解之理性」（Theoretical reason, understanding）；依是，原始之整全，遂破裂而爲主客體之對立，超越表現亦轉爲內在表現。光武所代表之理性即主客體對立中的理解之理性。文理密察，曲成不遺，即理解理性之表現。措之於政事，則爲吏治之形成。形成即構成，故理解理性即構造理性也。此種理性乃本「原始整全」之浩瀚而來，乃對於「原始整全」之否定，儼若爲墮落，實非墮落也。乃一不自覺之坎陷，或凝斂。不如此，則進一步較高級之精神表現不可能。（若眞直爲墮落，則何能成一代之規模，締造二百年之王業乎？）惟須知，此主客對立中理解理性之表現，必將爲過渡至下一階段更高之綜和之預備。而自此預備階段本身而言之，則由其內在的表現，主客對立間的表現，必將愈順而下之。惟由此順而下之，始能見出其墮落。（一因不能永停止於內在表現之構造期，二因此階段本身必將趨於一更高級之綜和期。）從主客對立言，順而下之，必將成爲對立間之鬥爭：如外戚，宦官，士大夫，三者對立間之鬥爭。此即由理解理性之構造的表現所必然演至者。此將見下。

第三節　內外朝之判分至光武而成立

由此亦可見出光武時代爲一理性之表現時代。茲引錢穆先生國史大綱中之述敘如下：

『西漢初年，王室政府界限不清，而當時官吏組織中亦無宦者之特殊集團。朝廷自皇帝以下，官吏最要者有三公九卿。丞相：輔助天子，總理庶政。御史大夫，副丞相。太尉：丞相爲文官長，太尉爲武官長。以上爲三公。太常：掌宗廟禮儀，屬官有太樂，太祝，太宰，太史，太卜，太醫，等。此爲天子宗廟之守官。………光祿勳：掌宮殿掖（庭）門戶，屬官有大夫，郎，謁者等。大夫掌論議，郎掌守門戶，出充車騎，謁者掌賓讚受事。………衞尉：掌宮門屯衞兵，屬官有宮車司馬，衞士，旅賁等。……太僕：掌御馬。……　廷尉：掌刑辟。大鴻臚：掌諸歸化蠻夷。宗正：掌宗屬。………大司農：掌穀貨，主田租之入，以給國家之公費。少府：掌山海地澤之稅，以給天子之私供養。………以上爲九卿。論其性質，均近於爲王室之家務官，乃皇帝之私臣。而非國家之政務官，非政府正式之官吏。推而上之，可知宰相御史大夫太尉三公，其初實亦帝王私臣。……整個朝廷，初從家庭狀態中蛻化而出，那時自不需另要內廷私臣乃至於宦官。（宦官在當時，與普通士人亦並不歧視。如趙高爲秦二世師，又爲郎中令。司馬遷受腐刑後乃爲中書令。……稱曰宦者，宦本宦學仕宦，非惡稱也。）漢武以雄才大畧獨攬專權。於是重用內朝尚書。（秦少府遣吏四人，在殿中主發書，謂之尚書。尚猶主也。漢初有六尚，屬少府，曰尚衣，尚冠，尚食，尚浴，尚席，尚書，可見其職位之卑。然皆由士人爲之。後世除尙書外，則全變爲宦官之職矣。）奪宰相權。（其時則趙禹張湯等爲九卿，直接奏事，宰相束手。）……晚年又用中書。（武帝晚年常宴遊內廷，不復多與士大夫接，遂用宦者主中書，司馬遷曾爲之長，典尙書章奏。）元帝時遂有弘恭石顯，而宦者逐漸用事。（自御史至尙書，又自尙書至宦官。其間凡三折。漢御史大夫有兩丞，一曰御史丞，一曰御史中丞。御史中丞亦謂御史中執法，居殿中。外督部刺史，內領侍御史十五人。受公卿奏事，舉劾案章。天子事下中丞而至大夫以及丞相，中丞屬於大夫，大夫職副丞相，故宮中之事，丞相無不可制。文景時，丞相欲誅鄧通晁錯，其權擬天子矣。武帝用尙書，中丞不得居中制事，侍御史部刺史皆廢。末年霍光爲大司馬領尙書事，號內府。宣帝中興，復舊制。魏相爲御史大夫，外遣丞相掾史按事郡國，不遣中史。內則奏封事，不經尙書。去副，又加給事中，得宴見，而霍氏以敗。然元帝時，宦者石顯用事，丞相權復盡歸尙書。成帝時，何武建言設三公官，御史大夫改大司空，中丞遂爲御史台長官，出居外台。東漢中丞遂爲台率，始專糾察之任。爲後世御史之職所昉。漢初御史大夫副丞相而得統治宮中事，後世御史爲天子糾察百僚。蓋因政府與王室既分，則二者間權任自移轉也。）

『光武中興，宮中悉用奄人，不復參以士流。于是正式遂有一宦官集團。宦官亦在當時王室與政府之判分下得到其地位。』（東漢郎官已全爲郡國察舉孝廉到京待轉之一階，則自不能仍以爲皇帝內侍。王室與政府之性質既漸分判明晰，則光武之制實不爲非。光武又盡幷天下財賦于大司農，而少府遂專掌宮中服御諸物，衣服寶貨，珍膳之屬。此亦在王室政府逐漸分離下應有之調整。故自御史中丞出居外台，光祿勛移至外朝變爲閒職，三署郎更不值事內廷。（魏以後即無三署郎，而光祿勳爲散官。

自唐以後，三署郎全爲武職，而光祿寺掌膳食，皆與兩漢異。）少府不預聞天下賦稅財政。皆兩漢間政府組織與體統上之絕大改革也。（光武之病在輕三公權任而移之尚書。）」（國史大綱頁一一七——一一九）。

西漢，武帝以前，王室與政府猶未分淸，此示「政治」尚未得其客觀之意義。錢穆先生又云：「武帝以後，中朝（王室）外朝（政府）始分，於是宰相爲外朝領袖，而大司馬大將軍爲內朝輔政。其職（大司馬大將軍）則胥由外戚爲之。宰相其先本爲天子私臣。漢初，宰相皆列侯爲之，此皆相互戮力以爭天下者，在當時亦爲皇帝之私人也。故御史大夫爲副丞相，而御史有中丞，得治王宮之政令。此猶周禮天官冢宰，其屬官得統及皇帝內廷，此非古人立法之善，乃係當時王室與政府公私性質不分明也。及武帝以下，宰相始由士人特起，漸有其尊嚴之地位，而與王室亦漸分離。（此由賈誼敬禮大臣之論，及於公孫弘起徒步以經術爲相，大開東閣，延賓客賢士以與天子內廷侍從諸臣議論政事相往復，實爲宰相地位在意義上之一種變遷也。又按漢制丞相謁見，天子御坐爲起，乘輿爲下，有疾天子往問，薨則車駕往弔。其制不知起何始。似漢初並不爾。）而王室不得不仍有其私臣。（武帝初，嚴助朱買臣等，皆以侍中貴幸用事，得與聞朝政。凡侍中，左右曹，諸吏，散騎中常侍等加官即秉差，漢代所謂中朝官者，皆是。武帝以之與外朝大臣辨論政事。蓋此輩猶爲皇帝之私人秘書也。）于是，遂有大司馬大將軍輔政之制。（此制始武帝末年，以霍光爲大司馬大將軍輔政。蓋由新帝昭帝方幼，宰相地位漸隆，與王室關係漸疏，而宰相之威望則轉不如前，以多平地特起，而非貴胄世襲。武帝用相亦率取其易制，天下務初不關決。以外戚輔政，正以彌補此缺陷也。）於是，中朝外朝判而爲二。

（大司馬，左右前後將軍，侍中，常侍，散騎諸吏，爲中朝；丞相以下至六百石爲外朝。）霍光謂車千秋曰：光治內，君侯治外。時光爲大將軍，車千秋爲丞相也。霍光廢昌邑王，而丞相楊敞事前不預知。光謂此內朝事，無關外朝也。內朝諸臣之領袖以大司馬大將軍爲號者，正見軍人本爲王室私屬。今已由軍人政府轉變爲士人政府，故軍職不爲外朝之丞相，而爲內朝之輔政。……」（國史大綱頁一一四——一一五）。此段所述旨在說明外戚參加王室之由來。關於外戚宗室宦官之政治意義，吾人下段再論。茲先說明內外朝之分以明「政治」之客觀化。武帝以後之所以有此，要者在士人之興起，此賈誼董仲舒公孫弘等人之力也。此步客觀化，正顯示理解理性之初步表現。然在西漢，官吏之國家政治性尙未全部客觀化，又因其時代之籠罩精神爲超越表現，故尙未能至理解理性之充分表現也。至光武宮中悉用奄人，不復參以士流；又盡幷天下財賦于大司農，少府專管宮中服御諸物，不預聞天下賦稅財政；御史中丞出居外台，光祿勳移至外朝變爲閑職，三署郞更不値事內庭：則可謂理解理性之充分表現矣。所謂「充分」自指內外朝之分一點言。其他正尙有未客觀化者，而理性之表現亦正尙有未到之處也。此中之阻碍正在王室之世襲以及附之而起之外戚宗室宦官一大集團。此一集團即是「非理性的」。西漢之超越精神，所謂宿命論之禪讓，經過光武理解理性之內在表現，全消散而無餘，所謂對於「原始整全」之否定，轉化爲主客體對立閒之理解理性是也。假若西漢超越精神中所函蘊之宿命論之禪讓不能通過一種調適上遂之精神主體而自覺地客觀化，則該非理性之部分永不能去除也。此則在以往之歷史發展中所不能企及者。

第四節　三公與尚書權限之輕重

尚書卽皇帝之秘書處。光武重尚書，而輕三公權任。天子總攬百務，而尚書爲其樞機。重尚書權，卽所以集權于天子。此固君主世襲之專制政體所必演至也。此亦至光武顯明。此亦足示光武爲一凝歛之理性人格，表示時代精神爲主客體對立中之理解理性之構造的表現也。此種表現爲對於「原始整全」之否定。在此否定中，將其中之各成分予以沉澱之釐淸而成爲一「對列之局」(Co-ordination-frame)，此卽謂理解理性之構造的表現：三公，尚書，九卿，外戚，宦官，宗室，功臣，天子，皆在此表現中而有獨特之地位。

柳詒徵先生「國史要義」于史權第二附論漢之尚書曰：『東漢開國，以侯霸爲尚書令，始能定當時之政制。

後漢書侯霸傳：「族父淵以宦者有才辨，任職元帝時，佐石顯等領中書。號曰大常侍。成帝時，任霸爲太子舍人。」又曰：「建武四年，光武徵霸與車駕會壽春，拜尚書令。時無故典，朝廷又少舊臣。霸明習故事，收錄遺文，條奏前世善政法度有益于時者，皆施行之。每春，下寬大之詔，奉四時之令，皆霸所建也。」（據此知霸之明習故事，蓋自其族父嘗領中書，故能記識前世善政法度也。）

其時大臣難居相任。（亦見侯霸傳）。政歸台閣。封爵進退，一出尚書。

後漢書馮勤傳：「給事尚書，以圖議軍糧，任事精勤，遂見親識。每引進，帝輒顧謂左右曰：

佳哉吏也。由是使典諸侯封事。勤差量功次輕重，國土遠近，地勢豐薄，不相踰越，莫不厭服焉。由是封爵之制，非勤不定。帝益以爲能。尚書衆事，皆令總錄之。」

補錄侯霸傳：「明年（卽建武五年）代伏湛爲大司徒。封關內侯。在位明察守正，奉公不回。十三年，霸薨。帝深傷惜之……以沛郡太守韓歆代霸爲大司徒。歆字翁君，南陽人。以從攻伐有功，封扶陽侯。好直言。無隱諱。帝每不能容。嘗因朝會，聞帝讀隗囂公孫述相與書，歆曰：亡國之君皆有才，桀紂亦有才。帝大怒，以爲激發。歆又證歲將饑凶，指天畫地，言甚剛切。坐免，歸田里。帝猶不釋。……歆及子嬰竟自殺。……後千乘歐陽歙，清河戴涉，相代爲大司徒。坐事下獄死。自是大臣，難居相任。其後河內蔡茂，京兆王況，魏郡馮勤，皆得薨位。」

補錄馮勤傳：『司徒侯霸薦前梁令閻楊，楊素有譏議，帝常嫌之。既見霸奏，疑其有姦，大怒。賜霸璽書曰：「崇山幽都何可偶？黃鉞一下無處所。欲以身試法耶？將殺身以成仁耶？」使勤奉策至司徒府。勤還，陳霸本意。申釋事理。帝意稍解。拜勤尚書僕射。……遷尚書令，拜大司農。三歲，遷司徒。先是三公多見罪退。帝賢勤，欲令以善自終。乃因讌見，從容戒之曰：「朱浮上不忠于君，下陵轢同列，竟以中傷至今。死生吉凶未可知。豈不惜哉？人臣放逐受誅，雖復追加賞賜賻祭，不足以償不訾（資）之身。忠臣孝子，覽照前世，以爲鏡戒。能盡忠於國，事君無二，則爵賞光乎當世，功名列於不朽，可不勉哉。」……』

案：由尚書轉三公，雖高其位，實是閒置之也。如欲有所樹立，輒不免誅黜。故云：自是大臣，雖居相任。觀光武之語，可知其心目中之尙書與三公之屬性矣。其處三公亦猶處功臣也。職責吏事盡在尙書。功臣閒置，三公亦崇高之象徵也。其理性之內在表現，可謂章章明矣。積之既久，尙書操實權而非相，三公以虛名而受責。選舉誅賞，都由尙書。質言之，則東漢之政府，一秘書之政府也。

後漢書陳忠傳：「時三府任輕，機事專委尙書。而災眚變咎，輒切免公台，忠以爲非國舊體。上疏諫曰：臣聞君使臣以禮，臣事君以忠。故三公稱曰冢宰，王者待以殊敬：在輿爲下，御坐爲起，入則參對而議政事，出則監察而董是非。漢典舊事，丞相所請，靡有不聽。今之三公，雖當其名，而無其實。選舉誅賞，一由尙書。尙書見任，重於三公。陵遲以來，其漸久矣。」」

以上爲國史要義文。吾友李源澄先生曰：「光武之不以三公錄尙書，乃內外相持之道。三公行政，天子亦知政事。既非如宣元時代之中書專政，（以內制外），亦不如漢初之以御史副丞相，與霍光以來以大臣領尙書也。（以外制內）。」（秦漢史，頁一一六）。案：三公不錄尙書，謂之猶有權任可，（尊崇其位，坐而論道。）謂之無權任亦可。（選舉誅賞，一由尙書。）如强行不殆，亦未始非得。

惟三公既有其高位重望，又密邇政樞，則錄與不錄，自無必不可移之理。故自章帝以後，即錄尙書矣。是則光武並未立下定制以誡子孫也。勿寧謂爲因緣湊合，實事所歸，遂趨於判分耳。軍事倥傯之際，鄧禹爲大司徒，然置身戎行，不關政務，而以伏湛代。此時如謂政在三公，則亦可謂事在草創，官吏不備而然。侯霸、馮勤皆由尚書遷轉三公，而侯霸亦幾不免，馮勤又遭從容訓戒。可見尚書爲吏事中樞，既得其人，則久任者便遷轉三公，亦可見光武不欲以權位集於三公一身也。稍有圭角，立見誅戮。韓歆、歐陽歙、戴涉，是也。蔡茂、王況、馮勤皆小心翼翼，始得甍於位。可見光武科法之嚴。明帝察察，能守此規。章帝長者，則有出入。人主之庸碌無能或好淸閒無爲者，則三公必領尚書而權臣成焉。在君主世襲政體下，惟視天子之英明，始能統馭各部而無弊。精神主體在天子。主體立得住，則爲理性之表現。立不住，則必爲非理性。而主體之立得住否卽無保障者。以在以往政體下，天子外戚宦官卽爲一非理性之集團。此集團如不能理性化，則此中心以外者雖理性化，亦無超越之保證，亦必受牽連而變爲非理性。而中心集團之理性化，必賴一客觀的精神主體之建立。惟歷史發展至光武，以其凝歛之理性人格，將此各門判然釐淸，故謂之爲理解理性之表現時代。由此表現而成一定型。此型一成，持續至滿淸。其間若精神主體立不住（指天子個人言，）則卽成爲各部門間之苦門。此後之歷史卽爲一苦門之歷史。

第五節　論尚書之性能

柳詒徵先生國史要義曰：『秘書所重在例案。援據例案，則是非有準。故自孔光石顯皆以明習故事，久居尚書。東漢尚書之稱職者，亦莫不曰曉習故事，閑達國典。所謂「萬事不理問伯始」者，徒以胡廣達練事體，明解朝章耳。

後漢書蔡茂傳，（郭賀附）云：「郭賀能明法，建武中爲尚書令。在職六年。曉習故事，多所匡益。」又黃香傳：「帝惜香幹用，久習舊事，復留爲尚書令。」

又黃瓊傳：「稍遷尚書僕射。瓊隨父（郎香）在台閣，習見故事。及後居職練達，官曹爭議，朝堂莫能抗奪。」

又劉祐傳：「補尚書侍郎，閑練故事，文札强辨。每有奏議，應對無滯，爲僚類所歸。」

又竇武傳：「尙書郎張陵、嬀皓、苑康、楊喬、邊韶、戴恢等文質彬彬，明達國典。」

又陽球傳：「補尚書侍郎，閑達故事。其章奏處議，常爲台閣所崇信。」

又胡廣傳：「達練事體，明解朝章。雖無謇直之風，屢有補闕之益。故京師諺曰：萬事不理問伯始，天下中庸有胡公。」

故事不賅，則求之經訓。

後漢書張敏傳：『爲尚書。建初中，有人侮辱人父者，而其子殺之。肅宗貰其死刑而降宥之。自後因以爲比。是時遂定其議，以爲輕侮法。敏駁議曰：「……孔子曰：民可使由之，不可使知之。春秋之義，子不報讎，非子也。而法令不爲之減者，以相殺之路不可開故也。……」議寢不省。敏復上疏曰：「……孔子垂經典，臯陶造法律，原其本意，皆欲禁民爲非也。未曉輕侮之法，將以何禁。……」和帝從之。』

又韓稜傳：「竇憲與車駕會長安，尚書以下，議欲拜之，伏稱萬歲。稜正色曰：夫上交不諂，下交不黷。禮無人臣稱萬歲之制。議者皆慚而止。」

經典故事，咸得其比，則權倖畏之。亦猶民主國家，必援據憲法。其限制君權，體恤民物，有時且可獨申己意，不爲羣議所撓。

後漢書楊秉傳：「劾奏中常侍侯覽具瑗等。……書奏。尚書召對秉掾屬曰：公府外職，而奏劾近官，經典漢制，有故事乎？秉使對曰：春秋趙鞅以晉陽之甲逐君側之惡。傳曰：除君之惡，惟力是視。鄧通懈慢，申屠嘉召通詰責。文帝從而請之。漢世故事，三公之職，無所不統。尚書不能詰。帝不得已，竟免覽官，而削瑗國。」

又朱暉傳：「元和中，肅宗巡狩。召南陽太守問暉起居，召拜爲尚書僕射。……是時穀貴，縣官經用不足。朝廷憂之。尚書張林上言，穀所以貴，由錢賤也。可盡封錢。取布帛爲租，以通天下之用。又鹽，食之急者，雖貴人不得不須。官可自鬻。（古煮字）。又宜因交阯益州上計吏往來，市珍寶，收采其利。武帝時所謂均輸者也。於是詔尚書通議。暉奏：據林言，不可施行。事遂寢。後陳事者復重述林前議，以爲于國誠便。帝然之。有詔施行。暉復獨奏曰：王制，天子不言有無，諸侯不言多少，食祿之家不與百性爭利。今均輸之法與賈販無異。鹽利歸官，則下人窮怨。布帛爲租，則吏多姦盜。誠非明主所當宜行。帝卒以林等言爲然。得暉重議，因發怒切責諸尚書。暉等皆自繫獄。三日，詔勅出之，曰：國家樂聞駁議，黃髮無愆，詔書過耳。何故自繫？暉因稱病篤，不肯復署議。尚書令以下惶怖。謂暉曰：今臨得譴讓，奈何稱病？其禍不細。暉曰：行年八十，蒙恩得在機密，當以死報。若心知不可而順旨雷同，負臣子之義。今耳目無所聞見，伏待死命。遂閉口不復言。諸尚書不知所爲，乃共劾奏暉。帝意解，寢其事。後數日，詔使直事郎問暉起居，太醫視疾，太官賜食。暉乃起謝。」

又虞詡傳：「遷尚書僕射。……先是，寧陽主簿詣闕訴其縣令之枉。帝大怒。持章示尚書，尚書遂劾以大逆。詡駁之曰：主簿所訟，乃君父之怨。百上不達，是有司之過。愚蠢之人，不足多誅。帝納詡言，笞之而已。詡因謂諸尚書曰：小人有怨，不遠千里，斷髮刻肌，詣闕告訴，而不爲理，豈臣下之義？君與濁長吏何親，而與怨人何仇？聞者皆慚。」

故漢廷之優禮尚書，冠冕百僚。良以尚書能爲元首處理國事，恆得其宜。不獨司喉舌，工文牘，以稍勤自效，爲人主私人已也。

後漢書宣秉傳：「光武特詔御史中丞與司隸校尉尚書令，會同並專席而坐。故京師號曰：三獨坐」。

又鍾離意傳：「藥崧者，河內人。天性朴忠。家貧爲郎。常獨直台上。無被枕杫。食糟糠。帝每夜入台。輒見崧，問其故。甚嘉之。自此詔大官賜尚書以下，朝夕餐給，帷被皂袍，及侍史二人。」（漢官儀：尚書郎入直台中，官供新青縑白綾被或錦被。晝夜更宿。帷帳畫，通中枕，臥旃蓐。冬夏隨時改易。大官供食，五日一美食。下天子一等。尚書郎伯史二人，女侍史二人。皆選端正者。伯史從至止車門還。女侍史潔被服，執香爐燒燻，從入台中，給使護衣服也。）

又韓稜傳：「五遷爲尚書令。與僕射郅壽，尚書陳寵，同時。俱以才能稱。肅宗嘗賜尚書劍。唯此三人，特以寶劍。自手署其名，曰：韓稜楚龍淵，郅壽蜀漢文，陳寵濟南椎成。時論者爲之說，以稜淵深有謀，故得龍淵。壽明達有文章，故得漢文。寵敦朴，善不見外，故得椎成。」

西漢重臣，率稱領尚書，或平尚書事，視尚書事，幷參尚書事。東漢則曰錄尚書事。其兩人並命，則曰參祿尚書事。

後漢書，章帝紀：「以趙熹爲太傅，牟融爲太尉。並錄尚書事。」

和帝紀：「以鄧彪爲太傅，賜爵關內侯，錄尚書事，百官總己以聽。」

又：「大司農尹睦爲太尉，錄尚書事。」

殤帝紀：「太尉張禹爲太傅，司徒徐防爲太尉，參錄尚書事。」

安帝紀：「太尉馮石爲太傅，司徒劉熹爲太尉，參錄尚書事。」

順帝紀：「太常桓焉爲太傅，大鴻臚朱寵爲太尉，參錄尚書事。」

冲帝紀：「以太尉趙峻爲太傅，大司農李固爲太尉，參錄尚書事。」

質帝紀：「司徒胡廣爲太尉，司空趙戒爲司徒，與梁冀參錄尚書事。」

靈帝紀：「以前太尉陳蕃爲太傅，上竇武及司徒胡廣參錄尚書事。」

獻帝紀：「司徒王允錄尚書事，總朝政。」

又：「鎭東將軍曹操自領司隸校尉，錄尚書事。」

（案：由此可見自章帝起，光武之不以三公錄尚書，全廢矣。與西漢無以異也。）

夫以一文牘秘書之機構，而內外演變，極其複雜而重要者何也？準故事則有例案可循，而行政合于心習；操命令則有威權可擅，而事先宜愼防維。賢明之主，以太史內史隸六官，則政治無不公開。

專制之世，以尚書中書爲內職，則宰制任其私便。故觀於兩漢尚書之職，可以得政權之要義焉。分職愈多，轄地愈廣，集權愈尊。委任大臣，則慮兩府三公奪其魁柄；總持禁近，則惟左右侍臣爲其腹心。於是由齟齬而調整，又必就外臣之可倚重者，總領其事，而其他重臣不參機密，僅能負其所掌一機關之責。於大政無與焉。明之各部，尚書不入內閣者，不敵大學士之尊。清之大學士不入軍機者，亦不過虛擁中堂之名。前後一轍也。顧此秘書文牘之職，由人主與大臣爭權，而爲此因齟齬而調整之機構，又別有兩患焉。禁近復藏內幕，則宦豎之力得而篡之。外官或擅兵柄，則武人之力得而奪之。歷朝已事，不可縷舉。要皆集權之必然趨勢也。……論漢尚書之職，必上推之於周之史職，下極之於後世之祕書，其義始備。古史起源，固亦不過專司記錄。以其切近主權者，諫爭規勸，易於進言，而史權由之而重。漢之尚書非其比矣。然如申屠剛鍾離意張陵諸賢，焜耀史策，實亦可以成主德而申公憲。

後漢書申屠剛傳：「遷尚書令。光武嘗欲出遊，剛以隴蜀未平，不宜宴安逸豫。諫不見聽。遂以頭軔乘輿輪。帝遂爲止。」

又鍾離意傳：「顯宗卽位，徵爲尚書。時交阯太守張恢坐贓千金，徵還伏法。以資物簿入大司農。詔班賜羣臣。意得珠璣，悉以委地，而不拜賜。帝怪而問其故。對曰：臣聞孔子忍渴於盜泉之水，曾參回車於勝母之閭，惡其名也。此贓穢之寶，誠不敢拜。帝嗟歎曰：淸乎尚書之言。乃更以庫錢三十萬賜意，轉爲尚書僕射。車駕數幸廣成苑，意以爲從禽廢政，常當車陳諫般樂遊田之事，天子卽時還宮。」又曰：「時詔賜降胡子縑，尚書案事，誤以十爲百，帝見司農上簿，大怒。召郎將笞之。意因入叩頭曰：過誤之失，常人所容。若以懈慢爲愆，則臣位大罪重，郎位小罪輕。咎皆在臣。臣當先坐。乃解衣就格。帝意解，使復冠，而貰郎。帝性褊察，好以耳目隱發爲明。故公卿大臣，數被詆毀。近臣尚書以下至見提拽。常以事怒郎藥崧，以杖撞之。崧走入牀下。帝怒甚，疾言曰：郎出郎出。崧曰：天子穆穆，諸侯煌煌。未聞人君自起撞郎。帝赦之。朝廷莫不悚慄，爭爲嚴切，以避誅責。唯意獨敢諫爭。數封還詔書。臣下過失，輒救解之。」

又張陵傳：「官至尚書。元嘉中，歲首朝賀。大將軍梁冀帶劍入省。陵呵叱之，令出。勑羽林虎賁奪冀劍。冀跪謝，陵不應。即劾奏冀。請廷尉論罪。有詔以一歲俸贖。而百寮肅然。初冀弟不疑爲河南尹，舉陵孝廉。不疑疾陵之奏冀。因謂曰：昔舉君，適所以自罰也。陵對曰：明府不以陵不肖，誤見擢序，今申公憲，以報私恩。不疑有愧色。」

故制度無定，亦視居其職者之若何。至如翟酺之詐孫懿，以求爲尚書，則學者之無行，可資戒監者耳。

後漢書翟酺傳：「時尚書有缺，詔將大夫六百石以上，試對政事天文道術，以高第者補之。酺自恃能高，而忌故太史令孫懿。恐其先用。乃往候懿。既坐，言無所及，惟涕泣流連。懿怪而問之。酺曰：圖書有漢賊孫登將以才智爲中官所害，觀君表相，似當應之。酺受恩接，悽愴君之禍耳。懿憂懼，移病不試。由是酺對第一，拜尚書。」（試尚書以天文道術，亦可見尚書性質與古史官相近。）』【案：時安帝始親政。選試尚書，正在此時。「西漢之季，以博士高第爲尚書，蓋必經光祿選試。東漢之季，則由三公選薦，或出特拜，不經選試。」（柳詒徵國史要義頁三十六）。後漢書李固傳：「舊任三府選令史，光祿試尚書郎。時皆特拜，不復選試」。此在順桓之間也。又王暢傳：「是時政事多歸尚書。桓帝特詔三公令高選庸能。太尉陳蕃薦暢清方公正，有不可犯之色。由是復爲尚書。」東漢試對，或偶一爲之）

柳詒徵先生國史要義論古代史官之職掌，下及兩漢之尚書，以爲同一源流。故云：「試尚書以天文道術，亦可見尚書性質與古史官省近。」此通識也。又云：

「綜觀史迹，古史之權，由隆而替，古史之職，亦由總而分。夫古之五史，職業孔多，蔽以一語，則曰：掌官書以贊治。由斯一義，而歷代內外官制，雖名實貿遷，沿革繁夥，其由史職演繹者乃特多。是亦研究史權所宜附論及之者也。吾國自周官以後，殆無一代能創立法制。設官分職，大抵因仍演變，取適一時。故雖封建郡縣，形式不同，地域廣輪，日增於昔，而內外重要職務，恆出於周之史官。其由周代中士下士之御史，演變爲御史大夫中丞，建立台察之制，爲世所共知者。無論矣。秦漢京師地方長官，實曰內史。秦以御史監郡，漢由丞相御史刺州。嗣遂演爲刺史州牧之職。（均見漢書百官公卿表）。蓋史本秘書幕職，近在中樞，熟諳政術，且爲政治首長所親信，故對於首善之區，及地方行政，典司督察，勝於外僚。後世如金元行省以中書省臣出領，清之督撫猶帶尚書侍郎職銜，均此意也。周官之職，相權最尊。而太史內史執典禮以相匡弼。法意之精，後世莫及。秦漢不知禮意，而以丞相總大政，御史大夫貳之，猶存周制於什一。武宣以降，丞相與御史大夫之權浸微，大權悉操於人主。此其與古制最相舛戾者也。（觀周官國政咸總於冢宰，知其時王者實垂拱無爲。）然人主以私意而忘禮意，而事實所需，仍不能出於古制。爰有中書尚書，近在宮禁，典治官書，出納詔奏，其職實周之內史。惟周之內史，爲外廷之要職，而中書尙書爲天子之私入耳。司馬遷以太史令爲中書令，卽以外廷之史變爲內廷之史之証。成帝罷宦官，增置尙書，分曹治事。迄東漢而政歸台閣，三公徒擁虛名。居相位者非領尙書錄尙書事，不得與聞機要。蓋以內史掌相權，而又懼內外之隔閡，復以宰相參加內史，與周制適成一反比例矣。知中書尙書之爲內史，則知魏晉以降演變至唐爲中書尙書門下三省，至宋爲中書門下，至元及明初爲中書省，明中葉至淸初爲殿閣大學士，淸雍乾以降爲軍機大臣者，皆內史也。（門下省自漢之僕射侍中給侍中演變，亦卽內史。故給事中尙封駁。以其職在內廷得進言於人主，與聞用人行政也。）而尙書由漢之六曹，演變爲六部，則又以內史而變爲行政長官，與內史之出爲地方長官，同一性質。故吾謂歷代內外重要官制，皆出於史也。唐宋時，內史變爲相矣，史職仍不可闕，於是有翰林學士掌內制，中書舍人掌外制，卽古史之掌策命者也。翰林學士號爲內相，演變而爲明之大學士，史又變爲相矣。上下二千年，或以史制相，或以相領史。及史變爲相，復別置史，而史又變爲相。故二千年中之政治，史之政治也。二千年中之史，亦卽政治之史也。子母相生，最可玩味，而其利弊得失，亦復循環相因。無論武人崛起裔族勃興，苟欲經世保邦，必倚史以成文治，此其利與得也。君主專制，不知任相，而所倚以爲治者，因亦不能創制顯庸，第以奉行故事、熟習例案、救弊補偏、適應環境爲事。此其弊與失也。夫以進化公例言，萬事演蛻，胥由混合而區分。吾國史權最隆之時，乃職權混合之時。至其區分，則行政監察著述，各席其權，而分途演進，不得謂史權之沒落。惟不綜觀官制及著作之淵源，乃不能得其條理脈絡之所在耳。……」（國史要義，史權第二。）

第六節　史、尙書、相之理想性及制度性

歷唐虞夏商而至周，史官掌官書以贊治，正歲年以序事。其所持者爲禮義，其所成者爲敎化。此實民族活動核心靈魂之所在，亦指導原則之所從出也。於此，吾見其理想性。而此現想性不離於政事。五史之職掌官書典册，據之以逆以考以辨以贊。於此，吾見其制度性。此理想性與制度性，惟在構造時期，始能合一：合一而成爲一構造之時代。此構造精神，至周而集古代之大成，遂成爲吾華族文化型態之定型。正宗之儒家思想由其中之理想性而展開，而漢之宰相與尙書，則由其中之制度性而演變。秦滅六國，置郡縣，西漢承之，又爲一構造之時代。武帝以前，西漢初期，爲天才時代。因襲秦制，不能自作。非軍功不封侯，非封侯不拜相。至武帝，董仲舒應世，乃進入理性時代。時代精神之爲構造的，至此乃特顯。於是，宰相歸於士人，有其獨立之尊嚴，（意義上）；內外判分，政治有其客觀之意義。此亦在理想性與制度性合一之構造精神下而產生者。至乎光武，以其凝斂之理性人格，而成爲理解理性之構造的表現，於是，尙書，宰相，功臣，外戚，宦官，皇帝，皆釐淸而成爲一「對列之局」。此爲周後之第二度定型時期。以其本理解理性之構造精神而爲定型，故當其在形成進程中，亦爲理想性與制度性之合一。此與制度性合一之理想性乃表現於尙書。尙書者秘書也，有類於古史官。故柳詒徵先生曰：「尙書在帝左右，掌制詔，下御史，讀章奏，主封事。（漢書魏相傳：故事，諸上書者皆爲二封，署其一曰副，領尙書者先發副封，所言不善，屏去不奏。相復因許伯白去副封，以防壅蔽。）累朝故事，皆歸掌錄。故尙書號爲百官之本，樞機重職。以愼密而能守法爲貴。臣門如

市，臣心如水。世傳爲名言。（漢書鄭崇傳：上責崇曰：君門如市人，何以欲禁切主上？崇對曰：臣門如市，臣心如水。）」（國史要義頁三八——三九）。此柳先生述西漢也。亦通東漢。及東漢，凡爲尙書者，則後漢書所載，莫不曰：「曉習故事，閑達國典。」此見上節所錄。光武之贊馮勤曰：「佳哉吏也」。以及京師諺曰：「萬事不理問伯始。」皆足示東漢時尙書之特性。惟在此亦可見：兩漢尙書之理想性，雖因其爲構造的，亦同於夏商周之史官，然其不同者亦有可得而言者，卽在史官，則爲創造的構造者，故其理想性較高遠，而在兩漢，尤其東漢，則爲承續的構造者，故其理想性較內在。曉習故事，閑達國典。以愼密守法爲貴，故事不賅，求之經訓。經訓故典，咸得其比，則理想性在內，制度性亦在內，而內在性亦較甚也。故爲承續的構造者。蓋自周孔以來，典憲之累積已備，觀念之系統已立，故經訓故典有所承也。有所承而構造，則其最大之成就，卽爲內外朝之判分，各部門之澂清，總之，因外朝之理性化，使政治具有客觀之意義。此在歷夏商而至「周之定型」所未能達到者。周之定型爲貴族政治之定型，而亦因氏族社會之發展，尙不脫家族型態（家長制）之規模，故公私亦渾融而不分，亦卽內朝外朝未至判然而對立。然旣爲一封建王朝之建立，貴族政治之運用，則在一渾融不分之整全中，總有客觀之成分含在內。周公制禮，同姓不婚，傳子不傳弟，大宗不遷，小宗可遷，皆示政治之制度性與客觀化。而且宰史直輔王室，王室亦未深藏內處具有一私屬之集團，故表面視之，亦可謂極公者。天子實較近于垂拱而治，非如後世之集權；而貴族政治極重等級與分位，禮法不亂，雖天子亦爵稱。此亦足見其「客觀而公」也。然自歷史精神之發展言之，此仍爲一「原始之整全」。此「整全」之成，乃由氏族社會之長期發展，二帝三王之創造的活動，史官之掌官書以贊治，正歲年以序事，理想性與制度性合一之創造的構造，自民族靈魂深處而湧發者也。其爲構造，乃向上而前衝之開闢的，乃自洪濛中而衝出也。故爲創造的構造。春秋戰國，爲破裂時期。貴族政治崩壞，封建王朝亦將轉而爲郡縣之大一統。士人崛起，而只爲思想的。孔孟荀將「周文」予以反省的解析而抒發其意義，此爲典憲（制度）與理想在思想上之合一。由此而確定吾華族活動所依據之文化意識之模型。然而此思想上之模型與現實政治趨勢不相融，故一方表示該時代不能成爲構造的，一方亦只有垂空文于來世。至漢武，士人携儒術而參政，立外廷而爲相，理想性與制度性合一，復成爲構造之時代。所謂構造時代，意即：領導時代之集團必有士人與之合作而爲一體之主宰力量，即代表理想者必具有向心力而承認此時代有一公共之標準爲其所肯定，故無論在朝在野，其心思或理想皆具備一共同之傾向。若不具備此條件，則即爲破裂之時代，而士人亦只有退處于社會而抒發其理想，或爲別方面之種種表現。夏商周而後，兩漢可謂一構造時代。西漢爲理性之超越表現，東漢爲理性之內在表現。此如前述。光武以其理解理性之構造，澄清各部門爲一「對列之局」。此在此種構造進程中，精神主體（皇帝個人）能立得住而不散亂，則各部門即得一協調而共成其用。然此精神主體立得住否，乃無保証者，而其本身及其所私屬之集團乃非理性者：理性中有非理性之成分，則此共成其用之各部門即不能永維持其協調。一旦精神主體立不住，則理性的與非理性的必處于對立而鬥爭之狀態。蓋因在理解理性之構造表現中，各部門皆有其獨特之特性。因處于構造時代，肯定一公共之標準（理想），而參與此對列之局，故當精神主體不能盡其調節的綜和之用時，則有獨立特性之各部門即頓然下墜而退處于其自身以與其自身以外者相對抗，即，成爲：理性的與非理性的間之鬥爭。前者期在剷除後者，而使對列之局全成爲理性的；後者則意在屠戮前者，以排除其「私欲擴充」之阻碍。此爲光明與黑暗之鬥爭。然不知黑暗（非理性的）之消除，乃在須由光明之照射而轉化之，不能與之處于對立之狀態而直接搏鬥之。直接與之搏鬥，則非理性的即被投置而爲一獨立之客體，而「理性的」亦因此客體之限制而退處于相對地位之主體。處于相對地位之主體不是較高級之理性的。故只有對立之搏鬥，不能轉化之成爲較高級之綜和。故其所嚮往之「全爲理性的」對列之局，乃不能由此而獲得者。理性的主體，如欲轉化非理性的客體而成爲較高級之綜和，則必須首先超轉其自己，轉出一較高級之精神主體，客觀而公共之精神主體，而後可。然在光武之時代，此較高級之精神主體乃不能出現者。精神主體爲個人，（皇帝），故只爲主觀之主體，而不能客觀化者，不能理性化者。依此，此對列之局中理性的一部門亦只有在相對之地位，而不能超轉而爲絕對之地位。依此，亦只有處于直接搏鬥之地位。在此直接搏鬥中，史、尚書、相，由于其構造中之理想性而轉爲在鬥爭中代表理想，而宦官外戚（在東漢以宦官爲主）即由構造中之非理性的潛伏性變爲鬥爭中之顯明的非理性，代表純物化。此爲東漢末年之局，黨錮之禍之所由起也。此蓋爲光武時代所必然引至者。及至鬥爭結果，而不能轉出較高級之綜和，則光武的理解理性之構造時代即破滅，而下趨於沉滯之純物化，對立不可得，鬥爭亦不可得矣。此即爲魏晉南北朝之時代。此時代幾近四百年，可謂長期之黑暗。

第七節　經術教化之培養

尚書宰相何以在構造中具有理想性，在鬥爭中，又謂其能代表理想耶？蓋因經術教化之培養故。

光武自身卽爲一儒生。吾人前謂構造時代必能吸住士人而成爲一共同之傾向。光武時代卽能作到此步也。有一學術風化爲其時代之向心背景，故能大體代表理想也。光武帝紀：「建武五年：……齊地平，初起太學。車駕還宮，幸太學，賜博士弟子，各有差。」又：「中元元年……是歲，初起明堂，靈台，辟雍，及北郊兆域。宣布圖讖于天下。」明帝紀：「（永平）二年三月臨辟雍，行大射禮。…… 冬十月壬子幸辟雍，初行養老禮。詔曰：光武皇帝建三朝之禮，而未及臨饗。（三朝之禮謂中元元年初起明堂辟雍靈台也。）眇眇小子，屬當聖業。間暮春吉辰，初行大射。今月元日，復踐辟雍，尊事三老，兄事五更。安車輭輪，供綏執綏。侯王設醬，公卿饌珍。朕親袒割，執爵而酳。祝哽在前，祝噎在後。升歌鹿鳴，下管新宮（新宮，小雅逸篇）。八佾具修，萬舞于庭。朕固薄德，何以克當。易陳負乘，詩刺彼己。（易曰：負且乘，致寇至。詩曰：彼己之子，不稱其服也。）永念慚疚，無忘厥心。三老李躬，年耆學明。五更桓榮，授朕尙書。詩曰：無德不報，無言不酬。其賜榮爵關內侯，食邑五千戶。三老五更，皆以二千石祿終養厥身。其賜天下三老酒人一石，肉四十斤。有司其存耆耋，恤幼孤，惠鰥寡，稱朕意焉。」又永平九年，「爲四姓小侯開立學校，置五經師。」（袁宏漢紀曰：「永平中，崇尙儒學，自皇太子諸王侯及功臣子弟，莫不受經。又爲外戚樊氏郭氏陰氏馬氏諸子弟立學，號四姓小侯，置五經師。」以非列侯，故曰小侯。）章帝紀：「建初四年詔曰：蓋三代導人，敎學爲本。漢承暴秦，褒顯儒術，建立五經，爲置博士。其後學者精進。雖曰承師，亦別名家。孝宣皇帝以爲去聖久遠，學不厭博，故遂立大小夏侯尙書，後又立京氏易。至建武中，復置顏氏嚴氏春秋，大小戴禮，博士。此皆所以扶進微學，尊廣道藝也。中元元年，詔書五經章句煩多，議欲減省。至永平元年，長水校尉儵（樊儵）奏言，先帝大業，當以時施行，欲使諸儒共正經義，頗令學者得以自助。孔子曰：學之不講，是吾憂也。又曰：博學而篤志，切問而近思，仁在其中矣。於戲，其勉之哉。于是，下太常，將大夫、博士、議郎、郎官，及諸生諸儒會白虎觀，講議五經同異。使五官中郎將魏應承制問，侍中淳于恭奏，帝親稱制臨決，如孝宣甘露石渠故事。（前書甘露二年，詔諸儒講五經異同于石渠閣。上親制臨決。）作白虎議奏。（今白虎通）。」又建初八年詔曰：「五經剖判，去聖彌遠，章句遺辭，乖疑難正。恐先師微言，將遂廢絕，非所以重稽古求道眞也。其令羣儒選高才生，受學左氏穀梁春秋，古文尙書，毛詩，以扶微學，廣異義焉。」儒林傳序文亦曰：「昔王莽更始之際，天下散亂，禮樂分崩，典文殘落。及光武中興，愛好經術。未及下車，而先訪儒雅，採求闕文，補綴漏逸。（案此可見光武之時代與性格不同于漢高處。）先是，四方學士多懷挾圖書，遁逃林藪。自是，莫不抱負墳策，雲會京師。范升、陳元、鄭興、杜林、衞宏、劉昆、桓榮之徒，繼踵而集。（案此可見時代學術士人之向心性）。於是，立五經博士，各以家法教授。易有施、孟、梁丘、京氏；尙書歐陽、大小夏侯；詩齊、魯、韓、毛；禮大小戴；春秋嚴、顏：凡十四博士。太常差次總領焉。（案此可見時代之領導觀念以此爲總發源）。建武五年，乃修起太學。稽式古典。籩豆干戚之容，備之于列。服方領，習矩步者，委它乎其中。中元元年，初建三雍。明帝卽位，親行其禮。天子始冠通天，衣日月，備法物之駕，盛淸道之儀。坐明堂而朝羣后，登靈台以望雲物。袒割辟雍之上，尊養三老五更。饗射禮畢，帝正坐自講，諸儒執經問難于前。冠帶縉紳之人，圜橋門而觀聽者，蓋億萬計。其後，復爲功臣子孫，四姓末屬，別立校舍，搜選高能，以受其業。自期門羽林之士，悉令通孝經章句。

匈奴亦遣子入學。濟濟乎，洋洋乎，盛于永平矣。（案此可見朝野上下內外士仕　于領導觀念之無間。）建中初，大會諸儒于白虎觀，考詳同異，連月乃罷。肅宗（卽章帝）親臨稱制，如石渠故事。顧命史臣，著爲通義。（卽白虎通義）。又詔高才生受古文尙書毛詩，穀梁左氏春秋。雖不立學官，然皆擢高第爲講郎，給事近署。所以網羅遺逸，博存衆家。孝和亦數幸東觀，覽閱書林。」

案以上所述，皆爲光武、明、章，時期之盛況。關此，吾有二義可說：一、內聖外王之學，卽所謂經世之學，必須領導時代，方能有其現實之用；而其領導時代，必須領導時代之人亦卽沐浴于此學之中。學術爲一籠罩之原則，爲一客觀之骨幹，際會風雲者，其智能及而仁能守，則一人唱之，百人和之，所謂內外上下契合無間，以此爲共信之指導觀念，皆向之而趨也。此謂學術之具客觀有效性，而時代亦爲構造時代也。不可謂領導政事之人利用此學術，亦不可謂草莽之士携此學術以圖利也。學術與政事脫節，此學術之悲，亦政事之悲也。昏亂之世，政事無可爲，士人高蹈以抱孤明，或處草野以抒發理想，或遁隱山林以娛情性。此皆可尙者也，而亦令人生悲者也。然積習旣久，人多以此爲清高，而已亦以此自鳴高，以破裂爲常性，以不與于政事爲本分，則凡欲實現理想者，皆以爲非純學者所應爲，爲之，則謂爲統制者所利用，爲染污純學術。此則小智之鄙陋。殊不知破裂乃不得已之悲劇，亦不知尙有構造之時代也。若以積習旣久之陋心視構造時代之無間爲利用，則井底之蛙，不知有廣大之天也。自趨于喪德不仁之境專以反對爲事而不自知也。二、此學以成敎化，美風俗，敦性情，礪品節，爲主旨。故社會成其風，朝廷奬其行，人才由此出，任之以政事。非若從事名數及自然科學者之可與世事不相干也。（名數及科學之成爲學，在人性中別有一根源，吾華族在以往尙未顯發出。至于內聖外王之學，立己行世之學，則吾華族特別彰顯。惟此尙非東漢時代之所担負者。）東漢以經學通朝野上下之志，立時代風尙之綱維，故當在構造進程中，能成一代之規模，成其爲理解理性之構造的表現，而在與「非理性」鬥爭中，又能代表理想，表現其獨立不拔之氣節。然此種敎化所養成之士風，乃由在一外在之名敎方式下所鑄成，尙未在自覺方式下通過一「內在道德性」而恢復其純精神性；又因在一理解理性之「對列之局」下而養成，乃直接套于多事之政治中，其理性，在內在方面，並未通過內在道德性而恢復其純精神性，（必須通過這一關），因而在外在方面，亦未通過「純精神性」一關而客觀化成爲內在實現之理性，故在鬥爭激蕩中，就人方面說，只能表現爲氣節人格，就事方面說，只有全體倒塌，而進入魏晉南北朝之沈滯的純物化，表現爲極無理想性之風流與淸談。吾友李源澄先生云：「夫道德在於淑身，非詫時以爲名也。貴乎自發，非矯情以徇乎外也。雖然，以名爲敎，亦足以感發人之善心，使不肖者企而慕之，故名敎尙焉。名敎之成賴有淸議，淸議之實卽爲名敎，而儒家之經典，則又名敎淸議之所本也。三者相依爲用，見重於漢世。東京風俗之美，卽由乎此。」（秦漢史頁一四九——一五〇）。此亦中肯之言。然所謂「淑身」「自發」之充其極的意義以及其在歷史社會中所表現之作用，尙未能道出也。蓋此非只個人修養而已也。無論如何，東漢士風在外在名敎下所鑄成，則無疑也。徵辟察舉，使其有通於政事之獎勵，一也。章句之煩瑣必流於淸議，二也。在此兩條件下，固多特立獨行之士，而「特」之極爲怪，「獨」之極爲異，及其流於怪異，則弊亦隨之。氣節自佳，偏激亦不免。此爲名敎所必至者。故後漢書儒林傳序文亦云：「自是遊學增盛，至三萬餘生。然章句漸疏，而多以浮華相尙。儒者之風蓋衰矣。」此所謂「浮華相尙」，卽流於淸議也。儒林傳最後又論曰：「自光武中年以後，干戈稍戢，專事經學，自是其風世篤焉。其服儒衣，稱先王，遊庠序，聚橫塾者，蓋布之於邦域矣。若乃經生所處，不遠萬里之路；精廬暫建，贏糧動有千百。其耆名高義，開門受徒者，編牒不下萬人。皆專相傳祖，莫或訛雜。至有分爭王庭，樹朋私里，繁其章條，穿其崖穴，以合一家之說。故揚雄曰：今之學者，非獨為之華藻，又從而繡其鞶帨。夫書理無二，義歸有宗。而碩學之徒，莫之或徙。故通人鄙其固焉。又雄所謂譊譊之學，各習其師也。且觀成名高第，終能遠至者，蓋亦寡焉。而迂滯若是矣。然所談者仁義，所傳者聖法也。故人識君臣父子之綱，家知違邪歸正之路。自桓靈之間，君道秕僻，朝綱日陵，國隙屢啓。自中智以下，靡不審其崩離。而強權之臣，息其闚盜之謀，豪俊之夫，屈於鄙生之議者，人誦先王言也，下畏逆順勢也。至如張溫皇甫嵩之徒，功定天下之半，聲馳四海之表，俯仰顧盼，則天業可移。猶鞠躬昏主之下，狼狽折札之命，散成兵，就繩約，而無悔心。暨乎剝橈自極，人神數盡，然後羣英乘其運，世德終其祚。跡衰敝之所由致，而能多歷年所者，斯豈非學之效乎？故先師垂典文，褒勵學者之功，篤矣切矣。不循春秋，至乃比於弒逆。其將有意乎？」范曄之論，固亦善矣。殊不知迂滯不通，必反而為清議。誦先王言以維名教，使權強有所斂手，以待終於自然之運，則亦時代精神之必有其極也。而不知此時代精神之本質之何所是。誦先王言之名教，固亦能成風力而持世運，然不知由此尚有進一步之轉進，「先王言」亦可有更高之境界。識乎此，而後可以評判歷史，指導歷史，而引生新時代矣。非可囿於現實之功效，純依自然之世運，即謂已足也。下述黨錮之禍，以明此中之曲折。

第三章　理性的與非理性的間之鬥爭

自周之封建貴族政治過去後，皇帝之所以疏遠宗藩者甚嚴。故自君主專制後，宗藩自始即不能爲害。西漢初年用功臣。至武帝用士人爲相。光武自覺地善處功臣，功臣亦閒置不爲害。故自秦漢以後，二千年來，宗藩與功臣兩類已得其客觀處置之道。蓋此兩類之問題性甚易警覺及之也。皇位世襲，有宗法社會之原則以處理宗藩。功臣雖際會風雲，以建功立業，然究非皇帝之主觀的私屬品，亦自有其客觀之尊嚴。所謂君臣以義合，亦自可以義道處之也。惟皇帝，外戚，宦官，三者爲非理性的。皇帝首出庶物，無客觀的法度以限制之，其本身即爲非理性的。宦官外戚，則繫屬於此非理性的之主幹而亦爲非理性的。外戚則因骨肉之關係而繫屬於非理性之主體，雖稍勝於宦官，而亦爲主觀的。至於宦官，則純爲非理性的主體之私屬品。此三者糾結爲一，即爲腐敗潰爛之源。外朝宰相系統即與此腐敗集團相鬥爭。此蓋爲漢後之定型。光武以其理解理性之構造表現，澄清各類而爲對列之局，固是鬥爭之根源，而劉邦以平民建帝業，於二百年間孕育出一宦官之集體，爲光武所奠定，則實吾華族之大不幸也。而士人與腐敗集團相鬥爭，經過悠長之時間，總轉不出一消融黑暗之較高的型態，則識者於此可覘吾華族之精神發展史之型態焉。

西漢，宦官不成型，而亡於外戚。光武不知改，則光武之理解理性，凝斂有餘，超拔不足故也。（理解理性本是對待中的理性，是由超越的絕對綜和之理性之自覺的坎陷而成。然必須能透出絕對綜和之理性，才能說是自覺的坎陷，否則，只是順成之停滯。光武之凝歛的理性人格並非由透至絕對綜和之理性而轉出，故其凝歛之理性並無超越之精神爲其根據也。故凝歛有餘，超拔不足也。在無超越精神爲根據之凝歛理性中，私的主觀的關係卽粘着於其上而不能轉，故彼個人及明帝章帝，雖不放縱外戚，而亦終不能原則地閒置之也。）光武以郭況爲緜蠻侯，封樊宏爲長羅侯，樊丹爲射陽侯，樊尋爲玄鄉侯，樊忠爲更父侯，陰識爲陰鄉侯。已非高祖非有功不封侯之制。又欲封陰興。興堅辭而止。陰氏在建武永平之世甚盛。其本傳雖多謙退之行，而其賓客多放縱，行不義。明帝矯光武之失，不侯外戚。竇憲傳謂：永平中常令陰黨，陰博，鄧疊三人更相糾察，以防貴戚。而馬后兄弟虎賁中郎將馬廖，黃門郞馬防、馬光，終明帝世未嘗改官。章帝卽位，以馬廖爲衞尉，馬防爲中郞將，馬光爲越騎校尉。廖等傾身交接，冠蓋之士爭趨之。會大旱，言事者以爲不封外戚之故，有司請依舊典。章帝非馬后出，故極意承懽。卒封廖爲順陽侯，防爲潁陰侯，光爲許侯。馬防傳謂：「兄弟貴盛，奴婢各千人以上。資產巨億。皆買京師膏腴美田。又大起第觀，連閣臨道，彌亘街路。多聚聲樂曲度，比諸郊廟。賓客奔湊，四方畢至。京兆杜篤之徒數百人，常爲刺客，居門下。刺史守令多出其家。歲時賑給，鄉閭故人，莫不周給。防又多牧馬蓄，賦歛羌胡。帝不喜之，數加譴勅，所以禁遏甚備。由是權勢稍損，賓客亦衰。」及太后（馬太后）崩後，馬氏失勢，而竇氏興。竇憲在章帝世亦嘗橫恣。賴章帝裁抑之。以上爲光武開國經明章，三世鼎盛時之外戚狀況。未至爲禍者，未有母后臨朝故也。三帝尚英明故也。而或封或不封，皆爲一時之主觀理由，終無法度以處之也。總由於光武之私其所親也。

章帝後，和帝十歲即位，尊竇后爲皇太后。（和帝之生母爲梁貴人，爲竇太后所譖，憂死。竇后養以爲子。）太后臨朝。以兄憲爲侍中，內幹機密，外宣誥命。憲弟篤爲虎賁中郎將，篤弟景與瓌並爲中常侍。兄弟皆在親要之地。以耿夔、任尙等爲爪牙，鄧疊、郭璜爲心腹，班固、傅毅典文章。刺史守令，多出其門。尙書僕射郅壽、樂恢，並以忤意，相繼自殺。而竇篤進位特進，得舉吏，見禮依三公。景爲執金吾，瓌爲光祿勳。權貴顯赫，傾動京師。此爲外戚擅政之始。而朝政未大亂者，正人猶多故耳。如大臣袁安、任隗，正色立朝；尙書郅壽、恢樂，刺擧無所迴避；何敞、韓稜，累疏奏諫。太后亦曾閉憲於內宮。憲懼誅，因自求擊匈奴以贖死。及出師功成，陵肆滋甚。永元四年（和帝十四歲），帝與中常侍鄭衆謀誅憲。鄭衆宦者也。帝不能假外朝以誅之，遂藉左右之宦者以誅之。此時之宦者固不惡，然其力亦可觀矣，而鄭衆之謀亦必有其深算者矣。此爲宦官與外戚兩集團之門爭。朝士固已劾憲，尙未至集體結合正面相搏之時。而憲之被誅，則由於皇帝與宦官之不能耐也。恩怨發自內，則憲之爲人必有足多者。其爲惡，亦尙有所顧忌。下逮梁冀，則肆無忌憚矣。茲述四期門爭如下：

一、安帝順帝時外戚與宦官之爭。

二、順、冲、質、桓時李固杜喬與梁冀之爭。

三、桓、靈時陳蕃竇武與宦官之爭。

四、黨錮之禍。

第一節　安帝順帝時外戚與宦官之爭

和帝永元十四年立貴人鄧氏爲皇后。元興元年，和帝崩。太子隆即位，是謂殤帝。時誕育百餘日。尊鄧后爲皇太后。太后臨朝，以兄騭爲車騎將軍，儀同三司。殤帝立一年崩。騭與太后定策立安帝，章帝孫淸河王慶之子也。時年十三歲。鄧太后臨朝。安帝永初七年，元初六年，永寧一年，至建光元年而鄧太后崩。其時安帝已二十八歲矣。時杜根、成翊世等，皆以諫太后久不歸政抵罪。盛杜根以縑囊，於殿上撲殺。載出城外得蘇，逃爲宜城山中酒家保，積十五年。鄧太后崩，安帝徵用之。可見其不相得之情也。鄧騭以戒於竇氏之禍，無大失德。然以腐敗舊習，又以庸人而在高位，總不能安常而處順也。安帝親政，小黃門李閏與帝乳母王聖共譖鄧氏，鄧騭、鄧遵並自殺。封李閏雍鄉侯。又小黃門江京初迎安帝於邸，以功封都鄉侯。閏、京俱遷中常侍，而江京又兼大長秋。與中常侍樊豐，黃門令劉安，鈎盾令陳聖，帝乳母王聖，聖女伯榮，競爲侈虐。又帝舅大將軍耿寶，皇后兄閻顯，更相阿黨，遂枉殺太尉楊震，廢皇太子爲濟陰王，即後來之順帝。此爲外戚與宦官相比亂政之始。

安帝延光四年崩，尊閻后爲皇太后，太后臨朝。以兄閻顯爲車騎將軍。定策禁中，迎立北鄉侯。閻顯等專朝爭權。大將軍耿寶，中常侍樊豐，侍中謝惲、周廣，乳母王聖，坐相阿黨。寶自殺，豐、惲、廣，皆下獄死，王聖徙雁門。中黃門孫程與濟陰王謁者長興渠等，謀復太子。北鄉侯薨，閻顯、江京、劉安、陳達等，白太后秘不發喪，而更徵立諸國王子。中黃門孫程等十九人共斬江京、陳達、劉安等，迎濟陰王於西鐘下，即皇帝位，是爲順帝。時年十有一。閻顯兄弟，並下獄誅。孫程等十九人皆封侯。

順帝永建元年，免孫程官，遣十九侯就國。黃龍等九人（在十九人中）與阿母宋娥更相貨賂，求高官，又誣罔中常侍曹騰、孟賁等。永和二年發覺，並遣就國。宋娥奪爵，歸田舍。

順帝以孫程等得立爲帝，而宦者之勢在順帝朝未至猖披者，以孫程猶能保護善人，抑制同類，而虞詡、左雄輩，皆不畏彊禦，抗顏直諫故也。順帝亦有足多者。吾友李源澄先生曰：「當其廢居西鍾，順以全生，羣姦不忌，非不智也。安帝崩，不得上殿親臨，悲號不食，非不仁也。孫程等拯之危亡之中，而登天位，一上殿爭功，而免官就封，不使終持國政，非不斷也。諒虞詡之諫，逐張防；聽李固之言，出阿母（宋娥）；任左雄之策，清吏治：非不明也。樊英、黃瓊、郎顗，公車接軫；納翟酺之說，廣拓學宮：非不知務也。」（秦漢史頁一二八）。然復用外戚梁冀，則大害成矣。

順帝陽嘉元年，立貴人梁氏爲后，加后父梁商位特進，更增國土。三年以商爲大將軍。商愼弱無威斷，猶少過失。梁商以永和六年薨。其子河南尹冀嗣爲大將軍。爲漢代外戚中第一凶人。遂成李固杜喬鬥爭之對象，而慘局以成，國事以因之敗壞而不可收拾。

綜上以觀，可知安帝順帝之時乃宦官外戚混鬥之時。重用外戚，重用宦官，核心部分已開始腐爛。此爲非理性部分凸出之時。外朝守成規，因循而已。雖有敢言之士，已不能凌駕腐敗勢力，而反爲其所披靡，蜷伏於其下矣。腐敗勢力，自內發，擴及於吏治，騷動於社會。災害盛於安帝，盜賊盛於順帝。安帝時，太后鄧臨朝。鄧皇后紀云：「自太后臨朝，水旱十載，四夷外侵，盜賊內起。每聞人飢，或達旦不寐，而躬自減徹，以救災阨。故天下復平，歲還豐穰。」然所謂平者，亦暫時耳。至於順帝，則盜賊蠭起，實由於官吏之貪殘所逼迫而然也。外戚宦官，勢力遍天下。此輩惟知奢侈驕縱。自母后臨朝以來，累積既久，其毒未有不深重者。後漢書宦者傳序文云：「鄧后以女主臨政，而萬機殷遠，朝臣國議無由參斷。帷幄稱制，下令不出房闈之間。不得不委用刑人，寄之國命。手握王爵，口含天憲。非復掖廷永巷之職，閨牖房闥之任也。」鄧后亦任用宮婢。鄧后紀云：「時宮婢出入，皆能有所毀譽。其耆宿者，皆稱中大人。」又竇武傳云：「趙夫人及女尙書，旦夕亂太后。」女尙書之置，不知始自何時。然由女主稱制而設，則可斷言。錢穆先生國史大綱頁一二九云：「惟東漢宦官勢力不僅盤踞內庭，其子弟親黨布散州郡，亦得夤緣察舉，進身仕宦。」李固於順帝陽嘉二年對策云：「又詔書所以禁侍中尙書中臣子弟不得爲吏察孝廉者，以其秉威權容請託故也。而中常侍在日月之側，聲勢振天下。子弟祿仕，曾無限極。雖外託謙默，不干州郡，而諂僞之徒，望風進舉。」順帝漢安元年，「遣侍中杜喬，光祿大夫周舉，守光祿大夫郭遵、馮羨、欒巴、張綱、周栩、劉班，等八人，分行州郡，班宣風化，舉實臧否。」（順帝紀）。表賢良，顯忠勤，其貪污有罪者，刺史二千石驛馬上之。墨綬以下，便輒收舉。而八使劾奏所及，多梁冀及宦者親黨。互爲請救，事皆寢遏。侍御史河南种暠疾之，復行案舉。廷尉吳雄，將作大匠李固，亦上言「八使所糾，宜急誅罰。」帝感其言，乃更下免八使所舉刺史二千石。」（見李固傳）。此可見順帝尙可有爲，而宦官外戚，勢力太大，旋免旋起，終無能爲也。

自和帝以來，母后臨朝，宦官外戚互相混鬥，前仆後繼，不知改悔。此可見純物化之集團，陷溺日深，莫能自拔，而彼輩復盤根錯節，墮力沈重，亦無大力足以抉之也。區區一順帝，何足以語此。

以李固之風力，尚不足以轉也。李固對策云：「前孝安皇帝，變亂舊典，封爵阿母（王聖也），因造妖孽。使樊豐之徒，乘權放恣。侵奪主威，改亂嫡嗣。至令聖躬狼狽，親遇其艱。既拔自困殆，龍興即位。天下喁喁，屬望風政。積敝之後，易致中興。誠當沛然，思維善道。而論者猶云：方今之事，復同於前。臣伏從山草，痛心傷臆。實以漢興以來，三百餘年，賢聖相繼，十有八主。豈無阿乳之恩？豈忘爵賞之寵？然上畏天威，俯案經典，知義不可，故不封也。今宋阿母（宋娥），雖有大功，勤謹之德。但加賞賜，足以酬其勞苦。至於裂土開國，實乖舊典。……夫妃后之家，所以少完全者，豈天性當然？但以爵祿尊顯，專總權柄，天道惡盈，不知自損，故至顛仆。先帝寵遇閻氏，位號太疾，故其受禍，曾不旋時。……今梁氏戚為椒房，禮所不臣。尊以高爵，尚可然也。而子弟羣從，榮顯兼加。永平建初故事，殆不如此。宜令步兵校尉冀及諸侍中，還居黃門之官。使權去外戚，政歸國家，豈不休乎？」（李固傳）。政歸國家，則代表客觀意識，而腐敗集團則專之隸於己私。光明與黑暗之鬥爭，遂因安順之積弊而趨於劇烈。

第二節　順、冲、質、桓時李固杜喬與梁冀之爭

順帝於建康元年崩，冲帝始在襁褓，尊梁后為皇太后。太后臨朝。詔大將軍冀與太傅趙峻，太尉李固，參錄尚書事。冲帝立一年崩。（永嘉元年。）冀與梁太后定策迎立質帝。質帝少而聰慧，知冀驕橫。嘗朝羣臣，目冀曰：此跋扈將軍也。冀聞而惡之。遂令左右進鴆，加煮餅。帝即日崩。在位一年。（本初元年。）議立嗣君。李固杜喬等欲立清河王蒜，而曹騰與清河王有隙，乃勸冀立蠡吾侯，

是爲桓帝。太后猶臨朝。太后初委政於李固。宦官爲惡者，一皆斥遣。天下咸望太平。而梁冀深忌之。順帝所除官，多不以次。及固任事，奏免百餘。人皆怨固，又希望冀旨。遂共作飛章誣告固。桓帝之立既非李固杜喬意，宦者唐衡、左悺，共譖之于帝。會劉文，劉鮪，妄言淸河王當統天下。冀誣奏李固杜喬與文、鮪，交通。李杜皆下獄死。此李杜與外戚宦官鬥爭之大畧也。

李固字子堅。剛毅有胆畧。李固傳云：「固貌狀有奇表，鼎角匿犀，足履龜文。少好學，常步行尋師，不遠千里。遂究覽墳籍，結交英賢。四方有志之士，多慕其風而來學。京師咸嘆曰：是復爲李公矣。（言復繼其父爲公也。其父司徒李郃。在數術傳。）司隸，益州，並命郡舉孝廉，辟司空掾，皆不就。」順帝陽嘉二年，固之對策，皆中時弊：一、不應封爵阿母；二、外戚不應專權；三、罷斥宦官；四、重申尙書之性能。此四者皆所以期復光武明章之舊，而其意義則代表一政治客觀化之意識，表示一客觀理想之要求。若眞能逐漸作到，則誠可以如固對策中所云：「如此，則論者厭塞，升平可致也。」順帝「覽其對，多所納用。即時出阿母（宋娥）還舍，諸常侍悉叩頭謝罪。朝廷肅然。以固爲議郞。」（李固傳）。然阿母，宦者，梁冀，諸腐敗勢力，盤結內廷，固不能悅其言也。故本傳云：「而阿母宦者，疾固言直，因詐飛章，以陷其罪。事從中下。大司農黃向等請之于大將軍梁商。又僕射黃瓊救明固事。乃得復拜議郞。」李固本爲梁商所辟。梁統傳中商傳云：「商自以爲戚屬，居大位。每存謙柔。虛已進賢。辟漢陽巨覽，上黨陳龜，爲掾屬，李固、周舉，爲從事中郞。于是，京師翕然，稱爲良輔，帝委重焉。」由此可知梁商雖「性慎弱無威斷」，大體猶識法度，知薦賢人，而順帝亦能保存李固。然「商以后父輔政，而柔和自守，不能有所整裁。災異數見，下權日重。固欲令商先正風化，退辭高滿。」而商不能用也。

李固傳又云：「上奏南陽太守高賜等臧穢。賜等懼罪，遂共重賂大將軍梁冀。冀爲千里移檄，而固持之愈急。冀遂令徙固爲太山太守。」此與冀衝突之一。

固有眞情。在荆州刺史及太山太守任內，皆能弭盜安境。不事剿戮。後遷將作大匠，上疏陳事曰：「陛下撥亂龍飛，而登大位。聘南陽樊英，江夏黃瓊，廣漢楊厚，會稽賀純。策書嗟嘆，待以大夫之位。是以巖穴幽人，智術之士，彈冠振衣，樂欲爲用。四海欣然，歸服聖德。厚等在職，雖無奇卓。然夕惕孳孳，志在憂國。臣前在荆州，聞厚、純等以病免歸。誠以悵然，爲時惜之。一日朝會，見諸侍中，並皆年少。無一宿儒大人，可顧問者。誠可歎息。宜徵還厚等，以副羣望。瓊久處議郎，已且十年。衆人皆怪始隆崇今更滯也。光祿大夫周舉，才謨高正，宜在常伯，訪以言議。侍中杜喬，學深行直，當世良臣，久託疾病，可勑令起。」順帝納其言。以固爲大司農。及冲帝即位，以固爲太尉，與梁冀參錄尚書事。及冲帝崩，「固以清河王蒜年長有德，欲立之。謂梁冀曰：今當立帝，宜擇長年，高明有德，任親政事者，願將軍審詳大計。察周霍之立文宣，戒鄧閻之利幼弱。冀不從。乃立樂安王子纘，年八歲。是爲質帝。」「時（梁）太后以比遭不造，委任宰輔。固所匡正，每輒從用。其黃門宦者，一皆斥遣，天下咸望遂平。而梁冀猜專，每相忌疾。」可見梁商能薦固，順帝及梁太后亦欲委任也。惟冀與宦官朋比，不能容也。「初順帝時，諸所除官，多不以次。及固任事，奏免百餘人。此等既怨，又希望冀旨。遂共作飛章，虛誣固罪。」賴太后不聽，得免。

「冀忌帝聰慧，恐爲後患。遂令左右進鴆。帝苦煩甚。使促召固。固入，前問陛下得患所由，帝尙能言曰：食煮餅，令腹中悶。得水尙可活。時冀亦在側曰：恐吐，不可飮水。語未絕而崩。固伏尸號哭。推舉侍醫。冀慮其事泄，大惡之。」

及議立嗣。固引司徒胡廣，司空趙戒，先與冀書，昭示鄭重。書末云：「悠悠萬事，唯此爲大。國之興衰，在此一舉。」冀得書，乃召三公，中二千石，列侯，大議所立。固、廣、戒，及大鴻臚杜喬皆以爲清河王蒜明德著聞，又屬最尊親，宜立爲嗣。而冀則欲立蠡吾侯。「衆論旣異，憤憤不得意，而未有以相奪。中常侍曹騰等聞而夜往，說冀曰：將軍累世有椒房之親，秉攝萬機，賓客縱橫，多有過差。清河王嚴明，若果立，則將軍受禍不久矣。不如立蠡吾侯，富貴可長保也。冀然其言。明日，重會公卿。冀意氣凶凶，而言辭激切。自胡廣趙戒以下，莫不懾憚之。皆曰：惟大將軍令。而固獨與杜喬，堅守本議。冀厲聲曰：罷會。固意旣不從。猶望衆心可立。復以書勸冀，愈激怒。乃說太后，先策免固，竟立蠡吾侯，是爲桓帝。」（李固傳）。

「後歲餘，甘陵劉文，魏郡劉鮪，各謀立蒜爲天子。梁冀因此誣固與文鮪共爲妖言。下獄。門生勃海王調，貫械上書，証固之枉。河內趙承等數十人，亦要鈇鑕，詣闕通訴。太后明之，乃赦焉。及出獄，京師市里，皆稱萬歲。冀聞之大驚。畏固名德，終爲己害。乃更據奏前事。遂誅之。時年五十四。臨終與胡廣趙戒書曰：固受國厚恩，是以竭其股肱，不顧死亡。志欲扶持王室，比隆文宣。何圖一朝梁氏迷謬，公等曲從，以吉爲凶，成事爲敗乎？漢家衰微，從此始矣。公等受主厚祿，顚而不扶。傾覆大事。後之良史，豈有所私。固身已矣，于義得矣。夫復何言？廣戒得書悲慚，皆長嘆流涕。」固之時，大局實應轉而竟不能轉。「漢家衰微，從此始矣。」哀哉斯言，誠哉斯言！范曄論曰：「

觀其發正辭，及所遺梁冀書，雖機失謀乖，猶戀戀而不能已。至矣哉，社稷之心乎？其視胡廣、趙戒，猶糞土也。」

每一長期時代，總可有一二復興之時。東漢二百年，不可得復興。當李固之整裁也，天下皆以為升平可致。梁商能薦賢，京師且為翕然。固之所言，順帝凡有所納，人無不寄以無窮之希望。可見人心之渴望。梁太后赦固出獄，「京師市里，皆稱萬歲。冀聞之大驚。」小人之所驚，正人心之所向。可見固德望之隆。然卒不能致中興之局者，內在地說，為女主臨朝，積弊已久，為梁冀之陰賊險狠，為其本人之「機失謀乖」，權謀不足，然綜和地說，則為光武時代之特性所使然。光武之凝斂人格，在盛時，為一澂清之「對列之局」，持續久之，則為僵滯之局。膠固而不轉，沈滯而下墜，此乃物化之墮性，固非內在于二百年之局中者，所能超拔也。故只有步步下墜，以待自然之星散。而能延至二百年之久者，亦正因膠固之堅也，墮性之持續也。漢後，若唐宋明清，皆在光武所澄清之對列之局之政治格式下，演進其歷史。而政爭之波瀾，亦幾畧相似。尤以明為近。凡處于政局之中，與奄豎外戚腐敗勢力相頡抗，而期抒發其理想，則權謀不可少。人或于此以為李固之才畧不如張居正。假若足權畧，結宦豎，則誅冀亦不難。然吾對於李固及其所處之時代，則不作此「假然」之想。皇帝外戚宦官俱為非理性者。後來桓帝結宦官誅梁冀，而宦官之毒尤深于外戚。陳蕃結竇武而事亦敗。張居正結宦官以整肅朝政，死後，不旋踵即遭禍。病根未除，一時一事之成敗，總猶如補綴破衣，亦如波浪之起伏。而于基本型態無所改進也。漢以後，政治格式已定，史家習以為常。處于局中者，思補偏救弊，或呈縱橫之才以建一時之功。時間既久，經驗既多，總有巧思，別開生面。然于時代盛衰之大勢，及基本型態之轉進，總無補益也。處于局外者，衡量得失，亦致慨于成敗之措施，而不知思量基本問題之何所在。每有際會風雲之時代，輒不自覺落于既成之格套。或久或暫，皆無關也。故漢後之時代精神，即不能于政治制度及史象中求之，而只能于社會上學術風氣以求之。魏晉南北朝，唐宋元明清皆然。而吾于兩漢之構造時代，則不能如是觀。故于東漢，即以光武之際會，爲表現時代精神之骨幹。在此骨幹所成之政治格式下，吾于一切政象，皆正面而視之，發其型態上之意義，不作補綴之想，「假然」之嘆。蓋此時代爲一構造時代，每一成分皆當發其內在之性能與獨特之作用：理性的與非理性的，皆當盡量暴露；而一對列之局，鬥爭乃必然者；而處于理解理性之對列之局中，無論誰勝誰敗，對此形態之本質言，皆爲偶然之現象，非理性者勝，固不能久，理性者勝，亦不能越過此形態而爲一較高級之綜和。必俟此局中，鬥爭之循環全部顯露，而歸于星散，然後此構造時代即終結，而過渡於魏晉南北朝乃必然者。惟在此過渡之必然中，史家乃可從事了解根本問題之何所在，並啓發較高級形態之途徑。依是，在光武時代中，求一中興之局，乃是主觀之安慰。李固之一時之勝利非不可能者。然而求一較高級之綜和，則爲不可能。李固不可能，光武時代任何人不可能。此是本質的問題。至若中興否，皆是隸屬于本質之偶然(現象)。實則嚴格言之，並無中興之可言。只是持續力基本上未散也。因爲在一時代中，總有若干新生命出而抵消其毒素。故只有久暫，而無中興。凡所謂中興者，皆爲時甚短而極潦草。故云中興否乃屬于本質之「偶然」，求中興乃主觀之安慰也。知乎此，亦無用致其慨惜于李固矣。李固之理性即代表光武之理性。其所識別之問題，乃局中之問題。然局中之問題乃不得根本解決者。一時之整肅可得也，不能根本整肅也。其一時之勝利亦可能也，然在未歸于星散前，將有許多之梁冀與宦官，出而摧毀其勝利。然在此時代中，如李固其人者，必然要表現，且必然甚多也。蓋因其代表對列之局中一客觀部門也。陳蕃、李膺，皆此類也。而在構造時代中，一部門所吸納之分子，其觀念與意識皆大體相同也。而且在構造時代中，總有健康樸質之生命，故亦必然要湧發如許之人物。（在該時代格式下之人物）。

後漢書吳祐傳：「祐在膠東九年。遷齊相。大將軍梁冀表爲長史。及冀誣奏太尉李固，祐聞而請見。與冀爭之，不聽。時扶風馬融在坐，爲冀章草。祐因謂融曰：李公之罪，成于卿手。李公即誅，卿何面目見天下之人乎？冀怒，而起入室，祐亦徑去。」此可見馬融之無行。而馬融終亦被冀「髡笞徙朔方」也。（見梁統傳附冀傳）。

梁冀之惡爲西漢開國以來所未有。後漢書梁冀傳稱其：「爲人鳶肩豺目。洞精矘眄。口吟舌言。……性嗜酒，能挽滿、彈棊、格五、六博、蹴鞠、意錢之戲。又好臂鷹走狗，騁馬鬥雞。」其妻孫壽「色美，而善爲妖態。作愁眉，啼粧，墮馬髻，折腰步，齲齒笑。以爲媚惑。冀亦改易輿服之制，作平上軿車，埤幘，狹冠，折上巾，擁身扇，狐尾單衣。」以如此狠疾之人，眞天地之戾氣，禍世之妖怪也。而天生李固與之鬥，豈不悲哉。吾友李源澄先生曰：「李固、杜喬，皆當世名德，羣士嚮往。梁冀殺之，所以激動人心者甚大。憤嫉之情積于中，而呼號怨讟之聲盈於耳。激濁揚清，發憤快志，則成黨錮之禍。傷天道之未厭亂，慟衰世之不能挽，失望之極，歸于無爲，則成遁世之人。兩者皆有激而然。士大夫之用心如此，而大亂不可挽也。」（秦漢史頁一三九）。

第二節　桓靈時陳蕃竇武與宦官之爭

後漢書宦者列傳單超傳云：「冀自誅太尉李固，杜喬，等，驕橫益甚。皇后乘勢忌恣，多所鴆毒，上下鉗口，莫有言者。帝（桓帝也）逼畏久，恒有不平。恐言泄，不敢謀之。延熹二年，皇后崩。帝因如廁，獨呼衡（宦者唐衡也）問左右與外舍不相得者，皆誰乎？衡對曰：單超、左悺，前詣河南尹不疑（梁冀弟也），禮敬小簡。不疑收其兄弟，送洛陽獄。二人詣門謝，乃得解。徐璜、具瑗，常私忿疾外舍放橫，口不敢道。于是，帝呼超悺入室，謂曰：梁將軍兄弟專固國朝，迫脅外內，公卿以下，從其風旨。今欲誅之，於常侍意何如？超等對曰：誠國姦賊，當誅日久，臣等弱劣，未知聖意何如耳。帝曰：審然者，常侍密圖之。對曰：圖之不難，但恐陛下復中狐疑。帝曰：姦臣脅國，當伏其罪，何疑乎？於是，更召璜瑗等五人，遂定其議。帝齧超臂出血爲盟。於是詔收冀及宗親黨與，悉誅之。悺、衡，遷中常侍。封超新豐侯，二萬戶。璜武原侯，瑗東武陽侯，各萬五千戶。賜錢各千五百萬。悺上蔡侯，衡汝陽侯，各萬三千戶，賜錢各千三百萬。五人同日封，故世謂之五侯。又封小黃門劉普、趙忠，等八人，爲鄉侯。自是，權歸宦官，朝廷日亂矣。超疾病。帝遣使者就拜車騎將軍，明年薨。……其後，四侯專橫。天下爲之語曰：左回天，具獨坐，徐臥虎，唐兩墮。皆競起第宅，樓觀壯麗，窮極伎巧。金銀罽毦，施於犬馬。多取良人美女，以爲姬妾。皆珍飾華侈，擬則宮人。其僕從皆乘牛車，而從列騎。又養其疏屬，或乞嗣異姓，或買蒼頭爲子，並以傳國襲封。兄弟姻戚，皆宰州臨郡。辜較百姓，與盜賊無異。超弟安爲河東太守，弟子匡爲濟陰太守。璜弟盛爲河內太守。悺弟敏爲陳留太守。璦兄恭爲沛相。皆爲所在蠹害。璜兄子宣，爲下邳令，暴虐尤甚。（下邳縣屬東海，後爲東海相黃浮所收殺。）……五侯宗族賓客，虐偏天下，民不堪命，起爲寇賊。」

宦者列傳序文言：「其後孫程定立順之功，曹騰參建桓之策，續五侯合謀，梁冀受鉞。迹因公正，恩固主心。故中外服從，上下屏氣。或稱伊霍之勳，無謝於往載；或謂良平之畫，復興於當今。雖時有忠公，而竟見排斥。舉動回山海，呼吸變霜露。阿旨曲求，則光寵三族；直情忤意，則參夷五宗。漢之綱紀大亂矣。」

桓帝既誅梁冀，天下想望異政。後漢書黃瓊傳：「梁冀既誅，瓊首居公位。舉奏州郡素行貪汙至死徙者十餘人。海內由是翕然望之。尋而五侯擅權，傾動內外。自度力不能匡，乃稱疾不起。……延熹七年，疾篤。上疏諫曰：……陛下初從藩國，爰升帝位。天下拭目，謂見太平。而卽位以來，未有勝政。諸梁秉權，豎宦充朝。重封累職，傾動朝廷。卿校牧守之選，皆出其門。羽毛齒革明珠南金之寶，殷滿其室。富擬王府，勢回天地。言之者必族，附之者必榮。忠臣懼死而杜口，萬夫怖禍而木舌。塞陛下耳目之明，更爲聾瞽之主。故太尉李固杜喬，忠以直言，德以輔政，念國忘身，隕歿爲報。而坐陳國議，遂見殘滅。賢愚切痛，海內傷懼。又前白馬令李雲，指言宦官，罪穢宜誅。皆因衆人之心，以救積薪之敝。弘農杜衆知雲所言宜行，懼雲以忠獲罪，故上書陳理之，乞同日而死，所以感悟國家，庶雲獲免。而雲既不幸，衆又幷坐。天下尤痛，益以怨結。故朝野之人，以忠爲諱。……尙書周永，昔爲沛令，素事梁冀。幸其威勢，坐事當罪，越拜令職。見冀將衰，乃陽毀示忠，遂因姦計，亦取封侯。又黃門協邪，羣輩相黨。自冀興盛，腹背相親，朝夕圖謀，共搆姦軌。臨冀當誅，無可設巧，復記其短，以要爵賞。陛下不加清澂，審別眞僞。復與忠臣，並時顯封。使朱紫共色，粉墨雜糅，所謂抵金玉於沙礫，碎珪璧於泥塗。四方聞之，莫不憤歎。」

又左（雄）、周（舉）、黃（瓊）列傳論曰：「漢初詔舉賢良方正，州郡察孝廉秀才。斯亦貢士之方也。中興以後，復增敦朴、有道、賢能、直言、獨行、高節、質直、淸白、敦厚之屬。榮路既廣，觖望難裁。自是竊名僞服，浸以流競，權門貴仕，請謁繁興。自左雄任事，限年試才。雖頗有不密，固亦因時識宜。而黃瓊、胡廣、張衡、崔瑗之徒，泥滯舊方，互相詭駮。循名者屈其短，算實者挺其效。故雄在尙書，天下不敢妄選。十餘年間，稱爲得人。斯亦效實之徵乎？順帝始以童弱反政，而號令自出，知能任使，故士得用情。天下喁喁，仰其風采。遂乃備玄纁玉帛，以聘南陽樊英。天子降寢殿，設壇席，尙書奉引，延問失得。急登賢之舉，虛降己之禮。於是處士鄙生，忘其拘儒，拂巾衽褐，以企旌車之招矣。至乃英能承風，俊乂咸事。若李固、周舉之淵謨弘深，左雄、黃瓊之政事貞固；桓焉、楊厚以儒學進，崔瑗、馬融以文章顯；吳祐、蘇章、种暠、欒巴、牧民之良幹，龐參、虞詡將帥之宏規；王龔、張皓，虛心以推士，張綱、杜喬，直道以糾違；郎顗、陰陽詳密，張衡、機術特妙：東京之士，於茲盛矣。向使廟堂納其高謀，疆埸宣其智力，帷幄容其謇辭，舉厝稟其成式，則武宣之軌，豈其遠而？詩云靡不有初，鮮克有終。可爲恨哉。及孝桓之時，碩德繼興。陳蕃、楊秉，處稱賢宰。皇甫（規）、張（奐）、段（熲），出號名將。王暢、李膺，彌縫衰闕。朱穆、劉陶，獻替匡時。郭有道獎鑒人倫，陳仲弓弘道下邑。其餘宏儒遠智，高心絜行，激揚風流者，不可勝言。而斯道莫振，文武陵隊，在朝者以正議嬰戮，謝事者以黨錮致災。往車雖折，而來軫方遒。所以傾而未顚，決而未潰，豈非仁人君子心力之爲乎？嗚呼！」

順帝時人才，傷於李固之敗；桓帝時人才，傷於陳蕃之敗。夫人才之興，由於養之有素。及其吐露英華，乃輒遭逢衰世。雖云賴其心力，不至顚潰；而每不能致太平，反出而嬰戮致災。甚可傷也。

桓帝以誅梁冀故，宦者單超、左悺、徐璜、具瑗、唐衡，一時俱封侯。五侯宗族賓客，虐偏天下。後來繼起，益無忌憚。於是，士大夫目光遂集中於宦官。陳蕃字仲舉。年十五，卽有掃除天下之志。陳蕃傳載其上桓帝疏曰：「小黃門趙津，大猾張氾等，肆行貪虐，姦媚左右。前太原太守劉瓆，南陽太守成瑨，糾而戮之。雖言赦復，不當誅殺，原其誠心，在乎去惡。至於陛下，有何悁悁。而小人道長，熒惑聖聽，遂使天威爲之發怒。如加刑讁，已爲過甚。況乃重罰，令伏歐刃乎？又前山陽太守翟超，東海相黃浮，奉公不撓，疾惡如讎。超沒侯覽財物，浮誅徐宣（卽徐璜之侄）之罪，並蒙刑坐，不逢赦恕。覽之縱橫，沒財已幸。宣犯釁過，死有餘辜。昔丞相申屠嘉召責鄧通，洛陽令董宣折辱公主，而文帝從而請之，光武加以重賞。未聞二臣有專命之誅。……」「帝得奏，竟無所納。朝廷衆庶，莫不怨之。宦官由此疾蕃彌甚。選舉奏議，輒以中詔譴却。長史以下，多至抵罪。」（陳蕃傳）。（案時蕃爲太尉，其府中長史因蕃見譴也。）

桓帝以延熹八年廢鄧后。永康元年崩。陳蕃傳曰：「初桓帝欲立所幸田貴人爲皇后。蕃以田氏卑微，竇族良家，爭之甚固。帝不得已，乃立竇后。及后臨朝，故委用於蕃。蕃與后父大將軍竇武，同心盡力，徵用名賢，共參政事。天下之士莫不延頸想望太平。而帝（靈帝也）乳母趙嬈，旦夕在太后側，中常侍曹節、王甫等，與共交搆，諂事太后。太后信之，數出詔命，有所封拜。及其支類，多行貪虐。蕃常疾之，志誅中官。會竇武亦有謀。蕃自以既從人望，而德於太后，必謂其志可申。乃先上疏曰：……今京師囂囂，道路諠譁，言侯覽、曹節、公乘昕、王甫、鄭颯等與趙夫人，諸女尚書，並亂天下。……陛下前始攝位，順天行誅。蘇康、管霸，並伏其辜。是時天地　明，人鬼歡喜。奈何數日，復縱左右？元惡大姦，莫此之甚。今不急誅，必生變亂。傾危社稷，其禍難量。……太后不納。」又竇武傳曰：「會五月日食。蕃復說武曰：昔蕭望之困一石顯。近者李杜諸公，禍及妻子。況今石顯數十輩乎？蕃以八十之年，欲爲將軍除害。今可且因日食，斥罷宦官，以塞天變。又趙夫人及女尚書，旦夕亂太后，急宜退絕，惟將軍慮焉。武乃白太后曰：故事，黃門常侍，但當給事省內，典門戶，主近署財物耳。今乃使與政事，而任權重。子弟布列，專爲貪暴。天下匈匈，正以此故。宜悉誅廢，以清朝廷。太后曰：漢來故事世有，但當誅其有罪，豈可盡廢耶？時中常侍管霸，頗有才畧，專制省內。武先白誅霸，及中常侍蘇康等竟死。武復數白誅曹節等。太后冘豫未忍。故事久不發。」「及事泄，曹節等矯詔誅武等。蕃時七十餘，聞難作，將官屬諸生八十餘人，並拔刃，突入承明門。攘臂呼曰：大將軍忠以衞國，黃門反逆。何云竇氏不道耶？王甫時出，與蕃相迕。時聞其言，而讓蕃曰：先帝新棄天下，山陵未成，竇武何功，兄弟父子一門三侯。又多取掖庭宮人，作樂飲讌，旬月之間，貲財億計。大臣若此，是爲道耶？公爲棟樑，枉橈阿黨，復焉求賊？遂令收蕃。蕃拔劍叱甫。甫兵不敢近。乃益人圍之數十重。遂執蕃。送黃門北寺獄。黃門从官騶（騎士也）蹋踧蕃曰：死老魅，復能損我曹員數，奪我曹稟假不？即日害之。」

此爲陳蕃竇武合謀誅宦官曹節王甫等之失敗。凶豎得志，士大夫皆喪其氣矣。宦官與武各將宮禁兵對陣。武敗自殺，（武之敗，因曹節矯詔使護匈奴中郎將張奐率五營士圍攻故。奐非事宦官者。後深悔爲曹節所賣。）陳蕃復率屬員參與。此皆直接搏鬥，非所以消除宦官之道也。夫宦官既不能廢。誠如竇后所云：但當誅有罪，豈可盡廢？誅有罪，亦囫圇語。要者在使不干政事。然此亦不易。唐明皆未作到。東漢之士亦求此不可得也。不能消極以限之，又不能於時代精神轉出較高級之綜和以淨除之，只有互相殺戮，直接搏鬥也。而士大夫亦只有表現爲氣節之士焉。由黨錮之禍，即可見其竟委。

第四節　黨錮之禍

順桓之時，人才輩出。而順帝更修黌舍，凡所造構二百四十房，一千八百五十室，至桓帝時太學生盛至三萬人。（見儒林傳序文）。又加以李固之敗，陳蕃之敗，宦官凶焰，益不可遏。士類之激昂，殆不可免，而黨禍亦必然隨之矣。光武所澂清之對列之勢，至此盡情暴發。黨錮列傳序文述其梗概云：「逮桓靈之間，主荒政謬。國命委於閹寺，士子羞與爲伍。故匹夫抗憤，處士橫議。遂乃激揚名聲，互相題拂，品覈公卿，裁量執政。倖直之風，於斯行矣。夫上好則下必甚，矯枉故直必過。其理然矣。若范滂張儉之徒，清心忌惡，終陷黨議。不其然乎？初桓帝爲蠡吾侯，受學於甘陵周福。及即帝位，擢福爲尚書。時同郡河南尹房植，有名當朝。鄉人爲之謠曰：天下規矩房伯武，因師獲印周仲進。二家賓客，互相譏揣。遂各樹朋徒，漸成尤隙。由是甘陵有南北部。黨人之議，自此始矣。後汝南太守宗資，任功曹范滂。南陽太守成瑨，亦委功曹岑晊。二郡又爲謠曰：汝南太守范孟博，南陽宗資主畫諾。南陽太守岑公孝，弘農成瑨但坐嘯。因此流言，轉入太學。諸生三萬餘人，郭林宗，賈偉節（彪），爲其冠。並與李膺、陳蕃、王暢，更相褒重。學中語曰：天下模楷李元禮，不畏强禦陳仲舉，天下俊秀王叔茂。又渤海公族進階，扶風魏齊卿，並危言深論，不隱豪强。自公卿以下，莫不畏其貶議，屣履到門。時河內張成，善說風角，推占當赦。遂敎子殺人。李膺爲河南尹，督促收捕。旣而逢宥獲免。膺愈懷憤疾，竟案殺之。初成以方伎交通宦官，帝亦頗誶其占。成弟子牢修，因上書誣告膺等，養太學遊士，交結諸郡生徒，更相驅馳，共爲部黨，誹訕朝廷，疑亂風俗。於是天子震怒，班下郡國，逮捕黨人。布告天下，使同忿疾。遂收執膺等。其辭所連及，陳實之徒二百餘人。或有逃遁不獲，皆懸金購募。使者四出，相望于道。明年尙書霍諝，城門校尉竇武，並表爲請。帝（桓帝也）意稍解。乃皆赦歸田里，禁錮終身。而黨人之名猶書王府。自是正直廢放，邪枉熾結。海內希風之流，遂共相標榜，指天下名士爲之稱號。上曰三君，次曰八俊，次曰八顧，次曰八及，次曰八廚。猶古之八元八凱也。竇武、劉淑、陳蕃，爲三君。君者言一世之所宗也。李膺、荀昱、杜密、王暢、劉祐、魏朗、趙典、朱寓，爲八俊。俊者言人之英也。郭林宗、宗慈、巴肅、夏馥、范滂，尹勳、蔡衍、羊陟，爲八顧。顧者言能以德行引人者也。張儉、岑晊、劉表、陳翔、孔昱、范康、檀敷、翟超，爲八及。及者言其能導人追宗者也。度尙、張邈、王考、劉儒、胡母班、秦周、蕃嚮、王章，爲八廚。廚者言能以財救人者也。

又張儉鄉人朱並，承望中常侍侯覽意旨，上書告儉與同鄉二十四人，別相署號，共爲部黨，圖危社稷。……靈帝詔刊章，捕儉等。大長秋曹節因此諷有司，奏捕前黨。故司空虞放，太僕杜密，長樂少府李膺，司隸校尉朱寓，潁川太守巴肅，沛相荀昱，河內太守魏朗，山陽太守翟超，任城相劉儒，太尉掾范滂，等，百餘人皆死獄中。餘或先歿不及，或亡命獲免。自此諸爲怨隙者，因相陷害。睚眦之忿，濫入黨中。又州郡承旨，或有未嘗交關，亦離禍毒。其死徙廢禁者六七百人。……于是又詔州郡，更考黨人門生故吏父子兄弟，其在位者免官禁錮，爰及五屬。……中平元年，黃巾賊起。中常侍呂彊言于帝曰：黨錮久積，人情多怨。若久不赦宥，輕與張角合謀，爲變滋大，悔之無救。帝懼其言，乃大赦黨人。……凡黨事始自甘陵汝南，成于李膺張儉。海內塗炭，二十餘年。諸所蔓衍，皆天下善士。……」

（黃巾賊起，有皇甫嵩朱儁等以平之。漢之亡由于內潰，非由于外力也。何進庸懦寡斷，謀宦官不成，又爲所誅。袁紹將兵盡誅宦官，權移强臣，董卓曹操是也。于是，自光武以來所奠定之宦官、外戚、士大夫，在一對列之局中相抗衡者，至是，盡歸消滅矣。對列之勢盡消，而對列之局亦解。社會之向心力亦不存在。黃巾無能爲力，繼起諸盜亦不能成事。活躍于時代中而支配社會者，仍爲對列之局崩解後所星散之各州郡之上層勢力也。對列之局不能向上轉進，成一較高級之綜和，只有下散而爲多頭之並列。魏晉南北朝正是對列之局崩解後而下散之委蛇也。）

後漢書竇武傳：「拜城門校尉，在位多辟名士。清身疾惡，禮賂不通。妻子衣食，裁充足而已。是時羌蠻寇難，歲儉民飢。武得兩宮賞賜，悉散與太學諸生。及載肴糧于路，匄施貧民。」可見竇武雖外戚，亦頗知清身樹名譽。故陳蕃與之結也。

陳蕃傳：「太尉李固表薦，徵拜議郎。再遷爲樂安太守。時李膺爲靑州刺史，名有威政。屬城聞風，皆自引去。蕃獨以清績留。郡人周璆高潔之士。前後郡守，招命莫肯至。唯蕃能致焉。字而不名，特爲置一榻。去則懸之。」徐穉傳：「時陳蕃爲太守，以禮請署功曹。穉不免之。旣謁而退　蕃在郡，不接賓客。唯穉來，特設一榻。去則懸之。」所謂「下陳蕃之榻」是也。可見陳蕃折節下士，吐露風采。

李膺傳：「膺性簡亢，無所交接。惟以同郡荀淑陳實爲師友。（皆潁川人）。……以公事免官，還居綸氏（縣屬潁川郡）。教授常千人。南陽樊陵求爲門徒。膺謝不受。陵後以阿附宦官，致位太尉。爲節志者所羞。荀爽嘗就謁膺，因爲其御。旣還喜曰：今日乃得御李君矣。其見慕如此。」又曰：「是時朝廷日亂，綱紀穨阤。膺獨持風裁，以聲名自高。士有被其容接者，名爲　龍門。」

郭太傳：「字林宗，太原界休人也。……善談論，美音制。乃游于洛陽。始見河南尹李膺。膺大奇之。遂相友善，於是名震京師。後歸鄉里。衣冠諸儒，送至河上。車數千輛。林宗唯與李膺同舟而濟。衆賓望之，以爲神仙焉。……性明知人，好獎訓士類。身長八尺，容貌魁偉，褒衣博帶，周遊郡國。嘗于陳梁間行遇雨，巾一角墊。時人乃故折巾一角，以爲林宗巾。其見慕如此。或問汝南范滂曰：郭林宗何如人？滂曰：隱不違親，貞不絕俗，天子不得臣，諸侯不得友，吾不知其他。後遭母憂，有至孝稱。林宗雖善人倫，而不爲危言覈論。故宦官擅政，而不能傷也。及黨事起，知名之士，多被其害。唯林宗及汝南袁閎得免焉。」又云：「初，太始至南州，過袁奉高（閬），不宿而去。從叔度（黃憲），累日不去。或以問太。太曰：奉高之器，譬之泛濫，雖清而易挹。叔度之器，汪汪若千頃之陂，澄之不清，撓之不濁，不可量也。」

符融傳：「後遊太學，師事少府李膺。膺夙性高簡，每見融，輒絕它賓客，聽其言論。融幅巾奮袖，談辭如雲。膺每捧手嘆息。郭林宗始入京師，時人莫識。融一見嗟服，因以介於李膺。由是知名。」

許劭傳：「字子將，汝南平輿人也。少峻名節，好人倫，多所賞識。……同郡袁紹，公族豪俠。去濮陽令，歸。車徒甚盛。將入郡界，乃謝遣賓客曰：吾輿服，豈可使許子將見？遂以單車歸家。劭常到潁川，多長者之遊，唯不候陳實。又陳蕃喪妻還葬，鄉人畢至，而劭獨不往。或問其故。劭曰：太丘道廣，廣則難周。仲舉性峻，峻則少通。故不造也。其多所裁量若此。曹操微時，常卑辭厚禮，求爲己目。劭鄙其人而不肯對。操乃伺隙脅劭。劭不得已曰：君清平之姦賊，亂世之英雄。操大悅而去。……初劭與靖（劭之從兄也）俱有高名，好共覈論鄉黨人物，每月輒更其品題，故汝南俗有月旦評焉。」

在此種題拂品覈之下，其激揚名聲，裁量朝政，自所不免。太學是議論之所，名公巨卿喪葬亦是相聚而談。如徐稚傳：「稚嘗爲太尉黃瓊所辟，不就。及瓊卒，歸葬。稚乃負糧徒步到江夏赴之。設雞酒薄祭，哭畢而去。不告姓名。時會者四方名士。郭林宗等數十人聞之，疑其稚也。乃選能言語生茅容輕騎追之，及于塗。容爲設飲，共言稼穡之事。臨訣去，謂容曰：爲我謝郭林宗，大樹將顛，非一繩所維。何爲栖栖，不遑寧處？及林宗有母憂，稚往弔之。置生芻一束于廬前而去。衆怪，不知其故。林宗曰：此必南州高士徐孺子也。詩不云乎？生芻一束，其人如玉。吾無德以堪之。」大會而談，實是較量風雅之時。徐稚之哭瓊弔太，亦近於怪矣。然如此即足以傾動衆名士，而郭林宗亦足以自豪矣。（此猶如紅樓夢中妙玉之壽寶玉也。）禮云禮云，玉帛云乎哉？此亦可曰：禮云禮云，風雅云乎哉？又陳寔傳云：「時中常侍張讓權傾天下。讓父死，歸葬潁川。雖一郡畢至，而名士無往者。讓甚耻之。寔乃獨弔焉。後復誅黨人，讓感寔。故多所全宥。」（荀韓鍾陳列傳第五十二）。由會葬，亦見涇渭分矣。故范曄論陳寔曰：「漢自中世以下，閹豎擅恣。故俗遂以遁身矯絜放言爲高。士有不談此者，則芸夫牧豎，已叫呼之矣。故時政彌惛，而其風愈往。唯陳先生進退之節，必可度也。」（列傳五十二）。又申屠蟠傳云：「先是，京師游士汝南范滂等，非訐朝政，自公卿以下，皆折節下之。太學生爭慕其風，以爲文學將興，處士復用。蟠獨歎曰：昔戰國之世，處士橫議，列國之王，爭爲擁篲先驅。卒有阬儒燒書之禍。今之謂矣。乃絕迹于梁碭之間，因樹爲屋，自同傭人。」（列傳第四十三）。

慷慨之士，罹黨禍，而見氣節。或知事不可爲，而退處韜藏，不受徵辟：如魏桓、周燮、黃憲、徐稚、姜肱、申屠蟠，等，皆是。或不隱不仕，而遨遊乎郡國之間，其智亦足以自保，則郭林宗，其選也。（郭太傳：「或勸林宗仕進者，對曰：吾夜觀乾象，晝察人事，天之所廢，不可支也。遂並不應。」林宗確有妙觀察之智。其精鑒人倫，亦此智之發也。「善談論，美音制」，此兩語直開魏晉風流。彼即依此智而遨遊于郡國之間。謂其爲儒不是，謂其爲老莊亦不似。直是一大名士耳。此類人之基本靈魂爲美智合一之格，即藝術性的與智的直覺的。魏晉清談，皆此類也。吾下文將詳論之。）

東漢雖宏獎儒術，仍承西漢五經博士而來之章句之學。章句煩瑣，不足以厭人意。安帝時，儒風寖衰，其時博士倚席不講。順桓之間，太學生增至三萬人，而流于議論。議論，則章句之反動也。夫儒家經典，本爲人倫的踐履的。武帝立五經博士，本爲通經致用，則猶不失儒學之原義。及其流於章句，所謂今文博士之家法，雖分疏纖細，决非此學之學的發展。勿寧謂題拂覈論較切于此學之屬性。

然「題拂覈論」與「通經致用」皆是此學之初級的表現，直接的表現。尚未能通過自覺的理性而有所樹立也。孔孟荀本已根據夏商周之典憲而為反省的批評的顯示，由此顯示而定文統之模型。東漢儒者奉此學而為時代精神之表現，本應承西漢之外在的超越表現，進而為內在的超越表現。所謂「內在的」與光武之「理解理性之內在的表現」中之「內在」義不同。此所謂「內在」，是言須通過「道德的自覺」而顯示「內在的道德性」。此內在的道德性即是人性通神性之「普遍理性」。此普遍理性之顯示，必須在「對列之局」（光武之內在表現所成者）引起困惑時，在一反省的忘緣反照下而顯露。對客體之困惑而為批評的反省，則此反省必不是直接糾結于客體之困惑而為具體的搏鬥，而是暫為忘緣反照的反省。通經致用與題拂覈論皆非忘緣的反照。在反照中，始能透露「內在道德性」。在此種透露中，須暫剝落一切具體的牽連，而顯為一純粹主體性。故為內在的超越表現也。由此表現，始能轉出客觀的理性的精神，始有眞正的精神生活。在個體方面，有眞正的精神生活，始能期望普遍理性之為「內在的實現」（與超越相對之內在），即，在歷史發展中，商量困惑之消除與夫新局之構造。此種消除與構造乃為內在而超越的普遍理性之逐步客觀化，逐步見其客觀有效性。惟有經過「內在道德性」（純粹主體）而轉出之客觀的精神，理性的精神，始能有眞正的構造事業，始能解決問題，安置問題，而一切又皆為理性之客觀化：有其客觀之意義，有其合理之意義。所構造之新局以及制度法律始能客觀化而立得住。此一步轉進乃為儒學在時代發展中所必然應有之向上發展，亦是此學之必然應有的學的發展。光武承西漢之外在的超越表現，以其凝歛之理性人格，拉下來而為理解理性之內在的表現，此本為隨才氣而行的事業家之「攻取而因襲」的表現。英雄豪傑之建立事業本為不經過忘緣反照的自覺的。但其所成之「對列之局」一旦困惑百出，而問題甚顯之時，領導者（皇帝）不能恢復其主體性，不能任整頓之責，則外朝之士大夫（三公與尚書），社會之士類，便應担負此責。而此輩人之担負此責，以期于困惑有所消除，于時代有所轉進，則必須通過忘緣反照之自覺而顯露內在道德性之普遍理性。如是，方能于事有濟，而爲構造的。然而東漢士人，在東漢學風下，則不能有此轉進。順桓之間，人才輩出，皆未能向此方向進行其覺悟。題拂覈論只爲直接的表現，直接糾結於客體之困惑而不能自拔。故其精神仍爲具體的直接的，而未經過一番徹底澄清，通過截斷衆流的內在道德性而翻出的澄清，「立于禮」後的較高級的轉進。而其基本靈魂乃是氣質的才氣之鼓蕩，浮智的直覺之閃爍，藝術性的浪漫情調之欣趣，三者夾雜在一起的直接表現，具體而內在的表理。而最要之一關，所謂道德的自覺，則闕如。道德，在東漢風氣下，散而爲外在的名敎之鼓蕩，而非根于內在道德性而發出的客觀精神與合理精神。李膺、陳蕃，（竇武則是一腐庸的大名士）、符融、郭太、張儉、范滂，皆此類也。（李固稍雄偉而樸實，猶不失爲政治家風度。）其基本靈魂中三成分，如氣質的才氣之鼓蕩方面稍凸出，則激揚風聲，而爲氣節之士。如陳蕃之赴死，不可謂不勇。已見前引。李膺傳：「後張儉事起，收捕鈎黨。鄉人謂膺曰：可去矣。對曰：事不辭難，罪不逃刑，臣之節也。吾年已六十，死生有命，去將安之？乃詣詔獄考死。」范滂傳：「時冀州饑荒，盜賊羣起。乃以滂爲清詔使，案察之。滂登車攬轡，慨然有澄清天下之志。」此不可謂無豪氣。然王陽明觀政工部時，上邊務八事，言極剴切，晚年以爲「浮意氣」。若以此格之，則范滂之「慨然」，得毋爲浮意氣乎？（吾非以最高境界，苛求前賢，只爲說明當時人物之格調，以明問題之所在，精神之轉進。）然及其辭母赴死，則未始不令人流涕也。滂傳曰：「建寧二年，遂大誅黨人。詔下急捕滂等。督郵吳導至縣，抱詔書，閉傳舍，伏床而泣。滂聞之曰：必為我也。即自詣獄。縣令郭揖大驚，出解印綬，引與俱亡曰：天下大矣，子何為在此？滂曰：滂死則禍塞，何敢以罪累君，又令老母流離乎？其母就與之訣。滂白母曰：仲博存敬，足以供養。滂從龍舒君（其父也）歸黃泉，存亡各得其所。惟大人割不可忍之恩，勿增感戚。母曰：汝今得與李杜齊名，死亦何恨？既有令名，復求壽考，可兼得乎？滂跪受教，再拜而辭。顧謂其子曰：吾欲使汝為惡，則惡不可為，使汝為善，則我不為惡。行路聞之，莫不流涕。時年三十三。」情辭悱惻，感人最深。雖云浮意氣，亦時代中具有客觀意義之悲劇也。又張儉傳：「於是刊章討捕，儉得亡命。困迫遁走。望門投止，莫不重其名行，破家相容。復流轉東萊，止李篤家。外黃令毛欽操兵到門。篤引欽謂曰：張儉知名天下，而亡非其罪。縱儉可得，寧忍執之乎？欽因起撫篤曰：蘧伯玉恥獨為君子，足下如何自專仁義。篤曰：篤雖好義，明廷今日載其半矣。欽嘆息而去。篤因緣送儉出塞，以故得免。其所經歷，伏重誅者以十數。宗親並殄滅，郡縣為之殘破。」當時社會赴義之勇如此，豈不壯哉？氣節之風，往往如此也。然氣節之士之直接表現，鮮有成事者。論語曰：「人而不仁，疾之已甚，亂也。」惡惡太甚，勢必激蕩。蓋其精神本非構造的也。故仲尼不為已甚，即在避免惡惡喪德也。然此義所函者乃在：好善惡惡一根于仁。故曰「唯仁者能好人能惡人」。而此語所函之最高意義及其客觀實效之意義，則在反顯內在道德性（即仁、普遍理性），並據之以為構造的也。（引出客觀精神與合理精神而為構造的）。然而此一境界，東漢後儒者，始終未能轉出而充分發揮其實效。（宋明理學是儒學之學的發展，即向內在道德性而發展，然其客觀實效之構造方面，則亦未能擴充出。此義後將論之。）而最易出現之形態，除遁處韜藏外，則便是順「不爲已甚」，而爲因循之應化，與和光同塵，或見幾而作之智者。郭林宗亦此類型中之一也。

是故三成分中，如浮智的直覺之閃爍，藝術性的浪漫情調之欣趣，較爲凸出，則卽爲此類之人物。今藉郭林宗稍論此類人物之流派焉。

吾人曾說：此類人物之基本靈魂乃是美智合一之格，卽藝術性與智的直覺之合一表現。但此美智合一之表現，有是經過內在道德性而爲最高級的，有是不經過此一超轉而爲低級的。此型人物卽是屬于低級者。故爲初次的直接表現。在此直接表現中，其生命並未經過「內在道德性」之轉出之潤澤，而直接由其原始生命之天資之美發露出美的欣趣與夫智的直覺，卽善談論，美音制，精鑒人倫的妙觀察。此種直觀，吾人名之爲「智的」。但是何種「智」，則吾人很難加以限制。是卽在此種情形下，吾常只名之曰「智的」。此種「智」不是吾人平常所謂經由「理解理性」所訓練成的理智，因此種表現並未經過「理論理性彰用」的理解一階段，故亦不是由此階段而轉出的超理解的智。同時，亦復不是經由內在道德性而轉出的純精神主體所發出之「智」，卽攝于仁而發於仁之「智」。所謂最高級的表現卽是「攝於仁而發於仁」之智。此爲仁智合一的神心之表現。王陽明所說之良知之天理（心理合一之良知之心）卽是此種神心之表現。孟子所謂「萬物皆備於我矣，反身而誠，樂莫大焉。」以及所謂「所存者神，所過者化，上下與天地同流，豈曰小補之哉。」亦是此種仁智合一之心之表現。天理流行，一體平鋪，無倒妄，無雜染，無欣趣，無光景：亭當平實，圍範曲成，無不周遍，無不窮盡。此中之智卽是無光景之智。攝於仁，故無光景。發於仁，故無雜染。仁以感通爲性，以潤物爲用；智以覺照爲性，以及物爲用。（及卽智及之及。仁者安仁，智者利仁，及物亦可曰利物。）仁智合一，則覺照之心卽實現（創生）之心也。此卽爲最高綜和之神心。由此而發的直覺，則爲神智的直覺。故此所謂「智」亦有確定之函義也。此爲最高級者，惟於聖賢人格始可如此說。然而非可語於郭林宗一類也。仁智合一之神心，其表現爲智的直覺亦是內在的，具體的，而亦含有藝術性在內，所謂「成於樂」也，此爲最後之圓融。然而郭林宗一類者，則不可語於此。此類人物之精神表現，旣非經由理論理性之磨煉而轉出，亦非經由內在道德性之超轉而轉出，故其爲智乃是一種夾雜的浮智，卽由原始生命之天資之美而直接地發露出：後面有一種氣質的物性作沈澱而上浮出此種「智」，然亦不是依照「理解理性」以進行，故亦爲直覺的，故曰「浮智的直覺之閃爍」。其發爲智的直覺旣如此，故其藝術性亦爲浪漫情調之欣趣。而非立於禮（通過內在道德性）之成於樂也。此種格調亦非構造的，乃與氣節之士爲同層次，而爲不同方面者。彼之內在而具體，有似於圓，實則似之而非也。此亦爲相似法流也。其爲初次的直接表現與氣節之士之直接糾結於客禮之困惑同。故爲同層之不同方面者。其所以不爲構造的，以其不經過內在道德性之超轉，故不能所過者化而繁與大用也。又因其不經過內在道德性之超轉，故亦不能客觀化其理性，轉出客觀精神而消除困惑，創造新局，而構造現實也。在對列之局中，一有激蕩時，彼能免於禍。彼雖能知天之所廢，不可支也，然其無濟於事則一。配合於有爲之局中，其智亦可點撥窒碍而通全局，此則因緣附會而成其事，所謂因勢利導，轉敗爲勝，因禍取福也。而不能創造時代，在崩解之局中，亦不能引發較高級之綜和，則一也。張子房，司馬德操，卽此類也。此種「智的」人物，不流於賊，已是最好。論語曰：「好智不好學，其蔽也蕩。」禮記經解篇亦曰：

「絜靜精微，易敎也。」又曰：「易之失賊」。又曰：「靜絜精微而不賊，則深於易者也。」其所以有賊之失，卽在其未經過內在道德性之超轉，無仁以統智，而智流於玩，玩卽賊。悲心不起，故偸處於機應之間。偸處亦賊也。其智爲「乾慧」，非悲以潤慧，仁以養智也。故吾必主易學統於孟學，而不能空頭講易也。所謂深於易者，亦不過如此而已。張良，郭太，司馬德操，皆乾慧也。冥觀默察，而明哲保身，識大勢之所趨，而順運以自守，吾不忍謂之賊。而投機者，則賊之甚也。凡不根於仁，而妄言圓融通脫者，皆賊也。爲其內無足以立而外無是非也。凡此輩人皆妄斥理學家之拘碍迂固，（淸之馬平泉卽是此類之無忌憚），而不知彼等之層次不能望理學家之項背也。而彼自謂達情審時，要作「曉人」，實則皆賊也。流於相似法流而不知也。郭太處於東漢風氣下，其弊尙不顯。而後乎此者，此類達情審時之人物多不勝數。此固對列之局崩解後，不能向高級綜和而轉進，下散而下趨所必然引生者。而此輩之因循放縱亦足徵其只能拖長歷史而不能發展歷史也。魏晉之淸談，宋齊梁陳之荒淫頹靡，則又此型之另一種表現。此皆軟性的，下墮的，放縱恣肆也，非眞精神生活也。唐之才華亦放縱姿肆也。不過其生命較强，乃上升，非下墮耳。（凡不通過內在道德性而轉出客觀精神及合理精神，黑格爾俱名之曰放縱恣肆。）依此觀之，則宋明儒者就儒學之學的發展，正有不可及處。何可妄施譏議耶？多見其不知量也。【宋明儒者就儒學之學的發展固只作到向裏轉進一步，其客觀方面尙未開拓出。然只應順之而作發展的轉進，不應拖下來而流於彼輩自稱爲達情識時的曼衍。】

此種氣、美、智三者合一的初次直接表現，無論爲氣節之士，或郭林宗一類的智者之士，其精神表現皆爲主觀的，而在有「非理性的」參與其中的「對列之局」中能容納有此種精神之表現，則此時代精神即無客觀的法律可言：「理性」既未透出來，即不能客觀化而爲有客觀實效性的法律，即有構造性的法律，而此時氣節之士在政局中之精神表現亦不能依制度基礎而爲合法律的表現。因爲是主觀的道德的而不能合法律，故在政治上遂有「氣節之士」之稱。否則，在政治上不可有此稱。隨時隱顯的「智者之士」，因爲是主觀的智的，故只能爲幕僚，爲一種適合於「主觀之智」之配合，而不能直接担當起，代表該時代整個組織中一客觀之部門，而常是功成身退或遁處韜藏之個人的，故猶不如「氣節之士」之社會性或客觀性。「氣節之士」與「智者之士」兩名稱在政治上之存在只有當時代精神在主觀的形態下，即有「非理性的」參與對列之局中時，才可能。否則，在客觀化合理化的對列之局中，在法律有構造性的社會中，在精神之客觀表現中，即無「氣節之士」可言，只有在客觀分位上權利義務之盡與不盡，而亦無「智者之士」可言，只有作其所應當作之社會上的客觀事業，如學術文化敎育宗敎等。然而自東漢起，國史上此兩類人相續而生，政潮幾成循環之局。由此可徵國史之發展，視爲精神之實現，居何形態焉。

後漢書李膺傳：「復拜司隸校尉（桓帝延熹八年）。時張讓弟朔爲野王令，貪殘無道。至乃殺孕婦。聞膺厲，威嚴。懼罪，逃還京師。因匿兄讓第舍，藏於合柱中。膺知其狀。率將吏卒，破柱取朔，付洛陽獄，受辭畢，即殺之。讓訴寃於帝。詔膺入殿御，親臨軒詰以不先請便加誅辟之意。膺對曰：昔晉文公執衞成公歸於京師，春秋是焉。禮云：公族有罪，雖曰宥之，有司執憲不從。昔仲尼爲魯司寇，七日而誅少正卯。今臣到官，已積一旬。私懼以稽留爲愆。不意獲速疾之罪。誠自知釁責，死不旋踵。特乞留五日，尅殄元惡，退就鼎鑊，始生之願也。帝無復言。顧謂讓曰：此汝弟之罪。司隸何從？乃遣出之。」（黨錮列傳）。

岑晊傳：「太守（南陽）弘農成瑨，下車，欲振威嚴。聞晊高名，請爲功曹。又以張牧爲中賊曹吏。（劉攽曰當爲賊曹史）。瑨委心晊、牧。褒善糾違，肅淸朝府。宛有富賈張汎者，桓帝美人之外親，善巧雕鏤玩好之物。頗以賂遺中官，以此並得顯位。恃其伎巧，用勢縱橫。晊與牧勸瑨收捕汎等。旣而遇赦，晊竟誅之。幷收其宗族賓客，殺二百餘人。後乃奏聞。」（黨錮列傳）。

又宦者列傳侯覽傳：「建寧二年，喪母還家，大起塋冢。督郵（屬山陽太守）張儉因舉覽貪殘奢縱。……請誅之。而覽伺候遮截，章竟不上。儉遂破覽冢宅，籍沒資財，具言罪狀。又奏覽母生時交通賓客，干亂國郡。復不得御（進也）。」（儉行部逢覽母，呵不避路，竟使吏卒收殺之。追擒覽家屬賓客，死者百餘人，皆僵屍道路。伐其園宅，雞犬無餘。）

以上所舉，皆先斬後奏，奏不得御，自行誅戮。或雖赦亦誅。如李膺誅張成之子，岑晊誅張汎，皆雖赦亦誅。可謂目無朝廷，亦可謂朝廷顚倒，無可日者。而李膺之誅張朔，又據經典以申辯。說爲紀綱頹弛固可。殊不知在皇帝宦官外戚俱爲「非理性的」之下，不能有客觀的法律存在。而氣節之士在主觀的道德的格調之下，疾惡如仇，亦實可見罪必誅。或云有經典可據，不得謂不合理。然須知經典敎訓，與有構造性的客觀法律不同。「主觀的道德的」之精神與氣節與經訓乃相合和者，俱爲原始的直接表現：道德，理性，經訓，俱在具體的主觀的形式中表現。西漢通經致用，據春秋以斷獄，亦是「主觀的道德的」之精神，未能至乎有構造性的法律地位也。惟在生命主體渾朴健旺之時，則較易合理而少滋擾。而當「非理性的」成分頹墮旣久，則生命主體卽失其原始的健旺，而窒塞膠固，罪惡重重。氣節之士既逢惡必誅，（依主觀道德的氣節方式誅之，不依法律根據而賞罰），則「非理性的」之純物化之反動亦必加甚。如是，互相誅戮，其慘酷乃不可免者。

道德，理性，經訓，在具體的主觀的形式中表現，必須有聖君賢相始能維繫對列之局。而聖君賢相在此種對列之局（有非理性的在內）與主觀精神下亦為主觀的，無保証的。非理性的主體（皇帝）及其隸屬亦牽連客觀化的外朝而為主觀的，甚至於使其表現亦為非理性的。精神（道德理性經訓）之客觀的實現，與夫客觀精神之引生，法律之客觀建立，經過原始的直接表現之方式後，遇見困惑時，必須在忘緣返照的反省下經過道德的自覺而顯露出作為普遍理性的「內在道德性」，又必須在主客對立中顯露出邏輯理性所控馭的理解（知性），由此而轉出名數之學及科學，即精神之理解理性的表現。此兩步顯露，乃必不可少者。惜乎東漢尚未能至此也。（張衡之機術特妙並不能作為理解理性之表現由之而開發科學）。古代史官「掌官書以贊治，正歲年以序事」，未有道德敎化（人倫人文的）與智周萬物（天文律曆、數學物理的）之兩面。而後來孔孟荀之定文統則確立道德敎化一總綱，却無人順智周萬物之一面而將理解理性一綱維彰著出。兩漢四百年，順孔孟所確立之總綱以進行。及其屆乎困惑，既未能向「內在道德性」而轉進，亦未能向理解理性而轉進。後來順此總綱以演續，至宋始開始向「內在道德性」而轉進，而「理解理性」之轉進總缺如，故精神之客觀實現，客觀精神之引生，以及法律之客觀建立，總未能出現也。

附錄一：唐君毅先生著：中國歷史之哲學的省察

——讀牟宗三先生「歷史哲學」書後

(一)前言

友人牟宗三先生，有志于寫中國歷史哲學一書，其動機蓋在十餘年前。憶民國三十三年秋，宗三先生自成都來重慶中大任教。巴山夜雨，樂共晨夕。一日談及國事，宗三即料及來日大難，共禍必將無已，而惄焉憂之。即欲寫歷史哲學一書，以昭明吾華族之文化精神命脈之所在，兼示其發展之理則，以貞定國人共信。越年而日本投降。河山還我，萬衆騰歡，人咸以中華之復興在望；而東北之接收被阻于俄帝，張莘夫遇害于瀋陽。時重慶學生，羣情激昂，游行街市。然教授皆罕有參加者。而宗三獨與學生共行列，扛大旗。吾以是知宗三之志識，超軼乎世俗之教授學者之倫者遠矣。日本投降之後，數年之中，中國政局，波譎雲詭。忽而各黨政治協商，忽而美人調停國共。終在烽火瀰天中，行憲選舉。而時論雜沓，人心坌涌 不可收拾。而宗三于此時，乃獨力以校中薪資，創辦「歷史與文化」一刊，躬任校對發行之事。以人禽、義利、夷夏之辨，昭告于世。其言似迂，其辭似激，而其意也哀。然人多漠視之，中大學生至詆之為頑固反動。遂走太湖畔，再息于東海之濱。此數年中，熊先生亦常于信中，感懷國事，由士風之窳敗，文風之浮薄，謂吾華族子孫，將有萬世爲奴之痛。然余素性喜作樂觀想，以為大局當不致有土崩魚爛之事。而對共黨之為害，亦殊無深切之感覺。故于大陸淪陷之前，余所著文講論者，皆及于純學術而止　比南來香江，乃有悟于中國文化，及人道尊嚴，與馬列主義，勢難共存，試為文申正論，見民之憔悴于虐政，未有甚于此時。宗三十數年前之所憂者，一一見于今日。吾以是益知宗三昔之孤懷閎識為不可及也。宗三既去台。二年而成其歷史哲學。而余時亦以困窮怫鬱之懷，為當世勉成「中國文化之精神價值」一書。地之相距，千有餘里，而所言則殊途而同歸。宗三之稿成寄港。初計其由一出版社印刷。事未成。余嘗試介諸二書局，亦皆不納。余書于前年乃得于正中書局出版。而宗三之書，則遲延至今年，乃得强生出版社吳努强先生為之印行。吾以是知中國出版界之庸陋寡識。莊生言大音不入于里耳，詎不信哉？今宗三之書，旣與世相見矣。讀者之視之何若，非我之所知。其亦如于「歷史與文化」一刊之漠然視之乎？或亦如余十餘年前，聞其欲寫此書時之淡焉置之乎？以宗三之所言與世之治哲學與治歷史者之持論多不類，蓋將不免焉。然吾嘗據吾之所驗，以正告世人曰，宗三所言之異于世者，皆有其眞知灼見在。宗三自謂其書于其所欲言者，多未能發揮盡致。其著書之體例，與其進退古今人物之處，人皆可容有不同之意見。然其所眞知灼見之處，終當歷年所而為人所共喻。吾望讀者先信斯義。繼當一本固陋之所及，以畧介「歷史哲學」之義及此書大義，于讀者之前。

（二）哲學與歷史之關係及歷史哲學之重要

此書顏曰「歷史哲學」。然非泛論歷史哲學，乃專論中國自古至漢一段之歷史之哲學。世之言哲學與言歷史者，恒相視爲殊科。言哲學者之以究心于宇宙之普遍之大理爲目標，或以名言概念之解析爲事者，皆輕歷史之爲物。故西哲羅素嘗謂，哲學當究心可能的世界，此人類之歷史世界，不過諸可能的世界中之偶然世界耳。桑他耶那，於世界第二次大戰時，隱居羅馬城外。新聞記者訪之，而詢以對世事之意見。彼曰吾所縈心者，乃永恒之理相。不看報已多日矣。波蘭與奧國，數十年來，歷被瓜分，屢經戰亂之國家也。而今風靡一世之邏輯實證論之哲學家，多出于二國。充哲學家之重宇宙之普遍之理，或重名言概念之解析之精神，必不免視人類之歷史爲宇宙間偶然之事，而于邦國之盛衰危亂之故，無所用心，視如哲學以外之事，此蓋理之所必至也。

而世之言歷史者則曰，哲學者虛理也。吾所研治者實事也。吾考訂實事之何若，即從而如其何若，而一一敘述之，則吾之責已盡。而實事之考訂，要在以文字器物爲徵驗，不可本哲學之虛理以推知。徒本虛理以推知史事者，必矯亂歷史眞相而陷于誣妄。且歷史只有已然與實然，國家之治亂興亡，世道之顯晦升沉，人之忠奸賢不肖，凡已爲歷史之事實，即平等爲歷史學研究之對象。歷史家無心軒輊于其間也。哲學則必明價值，辨已然、實然與當然之別。而哲學上所謂當然或價值，罔不出乎哲學家一人主觀之意見。持主觀之意見對歷史之實事人物，加以軒輊抑揚，又必矯亂顚倒歷史之眞相，而更陷於誣妄。是以言歷史無待于哲學。本哲學以論歷史，實無與於歷史。此即昔西方史家如蘭克之視黑格耳之「歷史哲學」爲讕言，今之西方史家視斯賓格勒之「西方之衰落」爲妖妄；而中國之治史者，亦不必讀朱子之通鑑綱目，於春秋之褒貶，則唯有以經視之，而不以史視之也。

然世之本上列二者之見，而謂歷史與哲學殊科，當離之則雙美，合之則兩傷，而不可有歷史哲學之爲學者，皆似是而實非之論。夫哲學當以知宇宙之普遍之大理爲極至．且必當從事於名言概念之分析，是也。然以此而謂具體之人生歷史之事，爲哲人心思之所不應及，宜居哲學之外，則大謬。哲人能觀宇宙之大，其心可謂大矣。然此心終屬於此哲人之爲人，而此人固存在於歷史文化社會中也。則徒騁此心以思宇宙之大者，不如兼能反省此心之屬於此人，此人所在之歷史文化社會，而兼於此運其哲思者，其所思者之尤大也。哲人能分析名言、概念之繁，而求其義之所切是也。然名言概念所指者，終爲宇宙、人生之實理與實事。則徒細其心以分析名言、概念者，不如兼能面對宇宙、人生之實理、實事而分析之者，其用心爲尤切也。然則凡謂哲學徒當仰觀宇宙之大，俯察名言概念之繁者，皆自忘其思之屬於其人，其人之所面對之實理實事者也。凡眞人必不忘其爲人，亦不忘其所面對之實理與實事。唯眞人而後能爲眞哲人。吾之爲眞人非偶然，豈有如羅素所謂人類世界翻爲偶然之理？桑他耶那不看報，又果能自遁於烽火瀰天之大戰乎？彼波蘭奧國之哲學家，豈無家亡國破之感？其以邏輯分析自遣，其遇可哀，斯其情可憫，其工作自有其價值，然不當謂天下之哲學盡在此也。人之治哲學者，以其志力之所專精，不暇於對歷史作哲學的反省可也。必以此爲非哲學，而局限哲學於一隅，則大愚而大惑也。中國之大哲，由孔子至王船山之重文化歷史無論矣。西方由拍拉圖、亞里士多德，至後之康德、黑格耳之哲學，亦無不終於論人生政治與歷史。羅素、桑他耶那，固嘗欲自外於此西方之傳統矣。而其情之所不安，仍終不能自已於論十九世紀與西方文化哲學之歷史，亦不免爲文以言當今之世變。此皆非有他故，唯以吾人之哲思，雖可上窮碧落，下達黃泉，大至無倫，細入毫芒，一時渾忘吾身之安在；而當吾之神明之旣降，吾終不能自忘吾之爲一人，爲一歷史世界中之一人故耳。吾不能自忘吾之在歷史世界，乃即運吾之上窮碧落，下達黃泉，大至無倫，細入毫芒之哲思，以思此歷史世界之古今之變，即歷史哲學之所由不容已而自生之故也。故凡爲哲學而不歸於歷史文化之哲學者，其哲學必不究竟。

至於言歷史者，謂哲學之虛理，不足以考訂歷史，本哲學之中當然價值之觀念，以評斷歷史，恒難免主觀意見之蔽，固矣。然吾上已言歷史哲學之所由生，正由於爲哲學者之願面對實理與實事。則本虛理以臆斷史實之何若，亦正與爲哲學者本懷相乖。爲哲學者，固當尊重歷史家之地位，尤不當否認歷史家已證其爲實之實事也。哲學即事見成事之理。事果爲實，則成事之理，不得爲虛。歷史哲學之所究者，成事之實理，非如邏輯上之名言、概念之分析之所陳，純爲思想界之虛理也。歷史家考訂史事之何若，即一一敘述之，其責已盡，固也。然事之有理，不可誣也。即事事而言之，事各有分理。歷史家亦當於此究心矣。然總諸事而挈之，亦有其統會之理。如總對日抗戰時之一切軍事，外交，政治，文化，及社會民間之諸事，而挈之，則其統會之理，即中華民族之求自拔於日帝鐵蹄之所及之外是也。則總中華民族數千年之史事而挈之，又豈無統會之理，可資論列？豈論此統會之理，即必違於史實之眞相乎？是必不然也。此即中國歷史之哲學的省察之所爲也。

至於謂哲學家本當然價值以判斷歷史，恒不免主觀意見之蔽，則亦不僅哲學家爲然，歷史家實亦不能自外。歷史家之自謂能捨當然價值之觀念，純就客觀事實以觀歷史，亦實不免於自欺。夫歷史中之事，皆爲往事。夫往事析而觀之，乃無窮之事也。則事事而述之，非人力之所能。歷史家何以選此事而敘述之、考訂之，不選他事而敘述之、考訂之，豈無歷史家個人內心之權衡？此權衡豈能不依於一重要、不重要之價値標準？而歷史家之敍述歷史，其於國家之成敗興亡，世道之顯晦升沈，君子小人之消長，又豈眞能無價値判斷之存，或廢書而嘆之事？自歷史家之亦爲一有血有肉之人而言，乃絕不能無者也。此不能無，則其所爲之客觀之敍述，其輕重疏密之間，亦不能逃其主觀意見之蔽也。歷史家之所以恒自秘其價値判斷，蓋亦意曰，吾旣陳此事實，是非善惡之價値，留之天下後世之公論耳。然果天下後世而有公論，則是非善惡之價値，亦當有客觀普遍之標準。則歷史之世界中，非徒有一一之史事人物，爲客觀之實在，此一一史事人物中所表現之普遍價値，亦爲客觀之實在。夫事不離理。價値者理也。事客觀，而理亦客觀。求知事之客觀眞相不易，而考訂家之不免於主觀意見之蔽；亦猶知事之客觀價値之不易，論之者之不免於主觀意見之蔽也。然則奈何於攷訂史事之眞相之史學，則稱之爲學，而求明辨史事之客觀價値意義之歷史哲學，即不名之爲學乎？毋亦因其原不深信史事之價値意義之亦客觀，其所謂留之天下後世之公論云云，乃以旣不敢自陳其價値判斷，以求貌合於冷靜無私；而又實不相信天下後世之有公論，而只有人各一論之私論，故視論之者爲可有可無也？果其眞相信史事有客觀之價値，天下後世之眞可有公論，則此信心旣存於此當下，其所信有之客觀價値，旣與史事而俱在；則己雖不論，亦將樂並世之他人，求知此客觀價値之何若，而亦樂聞他人之所論，不必言待諸天下後世之公論矣。人之爲學，自限於史事之攷訂或敍述可也。專門之業，自足名家。然人自限於史事之攷訂與敍述，於史事之價値，旣以待天下後世公論之言，爲自逸之計；又謂凡本哲學以衡斷史事之價値意義者，皆主觀之意見，爲拒人之計，則此亦治史學者之陋見也。故凡言歷史學爲客觀，而詆歷史哲學爲主觀之議論者，其所謂客觀，皆限於客觀之事實，而忽客觀之價値，是蔽於事而不知理，徒知客觀之一曲，而不知歷史學與歷史哲學之可相依爲用，以明客觀之史事之大全者也。

（三） 本書之地位

吾上言歷史哲學之異於一般之歷史學者，在歷史哲學之重明歷史發展之統貫之理，並對史事加以價值判斷，且求此價值判斷之成爲有客觀性的價值判斷。自此而言，則中國過去之歷史哲學，乃即包含於中國經史之學中。蓋中國固有之學術精神，皆重即事言理之義，故事實之判斷，恒與價值之判斷相俱。孔子修春秋，其或書或不書，或諱或不諱，皆是以對人或事之價值判斷之不同，而異其敍述事實之文字。是孔子之春秋，「其事則齊桓晉文，其文則史」，其義則中國歷史哲學之祖也。後之左傳重述事。而述事之後，恒繼以「君子曰」之言，亦皆爲價值之判斷之所存。司馬遷著史記，自言其志在「究天人之際，通古今之變。」其待「好學深思之士，心知其意」者，亦其歷史哲學之所在也。其書之本紀、世家、列傳重述人物傳記，而其後之贊，即明顯之價值判斷也。大率後之修史者，皆寓其對歷史之價值判斷於史書之作法，史傳之序、贊、論之中。外更有單篇史論，專爲一史事人物之得失、利害、善惡、是非之價值判斷。顧又多零碎散漫，罕能脫策論之習。至王船山乃有讀通鑑論宋論之作，通歷史之全而爲論。其書既即事以言理，復明理以斷事，乃見理之貫注於事中，復超越洋溢於事外，乃眞可語與歷史哲學之論。而顧炎武、黃梨州之倫，咸亦有即史事以明道，據道以衡史事之精神。然凡此等等，其所謂道，皆中國數千年來，文化系統內，大體上爲人所共喻之道。故言之不必繁，而聞者已相悅以解。於是人之曲思所注，繁言所在，終在於史事之考證，名物之訓釋。而清代二三百年之學，遂重於事而忽於理，詳於名而畧於義。然理不申，則無以御事。學者閒其雜博而無統，其精神亦不能揚升而高舉。而中國歷史之久，史藉之多，又正足使學者沉沒其終身之精力於其中，而不知出。於是百年來，中國人與西方之文化系統相遇，見其科學哲學，皆務於明理，其觀念皆明顯而凸露，其系統則綱舉而目張；初則震眩而自餒，繼則以爲今只須持其觀念與系統，以貫穿囊括中國學術書藉之散錢，整理中國之歷史，其事即足。而百年來言中國學術者，乃皆歸於襲取西方之科學方法，哲學觀念，以整理中國之國故。而言中國之歷史之發展，對中國歷史作哲學之解釋，本馬克思之唯物史觀，以爲論，其事若尤易。於是老師宿儒，亦或爲之低首降心。承學之士，更望風而披靡。而國運亦隨學風以飄搖。唯深研中國歷史者，乃知此以西方一家哲學，武斷中國歷史之過，乃一一舉中國之史實，不如唯物史觀之所論，以證其非，其功大矣。然既以非之，而無以易之，奈何？則或曰以史學代哲學。中國固無哲學也。然此言則未善。蓋世間唯名同而實異者，能相代爲功，故唯正確之歷史哲學，乃能代錯誤之歷史哲學。中國昔亦非無歷史哲學，唯融於經史之學中耳。中國先儒之不詳於歷史哲學，唯以數千年來中國有一一貫相承之文化系統，其中之道之所存，大體爲人所共喻，故不須繁說耳。然今則時移勢易，吾人已與一迴然不同之西方文化系統相遇。則前之所共喻而不須繁說者，乃不得不待于重加研察，表而暴之，爲之博喻繁說。則必有繼船山之遺志，面對西方之學術文化之衝激，重新自覺中國之歷史文化之道之理之所在，爲中國之歷史文化，作一哲學的說明，以闢唯物史觀之論而易之者，應時而興。此卽牟先生之此書之所爲而作也。

牟先生此書所論者，雖爲中國歷史之哲學。然其所以論之方法與所用之名辭，亦未嘗不受西方思想如黑格耳等之影響。此亦猶如宋儒之用禪宗之語錄體，並取用其本體工夫一類之名，意在便於共喻，亦爲處今之世所不能免。然牟先生論中國歷史哲學之中心觀點，則與西方之歷史哲學家之言大異。彼既非如奧古斯丁之以神之計劃言歷史，亦不如赫德爾、康德之泛論人類之歷史。既不如康多塞、孔德、斯賓塞之據自然之進化，以說歷史之直線進步，亦不如斯賓格勒之以自然生命之有生壯，亦有老死，以喻文化歷史之有末日。既不如卡來耳之以歷史爲英雄精神之表現，亦不如馬克思之以一般社會發展之必然律，預測人類之歷史文化。其以精神之實體或理性之表現爲各種形態之歷程，以說歷史，唯與黑格耳之自理性之表現歷程，以言歷史者爲近。然黑氏之言理性之最高表現，已見於德意志之政治與文化。則哲學徒爲事後之反省，如其所喻爲夜間飛翔之鳥。人類未來歷史當循何道，乃不得而論。而牟先生此書，則未嘗以人類之全幅理性，皆表現於過往之歷史，以保持此理性之超越性於不墜。遂得由反省過往之歷史，所實現之精神價值之限極所在，而啓人以當循何道，以建造未來之歷史，由是而歷史哲學之爲用，乃通乎繼往與開來。此爲本書與黑氏之言大不同之點一。黑氏又以人類歷史之行程，如日之出於東方而沒於西。中國爲歷史精神之始點，而德意志則其終點。此乃以空間之觀念，混淆於在時間中發展之歷史，復視人類一切不同民族之歷史，只在一直線上發展之論，此既悖於史實，而亦無哲學上之充足理由，以爲根據。而牟先生此書，則絕此二病，唯就中西文化之分別各發展其歷史，而言其精神表現方式之不同。此精神表現方式之不同，則上有共同之形上的精神實體爲之根。於是此表現方式之不同者，乃終有融通之可能。此爲本書與黑氏之言大不同之點二。由此二點之不同，則見黑氏之論歷史哲學，仍是觀照之意味重。其所謂理，尚未能洋溢於已往之事外，以爲新生之事之所據，而亦昧於道有殊塗同歸之旨。而深知理之既內在於事中，又洋溢超越於事外，以爲新生之事之所據；及道有殊途同歸之義者，唯中國之先哲爲最。則此書之所以異於黑氏者，卽其所以上承先哲之義者也。

（四）如何了解普遍的精神生命精神實體之一名

吾人旣知此書之上求接契於王船山之論歷史，及其論歷史之觀點與西哲之異同，復當知此書第一章所謂「看歷史須將吾個人生命與歷史生命民族生命通於一起」，並「將歷史視作一民族之實踐過程」，及一「民族生命」乃一「普遍的精神生命」，其中函一「普遍之精神實體」之義。此諸義要點，在言看歷史與看外在之自然不同。看歷史須透過歷史之文字紀載，如湧身千載上，而自己生活於歷史之中。吾人自己之生活，乃一嚮往理想、而實踐理想之自上而下、自內而外之歷程。於是吾生活於歷史中，卽將見歷史之發展，亦爲人之嚮往理想，而實踐之之自上而下、自內而外之歷程。由是而吾人之看歷史之態度，卽不復如一般歷史家，止於一居今以述古，循流以考源之態度，而爲直下在人之精神理想之泉源處立根，以順流而下觀之態度。此卽哲學之態度。由是而見歷史之步步進展，卽人之精神理想之步步生發，步步爲人所實踐之歷程。由人有精神理想，而人之生命之爲一精神生命。人之精神生命，有相續性，恒日新而不窮其用，是見其泉源之不竭，故謂其蘊涵一內在而超越之精神實體。唯以此謂個人，其言易解。以此謂一民族生命爲一普遍之精神生命，中亦蘊涵一普遍之精神實體，則人恒難相契。因此中夾雜甚多之常識與哲學中觀念上之疑難。然吾今可謂此一疑難之根，自心理上言之，皆在吾人之未能眞實置身於歷史中，而視歷史爲人之實踐歷程。蓋如吾眞置身於歷史中，則吾當首超越吾之小己之形骸，而化吾之自身之精神，爲歷史中人物事件表現之舞台。而此舞台本身，亦如將隨表現於其上之人物事件而顫動，而起舞。則歷史中之戰爭、於吾之此精神中戰爭，和平、於此中和平，朝代之興衰成敗、於此中興衰成敗，世道之顯晦升沉、於此中顯晦升沉。歷史中一切人物之活動，皆於此中活動。而吾之精神，卽一一加以承載，隨之升降，隨之起伏，以體驗其理想之實踐，與價值之實現，而涵容之於一心。則吾之當下之此精神，已爲一普遍化而遍運於吾所知之歷史世界中之精神。吾由吾之置身於歷史之精神，能如是普遍化，再將吾之如是普遍化之精神客觀化，推而上之，使之瀰綸充滿於歷史之長流，再置定此精神之爲超越我而自存，則終將一見民族之歷史，爲一整一之民族之實踐歷程，而中有客觀的普遍之精神生命、精神實體存焉。而此歷史，卽皆爲此普遍的精神生命、精神實體之表現其自身之歷程矣。

論歷史之哲學，則民族生命，民族精神，歷史精神，普遍的精神生命，精神實體諸概念，爲不可少。蓋論歷史哲學，乃總持而作，所論者非個人，而爲民族之集團或人類之集團。然在人自然的心習中，恒只見個體事物之一一分散而外陳。一般歷史學之硏究，亦向分的個體事物之硏究而趨，順人之自然的心習以外散。而歷史哲學之論，欲歸於統貫之理，則必逆其道而行。其言分皆所以爲合，其論散皆所以成總。遂與人之自然的心習，及一般歷史家之心習皆相違。而歷史哲學之所以終於可能者，則在其所說者，乃人類之歷史。夫人之所以異於其他萬物者，吾常言在其恒能超越其原來之自己，而以他爲自。個人在羣體集團之生活中，其生命精神，乃恒互洋溢而互流通。個人之爲個人，實外無定殼，而內無定核，而恆隨其相與感通之事，而各融化其氣質之拘礙。其不能融化者，亦隨個人之死亡，而融化於歷史之長流。個人之事得留存於後人之感念中，而紀載於歷史之文字者，則必以其有超個人之普遍意義，而後得普遍地存在於後人精神之感念之中也。而後之個人之所以能於其先人之事，感念不忘，亦以其精神之能超越其百年內之小己也。故民族之歷史者，民族歷史中之諸個人之生命精神，左左右右，前前後後，交光互映，往復貫通，即多而一，以凝成一整個之普遍精神生命，普遍之精神實體之史也。此義不明，人無由以總持之觀點論歷史。歷史之學，只有向分散之個別史事人物之考証而趨。義益瑣而言益碎，道術乃爲天下裂。而歷史哲學亦終無存在之可能。而此義之難明，則在人之自然心習，皆趨於順而外出，以觀個體事物之外陳而分散。文字書籍，歷史遺物，人以外之自然事物，皆外陳而分散者。其本身皆無吾人所說之精神。以觀分散之文字、歷史遺物、及自然事物之心習，以觀人，則亦將只見個別一一之人，而民族集體之歷史之生命精神，乃皆成虛浮玄幻之名言。而實則此皆人之不肯逆其心思，以自覺其精神之所以爲精神之本性，乃「即自己而超越自己」，而以此觀一民族集體之歷史中之人與人精神之即多而一處之故也。

吾以上不厭覼縷，溢乎介紹此書之外，以言歷史哲學之重要，及牟先生此書之地位，與民族精神生命之涵義等，皆以此諸觀念不明，則人之讀此書者，將動生滯礙，而無由識其義之所在。此諸觀念既明，乃得進而畧介此書大義於讀者之前也。

（五）本書之中心觀念

此書凡五部。第一部論夏商周。第二部論春秋戰國秦。第三部楚漢相爭，綜論天才時代。第四部論西漢二百年，本書稱之爲理性之超越表現時期。第五部東漢二百年，本書稱之爲理性之內在表現時期。而此書之中心觀念，則見於第三部第二章與第三章。在此二章中，一方面說明西方文化爲分解的盡理精神，一方面說明中國文化爲綜和的盡理精神與綜和的盡氣精神。此是對於中西文化精神之一總持之認識。吾昔言中西文化，或由西方文化之爲多元，以說其人文世界之分途發展，而由中國文化之爲一元，以說其人文世界之和融貫通。此是一文化來源之外緣之論法。吾又或以中國文化趨於圓而神，西方文化趨於方以智，此是本易傳之言，以兼神智之概念與方圓之圖像之論法。而牟先生之分此三精神，則純爲哲學概念式之論法。言圓而神之神，乃通理氣以爲說。言綜和的盡理與盡氣，則分解神之概念以爲說。牟先生意所謂綜和的盡理精神，乃指「由盡心盡性而直貫至盡倫盡制」，由「個人之內聖實踐工夫，直貫至社會禮制與所謂外王」之精神。其表現於人格者，則爲聖賢與聖君賢相。而綜和的盡氣精神，則爲一種能超越一切物氣之僵固，打破一切物質之對碍，一種一往揮灑表現其生命之風姿。其表現於人格者爲天才，爲打天下之帝王。而其所謂分解的盡理的精神，則蓋爲一「以觀解之智，依抽象偏至之理，以自局限其精神，而與其外者形成對立之局；遂爲其外在者之所限，而復即在此內外之互相限制中，磨練此精神」之一種精神。其表現於文化者，爲神人相距之離教型之宗教，爲以概念層層分解對象規定對象之科學，爲個人之通過階級集團而向外爭取政治上之自由人權，以逐漸演成民主制度之政治。此三者皆爲同根而發；而由此以綜攝西方文化，精神於分解的盡理精神之一語。此三種精神，皆人類之向上精神，當同根於合理氣之全的形而上之道體，或人之精神實體，而分別爲中西文化之所偏重而表現。而悖此三者之精神，則爲精神之沉陷於物，理旣泯沒，而氣亦無心于載理，而人之生命之氣，乃糾結成物氣，人以物氣相衝激，此卽天下之亂原。物氣衝激之極，人至欲剷平一切價值之差別，使世界歸向於淸一色之物氣之流行，此在過去之中國，則爲秦代之極權，在今則爲共黨。此則天心剝復之際，神魔交戰之時。而撥大亂以返大正，則在轉物氣以成向上而堪載理之氣，以融綜和的盡理與分解的盡理之二精神，而成一更高之綜和。此卽中西文化自然諧一遠景之所存，亦卽形上道體之全幅彰露於形下之世界。而此蓋卽貫於本書之中心觀念之所存也。

（六）本書大旨

吾人由此中心觀念以觀本書之論中國文化，則其第一部之論夏商周，實重在明上述之綜和的盡理精神之渾含的表現於中國古文化中。其由相傳之古史，言古代之政治之以修德愛民爲本，及所載史官之地位，以言中國民族之首把握者爲生命，而非外在之自然。中國古代史官之職，包含窺測自然正歲年一面。而此窺測自然正歲年之事，則直接連於「本天叙以定倫常，法天時以行政事。」夫然而其所窺測之自然，未嘗被推出去，而客觀化成爲理解之智之所對，此卽中國之無希腊之科學，而首有重在「安頓生命調護生命」之修德愛民之政治倫理之故。此卽中西文化殊途之始機。順此以往，中國文化歷史之發展之途程，皆得而說矣。

本書旣論史官之地位與中國原始之文化精神，卽轉而言中國古代之氏族社會，不向西方式之經濟特權之階級社會而趨，乃形成「宗法之家庭制」，及「等級之政治制」之周代禮制社會之故。而此等級之政治制，則函治權之民主之義。牟先生謂中國後來之政治，有治權之民主，而無政權之民主。此乃本中山先生之分治權政權，及錢賓四先生常言之中國後世政治中，有人民之直接參加政府，而進一步以為論。故在自由方面說，中國在政治上，有黑格耳所謂合理的自由，而無其所謂主體的自由。主體自由，卽自覺為政治之主體，以行使政權之自由也。然中國人在政治上，雖無主體的自由，而另有道德上之主體的自由，與藝術上之主體自由。此則黑氏之所不知。由道德上之主體之自由，而有盡心、盡性、盡倫、盡制之聖賢學問。由藝術上之主體自由，而有盡情、盡才、盡氣之天才人物。道德上之主體自由，卽前言之綜和的盡理精神之表現，藝術上之主體自由，卽前言之綜和的盡氣精神之表現也。

本書第二部春秋戰國秦，分講五霸與孔子，戰國與孟荀，及秦之發展與申韓。此所論之時代，乃繼西周數百年之周文之構造的時代後，周文之逐漸分解之時代。此中之五霸與孔子一章，分論齊桓、管仲與孔子。以管仲之尊王攘夷之政治理想，表現當時時代精神之轉進至自覺的求諸夏之親暱，中原文化之保存。而以孔子之通體是仁心德慧，通體是文化理想文化生命，言周文中尊尊、親親之價值與意義，之眞正被自覺為形上的仁義之道；此道亦即流行充滿於孔子之人格之生命精神中，通過孔子之人格而表現。其意蓋亦卽謂「孔子之一生乃中國文化中之道成肉身之階段」。卽「以前之客觀性，歷史性之周文之價值意義之內在化，主體化，而收攝凝聚於一人之人格，再通過此人格之生命精神以表現而客觀化，而感召繼起之人格，以形成孔門及後儒之人格世界」之一生也。其次論戰國與孟荀，則重在明整個戰國之為一破裂分散，而人務求盡物力物氣，而重物質的物量之時代。而孟子則為全幅是精神，通體是光輝，表現道德精神主體之人格。孟子之英氣，乃表現其自身人格與時代之破裂與對反。然正由此而後能反顯出人之道德精神之超越的主體性，孟子乃能盡其時代之使命。至荀子，則爲通體是禮義，表現知性主體之人格。荀子之重禮憲，重天生人成，使自然成被治，而人之知性主體，即凸出而照臨於自然之上。此乃中國古代思想中，唯一可通接西方重知性之精神之所在。然荀子重禮憲，而不上本於心性之善，則禮憲爲外在。外在者皆可去。於是順戰國之盡物量物氣之時代趨向，必有如申韓之思想與秦政者出，而剷平一切禮文與人格之價值意義之差別，而歸於一純物量、純數量之渾同漆黑之非精神的精神。而政治歸於一絕對之極權，人君爲陰森之秘窟矣。

本書第三部第四部之西漢及東漢，則首言劉邦、張良等爲天才時代之人物。謂之爲天才者，乃謂其能盡氣而不能盡理。本書以劉邦之反秦，乃代表平民之蠢動其生命於蓁莽大澤中。此爲繼秦之渾同漆黑之精神之普被後，中華民族重見原始生命之光輝。而劉邦之被稱爲能盡氣，則在其豁達之姿，頗能拆散習氣與機括，故亦未嘗不能承受理想，而自覺其限制之所在。正此一點，即不同于秦政之芻狗一切。故彼可開漢代之國運。至漢武之接受董仲舒復古更化之理想，而西漢之文教以興。此西漢二百年間，牟先生稱之爲理性之超越表現時代。謂之爲理性之超越表現時代者，主要就董仲舒所言之理性雖有陰陽家之格局，遂使時代精神瀰漫爲災異讖緯之風氣，因而轉言禪讓論，五德終始論，使公天下一觀念不能有客觀妥實之解決，不能有有效的政治法律形態之安排，乃徒成爲一種災異宿命之形態。

西漢之理性之超越表現于災異讖緯之宿命，及天人相與，五德終始之言者，至王莽時代，而益成迂怪膠固之說。王莽亦終以迷信而自敗。於東漢之二百年，此書則由光武之凝斂的理性人格，及其所團聚之人，又能契合於此理性，能共文理密察以安排政事，而稱之爲內在的表現時代。理性之內在的表現者，理性之下貫而運用，以求落於實際政事之安排之表現也。此卽成爲君主專制政體下之內在表現。

東漢之理性之內在表現於政治者，爲尙書、宰相、功臣、外戚、宦官、皇帝之地位，皆釐淸而成一對列之局。在此對列之局中之精神主體（卽皇帝）能立得住，則此局中之各部，可互相協調，而共成其用。而當此精神主體立不住，則此「各部門卽頓然下墜，而退處于其自身，以與其外者相抗」。于是此對列之局中之理性的部分與非理性的部分，卽處于鬥爭之狀態。而此卽東漢之末之外戚宦官之爭，黨錮之禍所由生，亦卽氣節之士所由出。東漢末之氣節之士者，東漢末之理性與非理性之直接搏鬥所生之精神浪花，而結束東漢之時代者也。而于此時代理性與非理性之直接搏鬥中，自立於其外以全身遠害者，則爲智者之士，如郭太等之重美的欣趣。此卽下開魏晉之淸談，漸成軟性之物化。然非所以語以求此中問題之解決，亦非能表現眞正道德精神之人物也。牟先生意中國國家政治之體制，至漢而規模已大定。後代政制之變化皆爲細節。後來中國文化精神之特殊表現，要在社會之學術文化，而不在政制，故本書暫止于此。

以上述本書之大旨，乃意在畧明本書各篇之關連。而本書有血有肉之具體內容所在，則决非此乾枯之數語所能盡。讀者必須自讀原書。唯原書第一二章及末章，皆徵引較繁碎，讀者氣機不暢，易生阻隔。爲鼓舞與趣計，宜先讀第三部，次第二部。此二部乃全書最精彩之部份所在，亦中心觀念所存，文亦極美者也。

（七）知性主體之建立與政權之民主

然復須知，此書最重要之價值，實在由論中國古代至東漢之歷史，以知中國文化之特殊價值，及其限極與缺點之所在。

本書言中國文化之缺點，在缺分解的盡理精神。由此而缺西方之科學與民主政治。此當補足，吾人素無異辭。然今之言中國宜有西方科學與民主政治者，多出浮慕西方文化之有此。旣罕能極深研幾，就義理當然處說，尤罕能探本溯源，自中國文化歷史發展中本身所遭遇之問題說。而牟先生此書，則其所以讚嘆中國文化，中國古人之人格精神者，旣極其肫懇而周摯。復卽于論歷史上生民之禍亂之際，抒發其不忍之心，以探禍亂之源，而見昔賢用心之所限。此限之所在，要在知性主體之不立。唯知性主體不立，故自然只爲道德主體所克服之自然，而不成理解所對之自然，而缺科學。唯知性主體不立，而道德用于政治，如只爲道德之直接的延長。此直接的延長，在盛世則表現爲聖君賢相。在亂世衰世，則表現爲對非理性、非道德勢力之直接搏鬥，成氣節之士。或退居于搏鬥之外而成隱逸。否則道德墮落而爲軟性之物化，或硬性之物化。軟性之物化，爲名士風流之放縱。硬性之物化，爲夷狄盜賊之殘殺暴亂。於是一治一亂，成中國政治之常軌。而聖君賢相與氣節之士，亦止于更迭而出現于歷史，以供後來者之崇敬。而此中欲「至仁大義立千年之人極」，以開萬世之太平，則惟賴政治上由治權之民主，轉出政權之民主，而發展出眞正事功性之精神，以代傳統之打天下之精神。而此則皆係于不直接以道德主體，呈用于政治，而暫收攝凝聚此主體于內，而外呈冷靜，以透露出知性之主體。知性之主體透露，則我與人與物，皆在並立之局格中，分明起來。而政權之民主，其根據正在使一切人民，連君主在內，皆位於一互相限制，互相規定，互相依賴，互相承認，而互得其客觀化而並立之局格中。人之知性之主體，亦卽能繼續不斷分別地任持如是如是的並立相依之局，而亦未嘗不內依于仁體者。然在中國文化，以知性主體不透露，故儒者之從政或論政，便止於直接措道德於政治，或本道德反抗政治之一型。於君主與一切非理性的勢力，未嘗思本知性之活動，以照臨其上，求加以安排，而置之於一客觀格局中；使政治之權原，不在君主個人，而在此客觀格局。則政權之民主之觀念，卽終無法轉出。而君位之繼承問題，宰相之地位問題，朝代更替之問題，乃終不能有理性上原則上之解決。而諸非理性勢力，不得爲理性所安排，乃互爲消長而相敵對。則一治一亂之循環，乃終無法自拔。是於吾人「至仁大義以立千年之人極」之心，亦終猶有憾。此見知性主體不立而仁亦傷，則充仁之量，必求立知性主體，融西方文化之所重於中國文化之中。立知性主體以成政權之民主，而政治上有共認之客觀格局。人在此客觀局格，各以其權利義務相限，亦各居其位，而得分別成就其事功，互肯定尊重他人之事功。則人與人間之大義立。至仁大義立，而古昔之聖君賢相，不必重來，而氣節之士，亦無須存在，騁物氣物力之暴亂殘殺，更不當再有。此義牟先生於此書，恒隨事發揮，精義絡繹。其論中國文化之缺點，與昔賢之用心所限，乃動之於悲心，故不過。發之於誠敬，故無怨。其所以取資於西方文化者，卽以承昔先聖賢之志，而解決中國文化歷史中自身之問題，是孝子慈孫之用心，亦即所以謀中國文化之創造，自覺乎．非當世評中國文化與昔賢者，如秦人之視越人肥瘠，及浮慕西方文化者所能及也。斯義也，吾亦嘗有志而未逮，願與天下賢士共勉之。（「人生」一二〇期四十四年十一月）。

附錄二：關於歷史哲學（註一）

——酬答唐君毅先生——

君毅吾兄：日昨展讀「人生」雜誌第一二四期尊作「說人生路上的艱難」一文，（註二）滴滴在心頭，而愧弗能道。今經吾兄以文字般若說出，此於人生之途徑，智慧之歸宿，有極深極澈之指點。人若於此而得端其所向，知其如何用工而得以超拔其自己，則吾兄之功德豈可量哉？弟因而想到哲學之全體當有三面：

一、主觀實踐一面；

二、客觀實踐一面；

三、純理智的思辨一面。

依弟意觀之，吾兄該文所說者卽屬主觀實踐一面。在此一面，人成聖成賢，成仙成佛，乃至基督徒之「跟隨基督」，皆是在艱苦奮鬥中克服魔障之所至。朱子臨終答弟子問曰「艱苦」，這表示他一生在艱苦奮鬥中，亦吾兄所謂：「無便宜可貪」之意也。朱子說完「艱苦」二字後，忽而又說：「天地生萬物，聖人應萬事，直而已矣。」這表示此老已翻上來了，他獲得了臨終時之喜悅。此誠子貢所謂：「大哉死乎，君子息焉，小人休焉。」（見荀子大畧篇。）翻上來曰「息」，翻不上來曰「休」。「君子曰終，小人曰死」。翻上來曰「終」，翻不上來曰「死」。曰終曰息，皆表示完成。主觀實踐即在艱苦奮鬥中作「德之完成」，這是以臨終所標識之最後界點，而在有生之日，固永無完成之時也。在主觀實踐中所講的問題即是道德宗教。此是踐履中的道德宗教，不是思辨中的道德宗教，亦不是習慣中的道德宗教。眞實的存在主義（亦有不眞實的存在主義）由「存在的」一入路以認識人生與道德宗教亦當歸於此路。由「存在的實踐」亦可透示道德宗教之本質與義理，如黃宗羲所謂「心無本體，工夫所至即是本體」，然非純理智思辨所講之道德宗教之本質。純理智思辨所講者是「非存在的」。如果此而曰哲學的講法，則即爲哲學中的道德宗教。「存在的實踐」（主觀的實踐）中的道德宗教方是眞實的道德宗教。此是受用的呈現的放光的道德宗教，納道德宗教之本質於工夫中，於存在的踐履中。「非存在的」理智思辨所講之道德宗教，其所放之光是理智的光，不是道德宗教之光。以前有解悟，証悟，徹悟之說，弟意解悟是「非存在的」，到証悟徹悟方是存在的。証悟通着兩面說：一是吾兄所說艱苦一面，一是由艱苦奮鬥中翻上來所肯定的一面。這都須要在「存在的實踐」中眞實感受到才行。此可曰「存在的感悟」，亦即所謂「證悟」。徹悟則是圓融成熟的化境，此亦可曰神化，存在的神化。解悟是聰明的作用，理智的作用，是可以依理路而推至的。一落於理智之依理路而推至，則便是懸掛起來而成爲非人格的，非存在的，故曰抽象的思辨。「抽象的思辨者」是不關心的（無色的）理論家，而「存在的証悟者」則是內在的主觀的痛苦感受者。故証悟即是將解悟所至納入主觀的痛苦感受中，而再在痛苦感受中冒出來。此所以契爾克伽德（Kierkegaard）說「主觀性是眞理」之故。故抽象的思辨在邏輯，知識論，以及觀解的或思辨的形上學中，恰當有效，而在主觀實踐的學問中則不是恰當有效的。抽象的思辨滿足知識（廣義的）的條件，不滿足實踐的條件。

但是「存在的証悟」亦復有客觀實踐一面。在此一面，一個民族創造它的歷史，建設它的國家，以及政道和治道方面的制度或法律。這是政治家以及歷史上的偉大人物之所至。在客觀實踐中所講的學問是歷史哲學與國家哲學等。日前承吾兄對於拙作「歷史哲學」謬予推許，作長文介紹，以佉俗蔽，以利讀者。（見「人生」雜誌第一二〇期）。弟實深感。弟書實簡陋無足觀。然吾兄文末所言：「其論中國文化之缺點與昔賢用心之所限，乃動之於悲心，故不過，發之於誠敬，故無怨。其所以取資於西方文化者，即以承昔先聖賢之志而解決中國文化歷史中自身之問題，是孝子慈孫之用心，亦即所以謀中國文化之創造。」此言也，弟實感慰無既，亦愧不能表現於萬一。弟深願與天下人共勉此義。亦深願無此自覺者有此自覺，有之而不能充其極盡其量者，期有以自勉而充其極盡其量。弟實鄭重此義而感慨萬端。對於祖宗決不能怨尤，對於中國文化之缺點與昔賢用心之所限亦決不能忽視，然亦不能即因而對於中國文化與往聖前賢作過激刻薄之抹殺。天地間決無便宜事，亦無現成事。弟書中所凸現之問題乃來自黑格爾之刺激。遠在二十年前，弟讀黑格爾「歷史哲學」論及中國方面無「主觀自由」，無「個體性之自覺」，即悚然而驚。當時對於黑氏書自不能懂，即所觸及之此一點，當時亦不解其所以。心中頗不服。一方面覺其說的甚對，一方面亦覺其不甚對。此一矛盾留於心中，久久不能決。此後一直在抽象的思辨中，亦無暇及此。然吾人現實生活的遭遇，聯翩而來者，有九一八事變，有何梅協定，有七七事變，隨之暴發而為抗戰，國家民族生死存亡之搏鬥，最後來臨者則為共產黨。此一幕一幕刺激吾人之心靈。而在此過程中，弟了解了夷夏之辨，亦漸漸懂得南北朝時人之心境，並深厭五四運動後所帶來之學風與時風。並有甚微細不足道而實在心靈深處極眞切而難言者，則為對於北平之反感。故勝利後，人皆紛返北平，嚮往那文化之故都，學府林立之古城，而弟則絲毫未動此念，亦自覺地不欲去。弟以爲上海之商業買辦與北平之文化買辦俱屬可厭，而在吾人之分上，北平尤可厭。弟自抗戰後即一直覺得北平不能代表中國文化大漢文化。那個古城實是遼金元之古，雖有明朝三百年亦在內，而復有滿清三百年以抵銷之。近則復爲蘇俄共黨所沾污。眞是不幸的北平！那個古城，那個故都，一直是充滿了夷狄的氣息。五四後的新文化運動亦在那裏發祥，一直影響着今日知識分子之心靈。那個文化古城實不能象徵以中國文化生命之根所建造之國家。然則中國文化在那裏？什麼地方可以象徵？曰：沒有那裏，亦無地方可以象徵。禮失而求諸野：在偏鄙曠野的農民身上，在民族的心靈深處。沒有建樹可指目。然這强過那以假爲眞。

同時弟復與張君勱先生常來往。他常說中國只有吏治而無政治。中國是一「天下」觀念，文化單位，而不是一國家單位。這些話都常刺激弟之心靈而不得其解。後來復看到黑格爾說：只有能建造國家的民族始能進入我們的注意中。（大意如此）。這話復觸目驚心。西方近代之所以爲近代之內容，（積極的一面，有成就的一面），除科學外，屬於客觀實踐方面的，弟大都自黑氏與張君勱先生處漸得其了悟。數十年來嚷近代化者，大抵皆虛浮淺躁趨鶩時式之徒，故不得成正果，反造成社會上之壞影響。吾兄近在「祖國」雜誌上所發表之三文，（註三）疏導精詳，皆証悟之言也。不具備眞實近代化之意識，走不上眞正近代化之途徑，壞影響顚倒的結果是共黨之出現，而共黨是超近代反近代的。從其超近代言，它儼然自居爲最進步，最新，反而視近代化爲落伍，爲反動，爲資產階級的。若不能認知近代化之眞實內容，而只膠着於「時式」上，直無以抵禦共黨之詬詆。從其反近代言，它不但反近代，且反一切價值之內容，而歸於野蠻與虛無。然而人不能知其「反」，而只爲其所宣傳之「超」所迷惑，不但惑人，且亦自惑，如是它自居爲人類的新紀元。對這虛僞的新紀元新世代，張東蓀先生說了話：「日月出矣，而爝火不息，其於光也，不亦難乎？」（他借用莊子語以表示）。他的苦悶的函義是：這確是一新時代，你們或者完全相信，或者完全不信。一點一滴的贊成與不贊成完全無用。不但無用，也表示你完全不解，你不解這新紀元的全部來歷與全部內蘊。然而吾人知道這新紀元實是代表「澈底否定」的新紀元：否定一切價值內容之大虛無。然則吾人言近代化，當知從何處着眼矣。近代化是一價值內容之觀念，不是一時式之觀念，而且單從科學方面亦並不能了解它。從客觀實踐方面倒眞能把握住近代之所以爲近代之眞實內容。是以言近代化而只宣傳科學方法與科學態度而不能正視價值問題，必爲於近代化無助益者。徒膠着於時式而不通其理據，雖云習久性成，然而終歸利弊參半，而不能自發地有所建樹。爲此之故，弟總不能由世俗之浮論而得近代化之意義，反而由世俗所詬詆之黑格爾與張君勱先生處漸得其了悟之綫索。人們決不要以爲近代化易解也，亦決不要以爲中國之近代化易至也。徒在時式中展轉浮慕全不濟事，一到眞的，仍然是全接不上。此弟所以特重客觀實踐一面，不自量力而草「歷史哲學」之故。

不能建立國家之民族是未能盡其民族自己之性之民族。無論天下如何一家，無論旁人對我如何王道，而我自己個性之價值，自己獨立之尊嚴，在天地面前總有損傷，在實現價值上總有缺憾。是爲不能忍者。「一陰一陽之謂道，繼之者善也，成之者性也。」不能善紹善繼開拓變化以盡天地所賦與之性以期有所建樹，是棄才也。未能盡其性，是未能實現善。弟爲黑氏此言往復低徊而思用其誠，以期貫通民族之命脈，而使有以盡其性。近代化國家建立之基石存於個體性之自覺與普遍性之透徹。無個體性之自覺，下而不能言權利（諸自由）與義務，上而不能言眞實的普遍性。眞實的普遍性不能透徹，則個性只是私欲氣質的個性，自由只是任意任性的自由，而理想亦不能言。此是純私欲的隨意的主觀自由，人民亦只是純私欲的偶然的主觀存在。眞實的普遍性必須通過個性之自覺而湧現，不能脫離眞實的、存在的主觀自由（卽在知與意上個性之自覺）而外在地置定一普遍性。此外在置定的普遍性一則是乾枯的，隨意的，一則必流於極權專制，假之以奴役人民。此謂「立理以限事」。此完全是「非存在的」抽象的解悟所隨意以立者。上有隨意以立之普遍性，下卽有純私欲氣質寡頭的原子的個體性。兩者互爲因果，而禍亂遂無有已。言近代化而不透徹普遍性必陸沈，言普遍性而無個體性必虛妄。而兩者要在客觀實踐中由「存在的証悟」以透顯之。此決非「非存在的」抽象的解悟所能眞徹地把握者。在「存在的証悟」中，此兩者之透顯過程以及其互融過程卽爲全幅人文世界之創生與肯定。分別言之，卽爲家庭，社會（市民社會），國家，以及大同等之肯定與實現。此爲全幅價値內容之展開。祇有在個體性與普遍性的眞實透顯與互融中，吾人得以肯定全幅價値之內容，此方是中華民族盡其性之新紀元。而共黨則爲對於全幅價値內容之否定，如何可說爲新紀元？如說爲新紀元，亦是傷生滅性之新紀元。此誠爲新紀元。蓋曠古以來所未有者，亦無人敢如此妄爲者，盡無窮未來際，稍有人性者亦決不敢爲。然則中華民族生命之途徑，吾人建造近代化國家之途徑，端在於客觀實踐中由存在的証悟以透顯與互融個體性與普遍性以盡其民族自己之性上。

在存在的証悟中，吾人痛切感到中華民族奮鬥之艱難，亦眞實感覺到其所透顯之文化生命之價値。在其發展之途程中，吾人知其所成就的是什麼，所不足的是什麼，其病痛在那裏，其轉灣之機竅在那裏。現在則再「如何」順承之而前進，以期建造近代化之國家，以盡吾民族自己之性。此爲弟書所努力以凸顯者。此種疏通之工作既非「非存在的」抽象的解悟所能至，亦非資料考據者，普通史事叙述者，所能知。是以彼等若視爲玄談囈語而詬詆之，亦不足怪。當黑格爾說：希臘文化表現「美的自由」，羅馬文化表現「抽象的普遍性」，此決與資料之考証，史事叙述之多少，無關。考証的再詳，叙述的再多，亦不必能解其意。此只有訴諸「存在的証悟」而知之，在精神發展的証悟中而知之。吾人只願天下人「知之爲知之，不知爲不知」，不必妄肆詬詆。不解，留之於心，以俟來日之解。此本非易事者。然袪障袪蔽而歸於誠敬，亦非難事。

× × ×

弟書直就中華民族之歷史自夏商周縱貫地述下來以顯其意，而無一部引論以導之。此蓋因篇幅既已不少，而付印又難，若再增加分量，將使出版更難。黑格爾歷史哲學，其引論佔一百多頁。其主要論題爲以下三點：

一、精神底本性之抽象的特徵。

二、精神實現其「理念」所使用之工具，此卽情欲與英雄。

三、精神之圓滿體現（卽具體化）所預定之形態，此卽國家。

而弟心中所預想之引論，則在說明以下五點：

一、抽象的解悟與具體的解悟（或存在的証悟）之不同：此爲方法上或認識能力上的問題。抽象的解悟是靜態的，觀解的，通過歸納分類以把握種類概念之「本質」或「抽象的普遍性」。此在邏輯、數學、科學知識範圍內，爲恰當有效，而在主觀實踐與客觀實踐範圍內俱不是恰當有效的。在主觀實踐的道德宗教內施行歸納分類是無意義的，這裏亦並無種類概念之可言。在客觀實踐所創造的歷史事實之承續裏，在盡其民族自己之性以建國創制上，施行歸納分類亦是無意義的，這裏亦並無種類概念之可言。是以黑格爾說：「從古代世界歷史上的民族之政治制度之比較中，對最近的憲法原則言，對我們自己時代原則言，是沒有什麼可學到的」。又說：「在政治制度方面，古代與近代並沒有它們公共的本質的原則。關於合法政府的抽象定義及敎條，對古代與近代，實是公共的。但是去參考希臘，羅馬，或東方，以爲我們時代底政治安排找模型，那是再荒謬沒有的了。」（見其「歷史哲學」引論四七頁）。當然人們要去分類比較以作抽象的了解，亦無不可，但這只是就已有的現象作表面的知性上的分析，所謂政治學，憲法學者是，此於在踐履中創制建國以盡其民族自己之性上並不相干，亦無助益。每一民族之創制建國以盡其性，可以說都是獨一無二的，而且在創造中每一階段都有不同的形態。此只有在客觀實踐中，通過存在的証悟，具體的解悟，以把握之。民主建國，近代化的建國，當然我們可以說與英法美的民主建國在本質上當無多大的差別，然這只是在「存在的証悟」中精神底本質——自由——之實現底理路上相合。此不是種類概念之「抽象的普遍性」，而是精神實現過程中「具體的普遍性」。具體的解悟把握具體的普遍性：此是踐履的，動態的；此並不要通過歸納分類，而只要通過存在的証悟，在精神發展之認識中以把握之。故此種認識過程卽是創造過程。凡抽象的解悟，用於歷史，皆只能是就已創造出的現象排比整理，統計分類，此只是表面的，事後的知性工作。

故抽象的解悟不足以通歷史。

二、歷史文化之特殊性與共通性問題：歷史文化是一民族實踐之所成。自有其特殊性。這特殊性如何解析？弟書言一個民族的人文歷史之開始斷自觀念形態的開始，而現實的發展斷自民族社會。這是起點問題。從民族實踐以爲精神表現言，觀念形態不但是歷史的開始，而且亦是歷史文化特殊性之所由存。蓋觀念形態是由抒發理想的道德心而湧現。故觀念形態實是實踐生活之方向或態度。但道德心靈之內容即所謂心德無窮無盡，而人又是有限的存在，故其心德之內容決不能一時全現，而必待於在發展中步步自覺，步步實現，因而亦步步有所成就。此即所以有歷史之故。假若一時全現，則即無歷史可言。上帝本身（神心本身）並無所謂歷史。復次，既不能一時全現，而各民族在其實踐生活中又必有其觀念之方向，是即必有其心德內容之凸出，故各民族之歷史文化必有差異。假若一時全現，則即不能有差異：所有的「全」是一，所有的「空」是一。此差異，若內在於一民族之自身而言之，即爲其歷史文化之特殊性。此爲特殊性之精神表現的解析，此是形上地必然的。若問何以此民族如此凸出，彼民族如彼凸出，此則無邏輯的理由，而只有外在地說現實因緣上的歷史理由，內在地說民族氣質之理由。然總有一凸出，則是實踐上之必然的。因特殊性是形上地必然的，故各民族實踐以盡其性，以成其歷史文化，皆有被肯定之價值，此亦是形上地必然的。故亡國（無論自亡或他亡）爲大惡，而「與滅國繼絕世」爲大善，爲大德。

心德內容在有限制中表現凸出，爲一民族之歷史文化之特殊性，然而無窮無盡之心德內容在歷史發展中步步擴大與彰著，則亦是各民族之歷史文化之可融通性之根據，依此而言歷史文化之共通性：

此亦是實踐上，精神發展上之必然的。此共通性或可融通性是由心德內容在實踐中所表現之精神發展之理路而說明。此理路即其法則性，此在各精神發展綫上是相同的。心德內容必在發展中始表現而為精神價值，種種形態，種種成果。不經過發展，心德內容只是潛隱地存在，不是實現地存在。在發展中精神表現之理則性與其成果性是內在地關聯的。例如家庭形態，國家形態，道德形態，宗教形態，藝術形態，科學知識之形態，皆是精神價值之種種形態，種種成果，而此種種必在發展中彰著而完成，而亦必與發展之理路為內在地相融一的，即內在地相攜帶而生者。理路是相同的，在發展過程中，其種種形態之內容雖有及與不及，有盡與不盡，然而在發展中，在同一的「發展之理路」中，它們是不相礙的，而且是相參贊的。凡是價值都當實現，而且都能實現；凡是價值都不相礙，都當相融，而且都能相融：一時的僵滯與固執並無關係。此便是各民族之歷史文化之「可融通性」。然而融通仍不捨離其特殊。因為無論如何融通，它不能是「純形式」。

三、精神之圓滿體現是否止於國家？依黑格爾，是止於國家。在此，黑氏是為現實所限。這顯然不能滿人意。是以國家以上必有「大同」一層。黑氏所謂「精神之圓滿體現所預定之形態是國家」，當然是就客觀實踐言。若就主觀實踐言，則道德，宗教，藝術，皆是圓滿體現，不但是圓滿，而且是「絕對」，故曰絕對精神。而在國家處，則曰客觀精神。是以國家處之圓滿體現，其為圓滿是客觀精神之圓滿，其為絕對是有限的絕對，客觀精神的絕對。故弟謂之為就客觀實踐言。就客觀實踐言，開始只能內在於各民族而言之。各民族於開始齊頭并列，在發展中融通而不捨離其特殊。融通是說歷史文化從精神價值方面須不相礙而相參贊。然而內在於各民族之自身，則仍是一獨特之個體，而且愈在發展中，此個體性愈彰著。個體性旣愈彰著而不散失，則所謂內在於各民族而言客觀實踐，實即是各該民族在盡其民族自己之性中向內在而固有之目標以前進。此目標，若內在於此作為個體性之民族自身言，當然是國家，必然是國家，而且只能是國家。國家就是各民族內在地盡其自己之最高峯，亦可以說是此個體之圓滿完成其自己，圓滿客觀化其自己，滿足化其自己，此是其充分之實現。這個目標當然是此個體性之民族之內在而固有的目標。及其充分實現，便可說此民族已盡其性而止於此。未達此目標，或未能實現，或實現而未能充分，皆是未盡其性之民族，或未終其天年而中道夭折之民族。所謂充分實現，依黑格爾，就是主觀自由與客觀自由之統一。國家是「道德的整全」，是「神聖理念之存在於地球上」。但是若內在於各民族自身言，皆齊頭並列地欲實現其國家以盡其性，依是，「神聖理念之存在於地球上」乃是分離地各別地存在於地球上，不是整全地諧一地存在於地球上。依黑格爾，每一時代祇有一個國家代表世界精神。依是，神聖理念雖是分離地存在於地球上，然可以為這個國家所代表，因而亦就是整全地。然此是就事而言，即，事實上容或有之，却並非理之必然。如此而言，亦不應理。

如是由神聖理念之「分離地存在於地球上」必須進一步超越各民族國家之齊頭並列而「整全地諧一地存在於地球上」，此即是「大同」一層之目標。此將如何而可能？

一個民族固須內在地以盡其性，亦須外在地以盡其性。內在於此民族之個體性自己以盡其性，其最高形態為「國家」。但是外在於此民族之個體性自己而對他民族以盡其恰當之性，則其最高形態為「大同」。此所謂盡其恰當之性是相應「大同」一形態而言的。一個民族如何能外在於其自己而對他民族亦盡其恰當之性？心德之涵量可申展於天地萬物，當然亦可申展於同是人類之其他民族。申展於天地萬物，名曰參天地贊化育。但是參天地贊化育是我們仁德之德化，而萬物方面只能在此德化之感召下成爲各得其所之化育其自己之回應，而並不能使其族類成爲一個體性之族類，主動地內在於其自己而又超越其自己，以回應我們這方面的仁德之主觀願望與主觀作用，亦表示他那方面的主觀願望與主觀作用，使雙方之願望轉爲法律以客觀化之。此卽表示：仁德之申展於萬物是偏面的，而萬物方面並不具備一「權限」，它不成一具有「權限」的存在，因而亦無所謂「義務」。但是仁德之主觀願望之申展於同是人類之其他民族却完全不同。其他民族依其個體性之身分實可以主動地內在於其自己而又超越其自己以回應我們的主觀意志而亦表示他們的主觀意志：同是一個具有「權限」的存在。因此，各民族實可既內在於其自己之國家以盡性，又可以照顧自己而又照顧他人以超越其自己而外在地對他民族以盡性。如是，實可在主觀意志之互相照射互相限制下而轉爲法律以客觀化之，此卽爲「大同之組織」。此組織亦是主觀意志與客觀意志之統一，主觀自由與客觀自由之統一。如是，理性不但貫注於一民族內而成爲國家，而且亦客觀地貫注於各民族之間而成一超越各民族國家之「大同組織」。在此組織內，各民族國家有其權限，亦有其義務：權限與義務復成爲高一層的統一。此卽爲「神聖理念整全地存在于地球上」，亦卽「天下一家」之實現。如是，國與國間不復在一「自然狀態」中，而一國對外之行動亦不復以主觀的私利爲最高之原則 非然者，國家既是神聖理念之存在於地球，是理性的，而對外又全轉而爲「非理性的」。何以一個「理性的存在」而又有「非理性的」猙獰面目？此是一種矛盾，決不可通。此種矛盾現象只有超越其自己而在「大同組織」一層上始能被解消。

神聖理念整全地實現於地球上爲「大同」，而其實現之過程卽爲「世界歷史」。世界史只有在人類的意識超越其自己之民族國家而置身於「神聖理念之整全的實現」上才是可能的。否則，世界史只是一虛名，一虛位字，它沒有主體。此時，只有各民族國家之歷史，而無世界史。黑格爾「歷史哲學」動言世界史，他以各民族空間的並存排列而爲時間的秩序，如：東方，希臘，羅馬，日耳曼。此所謂世界史，一方既無主體，一方又誠所謂「非歷史的歷史」。此決不可通。當世界史在神聖理念之整全的實現上成立時，世界史不是一虛位字之「命運法庭」，而是一有「存在的主體」之實位字之「法律法庭」。因爲國家若是最高形態，則國與國間在自然狀態中，每一國家對外而言，都是一暴露的偶然，（內在地說是一理性的必然），它們的行動，它們的命運，只有訴諸「世界史」的裁判。黑氏名世界史爲世界之「裁判法庭」。世界史表示一「普遍的心靈」（不是民族心靈），它亦有它的「權限」，是一切中最高的權限，運於各有限的民族心靈之上。但是世界史是一空名，它的權限亦是一空名。說它是「裁判法庭」，實在是「命運法庭」，說它有權限，亦實在是「命運權限」。這普遍心靈在這裏並沒有實現出來，客觀化而爲一「法律法庭」。但是世界史若成爲實位字，神聖理念整全地實現時，則普遍心靈客觀化而爲大同，則它就是法律法庭，其權限亦是法律權限，而且是客觀實踐中最高的權限。

縱然世界史成立，大同亦實現，而在主客觀實踐中，各民族自己以及世界史之主體，其行動與命運，在現實宇宙中，亦仍有一個「命運法庭」來裁判它。此是命運法庭之推進一步，不過不是「世界史」而已。此或卽是宇宙法庭，或曰上帝法庭。人類業識茫茫，不可思議。一個人可墮落而自毀，一民族可墮落而自毀，整個人類亦可墮落而自毀。卽不自毀，亦可被大自然所毀滅。夫又孰能料哉？吾人於此對人類之命運實覺有無限之嚴肅，與無限之哀憐。欲不訴諸「上帝法庭」得乎？

四、永久和平問題：此則吾兄在「人文精神之重建」中「西方哲學精神與和平及悠久」一文已言之備矣。弟於此實無新義可陳。惟弟覺雖世界史成立，大同實現，而「永久和平」亦似乎不可能。廣義的戰爭（不定什麼形態）隨時可有。

五、歷史文化之循環斷滅否問題：此則弟前有「世界有窮願無窮」一文曾詳論之，（註四）亦吾兄所論之「悠久」問題也。弟曾提出：凡服從「以氣盡理」之原則者皆可斷滅，而服從「以理生氣」之原則者，則生生無窮。亦卽吾兄所謂東方智慧重在「如何用工夫使理性之久大的相續流行於現實生命」成爲可能，從根上超化一切非理性反理性者。此則在理上在用心上說，自可開太平成悠久。然而照顯到人生艱難一面，業力不可思議，隨時有漏洞出現。此則單看人類奮鬥上「願力無盡」與「上帝法庭」之作用矣。

以上五點，只簡畧奉陳，以就正於吾兄。

× × ×

至於純理智的思辨一面，則是西方哲學的大傳統。這一面的起點與問題是開始於「知識」，進而牽連到邏輯與數學，再進而牽連到形上學。此形上學是從知識問題入，故曰觀解的（理論的）形上學。此皆由純理智的思辨來把握。純理智的思辨雖於主觀實踐與客觀實踐的學問不相應，總隔一層，然於知識問題，邏輯數學問題，則是當行而相應的。觀解的形上學雖不是眞實義諦，然既由知識問題而進入，而形成，亦不是無價值的。蓋抽象的思想總是一重要的認識能力，而其本性亦總是遠離而凸出的。在抽象的思想與知識上總形成一些概念與問題，觭偶不伍者隨處多有。問題旣出，卽不能滑過而不理。順這些概念與問題一一疏通而解之，則理智的思辨尙矣。這些概念與問題都是一種邏輯性的問題，故由理智的思辨而解之，亦不能不相應其工巧而爲工巧的與邏輯的。如果不能解而通之，則總是理性上的絆脚石。理性要得其暢通的滿足，理智的思辨不可少。這也有其客觀而積極的意義，不可一味視爲戲論。

這些問題必須是在知識意義上具有客觀性的問題，能客觀形成的問題，因此其有解答或無解答，亦必須是知識意義上之客觀的。此種純理智的，抽象的，而又是知識意義上之客觀的問題與問題的解答或無解答，當然是「非存在的」。這些問題本是在具體的人生與現實的宇宙中由「知識」一量向(Dimension)凸現而爲浮層的，因此也就遠離了具體人生與現實宇宙而與之不相干，而獨自成一工巧性與客觀性的問題，而理智思辨之解而通之亦隨其遠離而遠離、隨其工巧而工巧，隨其客觀而客觀，因而亦隨其爲浮層而全成爲「非存在的」。西方哲學的大傳統，如順其思辨的本性，推至其極而完成其途程，成一自身圓足之圓圈，則必只是一句話：「非存在的」。這一套本是中國之所無。近數十年來，中國學人學習這一套。弟亦參與其中學習這一套。由學邏輯起，進而至「認識心之批判」之寫成，益覺由自己經歷而見此圓圈之爲「非存在的」之不謬。此圓圈之爲「非存在的」豁顯而凸出，則由其顏色與界限很顯明地自然地顯出「存在的」一領域：這裏是眞實的人生，眞實的宇宙，具體的人生，具體的宇宙；這裏是不安，是荒涼，是痛苦。勞心力於「非存在的」領域，圓圈一周，乃忽而被投出於此圓圈以外而被拋擲於「存在的」一領域中，乃發見生命原是在這裏，並不在圓圈那裡。一方感覺到極度的恐慌，極度的不安，凡契爾克伽德（Kierkegaard）所說者，皆不啻身受；一方復接觸到主觀實踐與客觀實踐的學問之眞實意義與價值，凡東方智慧之所展露者一一覺其不謬，而又慚悚於一無所受用。時代是崩潰，是虛無，家國社會全爆裂而瓦解，人人受苦。弟之生命亦隨時代之爆裂而爆裂，虛無而虛無。「有情既病，我卽隨病」。維摩詰是示疾，而弟之病則只是被動的反映。主觀的實踐是一無限過程，無窮無盡；客觀的實踐亦是一無限過程，無窮無盡。弟實無似，一步未走，一無所有。此時代，如在主觀實踐與客觀實踐方面無偉大人格與偉大政治家出現，決無法撐得起。昔五代時唐明宗每夜焚香禱天早生聖人，其情至可哀憐。哀其情卽所以哀生民之無命也。王船山說：「自非聖人崛起，以至仁大義立千年之人極，何足以制其狂流哉？」亦同此精誠之望。納「非存在的」之圓圈於實踐之學中以成一仁智之全，備天地之美，稱神明之容，以見道術之大體，是「存在的思想者」之事，而爲生民立命，則非聖人不能。濶別數年，未得晤談。今奉此函，以道衷懷，不盡一一。

註一、此文曾刊於民國四十五年二月「民主評論」第七卷第四期。今附錄於此。

註二、唐先生此文今收入「人生之體驗續編」。

註三：唐先生此三篇收入「中國人文精神之發展」。

註四：此文今收入拙著「道德的理想主義」。

國家圖書館出版品預行編目資料

歷史哲學

牟宗三著. – 增訂九版. – 臺北市：臺灣學生，2021 印刷
面；公分

ISBN 978-957-15-1033-0 (平裝)

1. 史學 – 哲學，原理

601.4　　89011781

歷史哲學

著作者：牟宗三
出版者：臺灣學生書局有限公司
發行人：楊雲龍
發行所：臺灣學生書局有限公司
臺北市和平東路一段七五巷十一號
郵政劃撥戶：〇〇〇二四六六八號
電話：（〇二）二三九二八一八五
傳真：（〇二）二三九二八一〇五
E-mail:student.book@msa.hinet.net
http://www.studentbook.com.tw

本書局登記證字號：行政院新聞局局版北市業字第玖捌壹號

定價：新臺幣四五〇元

一九八八年八月初版
二〇二一年三月增訂九版十刷

ISBN 978-957-15-1033-0 (平裝)